文化与艺术的多视角探索

李荣启 著

北京时代华文书局

图书在版编目（CIP）数据

文化与艺术的多视角探索 / 李荣启著 . -- 北京 : 北京时代华文书局 , 2014.1
（中国艺术研究院学术文库 / 王文章主编）
ISBN 978-7-80769-245-4

Ⅰ . ①文… Ⅱ . ①李… Ⅲ . ①文化艺术－文集
Ⅳ . ① G0-53

中国版本图书馆 CIP 数据核字 (2013) 第 304408 号

中国艺术研究院学术文库

文化与艺术的多视角探索

著　　者 | 李荣启

出 版 人 | 田海明　朱智润
项目统筹 | 余　玲
责任编辑 | 徐敏峰　周海燕
装帧设计 | 程　慧
责任印制 | 刘　银
营销推广 | 赵秀彦

出版发行 | 时代出版传媒股份有限公司 http://www.press-mart.com
北京时代华文书局 http://www.bjsdsj.com.cn
北京市东城区安定门外大街 136 号皇城国际大厦 A 座 8 楼
邮编：100011　电话：010－64267120　64267397
印　　刷 | 北京京都六环印刷厂 010－89591957
（如发现印装质量问题，请与印刷厂联系调换）
开　　本 | 710mm×1000mm　1/16
印　　张 | 22.5
字　　数 | 339 千字
版　　次 | 2015 年 3 月第 1 版　2015 年 3 月第 1 次印刷
书　　号 | ISBN　978-7-80769-245-4

定　　价 | 55.00 元

《中国艺术研究院学术文库》
出版委员会

总　序

王文章

以宏阔的视野和多元的思考方式，通过学术探求，超越当代社会功利，承续传统人文精神，努力寻求新时代的文化价值和精神理想，是文化学者义不容辞的责任。多年以来，中国艺术研究院的学者们，正是以“推陈出新”学术使命的担当为己任，关注文化艺术发展实践，求真求实，尽可能地从揭示不同艺术门类的本体规律出发做深入的研究。正因此，中国艺术研究院学者们的学术成果，才具有了独特的价值。

中国艺术研究院在曲折的发展历程中，经历聚散沉浮，但秉持学术自省、求真求实和理论创新的纯粹学术精神，是其一以贯之的主体性追求。一代又一代的学者扎根中国艺术研究院这片学术沃土，以学术为立身之本，奉献出了《中国戏曲通史》、《中国戏曲通论》、《中国古代音乐史稿》、《中国美术史》、《中国舞蹈发展史》、《中国话剧通史》、《中国电影发展史》、《中国建筑艺术史》、《美学概论》等新中国奠基性的艺术史论著作。及至近年来的《中国民间美术全集》、《中国当代电影发展史》、《中国近代戏曲史》、《中国少数民族戏曲剧种发展史》、《中国音乐文物大系》、《中华艺术通史》、《中国先进文化论》、《非物质文化遗产概论》、《西部人文资源研究丛书》等一大批学术专著，都在学界产生了重要影响。近十多年来，中国艺术研究院的学者出版学术专著至少在千种以上，并发表了大量的学术论文。处于大变革时代的中国艺术研究院的学者们以自己的创造智慧，在时代的发展中，为我国当代的文化建设和学术发展作出了当之无愧的贡献。

为检阅、展示中国艺术研究院学者们研究成果的概貌，我院特编选出版“中国艺术研究院学术文库”丛书。入选作者均为我院在职的副研究员、研究员。虽然他（她）们只是我院包括离退休学者和青年学者在内众多的研究人员中的一部分，也只是每人一本专著或自选集入编，但从整体上看，丛书基本可以从学术精神上体现中国艺术研究院作为一个学术群体的自觉人文追求和学术探索的锐气，也体现了不同学者的独立研究个性和理论品格。他们的研究内容包括戏曲、音乐、美术、舞蹈、话剧、影视、摄影、建筑艺术、红学、艺术设计、非物质文化遗产和文学等，几乎涵盖了文化艺术的所有门类，学者们或以新的观念与方法，对各门类艺术史论作了新的揭示与概括，或着眼现实，从不同的角度表达了对当前文化艺术发展趋向的敏锐观察与深刻洞见。丛书通过对我院近年来学术成果的检阅性、集中性展示，可以强烈感受到我院新时期以来的学术创新和学术探索，并看到我国艺术学理论前沿的许多重要成果，同时也可以代表性地勾勒出新世纪以来我国文化艺术发展及其理论研究的时代轨迹。

中国艺术研究院作为我国唯一的一所集艺术研究、艺术创作、艺术教育为一体的国家级综合性艺术学术机构，始终以学术精进为己任，以推动我国文化艺术和学术繁荣为职责。进入新世纪以来，中国艺术研究院改变了单一的艺术研究体制，逐步形成了艺术研究、艺术创作、艺术教育三足鼎立的发展格局，全院同志共同努力，力求把中国艺术研究院办成国内一流、世界知名的艺术研究中心、艺术教育中心和国际艺术交流中心。在这样的发展格局中，我院的学术研究始终保持着生机勃勃的活力，基础性的艺术史论研究和对策性、实用性研究并行不悖。我们看到，在一大批个人的优秀研究成果不断涌现的同时，我院正陆续出版的“中国艺术学大系”、“中国艺术学博导文库·中国艺术研究院卷”，正在编撰中的“中华文化观念通诠”、“昆曲艺术大典”、“中国京剧大典”等一系列集体研究成果，不仅展现出我院作为国家级艺术研究机构的学术自觉，也充分体现出我院领军国内艺术学地位的应有学术贡献。这套“中国艺术研究院学术文库”和拟编选的本套文库离退休著名学者著述部分，正是我院多年艺术学科建设和学术积累的一个集中性展示。

多年来，中国艺术研究院的几代学者积淀起一种自身的学术传统，那就是勇于理论创新，秉持学术自省和理论联系实际的一以贯之的纯粹学术精神。对此，我们既可以从我院老一辈著名学者如张庚、王朝闻、郭汉城、杨荫浏、冯其庸等先生的学术生涯中深切感受，也可以从我院更多的中青年学者中看到这一点。令人十分欣喜的一个现象是我院的学者们从不固步自封，不断着眼于当代文化艺术发展的新问题，不断及时把握相关艺术领域发现的新史料、新文献，不断吸收借鉴学术演进的新观念、新方法，从而不断推出既带有学术群体共性，又体现学者在不同学术领域和不同研究方向上深度理论开掘的独特性。

在构建艺术研究、艺术创作和艺术教育三足鼎立的发展格局基础上，中国艺术研究院的艺术家们，在中国画、油画、书法、篆刻、雕塑、陶艺、版画及当代艺术的创作和文学创作各个方面，都以体现深厚传统和时代创新的创造性，在广阔的题材领域取得了丰硕的成果，这些成果在反映社会生活的深度和广度及艺术探索的独创性等方面，都站在时代前沿的位置而起到对当代文学艺术创作的引领作用。无疑，我院在文学艺术创作领域的活跃，以及近十多年来在非物质文化遗产保护实践方面的开创性，都为我院的学术研究提供了更鲜活的对象和更开阔的视域。而在我院的艺术教育方面，作为被国务院学位委员会批准的全国首家艺术学一级学科单位，十多年来艺术教育长足发展，各专业在校学生已达近千人。教学不仅注重传授知识，注重培养学生认识问题和解决问题的能力，同时更注重治学境界的养成及人文和思想道德的涵养。研究生院教学相长的良好气氛，也进一步促进了我院学术研究思想的活跃。艺术创作、艺术教育与学术研究并行，三者在交融中互为促进，不断向新的高度登攀。

在新的发展时期，中国艺术研究院将不断完善发展的思路和目标，继续培养和汇聚中国一流的学者、艺术家队伍，不断深化改革，实施无漏洞管理和效益管理，努力做到全面协调可持续发展，坚持以人为本，坚持知识创新、学术创新和理论创新，尊重学者、艺术家的学术创新、艺术创新精神，充分调动、发挥他们的聪明才智，在艺术研究领域拿出更多科学的、具有独创性的、充满鲜活生命力和深刻概括力的研究成果；在艺术创作领域推出更多具有思想震撼力和艺术感染力、具有时代标志性和代表性的精品力作；同时，培养更多德才兼备的优秀青年人才，真正把中国艺术研究院办成全国一流、世界知名的艺术研究中心、艺术教育中心和国际艺术交流中心，为中华民族伟大复兴的中国梦的实现和促进我国艺术与学术的发展作出新的贡献。

2014年8月26日

目　录

自 序

这本文集是从我多年来陆续发表的论文和书稿中选辑而成。它涵盖了五个方面的论题，体现了对文化艺术诸多理论问题的多视角探索。其中每一论题的探索都有一定的学术价值，能较为充分地体现出本人的理论视野和多年学术研究的轨迹以及在文化艺术领域取得的研究成果。

本书的主要内容包括：文化艺术理论探索、非物质文化遗产保护研究、文学语言之思、艺术语言论析、艺术理论家评述。这五大论题的研究均是以马克思主义文艺理论为指导，在批判地继承和吸收国内外现有理论研究成果的基础上，对各种文化艺术问题所作的深入思考和探索。

如所选的一些关于文学语言及艺术语言研究的论文，是自己多年来从事新学科建构——文学语言学和艺术语言学研究的精华，体现了在学术上的开拓、创新以及对新学科建构的理论贡献。又如对文化艺术理论的探索，所选的四篇论文均是紧密联系当今文化艺术建设实际，既有从宏观视角阐析文化在社会主义现代化建设中的地位和作用，也有从微观视角分析市场经济下的文学艺术；既有对先进文化与中国传统文化的深入分析，也有对21世纪中国文艺发展主要趋向的前瞻性展望。

此外，一些论文不仅具有理论价值，而且具有实践意义。如“非物质文化遗产保护研究”中选辑的论文，紧密联系我国非物质文化遗产保护工作的实际，针对实践中出现的一些问题深入论析，并提出了不少有价值的思考、建议以及相关的方法和措施。书中所选的一些论文在其发表时，即产生了较大的学术影响，如《20世纪中国文学语言观念的嬗变》、“先进文化与传统文化”中的一部分《屹立于世界文化之林——论中国传统文化的独特优势》均荣获中国社会科学院文献信息中心颁发的优秀论文奖。

本书所选论文的研究方法主要采用的是多学科渗透、融合和多角度考察、透视的综合方法，坚持宏观论析与微观实证相结合，理论研究与文化艺术实践紧密结合。全书五部分之间具有缜密的内在联系，具有较强的学术性、理论性、知识性及可读性。

本书能入选中国艺术研究院学术文库并得以顺利出版，离不开我院领导和专家委员会众多学者的支持和帮助，离不开我所在的马克思主义文艺理论研究所里领导和同事的悉心关照，离不开时代出版传媒股份有限公司所做的大量工作，在此，我衷心地表示深深的谢意！

李荣启

2013年8月8日于外交学院寓所

第一编

文化艺术理论探索

文化是一个民族的灵魂和血脉。中国特色社会主义先进文化既植根于中国特色社会主义的伟大实践，又渊源于中华民族五千多年的文明史。建设和繁荣社会主义先进文化，就要全面、科学地认识和把握它在社会主义建设中的地位和作用、它的基本特征，处理好当代文化与传统文化的关系。文艺是文化的重要组成部分，要繁荣和发展社会主义文艺，就要正确看待市场经济下的文学艺术及其所具有的特殊性，并能前瞻性地展望我国21世纪文艺发展的趋向。

文化在社会主义现代化建设中的地位和作用

坚持文化的社会主义性质和民族特点，建设有中国特色的社会主义文化，是现阶段我国文化工作的历史使命和奋斗的总目标，是现代化建设总体布局中不可缺少的基本环节，也是巩固与发展社会主义经济的客观要求。因此，肯定社会主义文化这个人类文化史上崭新的发展阶段，科学地认识它的基本特征，明确它在社会主义现代化建设中的地位和作用，确定体现这些特征而必须实行的工作保证，是至关重要的。

一、文化在社会结构系统中的位置

（一）关于文化的概念

何谓文化？古今中外学者、理论家从不同学科、不同层次以及不同视角对其进行了考察，有过各种不同的解释。“文化”一词，在中国很早就有。《周易上经·贲》中说：“观乎人文，以化成天下。”就含有“文化”的意思。汉朝刘向的《说苑·指武》中说：“凡武之兴，为不服也；文化不改，然后加诛。”南齐王融在《三月三日曲水诗序》中说：“设神理以景俗，敷文化以柔远。”从这些说法可以看出，中国最早的“文化”概念是指“文治和教化”，与现代意义上的文化并不完全相同。后来，梁启超、胡适、梁漱溟、陈独秀等人都提出过文化的定义，但歧义甚多，莫衷一是。

在西方，“文化”概念也有个演变、发展的过程。在古希腊、罗马时期，文化被理解为培养公民参加社会生活的品质与能力。在欧洲中世纪，文化被“祭祀”一类术语所代替，因为那时神学占了统治地位。文艺复兴时期，思想家们提倡人道，反对神道，文化被用以说明人的形成和发展过程。到了18世纪启蒙运动时期，文化与教养联系了起来，并与原始民族的“不开化”和“野蛮性”对立起来。把文化作为一种普遍现象去研究，始于19世纪德国文化社会学派。后来，英美文化人类学产生之后，文化成为一门学科的独立研究对象。英国文化人类学家爱德华·泰勒在1871年出版的《原始文化关于神话、哲学、宗教、艺术和风俗的研究》一书中，第一次将文化涵义系统地表述为：文化或文明就其广泛的人种学而言，是一个复杂的整体，它包括知识、信仰、艺术、道德、法律、风俗及作为社会成员的人所获得的才能和习惯。

自泰勒的文化定义之后，社会科学界的众多学者又对文化作了种种界说。有人认为文化是人类的活动方式和创造的财富的总和；有人则从文化对人类社会生活的意义、功能方面去界说文化，认为文化是一个价值体系；有人把文化当作一种特殊的有自身结构的体系，认为它是社会系统的一个有机构成部分；也有人把文化看作是一种具有动力特色的行为方式和生活方式；等等。可谓众说纷纭。结果是对文化的界定越来越多。据美国文化人类学家克鲁伯与克拉克的统计，自1871年至1951年的80年间，严格的文化定义就有164个之多。后来的法国社会心理学家莫尔新的统计资料表明，20世纪70年代以前，世界文献中的文化定义已达250多个。

这种见仁见智、相互殊异的情况，一方面说明文化是一个异常复杂的社会现象；另一方面则表明由于学者们考察文化的角度不同，研究的目的不同，思维的方式不同，以及文化传统上的差异等多方面的原因，造成了人们对不断发展的复杂多样的文化现象的不同认识。

面对如此众多的文化定义和歧义，究竟应当怎样理解文化，并且比较科学地说明它和掌握它呢?

马克思主义指明了这样的途径。按照历史唯物主义观点，关于文化的性质、作用等问题，必须放在社会的整体结构中进行历史的考察，而不能孤立地看待；特别是不能离开物质生活的生产方式，也就是由生产力和生产关系所构成的经济基础。马克思在《<政治经济学批判>序言》中说：“物质生活的生产方式制约着整个社会生活、政治生活和精神生活的过程。不是人们的意识决定人们的存在，相反，是人们的社会存在决定人们的意识。”①

文化的概念，可以作广义的理解，即包含着两个方面：物质文化与精神文化。物质文化体现为社会创造的物质财富，包括建筑、技术设备、交通通信工具等，它表现出一定社会的生产水平和性质，表现出劳动者的生产技能和经验。精神文化体现为社会中的人的文明程度、知识水平和科学、艺术的成就等。我们通常使用的文化概念，只是指精神文化，是一种相对狭义的概念，而且主要是指教育、科学、文学艺术、新闻出版等。这样，我们就可以把文化理解为一种社会意识形态（或称观念形态），它是由社会的经济基础所决定的，同时又反映社会的政治与经济，并且反作用于政治与经济。如毛泽东在《新民主主义论》中所说的：“一定的文化（当作观念形态的文化）是一定社会的政治和经济的反映，又给予伟大影响和作用于一定社会的政治和经济。”②这些论述集中表明了历史唯物主义关于文化的性质和作用的观点。

（二）社会主义现代化建设中的文化定位

社会主义现代化建设是一项全面的、系统的工程，其中政治、经济、文化是缺一不可的三大组成部分。经济是基础，政治是经济的集中表现，作为观念形态的文化是一定的经济与政治的反映。经济、政治、文化三者在社会主义现代化建设的进程中，必须互相促进，协调发展。在以经济建设为中心，努力建设有中国特色社会主义的伟大实践中，正确认识文化的定位和文化的使命，对于推进社会主义现代化进程，具有重要的现实意义。

1.文化是经济发展的精神推动力

建设有中国特色的社会主义，不但要有高度的物质文明，而且要有高度的精神文明。文化建设，是精神文明建设的重要内容，也是促进精神文明的重要手段。文化建设的根本目的和作用，就是全面提高人民群众的素质。江

---

① 《马克思恩格斯选集》第二卷，人民出版社1972年版，第82页。

② 《毛泽东选集》第2版，第二卷，人民出版社1991年版，第663页。

泽民在党的十五大报告中论及文化建设时指出："我国现代化建设的进程，在很大程度上取决于国民素质的提高和人才资源的开发。"只有人的素质普遍提高了，经济建设才能顺利进行。许多学者和经济学家认为，新加坡等国家的迅速发展所创造出来的"奇迹"，在很大程度上取决于文化的发展。良好的社会文化环境，为经济发展创造了极为重要的条件，从而逐步形成经济文化一体化的新格局。新加坡是一个人力、物力资源极为贫乏的小国，从60年代以来，经济持续高速发展，人均国内生产总值已达到发达国家水平，能取得如此巨大的经济成就，其中一个很重要的原因就是建立了一个良好的文化结构，形成了一种强大的"文化力"。所以，经济要发展，一定要考虑本国或本地区的文化背景、文化传统，要重视文化的价值观念与精神支柱作用，要依赖文化给予的精神动力、智力支持、思想保证与舆论环境。

2.文化对经济的渗透与促进

在现代经济活动中，文化因素含量很高，可以说任何经济活动都是以一定的文化样式进行的。文化已渗透到现代经济活动的各个环节，如生产、管理、运输、营销、分配等，文化"弥漫"于整个经济领域。文化的这种无处不在的底蕴作用，是经济发展中潜在的、深层的推动力。尤其是进入70年代以后，经济文化一体化的发展趋势愈加明显，经济与文化呈现出彼此依存、相互促进和共同发展的态势。它表现在：现代企业注重在生产中降低资源、能源、财力的有形投入，提高科技、教育的无形投入；追求经济目标的统一；越来越重视社会整体发展的人文价值取向；环境价值和文化认同成为全球产业结构调整、全球性区域经济合作的深层基础；等等。这些发展趋势归结到一点，就是高度重视"文化力"的增长。

文化是一种无形资产，也是一种潜在的投资。有效地开发和利用丰富的文化资源，就能促进经济高速增长，加快经济发展的进程。在市场经济的大潮中，我国不少地区借助文化资源的优势，展开了经济腾飞的翅膀。山东潍坊开发、举办国际风筝节，不到10年，引进外资企业上千家，使一个封闭、落后的农业市，变成了一个走向世界、全方位搞活、开放的工业化明星城市。孔子故乡曲阜，大力挖掘传统文化资源，使这个地区的生产力跳跃式发展，几年便上一个新台阶。利用文化优势促进经济发展，使文化与生产力实现同步发展，这在我国许多地区都已经获得了可喜的成效，同时也证实了文化对现代经济增长的巨大作用。

3.文化是未来经济发展的强大牵引力

文化对经济的重要性，远不止是文化在经济领域、经济活动中的现时作用，更为重要的是文化对经济还具有深远的“明天的意义”。在科技与文化日益发展的今天，文化力在现代经济发展中的作用越来越大，社会生产力的力量源泉已从“物质空间”转向“知识空间”。在未来的世界赛局中，如果把经济比作是高速运行的列车，那么，可以说文化就是车头。一国的现代化文化内容，制约并决定着该国的产业结构、经济结构的发展方向、发展水平及经济增长速度。当代日、美等发达国家产业结构的高层次化、文化化，就是有力的实证。为此，我们应该以强烈的紧迫感和深邃的历史洞察力来认识发展现代文化的极端重要性。正如邓小平明确指出的：“从长远看，要注意教育和科学技术。否则，我们已经耽误了二十年，影响了发展，还要再耽误二十年，后果不堪设想。”[①]这一告诫振聋发聩，不能不引起我们的高度重视。

邓小平建设有中国特色的社会主义理论，强调要“两手抓”，一手抓物质文明建设，一手抓精神文明建设，“两手都要硬”。如果从文化意义上说，就是既要以经济建设为中心，大力发展经济，尤其是把建立社会主义市场经济体制作为战略举措；同时又要把文化建设搞上去，使经济与文化相互适应、协调发展，必须克服“一手硬、一手软”的现象。

二、有中国特色社会主义文化的基本特征

有中国特色社会主义文化这个概念，是在党的十一届三中全会以后才逐渐形成的，是江泽民在回顾了我们党70年光辉历史，总结了我们国家自新中国成立以来特别是改革开放以来的经验，分析了错综复杂的国际形势之后，根据我们要达到的宏

① 《邓小平文选》第三卷，人民出版社1993年版，第274—275页。

伟现代化目标提出来的。在党的十五大报告中，江泽民对建设有中国特色社会主义的文化问题又作了深刻的表述："建设有中国特色社会主义的文化，就是以马克思主义为指导，以培育有理想、有道德、有文化、有纪律的公民为目标，发展面向现代化、面向世界、面向未来的，民族的科学的大众的社会主义文化。"从以上表述中我们可以看出，有中国特色社会主义文化，具有以下基本特征。

（一）严密的科学性

建设有中国特色社会主义文化，是以马列主义、毛泽东思想、邓小平理论这一科学的世界观、方法论为指导的。马列主义、毛泽东思想、邓小平理论是我们党的事业的理论基础，是社会主义意识形态的核心内容，它不仅科学地揭示了社会发展的客观规律，而且为社会主义文化建设提供了指导思想、发展战略和方针政策。只有坚持以马列主义、毛泽东思想、邓小平理论为指导，社会主义文化建设才能坚持正确的原则，才能沿着正确的方向前进，才能有步骤、有秩序地健康发展。邓小平曾谆谆告诫我们：思想文化战线的同志，"作为灵魂工程师，应当高举马克思主义的、社会主义的旗帜"[①]。由于马列主义、毛泽东思想、邓小平理论本身就是科学理论，在科学理论指导下的文化必然具有科学的品格和科学的精神。

为了成功地建设有中国特色的社会主义，邓小平反复强调要解放思想，实事求是，他说："实事求是，一切从实际出发，理论联系实际，坚持实践是检验真理的标准，这就是我们党的思想路线。"[①]并进而提出："解放思想，就是使思想和实际相符合，使主观和客观相符合，就是实事求是。今后，在一切工作中要真正坚持实事求是，就必须继续解放思想。"[②]无疑，解放思想、实事求是，是邓小平建设有中国特色社会主义理论的精髓，也是其建设有中国特色社会主义理论的核心。文化是一种积累，同时也是一种创新，是一个在积累过程中不断创新和在创新过程中不断积累的人类文明生长过程。二者相辅相成，辩证运动，缺一不可。在文化建设上，解放思想，实事求是，克服僵化封闭、愚

① 《邓小平文选》第二卷，人民出版社1993年版，第278页。

② 同上，第364页。

昧迷信思想，审时度势，抓住机遇，站在历史发展的高度，开创理论思维和文化建设的新境界；要坚持辩证唯物主义原则，坚持一切从客观实际出发，反对唯心主义、本本主义和教条主义，理论联系实际，在实践中检验和发展真理。因此，坚持解放思想、实事求是的科学态度，也深刻体现了建设有中国特色社会主义文化的科学性。

（二）深厚的民族性

任何一个民族的文化现代化都不能建立在虚无上，而必须建立在一个被批判过的既有的文化传统上。中华民族屹立于世界东方，在五千多年文明发展史中，创造了博大精深、源远流长的中国传统文化。我国传统文化作为过去时代的产物，固然在思想观念、价值取向、行为规范等方面有与发展社会主义市场经济和现代文化相冲突的一面，但是，中国传统文化中又有许多与整个人类社会发展方向相一致的优秀内容和思想精华，是我们走向现代化的基础，应当批判地继承。

毛泽东非常重视批判地继承和发扬我国的历史文化遗产，他指出："我们这个民族有数千年的历史，有它的特点，有它的许多珍贵品。……今天的中国是历史的中国的一个发展，我们是马克思主义的历史主义者，我们不应当割断历史。从孔夫子到孙中山，我们应当给以总结，承继这一份珍贵的遗产。这对于指导当前的伟大的运动，是有重要的帮助的。"①所以，有中国特色社会主义文化的建构过程，同时也必须是对传统的优秀文化弘扬与光大的过程。这种新文化是在中国本土上，在中国固有文化基础上建设的，它体现着民族精神、时代精神和中国现代化进程。这种新文化承认原有文化的历史继承性，承认文化是在原有基础上发展进化的；同时，这种新文化也承认文化在空间上的交流、民族间的沟通。社会主义新文化要真正为广大群众所喜闻乐见，从思想内容到艺术形式与人民群众保持血肉联系，就必须具有鲜明的民族特色，这尤其需要弘扬民族文化的优良传统。

---

① 《毛泽东选集》第2版，第二卷，人民出版社1991年版，第533—534页。

（三）广泛的人民性

有中国特色社会主义文化是人民大众的文化，这种质的规定性决定了它的内容和方向必然而且应当是为人民服务、为社会主义服务。坚持“二为”方向，是有中国特色社会主义文化建设自身发展的内在要求，也是我国文化工作的生命线。

为人民服务和为社会主义服务是一致的，二者密切关联。由于社会主义事业是人民群众的事业，而现阶段我国人民的根本利益和要求是要建设有中国特色的社会主义，所以，文化工作为人民服务和为社会主义服务在本质上是相通的、统一的。前者着重强调的是文化工作和人民群众的血肉联系，它从为什么人服务的角度指明了我国文化工作的方向；后者着重强调的则是文化工作与人民群众血肉联系的时代内容，它从文化工作与经济基础乃至整个社会制度的关系上显示了我国文化工作的本质特征。

坚持“二为”方向，是建设有中国特色社会主义文化的根本原则，也是社会主义精神生产者的崇高的责任、神圣的义务。我们的文艺创作和各种文化活动必须时时刻刻、全心全意地把广大人民群众作为服务对象，为群众创造出最好的精神食粮，真正满足人民群众的精神文化需求，为他们所接受。与此同时，还必须在各种文化创造活动中体现人民群众作为历史创造者的应有的地位，应当积极发展群众性文化活动，使广大人民群众成为整个文化的主人。在服务内容上，要直接表现人民群众的愿望和我国社会主义的时代精神与现实生活，用社会主义思想和健康积极的精神产品去影响和教育人民，帮助人民群众提高精神境界，坚定对社会主义的信念，更加自觉地以主人公的姿态投身于建设有中国特色社会主义的伟大实践中去。

（四）高度的民主性

在社会主义商品经济和公有制基础上形成起来的社会主义民主制度，是比资本主义民主更高类型的民主；反映这样一种经济政治制度的文化，必然是具有民主精神的文化。社会主义文化事业是广大人民群众的事业，社会主义制度保障了广大人民群众创造文化和拥有文化的权利与条件。只有实行高度的、广泛的社会主义民主，才能保证社会主义文化事业健康发展。邓小平指出：我们在坚持为人民服务、为社会主义服务的正确方向的同时，必须“坚持百花齐放、推陈出新、洋为中用、古为今用的方针，在艺术创作上提倡不同形式和风格的自由发展，在艺术理论上提倡不同观点和学派的自由讨论。”[①]这说明，坚持“二为”方向和贯彻“双百”方针是根本一致的。有中国特色的社会主义文化建设必须贯彻“双百”方针，实行广泛的社会主义民主。

民主都是具体的、相对的。社会主义民主的实质是要保证人民群众当家做主的权利，在文化工作中就是要保证广大文化工作者沿着“二为”方向积极创造的自由，保证广大人民群众对文化工作有充分的发言权和参与权，把文化工作变成人民群众的事业。要活跃文化气氛，提倡不同学术观点、艺术流派的争鸣和切磋，提倡同志式的批评和反批评。要鼓励深入研究我国建设和改革的现实问题，鼓励创作更多的为人民大众所喜闻乐见的反映社会主义时代精神的好作品。此外，还必须积极开展同腐朽的文化、反动的文化的斗争，不允许毒害人民、污染社会的东西泛滥。为了发扬社会主义民主，不但党和政府部门要实行决策民主化，而且一切文化团体都要在坚持“二为”方向的前提下实行真正的民主管理和民主监督，真正办成能代表全体成员意志的群众团体。

（五）充分的开放性

当今的世界是一个开放的世界。今日的文化发展趋势，呈现出各国各民族文化相互交流、相互借鉴、相互影响、共同繁荣的局面。对当今社会发展的这一趋势，邓小平早有预见，并高瞻远瞩地为我们制定了对外开放的基本国策。他指出：“我们要向资本主义发达国家学习先进的科学、技术、经营管理方法以及其他一切对我们有益的知识和文化，闭关自守，故步自封是愚蠢的。”[②]这就明确告诉我们，建设有中国特色的社会主义文化不能搞闭关自守和狭隘的民族主义，必须坚持文化的开放性。在当今世界，任何一个民族都必须将自己的文化纳入世界文明发展的轨道，否则只能导致文化的落后。

① 《邓小平文选》第二卷，人民出版社1993年版，第210页。

② 《十二大以来重要文献选编》上册，人民出版社1986年版，第418、419页。

文化交流是文化进步的动力。在文化的相互交流中，交流的各方可以吸收对方文化的精华作为发展本民族文化的营养，丰富自己的民族文化；可以从对方文化发展的经验教训中获得教益，使自己不走或少走弯路；可以从双方文化的比较中发现自己文化的弱点，以取对方之长补自己的不足；可以摸准文化发展的时代精神和时代潮流，发现本民族文化的时代差距，从而奋起直追。从历史上看，中华文化就具有自觉的开放性。中华文化不仅本身是中原汉文化与众多少数民族文化的聚集与融汇，而且也是吸收外来优秀文化的结果。如东汉以后印度佛教文化的传入，汉唐时期西域文化的引进，宋元以后又受蒙古文化、阿拉伯文化以及西方基督教文化的影响等，实现了成功的文化交流。

有中国特色的社会主义文化是世界文化的重要组成部分，文化上的对外开放和交流是有中国特色社会主义文化建设的不可缺少的重要条件。为此，我们应该在立足本国的基础上，充分学习借鉴、容纳吸收外国先进的文化成果，并以马克思主义为指导，以现代意识为取向，对其认真分析、鉴别、选择和改造，吸取精华，剔除糟粕，以丰富发展自己。要坚决反对全盘西化，吸取世界优秀文化成果，必须做到“洋为中用”，在综合中外优秀文化成果的基础上，创造出崭新的有中国特色的社会主义新文化。

三、文化在社会主义现代化建设中的作用

社会主义社会是物质文明和精神文明同步发展的社会，它不仅要有高度的物质文明，而且要有高度的精神文明，精神文明是社会主义社会的重要特征。正如邓小平所说：“我们要在建设高度物质文明的同时，提高全民族的科学文化水平，发展高尚的丰富多彩的文化生活，建设高度的社会主义精神文明。”[①]文化建设是精神文明建设的一项重要内容，而且是一项基础性的内容。有中国特色的社会主义文化建设，不仅能够形成有利于社会主义现代化建设和全面改

① 《邓小平文选》第二卷，人民出版社1993年版，第208页。

革开放的舆论力量、价值观念、文化条件和社会环境，而且能够全面提高人的素质，振奋全国各族人民献身现代化建设的巨大热情和创造精神，为社会主义现代化建设提供强大的精神动力和智力支持。具体说来，文化建设主要有以下作用。

（一）指明社会主义现代化建设的价值取向，培育“四有”新人

建设有中国特色的社会主义是一个前无古人的伟大创举，是影响和涉及社会各方面的深刻革命。它不仅要靠物质财富的不断增长，还必须依靠社会全体成员人生观、价值观的转变，思想觉悟的不断提高和革新精神的不断发扬。在建设高度物质文明的同时加强全社会思想道德文化建设，不仅是社会发展过程的本质要求，而且更是社会主义发展目的的本质要求。现代化最终不仅是经济意义上的现代化，而且也是文化意义上的现代化，是文明的现代化，是最文明的人类和人群的表征。

实现社会主义现代化，需要培养和造就千百万社会主义新人。在社会主义现代化这项庞大的系统工程中，人的素质的高低，人的现代化程度，具有主导性作用。现代化建设的任务要靠人来完成。为此，邓小平反复强调：“有一点要提醒大家，就是我们在建设具有中国特色的社会主义社会时，一定要坚持发展物质文明和精神文明，坚持五讲四美三热爱，教育全国人民做到有理想、有道德、有文化、有纪律。”[①]文化建设的根本目的，就是培养全面发展的人，在现阶段，就是培育“四有”新人。“有理想、有道德、有文化、有纪律”这四个方面，都具有其各自特定的内涵。

理想是指人的信仰、向往和追求的目标。它是人们的社会政治观点和世界观的集中反映，是支配一定社会的人们行动的强大的精神力量。所谓“有理想”，就是要有共产主义远大理想和现阶段的共同理想，这个共同理想是指建设有中国特色的社会主义，把我国建设成为高度文明、高度民主的社会主义现代化国家。有了如此远大的理想，才能有明确的奋斗目标，才能在前进的道路

① 《邓小平文选》第三卷，人民出版社1993年版，第110页。

上百折不挠、奋斗终生。道德是经济基础的反映，是在不同的经济制度下，不同阶级、集团处理社会利益关系的行为准则和规范的总和。“有道德”，就是要有社会主义和共产主义道德，它的基本要求是：爱祖国、爱人民、爱劳动、爱科学、爱社会主义。正确处理个人利益与社会集体利益的关系，既讲物质利益，又讲奉献精神，反对个人物欲至上的资产阶级道德观；在社会生活中，发扬助人为乐、舍己为人、公而忘私等集体主义精神。这些乃是社会主义新人的基本行为规范和道德标准。“有文化”是指狭义的文化，即有科学文化知识。要求人民群众不断提高科学文化水平，掌握为社会主义现代化建设服务所必需的文化知识和专业技术。这是社会主义新人全面发展、为实现共同理想而奋斗的基本前提。所谓“有纪律”，就是要增强社会主义公民意识和法制观念，自觉地遵纪守法。“四有”是一个相互联系的有机整体，它概括了社会主义新人的本质特征。

（二）文化建设为社会主义现代化建设提供智力支持和人才优势

建设有中国特色的社会主义文化，包含着发展科学技术与教育事业。江泽民在党的十五大报告中指出：“发展教育与科学，是文化建设的基础工程。”

经济的发展首先取决于科学技术的发展。科学技术是生产力，这是马克思主义的基本观点。邓小平根据现代和当代的实践，更加充分地论证了科学技术对物质文明建设的巨大作用，创造性地提出了“科学技术是第一生产力”的重要论断。他深刻地指出：“四个现代化，关键是科学技术的现代化。没有现代科学技术，就不可能建设现代农业、现代工业、现代国防。没有科学技术的高速度发展，也就不可能有国民经济的高速度发展。”①这些深刻的论断，蕴含着极其丰富的理论内涵，是对当代社会经济发展客观规律的认识的深化。

当今世界，新的科技革命突飞猛进，竞相发展的高科技产业已成为越来越多的国家谋求发展的战略重点。世界各国为抢占科技制高点和高科技产品市场，开始打一场没有硝烟的面向21世纪的“和平战争”。展望未来，世界各国综合国力的较量最根本的就是科技的较量，而科技的较量归根到底是国民素质

① 《邓小平文选》第二卷，人民出版社1993年版，第86页。

和人才的较量。因为，“人是生产力中最活跃的因素。这里讲的人，是指有一定的科学知识、生产经验和劳动技能来使用生产工具、实现物质资料生产的人”[①]。人是创造经济发展的根本力量，只有具备较高的科学文化水平、丰富的生产经验、先进的劳动技能的人，才能在现代化的生产中发挥较大的作用。因此，文化的发展和现代化，应是现代化指标体系中的基本指标。社会主义要创造高度发达的社会生产力和比资本主义更高的劳动生产率，就要有科学文化的高度发展。在一个文盲、科盲充斥的国度里，是无法实现社会生义现代化的，也很难有物质文明建设的高度发展。

要提高全民族的整体素质，发展科学技术，必须重视教育，“一个十亿人口的大国，教育搞上去了，人才资源的巨大优势是任何国家比不了的。有了人才优势，再加上先进的社会主义制度，我们的目标就有把握达到”[②]。这里，邓小平阐发出一个深刻的思想，即搞四个现代化要把知识和人才问题放在首位，教育是解决知识人才问题的基础。广大劳动者提高科学文化修养，是现代化建设事业取得成功的先决条件。教育是一项具有巨大潜力的智力开发工程，是人的劳动能力的再生产，是科学技术转化为直接现实生产力的桥梁，它与现代生产之间的相互依赖、相互制约的关系愈益明显，它的促进生产发展的作用愈益突出。

教育是国家文化的重要范畴，是一个国家文明的基本标志。在我们社会主义国家，学校既是传授文化科学知识和技能的场所，也是培养人们政治素质、道德风尚和良好行为规范的场所，它要向受教育者传播灌输社会主义意识形态。通过学校的系统教育，不仅全面提高受教育者的文化素质，而且帮助他们形成无产阶级的人生观、世界观，为社会主义现代化建设事业输送一批又一批素质精良的劳动者。同时，学校也是培养科技人才的重要基地。邓小平认为，我们要通过发展教育事业，培养一大批世界第一流的科学家、工程技术专家。在一个人才辈出的国家里，社会主义现代化建设的宏伟目标才能尽快实现。我

① 《邓小平文选》第二卷，人民出版社1993年版，第88页。

② 《邓小平文选》第三卷，人民出版社1993年版，第120页。

国明确地提出了“科教兴国”的方略，其意义就在于此。

（三）文化建设为人的全面自由的发展创造条件

在人类活动及其创造的一切事物中，文化无所不至地渗透于各个领域。日常生活中文化生活占有重要的地位，人们在文化生活上的需求也是多方面的，除了受教育、学科学以外，还要看小说、书报、电影、电视，听戏曲、音乐、广播，参加各种文化娱乐活动，等等。在社会不断进步的今天，人们不仅需要提高物质生活水平，而且需要使文化生活更加丰富多彩。在有中国特色的社会主义文化建设中，文化事业将会更加繁荣与发展。健康的社会文化生活和良好的文化环境，能促进人的全面自由的发展。

文学艺术是社会生活中最为常见、人们最容易接受的文化形式，具有广泛的群众性。它潜移默化地影响着民族的思想感情和精神风貌。文艺作品把哲学、政治、法律、道德或宗教的观念形象化，借以把特定社会所提倡的道德规范、行为方式和理想目标形象化地告诉给群众，其影响（包括积极的和消极的）是政治、教育等部门无法替代的。正如邓小平在阐述文艺的社会作用时所说的：“不论是对于满足人民精神生活多方面的需要，对于培养社会主义新人，对于提高整个社会的思想、文化、道德水平，文艺工作都负有其他部门所不能代替的重要责任。”①

文学艺术的社会作用来自作品本身。首先，文艺作品通过广泛的题材和深刻的主题思想，把特定的意识形态和情感注入读者或观众的心田，成为他们观察、了解和解决社会问题的参照和指导。凡是受广大群众欢迎的、引起社会强烈反响的作品，都是深刻地反映社会生活、具有强烈时代感的作品。其次，文艺作品是通过塑造有血有肉、生动感人的艺术形象来实现其社会功能的。作品中的艺术形象来自社会生活，但比实际生活更集中、更典型，因而也更带有普遍性。优秀文艺作品中的典型形象，寄托着人类美好的理想与追求，包含着深刻的爱和恨，它寓教于乐，使读者、观众在欣赏中受到启发和教育，从而提高

① 《邓小平文选》第二卷，人民出版社1993年版，第209页。

思想道德水平，激励人们更加积极地投身于社会主义现代化建设。另外，文艺作品还可以促进人与人、人与社会之间的了解和沟通。通过文艺作品，人们可以看到五光十色的世界，如报告文学和纪实文学的“镜头”直接瞄准社会上重大的或敏感的现实问题，其所特有的文学性是新闻报道所不具备的，因而更能打动人心。文艺作品已成为人们获取信息、认识社会、思考人生的渠道。

体育也是一种重要的文化生活和文化现象。作为文化形式，体育具有极广泛的群众性和世界性。体育主要是通过增强人们的身体素质来推动社会进步。身体是知识和道德的载体，是一种物质基础。失去了这个基础，精神的东西就无所寄托。发展体育运动，必将对物质文明建设和精神文明建设产生重要影响。体育运动除使人有充沛的精力和强壮的身体外，还能锻炼人的毅力、意志，有助于完善人的个性心理，增强人们的进取心，培养人的协作意识和集体主义精神，激发人们的爱国主义热情。同时，体育欣赏也是一种富有特殊魅力的审美享受。

总之，建设有中国特色社会主义的文化是社会主义精神文明建设的重要内容，它在整个社会主义现代化建设中占有十分重要的位置。我们应提高认识，加强领导，采取切实有效的措施，保证社会主义文化建设的顺利发展。

（原载《论有中国特色社会主义文化建设》，宁夏人民出版社1999年版）

先进文化与传统文化

当代中国的先进文化是顺应历史潮流，反映时代精神，代表未来发展方向，推动社会进步的新文化。它既植根于中国特色社会主义的伟大实践，又渊源于中华民族五千多年的文明史。因此，正确认识和处理当代文化与传统文化的关系，是我国先进文化建设的基本问题。换句话说，培育和弘扬民族精神是发展先进文化的极为重要的任务。全面审视、认真分析中国传统文化，在批判中继承，在继承中创新，在创新中发展，是建设和繁荣先进文化的必由之路。

一、先进文化的血脉渊源

文化的发展是一个历史的连续体。任何一个民族的文化都不能建立在虚无上，而必须建立在一个经过批判的传统上，在母体文化的基础上延续和发展。马克思曾经指出："人们自己创造自己的历史，但是他们并不是随心所欲地创造，并不是在他们自己选定的条件下创造，而是在直接碰到的、既定的、从过去承继下来的条件下创造。"[①]文化发展的历史也是如此。中国先进文化不是凭空产生的，它渊源于历史悠久、博大精深的中华民族传统文化。中国有五千多年的文明历史，我们的先辈创造了丰富灿烂的文化，给我们留下了宝贵的精神遗产。要创造和发展中国特色社会主义的先进文化，就必须发扬民族文化的优秀传统，批判地继承中国传统文化。而了解中国传统文化发展与演变的历史，认识其所具有的特质和优势，是我们继承这份宝贵精神遗产的前提。

① 《马克思恩格斯选集》第一卷，人民出版社1995年版，第585页。

（一）中国传统文化的发展与演变

中国传统文化是指在五四运动以前的几千年，中国在特定的自然环境、经济结构、政治体系、社会制度、意识形态的作用下形成、积累和传承下来，并且至今仍在影响着现代社会的中国古代文化。从广义的范围讲，是指历史上形成的物质的、制度的和精神的各种事物；从狭义的范围讲，是指历史上形成的价值观念、思维方式、伦理规范、理想人格、审美情趣等精神成果的总和。我们所探讨的是狭义的观念形态的文化。

中国传统文化源远流长，经历了五千余年漫长征程，其发展演变主要由以下几个时期构成：

1．远古时代：中国文化的萌生期

历史学家习惯地把文字产生以前的历史称为远古（或上古）时期。中国古代文化正是起源于这一极为遥远的时期。人类学家发现，距今约1500万年到1000万年之前的拉玛古猿，是人类的先祖之一。在我国云南的开远县和禄丰县，均发现了古猿的化石。1965年，在距开远、禄丰不过百里的元谋县发现了元谋人化石。这两大发现，有力地证明了中国是人类的发源地之一。

有了人，就有了历史和文化。从元谋人、蓝田人（陕西蓝田）、北京人（北京周口店）、和县人（安徽和县）到丁村人（山西襄汾县）、马坝人（广东曲江）再到河套人（内蒙古河套）、柳江人（广西柳江）、资阳人（四川资阳）、北京山顶洞人，在这样一个从猿到人的发展过程中，中国古文化逐渐萌生。

我国远古时期的文化呈繁花初绽的景象，原始艺术与原始宗教是其主要的存在形态。这一时期的艺术品，主要有陶塑、陶绘、木雕、骨雕、石雕、玉雕、漆器等。在新石器时代的仰韶文化、大汶口文化和龙山文化中，制陶工艺已很精湛，彩陶的造型和纹饰体现了原始人丰富的审美追求。陶绘的图案多样而精美，有鱼形纹、鸟兽纹、花果纹、席纹、编织纹、三角形、方形、菱形等，千姿百态。木、骨、石、玉、牙雕等工艺也发展到了一定的水平。如早在7000多年前的浙江余姚河姆渡遗址中，就出土有刻着花纹的象牙杯和象牙长尾鸟，其中鸟的形象生动逼真，雕工很精细。此外，具有强烈模仿人类生产生活特征的舞蹈也出现了。在吹奏乐器和打击乐器的伴奏中，人们手舞足蹈表达各种情感。

原始宗教是社会生产力和人类思维发展到一定阶段的产物。中华先民原始宗教崇拜的对象非常广泛，主要表现为灵魂崇拜、自然崇拜、生殖—祖先崇拜和图腾崇拜。原始人相信人是有灵魂的，人死灵魂犹在。在仰韶文化遗址中发现，盛有幼童或婴儿的瓮棺的盖子上留有一个小孔，是供其灵魂出入的通道。山顶洞人在埋葬死者时，在其身上和周围撒上许多象征血液的赤铁矿粉，意在呼唤生命。这些习俗说明古代先民已经有了“灵魂” 观念，出现了灵魂崇拜。史前人类由于思维能力低下，对千变万化的大自然缺乏科学的认识，于是对自然物及自然现象产生出种种幻化观念，形成对自然的崇拜。自然崇拜的具体物象，主要有太阳、大地、山、水、风、雨、雷、电等。在仰韶文化遗址出土的陶器上，人们常常发现太阳图形的纹饰。与此同时，出于对自身繁衍的极大关注，又产生了炽热的生殖崇拜。从辽宁牛河梁和东山嘴红山文化遗址发掘出来的丰乳肥臀的陶塑女神像，在广阔的新石器文化遗址中发现的男性生殖崇拜物——石祖、陶祖，发现于新疆呼图壁县境内的大型生殖崇拜岩画，都展示了先人对生命祭祀的庄严感情。图腾崇拜是较高级的宗教形式。中华先民认为自己的氏族与某种动植物有特殊关系，作为氏族的标志加以崇拜，这便是“图腾”。图腾的对象有鱼、鸟、蛙、龟、蛇、熊、虎、马等自然物，以及经过抽象概括了的龙、凤等幻想物。中华民族对龙的崇拜已有数千年的历史。龙是各种图腾的综合性形象，反映了远古氏族走向融合和中华文化多元共生的特征。

2．夏商周：中国文化的雏型期

中国文化在走过了远古的萌生时期之后，至夏、商、周开始进入了真正意义上的发生期。文字的出现使中华民族跨入文明时代。夏、商时期，由于生产力水平低下和认知水平的局限，人们对许多自然的和社会的现象无法理解，便认为这些现象背后有无所不能的神在起作用，致使这一时期的文化以神为本，用《礼记·表记》中的话来说就是“殷人尊神，率民以事神”。那时的人们事无巨细总要卜而又卜，以求吉利平安。这种以“天帝”、“上帝”为最高存在的神学观念广泛地见诸于甲骨文、典籍以及青铜艺术品之中。例如，卜辞中有“帝令雨足年？帝令雨弗其足年？”“今二月帝不令雨”等。殷人认为是天帝掌握着降雨权，二月不下雨是天帝的命令。这种天神至上的观念贯穿在殷人生产、生活的各个方面。

周人灭殷后，把殷人所奉行的宗教精神继承过来并加以改造，引进了“德”范畴，以解释王朝兴替、人事盛衰等社会现象。周统治者思考殷人敬天不谓不诚，天为什么要殷灭周兴呢？结论是“天命靡常”乃是由于“民心无常”。那么，促使上天转命的原因是什么呢？周人以殷为鉴，看到只有宜民宜人，施行“德政”，才能得到“民心”，长治久安。因此，他们提出了“敬德保民”的思想。“德”字及其思想为周人所独创，“德”的含义，郭沫若解释为两个方面：在主观方面是指心正，包括对人不苛责、不侮慢；在客观方面是指不懈地努力治事。[①]“保民”即为了保护其统治而讲究统治策略，以使人民拥护而不反对其统治。具体来说，就是要“知稼穑之艰难”，“知小民之依（痛苦）”，[②]“敬德保民”的思想和措施，说明周人不再像殷人那样听命于天，而是逐渐把对“天”的信仰转化为对“德”的追求。尤其是杰出的政治家、思想家周公，在摄政7年中制礼作乐，倡导道德理性精神，制定周礼并广泛实施，不仅使周人强大，而且为后来儒家主张“德”治提供了依据。

在殷周之际，出现了对中国传统文化影响深远的原始的阴阳五行学说。形成于西周初年的《易经》，虽是一部卜筮之书，但其中却蕴含着丰富的哲理和深刻的辩证思维，它所揭示的宇宙和人生道理对后世有着深刻的影响。如《易传》依据“物极则反”的法则，提出“穷则变，变则通，通则久”的变通观，以及“天行健，君子以自强不息”的刚健自强之说，虽然是朴素的，却是非常深刻的，代表了那个时代人类的最高智慧。

公元前722年，周平王被迫东迁。这不仅标志着周天子权威的失落，而且意味着中国历史从此进入了诸侯纷争的春秋战国时代。这一时期，随着社会生产力的发展，随着社会制度由奴隶制向封建制的转化，社会出现了大动荡和大变

---

① 参见《郭沫若全集》第一卷，人民文学出版社1982年版，第336页。

② 《尚书·无逸》。

革，这为当时的知识分子提供了丰富多样的思想素材，也使他们“救世之弊”的社会责任感倍增，促使思想文化领域出现了诸子蜂起、百家争鸣的盛况。按照西汉学者刘歆的说法，气象恢宏的先秦诸子百家中，最重要的有儒、墨、道、名、法、阴阳、农、纵横、杂、小说10家。这10家中以儒、墨、道、法对后世影响最大。各家既相互批判，又相互吸收，相互渗透、融合，从而形成了中国文化的基本形态。

孔子是儒家学派的创始人。他通过对周礼的研究和整理，把带有天道神学色彩的礼转换成伦理道德之礼，而这个礼的核心就是仁，以仁释礼，仁礼结合，形成仁—礼—中庸的思想体系。仁的基本含义就是爱人。从政治作用看，仁是礼的精神支柱，仁礼一体；从主体修养来看，恭、宽、信、敏、惠是实现仁的具体要求；从血缘关系来看，孝悌是为仁之本；从人我关系来看，忠恕是为仁之道。孔子以后，孟子进一步发展和完善了仁学思想，他提出仁、义、礼、智的四端说，并将儒家学说发展成一套比较完整的“达则兼善天下，穷则独善其身”的修身理论，使儒学成为先秦诸子百家中最大的一家，极为深刻地影响了中国古代文化。

如果说自春秋末年到战国初期是儒家学说广为流传的话，那么，到战国中期就是“儒墨显学”并行天下。墨家学派的创始人墨子出身贫贱，生活俭朴，所谓“量腹而食，度身而衣”，和孔子“食不厌精，脍不厌细”的态度截然不同。墨家的基本主张是兼爱、非攻、尚贤和节用。墨家认为攻人之国最为不义，并以兼爱互利之说反对攻人之国、攻人之身，企图以普遍的爱停止战乱取得太平。墨家不赞同儒家的亲亲主张，提倡尚贤，即选拔贤人来治国，主张“不别贫富、贵贱、远迩、亲疏”，“虽在农与工肆之人，有能则举之”，做到“官无常贵，而民无终贱”[①]。墨家还主张节用，即反对生存基本需要之外的消费，凡饮食、衣服、丧葬、其他日用物品等的消费，都要“去无用之费”[②]。这些思想反映出小生产者和中下层劳动者特有的文化性格。

① 《墨子·尚贤》。

② 《墨子·节用》。

道家主张无为而治。老子认为世界万物都源于“道”，万物运动的规律也是“道”，所以“人法地，地法天，天法道，道法自然”[①]，而自然是无为的，因此，“道”的本质是“无”。人世间的思想原则是“无为”，人性要“清心寡欲”，如水一样能滋润万物而不与相争。庄子进一步发挥了老子的这一无为思想，他只求精神完美，要超脱一切是非、物我，并在自己的人生活动中处处遵循这种无为逍遥的生存方式，以达到“天地与我并生，而万物与我为一”[②]的境界。道家思想包含着较多朴素辩证法思想，如“有无相生，难易相成”[③]；“曲则全，枉则正”[④]；“信言不美，美言不信”[⑤]；“合抱之木，作于毫末”[⑥]等，都反映了事物矛盾的依存性、相互转化性，辩证地揭示出事物发展的客观规律。

与道家相反，法家重人道而不重天道。以韩非为代表的法家人物，一切都着眼于现实的功利。韩非提出法、术、势相结合的统治思想，并由此制定出治国方略，这在当时是具有进步性的。尽管法家在政治主张等一系列问题上与儒家尖锐对立，但在重人道轻天道，倾心于社会人生问题方面，两家却有相通之处。重人道成了儒法两家共同的追求和理论特点之一。

由上可见，儒墨道法四家在其学说的表征上虽各不相同，儒法人道显赫，道墨天道昭著，但现实的社会人生问题却是共同关注的课题。各家学派在学术争鸣中相互批判、吸收、渗透，提炼自家学说，吸纳别家学说之长，并发展了相互联结的方面，这样，在各家学说渗透与融合中，逐渐形成了中国文化的基本形态。

3．秦汉魏六朝：中国文化的定型期

中国思想文化的统一及其相应制度的建立，是在秦汉时期。公元前221年，

---

① 《老子·第二十五章》。

② 《庄子·齐物论》。

③ 《老子·第二章》。

④ 《老子·第二十三章》。

⑤ 《老子·第六十八章》。

⑥ 《老子·第六十四章》。

经过多年兼并战争，秦王嬴政终于完成统一大业，建立起了中国历史上第一个专制主义君主集权的统一帝国。秦统一中国后，在许多方面进行改革，统一法律、度量衡、货币、车轨、历法，并实行“书同文，行同伦”[①]。书同文是利用国家政权的力量，从思想交流工具、文化载体——文字使用一体化方面促使民族文化的融合与凝聚，促进各民族间更加深广的文化交流与沟通。行同伦，是从心理状态和伦理规范方面，促成统一的民族文化形成。

秦亡汉兴之后，汉初奉行黄老思想，无为而治，这一政治方针虽然繁荣了经济，培养了国力，但不适合于统一大帝国的治理。董仲舒从“大一统”的政治思想出发，提出“罢黜百家，独尊儒术”的思想文化方针，为汉武帝所采纳，专立儒学《诗》、《书》、《易》、《礼》、《春秋》五经博士，余家皆废，使儒学成为官学，从文化政策上确立了儒学之独尊的地位，也为后来以儒为主的文化模式提供了蓝本。儒家思想在政治、思想、文化、学术诸领域的统治地位一直延续到清代，前后长达两千年之久。

经黄巾起义军的冲击和董卓之乱，导致汉王朝的瓦解，中国历史开始进入三国两晋南北朝的分裂与战乱时期。由于分裂割据、政权林立，大一统时代思想上的专制主义难以实施，而源于先秦的诸子学说在某种程度上又复兴起来，道家、法家学说尤为活跃。由于边疆少数民族入住中原，与广大汉族人民逐渐融合，在文化上也呈现出多民族交融的特点。这一时期由于佛教和道教的发展，为隋唐以后儒、佛、道三家鼎立的文化格局的形成奠定了基础。

在魏晋时期，玄学成为代表性学术思潮，控制了思想文化领域。玄学是因研究阐发《老子》、《庄子》、《周易》这三本书的玄理而得名。玄学提倡尚自然，笃名教。他们杂糅儒道，探讨世界现象的本体，其中心课题是探讨一种理想人格的本体，强调人格的自由和独立。这标志着中国思想文化史上的一个重大转变，那就是从汉代的宇宙论转向了本体论，由此带来了“人的觉醒”和“文的自觉”。同时，玄学在探讨世界本体过程中，富于理性思辨。如王弼

① 《礼记·中庸》。

对“言不尽意、得意忘言”命题的论述。他在《周易略例》中，对“言”、“象”、“意”三者之间的关系所作的多层次的解析，说理抽象深入。玄学的这一思辨性特征，对其后的中国哲学和文学艺术等都具有广泛的影响。

4．唐宋：中国文化的繁荣期

唐代是中国封建社会发展的顶峰。唐人以气吞日月的磅礴气势，海纳百川的博大胸怀，刻意求新的独创精神，谱写出中华文明史上光彩夺目的篇章，使中华文化走向成熟与繁荣的黄金时代。以强盛的国力为基础，唐代文化首先体现出一种无所顾忌的兼容并蓄的气派，奉行立足于我，夷为我用的文化开放方针，广为吸收外来文化。南亚的佛学、历法、医学、语言学、音乐、美术；中亚的音乐、舞蹈；西亚和西方世界的各种宗教以及医学、建筑艺术等，如同“八面来风”一齐涌入唐帝国，为唐文化提供了融合的广度与深度。这种中外文化交流的空前盛况，不仅在中国文化史上，而且在世界文化史上也堪称典范。英国学者威尔斯在《世界简史》中比较欧洲中世纪与中国盛唐时代的差异时曾这样写道：“当西方人的心灵为神学所缠迷而处于蒙昧黑暗之中，中国人的思想却是开放的，兼收并蓄而好探求的。”[①]在文化政策上，唐太宗与以魏徵为首的儒生官僚集团，不仅在政治上实行“开明专制”，而且在文艺创作上积极鼓励创作风格的多样性，在意识形态上奉行儒、佛、道三者并行的政策。

规模空前的强盛与宽容造就了这一时期思想文化方面的辉煌成就，举凡科学技术、文学艺术、史学宗教、学术思想，都取得了前所未有的丰硕成果。唐宋文学光彩夺目。唐代诗歌可谓气象万千、群星璀璨，达到了我国古典诗歌创作的最高峰。清朝康熙年间编成的《全唐诗》，辑录唐诗48900多首，作者达2300余人。其数量之巨大，内容之广泛，艺术之精纯，风格流派之多样，是任何一个朝代所无法比拟的。与唐诗相比，宋代文学最大的成就是词的产生与发展。据《全宋词》一书所辑，当时的词家超过千家，篇章超过两万。这一时期

① 转引自张岱年、方克立主编：《中国文化概论》，北京师范大学出版社1994年版，第98页。

最有代表性的词人有苏轼、辛弃疾、柳永、李清照等人。他们的作品，或雄壮豪放、或清新婉约，成为中国文学史上最珍贵的遗产之一。诗词之外，唐宋散文也达到了先秦之后的又一个高峰。唐代的古文运动扭转了六朝以来的形式主义文风，韩愈、柳宗元等大家为后人留下了不少脍炙人口的传世佳作。此外，在书法方面，以李阳冰为代表的篆书，张旭、怀素为代表的草书，竞相争辉；而颜真卿、柳公权这两位书法宗师则使楷书艺术达到真正的成熟。唐代画苑也是色彩纷呈、名家辈出，有姓名可考的画家达400人之多。以“画圣” 吴道子为代表的人物、花鸟画，不仅画法极为精妙，而且在笔法上出新意于法度之中，极大地推动了中国画的发展。

在思想意识领域里，北宋中期出现了影响整个后期封建社会发展的理学。理学是儒佛道三教合流的产物，是儒学发展的新形态，因而被称为新儒学，亦称为宋明理学。它大体经历了由周敦颐到程颢、程颐兄弟，最后由朱熹和陆九渊完成的过程。周敦颐引用道家思想阐释儒学，建立理学的宇宙观，其代表作《太极图说》便是《易经》与道家观念的混合体。程颢、程颐兄弟则指出宇宙间有一定的不变之“理”，推之四海而皆准。理学的集大成者朱熹认为，“天理” 是一种绝对存在，但这“理” 并非玄虚，“暑往寒来，川流山峙，父子有亲，君臣有义” 皆是这“理” 的具体显现。这就沟通了宇宙与伦理，视人世的伦常道德为一种“理性本体”，并建立了以“理”为本的天人合一宇宙观，使传统儒学走向哲理化。朱熹还把儒学的伦理纲常加以新的阐释，赋予新的内容。他精心改造了汉儒编纂的《大学》，突出强调“正心、诚意、修身、齐家、治国、平天下”的修养功夫。理学思想，一方面有以天理遏制人欲，约束个人情感欲求的禁欲主义色彩；但另一方面，理学强调通过道德自觉达到理想人格的建构与实现，强化了中华民族注重人格气节和道德情操、注重社会责任感和历史使命感的文化性格。

5．明清：中国文化的转型期

明清两代是整个中国封建社会的末期，旧的封建制度日趋没落，新的生产关系开始萌芽与发展，“西学东渐”又使中国人大开眼界，这些因素促使中国传统文化进入转型期。

明清之际，中国社会出现剧烈动荡，受传统文化熏陶的士大夫面对清朝的专制统治，内心的痛苦变得愤激沉郁，有顺应新的生产关系发展的必然要求，对于君主制度和封建蒙昧主义的批判便自然而兴。这一启蒙思潮的代表人物主要有黄宗羲、顾炎武和王夫之等，他们从不同侧面与封建社会晚期的正宗文化——宋明理学展开论战，其批判锋芒有的直指专制君主。黄宗羲指出，至高无上的君主实际上不过是一“独夫”而已，是“为天下之大害者”；王夫之则强烈主张“公天下”，反对“以天下私一人”。这种对君主制度的批判打破了君主的神圣性，是对民主精神和自身价值的呼唤。启蒙思想家们在经济上和学术思想上还提出了许多进步的观点。他们反对传统的“崇本抑末”，主张“工商皆本”；抨击科考制度，主张设立学校，尊重并吸收自然科学的成果；批判宋明理学“空谈心性”的玄虚学风，主张学问重“习性”与“实践”，这些主张确有振聋发聩的作用，从而宣告了封建文化的衰落和寻求并建立新的思想文化体系的开始。

清朝前期，社会稳定下来之后，由于统治者对知识分子采取了优抚政策，学者们开始对中国传统文化进行大规模的系统总结工作。这主要从两个方面进行：一是考据学的兴起。知识分子对先秦以来的全部文献，尤其是儒家经典开始进行系统的梳理。在乾隆、嘉庆年间形成了“乾嘉学派”， 该学派分为吴派和皖派，前者从古文字及音韵入手，重视音训，以求经义；后者从小学、音韵入手，判断经义。他们恪守非常严谨的学风，取得了文献典籍清理的丰硕成果。二是明清两代的朝廷调动巨大的人力物力，编纂类书和辞书。编纂了大型类书《永乐大典》、《古今图书集成》，大型丛书《四库全书》，大型字典《康熙字典》等。其中的《永乐大典》被公认为世界上最早、最大的一部百科全书；《四库全书》则是至今为止世界上页数最多的丛书。明清两代除整理古籍、编纂类书和辞书外，还整理完成了一批科学技术巨著，如李时珍的《本草纲目》，宋应星的《天工开物》，徐光启的《农政全书》，潘季驯的《河防一览》等，这些丰富的文化典籍和巨著是我国古代文化创造能力的重要标志，是人类文明的重要财富。

明清时期，戏剧、小说逐渐发达。各类传奇剧本较之元杂剧更为生动，其中明代汤显祖的《牡丹亭》，清代洪升的《长生殿》、孔尚任的《桃花扇》最为著名。中国传统的章回小说成熟并走向高峰，涌现出一大批文学巨著，有以农民战争为主要题材的小说《水浒传》，有神奇瑰丽的神话小说《西游记》，有构思宏阔的历史小说《三国演义》，还有极摹人情世态之歧的世情小说《金瓶梅》、《儒林外史》、《红楼梦》等等，这些作品将中国古典文学推向高峰。

清中叶以后，西方列强用坚船利炮打开了中国的大门，西学东渐之风强烈地冲击着中国传统思想文化，近代的文化重构由此开端。洋务派力主“中学为体，西学为用”，“中体西用”论一度成为时代思潮。而戊戌维新的仁人志士们则提出有别于洋务派的“会通中西”的文化主张。以康有为、梁启超、严复、谭嗣同为代表的一批文化启蒙者，以民族大义为精神旗帜，展开了对封建末世的批判和变法维新运动。他们深感，中国之落后面貌若不改变，其后果犹如“神州之陆沉”，因此在关注世界大势，呼唤变法维新的同时，他们极力向中国人引进和介绍西学，为中国传统文化注入新鲜的因子。他们尊重学术思想自身的独立价值，以追求真理的科学态度去从事学术研究，开创了一代学术新风。以伟大的革命先行者孙中山为首的革命党人，在广泛而深刻的意义上掀起了划时代的资产阶级民主革命，他们摧毁了封建文化所依附的清王朝的统治，将西方的民主共和政体引入中国，孙中山提出了“三民主义” 的治国方略，促进了中华传统文化的转型。五四运动比起以前的改良运动、辛亥革命时期的文化变革来，是从更高层次上、更广阔的文化视野中，清算传统文化中的消极面，并在更为自觉的基础上对民族思想文化进行价值重构。一代青年高举科学与民主的旗帜，批判旧思想、旧文化，提倡新思想、新文化。一批具有共产主义思想的革命者，将马克思主义介绍到中国，开始用新思想、新方法，构筑新的文化体系，中国文化的发展随之步入了一个崭新的阶段。

（二）中国传统文化的独特优势

中国传统文化源远流长、博大精深。在它的长期发展与演进过程中，由于历代人民群众社会实践的推动和思想家们的概括提炼，逐渐发展成为一种高水平的文化形态，它既具有文明与文化的一般共性，更具有鲜明的中国特质。如果从整个世界文明与文化发展的历史来考察和比较，我们便可以发现，在世界文化之林中，中国传统文化具有独特的优势和强处，这些优势和强处主要表现在以下三个方面：

1．具有顽强的生命力与深远的凝聚功能

就世界范围而论，中国古代文化是世界上最古老的文化之一，在世界所有古老的文化中，只有中华文化是从未间断过的文化类型，它历经数千年内忧外患，一直保存、延续、发扬光大到今天。在世界文化发展史上，许多优秀的文化形态因为异族的入侵而中断。在四大文明古国中，印度文化因雅利安人入侵而雅利安化；希腊、罗马文化因日耳曼人入侵而中断沉睡了上千年；埃及文化则因入侵者的变化而不断改变自己的面貌：曾一度希腊化，后又罗马化，再后又伊斯兰化。惟有中华文化则生生不息、绵延不绝，表现出无与伦比的生命延续力。

中国传统文化之所以具有如此顽强的生命力，其原因是多方面的。从外部原因上说，这是由于与外界相对隔绝的大陆性地域、自给自足的农业经济格局、宗法与专制的社会组织结构相互影响和制约，形成一个稳定的生存系统。但主要的原因则是源于内部，即中国传统文化本身所蕴含的多样性的生机力、统一性的同化力、包容性的融合力、伦理性的亲和力、变易性的创造力和民族历史意识的延续力等，构成了中华文化强大的生命力之源。

中华文化在这强大生命力的延续中，又表现出极强的同化和凝聚功能。不论哪一个少数民族入主中原，也不论割据势力多么强大，都摆脱不了中国传统文化对人们心理的制约。在漫长的历史发展进程中，中国古代文化虽然未受到远自欧洲、西亚、南亚而来的威胁，但也屡屡遭到北方游牧民族的军事冲击，如春秋以前的“南夷”与“北狄”交侵，十六国时期的“五胡乱华”，宋元时期契丹、女真、蒙古人相继南下，乃至明末满族入关。这些勇猛剽悍的游牧民族虽然多次建立起强有力的统治政权，并试图以浓烈的民族感情来贬抑、抵制华夏文化，但是由于其文化属于“低势能文化”，最后都被“汉化”。华夏文化以其强大的同化力，多次“同化”以武力入主中原的各少数民族，反复上演着“征服者被征服”的历史戏剧。军事征服的结果，不是被征服者的文化毁灭、中断，而是征服者的文化皈依和进步。而在这一过程中，中国传统文化又多方面地吸取新鲜养料，经过消化吸收，化为自己的有机组成部分。因此，中国传统文化正是在一次又一次的冲击下，不断增添活力，以其强大的生命力度过艰难时期，终于发展成为一以贯之的、影响至深至远的庞大文化体系。

中国传统文化是伦理类型的文化，伦理性是其基本特征。这种伦理性固然具有负面的消极影响，但深深地积淀在国人意识中的一些伦理观念，如尊师孝亲、修身自律、务实奋进、勤劳节俭等，无疑，在铸造国人灵魂上发挥着积极的作用，并发生着久远的影响。中国传统文化的伦理性所造就的认同感和亲和力，至强至深。这种认同感和亲和力体现为文化心理的自我认同感和超越地域、国界的文化群体归属感。它使海内外华人能够产生“血浓于水”、“亲不亲故乡人”的共同情感。浪迹天涯的华侨华裔，许多人已在异国他乡生儿育女、传宗接代，但他们没有被完全西化，他们的文化脐带，仍然与中华母亲血肉相依，在他们的意识与潜意识之中，未曾忘记自己是中华儿女，仍保持着中国传统的文化观念，有着与国人相似的价值追求。这说明中华文化所蕴含的思维方式、价值取向、道德观念及行为准则，具有强烈的认同感和感召力，它代代承传，无时无刻不在制约和影响着炎黄子孙，在广袤的土地上展示了精神文化的共同性，展示了中华民族的文化凝聚力。强大的中华民族凝聚力，既是一种炽热而强烈的民族感情，又是一种自觉意识和冷静的理性思考。它使中华民族的每个成员对自己民族、国家的生存和发展，对其前途和历史命运有深刻的认识和崇高的责任感，这激励着人们为民族和国家的强盛努力奋斗、无私奉献。

2．具有鲜明的主体性和强大的整合功能

中国文化在其发展的历史进程中较早地形成了自己独特的体系。考古资料证明，中国传统文化作为一种本土文化源于远古时代，从那时起，我们的祖先不仅创造出汉字及其音义系统，而且还以方块汉字为载体独创了自己的哲学、道德、宗教、文学艺术等文化思想体系，形成了华夏民族独有的典章制度、风俗习惯、民族心理和民族精神，使中国传统文化具有了鲜明的特质。但中国传统文化又不是一个封闭的文化系统，而是一种具有很强的包容性和融会贯通的

“多样一体”的文化，既涵化着中国境内各民族的文化，又吸收着多种外来文化，是长期以来在同质与异质文化的碰撞激荡、选择融合、吸收借鉴、“和而不同”中发展起来的，是多种文化陶铸积淀的结晶。

在吸收各种外来文化时，中国传统文化主体具有自觉的主动意识，不是被动地接受，而是主动地影响、改造对象。从历史上看，每当一种外来文化进入中国，大都逐步地本土化而成为中国文化的一部分。例如，从东汉以来，印度佛教传入中国并在隋唐时期达到了鼎盛，经过几百年的改造与吸收，一方面形成了中国化的佛教宗派，主要宗派有净土宗、天台宗、唯识宗、华严宗和禅宗，使之成为中国化的佛教。就连佛像进入中国后，经过中国人的塑造，其形象也越来越像中国人。另一方面，中国传统文化完全消化了外来的印度佛教文化而形成了崭新的学说——宋明理学。不仅如此，中国传统文化对佛教的吸收与改造远远超出宗教的范围，而广泛地渗透到文化的各个领域，如语言文字、哲学思想、文学艺术、天文、医学、建筑乃至民俗等，成为中国传统文化的有机组成部分。对印度佛教如此成功的吸纳，显示了中国传统文化的充分开放性、高度坚韧性和善于消化的能力，表现了中华民族强大而鲜明的主体意识，即以我为主、兼收并蓄，实现了成功的中外文化交流。所以，虽然历经几千年与异质文化的吸收、融合过程，中国传统文化仍有一脉相承的体系、特点，这是世界范围内其他古代文化所没有的独特现象。

中国文化自其发生期始，就呈现出多样性和区域性的特点。这是多方面原因造成的。首先，是由于地理环境的复杂多样。中国历史上的疆域极为广阔，各地的自然条件千差万别，不同的地理环境和物质条件，使人们形成了不同的生活方式、思想观念和风俗习惯。农业民族重农轻商、安土乐居；而生活在我国东南沿海的“饭稻羹鱼”的古越人，在六七千年前即敢于以轻舟航海；西域的一些绿洲小国，则很早就以商业发达著称于世；北方游牧民族面对严酷的生存条件，只能以迁徙和战斗来对付自然环境和异族的压力。正因为如此，中国文化必然会呈现出多元化状态。其次，缘于中华民族血缘成分的复杂性。作为汉族前身的华夏族，并不是由单一的部族发展而来，而是在许多部族相互融合的过程中形成的。民族既非单一，文化也就不会是单元的。民族血缘的复杂，是形成中国文化多样性的重要原因之一。这样，到春秋战国时代，就形成了以地域、以风俗习尚为分野的齐鲁文化、荆楚文化、吴越文化、巴蜀文化、秦文化等多种文化体系。不同的文化成分虽然内容特点有异，发展水平参差不齐，但它们却具有共同的价值系统和模式，有整合为一的共同特点。正是这个基本特点，才使中华传统文化具有非凡的固着性和聚合力。多元的文化形态在相互接触中相互影响、相互吸收、相互融合，共同形成中华民族“多元互补”的传统文化。英国历史学家汤因比在20世纪70年代初，曾与日本学者池田大作有过一次著名的对话，在这次对话中，他指出：“就中国人来说，几千年来，比世界任何民族都成功地把几亿民众，从政治文化上团结起来。他们显示出这种在政治、文化上统一的本领，具有无与伦比的成功经验。”[①]也正是这种强大的整合功能，使中国文化在发挥自身优势的同时，不断地丰富、发展。

3．具有持久的精神激励性与动态的延续、创新功能

千百年来，中国传统文化思想、观念潜移默化，业已积淀为国民的普遍心理因素，规范、支配着人们的思想、行为。这种肇始于过去融透于现在并直达未来的观念意识，是焕发人民为祖国统一、民族昌盛、国家富强而奋斗的精神源泉，具有激发民族自尊心、自信心和自豪感的强大功能。譬如，作为中国传统文化的主干儒家学说，提倡一种入世精神，它要求“修身、齐家、治国、平天下”，主张“重义轻利”，提倡以天下为己任的社会责任感。正是在这种价值取向和民族精神的驱使下，才有竭诚尽智，探索真理的知识分子；才有跃马横枪，驰骋沙场，为抗击异族侵略者而“马革裹尸”的英勇将士；才有不顾砍头灭族，为扫除社会前进障碍而毅然变法的改革家；才有两袖清风，为政清廉，一身正气，“留得清白在人间”的人民公仆。正是传统文化中优秀的思想精神，持久地激发着我们民族的活力，形成了可贵的创造力和凝聚力。又如，“和”的观念在凝聚中华民族中一直起着伟大的作用，从而使得中华民族几千

① 池田大作、汤因比：《展望二十一世纪——汤因比与池田大作对话录》，国际文化出版公司1997年版，第283—284页。

年来保持了统一和完整。因此，在中国传统文化中，中国的士大夫阶级大都将建立一个和谐统一的社会作为自己的政治理想。经过几千年来历代思想家们的不断努力，“和”的观念已经辐射到中国人生活的各个层面，深入到每个中国人的心灵深处。治国安邦强调“和睦兴邦”、“和平共处”，治理家园讲究“家和万事兴”，为人处世恪守“贵和持中”的中庸之道，人生修养要达到“心平气和”的境界。正因为这种“和为贵”的思想为全民族所普遍认同，由此铸就了国民的整体观念和协同精神。个人服从集体、小我服从大我，早已成为潜藏在人们心中的行为准则。这种以整体为上的行为准则，固然曾经被封建统治者利用来为其巩固既得利益服务过，但从整个民族的思维路向和实际社会效果来看，它对于孕育人民群众的集体主义价值观，培养以国家民族利益为上的思想品德，有着极为重要的意义。深深积淀于整个民族心理的民族精神所产生的持久的精神激励性，必将成为新时代中国人民迈向现代化不竭的动力。

中国传统文化比世界上任何一种文化都具有更强的连续性，而这个连续性又是一个在传统的基础上不断创新的变化过程。就中国传统文化本身而言，就蕴含着丰富的变革思想。这种变革思想，根源于生生不已、大化流衍的宇宙观，于《周易》中表现得最为彰显。《周易·系辞》里说：“易穷则变，变则通，通则久”，并把变通视为创新，进而提出“富有之谓大业，日新之谓盛德，生生之谓易”。宋代理学家张载为此释义说：“生生犹言进进”，就是说宇宙是一个生生不已的大流，这就叫做“易”。一阴一阳，生生之易，发生在天地之间，一切都在创新发展着。这种对宇宙创化流衍的信念，实际上就是对人的创造能力的肯定。在创进不息的宇宙精神的感召下，人类能够日新其德，日新其业，创造出富有日新之盛德大业。正是中国传统文化内蕴着的变革性所产生出的无穷创造力，才使中国传统文化高峰迭起，绵延不绝。一部中国文化史，就是一部文化变革与创新的历史。先秦时代，从周人对前人的文化维新，到孔子对周礼的重新阐释；从孟子对孔子思想的深化与发展，到荀子对先秦百家争鸣学术的总结与融合，都体现了连续性与变革、创新性的统一。至于秦汉之后，文化思想的变革与创新更是不胜枚举，举其大者，如汉代董仲舒是在儒家之外吸收了阴阳、道、法等思想而更新了儒学；宋代朱熹则通过整合儒佛道而创新了儒学，等等。这些整合中的创造既包含对本土文化的继承与创新，同时也包括吸收与改造外来文化使之中国化。这说明博大精深的中国文化不是静态的存在，它的思想观念、价值取向、知识系统，是在不同时代延续、变化和发展的。在与时俱进的变革与创新中，中国文化将放射出更加夺目的光彩。

二、需要发扬光大的中华民族精神

民族精神，是一个民族所共同具有的、稳定的心理素质、思想品格和伦理道德，是一个民族特有的精神风貌。民族精神是一个民族赖以生存和发展的精神动力和精神支柱，是民族文化的核心与精华。历史和现实都告诉我们，一个民族没有振奋的精神和高尚的品格，不可能自立于世界民族之林。江泽民在党的十六大报告中指出："面对世界范围各种思想文化的相互激荡，必须把弘扬和培育民族精神作为文化建设极为重要的任务，纳入国民教育全过程，使全体人民始终保持昂扬向上的精神状态。"中华民族精神作为中华民族在长期的共同生活和社会实践中形成的文化积淀和结晶，是中华民族告别愚昧落后，走向文明进步的先导和动力，是铸就民族凝聚力和生命力的精神源泉。几千年来，中华民族之所以历尽劫难而不衰，屡遭外敌入侵而未亡，不断发展壮大，民族精神无疑起了凝聚、整合与支撑、推动的重要作用。

中华民族精神的内涵十分丰富，它在长期的形成和发展过程中，由于受到封建主义的影响，难免有封建文化的杂质混杂其中。因此，它既有光辉灿烂、催人奋进的一面，也有沉滞抑郁、腐朽落后的一面。虽有精华与糟粕两种成分，但瑕不掩瑜，就总体而言，中华民族精神中的优秀精华和优良传统占据着主导地位。优秀的民族精神，可以经过现代文明和社会主义原则批判改造后，使之向现代转型，使之成为社会主义先进文化的血肉。从现代社会的角度考察，应该继承和弘扬的优秀民族精神主要有以下五个方面：

1．自强不息的进取精神

《易传》中说："天行健，君子以自强不息。"即天道刚健，自然界不息地运行变化，君子（指有道德、有抱负的人）应当效法自然，刚强不屈，不断进取，奋发有为。这是对中华民族基本精神的集中概括和生动写照。儒家学说的创始人孔子重视“刚”，并肯定“刚”是有价值的品德。孔子认为在日常生活中应该有所作为。他说：“饱食终日，无所用心，难矣哉！不有博弈者乎？为之，犹贤乎已。”[①]对“饱食终日，无所用心”的人生态度投以极度的蔑视。他的生活态度是“为之不厌，诲人不倦”，“发愤忘食，乐以忘忧，不知老之将至”。[②]这些主张体现了一种积极有为的生活态度和自强不息的奋进精神。儒家学派的后继者们对“有为”和“自强”的学说进一步发挥。孟子认为，人无论是活在太平盛世还是处于动乱年代，都要奋斗不息。凡成大事立大业者少不了历尽艰辛，饱尝苦难。基于此，他写下了激发人们奋斗不已的名言：“故天将降大任于斯人也，必先苦其心志，劳其筋骨，饿其体肤，空乏其身，行拂乱其所为，所以动心忍性，增益其所不能。”[③]孟子这种高度推崇意志的坚定和理性的自觉，对培养民族正气起到了极为积极的作用。到明清之际，王夫之进一步肯定了《易传》的刚健之说，他指出：“圣人尽人道而合天德。合天德者，健以存生之理；尽人道者，动以顺生之几。”[④]又说：“惟君子积刚以固其德，而不懈于动。”[⑤]有力地宣扬了“健”与“动”的学说。

中国传统文化中所具有的刚健有为、自强不息的进取精神，一直是中华民族奋发向上、蓬勃发展的动力，它体现在人民生活的各个方面。

就民族与国家的发展、兴盛而言。在民族危亡、外族入侵的关头，刚健有为、自强不息的精神总是激励着人民顽强不屈地进行反侵略反压迫的斗争。无数志士仁人，为此而鞠躬尽瘁，不息奋争，以自己的鲜血和生命，谱写出一曲曲“惊天地，泣鬼神”的“正气歌”。苏武、岳飞、文天祥、史可法……中国

① 《论语·阳货》。

② 《论语·述而》。

③ 《孟子·告子下》。

④ 《周易外传·无妄》。

⑤ 《周易内传·大壮》。

历史上曾有过无数可歌可泣的民族英雄壮举。可以说，中华民族之所以没有像一些国家那样失去民族独立后就一蹶不振，能够一次次地复兴起来，与刚健自强的精神的支持是分不开的。刚健有为、自强不息还体现为不满足于现状，求新求变，革故鼎新的改革精神。《易传》论及“天地革而四时成”，指出世界的变化发展，是通过一系列变革而促成的。《礼记·大学》中称赞“苟日新，日日新，又日新”。这些革新进取的思想一直融会于民族精神之中。在中国历史上，每当“积弊日久”时总会有改革运动或革命运动兴起，为清除积弊而改规变法。战国时代的商鞅变法、北宋的王安石变法、清末的康梁维新等，都是这种革新进取精神的体现。

就个人人格的独立和人生价值的实现而言。首先，刚健有为、自强不息的精神表现为要有自尊、自立、自爱的品德，坚持正义，誓死不与邪恶势力同流合污。如孟子所言：“生，亦我所欲也，义，亦我所欲也；二者不可得兼，舍生而取义者也。”[①]其次，表现为在厄运和挫折面前不低头不气馁，积极奋起抗争，坚定不移地追求自己的理想。如《史记·太史公自序》中所赞叹的：“西伯拘而演《周易》；仲尼厄而作《春秋》；屈原放逐，乃赋《离骚》；左丘失明，厥有《国语》；孙子膑脚，《兵法》修列；不韦迁蜀，世传《吕览》；韩非囚秦，《说难》、《孤愤》；《诗》三百首，大抵圣贤发愤之所为作也。”这也反映了中华民族愈是遭受挫折，愈是奋起抗争的精神风貌和坚忍不拔的意志。正是这种不屈不挠的民族精神，增强了民族的凝聚力和向心力。今天，在建设中国特色社会主义的伟大实践中，更需要发扬中华民族一以贯之的奋发有为的文化传统。

2．忧国忧民的爱国精神

中华民族是个重理智的民族。在历史上无数深重灾难中，人们培养出一种可贵的忧患意识。所谓忧患意识，就是一种对国家民族命运的自觉意识，一种以天下为己任的社会责任感。《易传·系辞》里说：“君子安而不忘危，存而不忘亡，治而不忘乱，是以身安而国家可保也。”这种“居安思危”的思想是

① 《孟子·告子上》。

先人对社会人生经验的深刻总结。儒家学者以积极入世的态度深化了这种忧患意识，孟子的“生于忧患而死于安乐”一语，便简洁而深刻地道出了历代王朝兴亡的原因。这种富有哲理性的真理，给后世以深刻的启迪。从先秦时代起，这种“忧患意识”深深扎根于我们民族心灵深处，从孔孟的“忧道”，到君子的“忧位”，到臣子的“忧君”，到志士仁人的“忧民”、“忧国”、“忧天下”，其内涵无比丰富。而由忧患意识升华出的爱国主义精神，历来是鼓舞中国人民团结奋斗的一面旗帜，是中华民族历久弥坚的强大精神支柱。

中华民族的爱国精神主要表现为热爱自己的祖国和人民，把国家利益、民族利益和社会利益置于首位，具有“天下为公”、忧国忧民的博大情怀，为祖国的独立自由、繁荣强盛而奋斗。早在秦汉之际的儒家经典著作《礼记·礼运篇》中就提出了“天下为公”的思想，主张建立公平公正、共富共荣、互爱互助的大同社会，尽管这一理想带有空想的成分，在古代社会不可能实现，但它却反映了古往今来人类共同的美好愿望和追求，激励着一代又一代的人们为之奋斗。范仲淹的“先天下之忧而忧，后天下之乐而乐”[①]，陆游的“位卑未敢忘忧国”[②]，文天祥的“人生自古谁无死，留取丹心照汗青”[③]，顾炎武的“保天下者，匹夫之贱，与有责焉耳”[④]，林则徐的“苟利国家生死以，岂因祸福避趋之”[⑤]，等等。这些闪烁光华的名言，之所以成为千古绝唱，是因为这些诗句反映出历代爱国者强烈而高尚的爱国主义情怀，正是这种深厚而崇高的爱国情感，造就了无数为国家和民族利益英勇奋斗，不惜流血牺牲的英烈，谱写了中华民族历史上最动人心魄的伟大史诗。

爱国主义是一个历史范畴，在社会发展的不同阶段、不同时期有不同的内容。近代中国在帝国主义侵略下，一步步滑向半殖民地半封建的深渊，国家民

① 范仲淹：《岳阳楼记》。

② 陆游：《病起书怀》。

③ 文天祥：《过零丁洋》。

④ 顾炎武：《日知录·正始》。

⑤ 林则徐：《赴戍登程口占示家人》。

族危机迭起，传统的忧患意识便演化成现代的“救亡意识”，形成了近代的爱国主义精神。谭嗣同、邹容、秋瑾等爱国者，在国难当头的危急时刻，都义无反顾地献出了他们年轻的生命。与此同时，从林则徐到李大钊，近代先进的中国人先后提出了多种不同的救国方案并付诸实践，从具体内容上看，由主张西学强化封建君主制到相信只有社会主义才能救中国，其跨度之大，既反映了近代中国人向西方寻求救国真理所走过的曲折道路，又生动地体现了传统的忧患意识和爱国精神，在近代迅速得到了升华。随后，在以毛泽东为领袖的中国共产党领导下，中国人民实现了民族独立和人民解放，并把中国建设成为初步繁荣昌盛的社会主义国家。在当代中国，我们在马克思主义科学世界观的指导下，已经剔除了传统爱国精神中杂糅着的对封建帝王愚忠思想的杂质，进一步丰富了爱国主义精神的内涵。如今，我国人民的爱国主义精神与社会主义信念正有机地统一于建设中国特色社会主义的伟大实践，爱国主义主要表现为献身于建设和保卫社会主义现代化的伟大事业，献身于促进祖国统一的事业。邓小平曾深刻指出：“中国人民有自己的民族自尊心和自豪感，以热爱祖国、贡献全部力量建设社会主义祖国为最大光荣，以损害社会主义祖国利益、尊严和荣誉为最大耻辱。”[①]精辟地概括出了我国现阶段爱国主义的本质特征。

3．修身为本的重德精神

重视人的道德修养，强调个体的心性完善，重视社会的道德教化和以德治国，是中国传统文化迥异于西方文化的重要特征，也是中华民族精神的重要组成部分。儒家思想以崇德为特色，孔子创立了以仁学为核心的伦理道德思想体系。在这个思想体系中，“仁”不是从神秘的天道中推衍出来的，而是从人的内心中萌生的，即“为仁由已”[②]从这个前提出发，孔子提出了仁的内涵是“仁者，爱人”[③]。为此，儒家主张实行“仁政德治”，力主以德治

① 《邓小平文选》第三卷，人民出版社1993年版，第3页。

② 《论语·颜渊》。

③ 同上。

国，认为为政的根本在于得民心，而得民心的关键在于道德教化，用道德教化治国安民，才能真正管好国家。孔子提出："为政以德，譬如北辰，居其所而众星共之。"[①]孟子也说："善政不如善教之得民也。善政，民畏之；善教，民爱之。善政得民财，善教得民心。"[②]

在个人修养上，儒家主张在个人道德主动性的发扬中来完善人格，来享受至高无上的精神幸福，从而达到至人、圣人、真人、完人的目的。还认为齐家、治国、平天下，均要从修身开始，以修身为基础。《礼记·大学》中说："古之欲明明德于天下者，先治其国；欲治其国者，先齐其家；欲齐其家者，先修其身；欲修其身者，先正其心；欲正其心者，先诚其意；欲诚其意者，先致其知；致知在格物。"这里以格物为起点，层层论及了修身、自律的步骤及重要性，而从格物到修身又都是为了实现治国、平天下的社会理想。修身即修养身心，主要指通过道德上的自我约束、自我完善，使自己具有远大的志向、理想的人格和美好的道德情操。中国传统文化特别注重人要有远大的志向和宽阔的胸襟。翻开中国文化史，仁人志士的豪情壮志无不跃然纸上："三军可夺帅也，匹夫不可夺志也"[③]；"路漫漫其修远兮，吾将上下而求索"[④]；"老骥伏枥，志在千里；烈士暮年，壮心不已"[⑤]；"安能摧眉折腰事权贵，使我不得开心颜"[⑥]；"生当作人杰，死亦为鬼雄"[⑦]；"拼得十万头颅血，须把乾坤力挽回"[⑧]……正是因为有了这些远大的志向，中华民族不屈不挠、开拓进取，才拥有了可持续发展的内在精神动力。

远大的志向是以高尚的人格和良好的道德修养为基础的。在这方面，中国传

① 《论语·为政》。
② 《孟子·尽心上》。
③ 《论语·子罕》。
④ 屈原：《离骚》。
⑤ 曹操：《龟虽寿》。
⑥ 李白：《梦游天姥吟留别》。
⑦ 李清照：《绝句》。
⑧ 秋瑾：《黄海舟中日人索句并见日俄战争地图》。

统文化也显示了丰厚的内涵。儒家把修身和人格的塑造看作是实现人生理想的必由之路。孔子说："已欲立而立人，已欲达而达人"[①]，《大学》、《中庸》里都提出"君子慎其独"，即有道德的人即使独自一人时也要谨慎行事，不能违背道德的要求。陆九渊称："慎独即不自欺"[②]，体现了严格自律的道德精神。孟子从发挥人的主观能动性的方面论述了"尽心知性"、"寡欲"、"养浩然之气"等修养功夫，并初步探讨了在道德冲突中如何造就理想人格的问题，他认为当生命与道义不可得兼时，应该"舍生而取义"，人要有高尚的气节和人格尊严，做到"富贵不能淫，贫贱不能移，威武不能屈"[③]，这是一种崇高的理想境界。

我国古代的伦理道德思想还大量表现于对人生的各种伦理道德问题的探讨中。古代思想家们对人们道德活动中存在着的诸多矛盾，如义利、欲理、人我、志功、生死之辨等问题，作了极为可贵的思考与探索。其中义利之辨是我国古代伦理道德理论中最基本的一对范畴，争论绵延两千多年，形成了十分丰富的思想观点。总的来看，在义与利的关系上，中国传统文化的价值取向主要表现为重义轻利。孔子说："君子喻于义，小人喻于利"[④]，并提出"君子义以为上"[⑤]。他所说的"义"，表面上是指精神层面的道义，实际上是指行为主体的自我节制。基于此，孔子主张"见利思义"、"见得思义"[⑥]。要求人们见到利时，先要考虑是否合于"义"，就是要思量自己的行为是否正当，如果是正当的就可以取，即"义然后取"；如果行为不正当，无论多大的富贵，都不应该贪图享用。他坚持"不义而富且贵，于我如浮云"[⑦]的信念，提倡"君子谋道不谋食"[⑧]的境界。孟子曾告诫梁惠王："王何

---

① 《论语·颜渊》。

② 《陆九渊集·卷三十四·语录上》。

③ 《孟子·滕文公下》。

④ 《论语·里仁》。

⑤ 《论语·阳货》。

⑥ 《论语·季氏》。

⑦ 《论语·述而》。

⑧ 《论语·卫灵公》。

必曰利？亦有仁义而已矣”①。孔孟谈“义利之辨”，是反对追求危害群体利益的私利私欲，并非一概排斥功利。我国古代重义轻利，崇尚道德修养的文化传统，对于我们今天在市场经济的环境中，抵制拜金主义、享乐主义、极端个人主义以及唯利是图等不正之风，净化社会风气，是有积极意义的。

4．和而不同的宽容精神

重和谐、主张“和而不同”，是中国传统文化的重要特质。在中国古代文化思想中，“和”与“同”是相对的概念。早在西周末年至春秋时期，就有所谓“和同之辨”。西周末年的史伯说：“夫和实生物，同则不继。以他平他谓之和，故能丰长而物归之，若以同裨同，尽乃弃矣。”②史伯区别“和”与“同”，“以他平他谓之和”，意指不同的事物相互作用而得其平衡，叫作“和”，这样就能产生新事物，所谓“和实生物”；而“以同裨同”，即把相同的事物加起来，那是不能产生新事物的。春秋时期齐国的晏婴在与齐侯的一次对话中也曾论述到“和”与“同”的区别，他说：“和如羹焉，水火、醯醢、盐梅，以烹鱼肉，燀之以薪，宰夫和之，齐之以味，济其不及，以泄其过。君子食之，以平其心。君臣亦然，君所谓可，而有否焉；臣献其否，以成其可。君所谓否，而有可焉，臣献其可，以去其否。是以政平而不干，民无争心。……若以水济之，谁能食之？若琴瑟之专一，谁能听之？同之不可也如是。”③晏婴强调以不同的元素相配合，才能使矛盾均衡统一，收到和谐的效果。五味相和，才能产生美味可口的食物；六律相和，才能形成悦耳动听的音乐；善于倾听正反之言的君王，才能造成和谐统一的局面。晏婴以生动的比喻说明“和”是由多种不同因素、不同成分以一定的关系和谐结合而构成的状态，并揭示出一条真理：无论是自然还是人事，只有和，才能万物并育，万国咸宁。孔子论述得更为具体、明确，他说：“君子和而不同，小人同而不

① 《孟子·梁惠王上》。

② 《国语·郑语》。

③ 《左传·昭公二十年》。

和”[①]，把“和而不同”作为区分君子与小人的重要标准。从以上几位古代思想家的论述看，所谓和而不同，就是在保持自身主体性的前提下承认不同的存在，尊重不同个体各自的特性，与其他个体和谐相处，既不屈己从人，也不强人从己，而是在平等的原则下相互吸收融合，形成和谐统一的新形态，才能使事物得到发展。

“和而不同”是文化发展的客观规律。任何社会，不同思想文化的存在都是正常而不可避免的。文化的发展，总是要在不同思想之间的争鸣、相成相济中向前迈进的。中国传统文化一贯主张“天下同归而殊途，一致而百虑”[②]。倡导在主导思想的规范下，不同民族、不同派别的思想文化交互渗透、兼容并包，共同存在、共同发展，这即是《中庸》所讲的“万物并育而不相害，道并行而不相悖”。中国文化几千年的发展过程，正是各种不同文化思潮不断交流，相互碰撞、吸收、融合的过程。儒道互补，儒法结合，儒佛相融，佛道相通，援阴阳五行入儒，儒佛道三教合一，以至后世对伊斯兰教、基督教等外来宗教文化的容忍和吸纳，都是世人皆知的历史事实。这些文化上的交流和相互影响，都很好地体现了“和而不同”的原则。

今天，无论在国际上还是在国内，我们都面临着多种文化相互激荡的局面。关于文化冲突与文化共处的讨论正在世界范围内展开，是增强不同文化间相互理解和宽容而引向和平，还是因文化隔离和霸权而引发政治冲突，将关系到未来人类的命运。面对这一切，重温中国古代关于“和而不同”的思想，总结文化发展的历史经验，有着重要的意义。

5．生态平衡、天人协调的精神

天、人关系问题，亦即人与自然的关系问题，是中国传统文化的一个基本问题。从先秦时代到明清时期，我国大多数思想家、哲学家都有自己的“天人观”，这是我国古代文化的一个独特现象。在天人关系上，儒道两家的思想有

① 《论语·子路》。

② 《周易·系辞下》。

一致之处，都把人放在天地万物之中来看，认为人是天地所生，是自然界的一部分。很早就有天地为万物之母，人为万物之灵的思想。《易传》说："天地絪缊，万物化醇。男女构精，万物化生。"[①]是说人是天地所生，是万物的一部分。庄子则明确地提出了万物一体的思想，"天地与我并存，而万物与我为一"。[②]在人与自然的关系上，追求人与自然的和谐、平等，强调主体与客体的统一，是古人对待自然的根本态度。道家提出："人法地，地法天，天法道，道法自然"，[③]把人应该遵循自然规律作为最高的准则，反对以人力干预自然。儒家肯定人道应遵循天道，追求天人协调，同时又认为人是万物之灵，能够"制天命而用之"，利用自然为人类服务。荀子说："天有其时，地有其财，人有其治，夫是之谓能参。"[④]把人看作是与天地并列，参与宇宙变化的一种力量。而这种参与，不是与自然对立，去征服、统治自然，而是顺应自然，去辅助、促成大自然造化养育万物的活动，即"赞天地之化育"[⑤]。这种天人合一、天人协调的思想在我国古代"天人观"中居主导地位，代表着中国传统文化精神。

由于古人把大自然视为人类的朋友，追求天人和谐的理想境界，所以主张人类应有广阔的胸襟，宽厚的道德，将爱心、良心推广及于自然万物，形成了厚德载物、民胞物与的泛人道主义的道德观。在这种道德观念的影响下，古人非常重视对自然资源的保护和合理开发利用。孟子说："不违农时，谷不可胜食也；数罟不入洿池，鱼鳖不可胜食也；斧斤以时入山林，林木不可胜用也。"[⑥]主张不用密孔的网捕鱼，砍伐林木要有一定的时间，认为这样做资源就可以源源不竭。荀子也提出取之以时的保护自然资源的思想："草木荣华滋硕

① 《周易·系辞下》。
② 《庄子·齐物论》。
③ 《老子·第二十五章》。
④ 《荀子·天论》。
⑤ 《礼记·中庸》。
⑥ 《孟子·梁惠王上》。

之时，则斧斤不入山林，不夭其生，不绝其长也……”[①]他强调在草木生长时期不进行砍伐，在鱼鳖产卵的时期不进行捕捞，这样才能“不夭其生，不绝其长”。中国传统的天人观和生态伦理观念，一方面，反映了我国古代长期由农业经济占支配地位，靠天吃饭，这就决定了古人重视人与自然的和谐，主张人与自然的关系“不违”、“不过”；另一方面，古代的天人协调，重视保护自然资源的思想，可以超越特定的时代和文明而在后工业化的环境中具有恒久的价值。

随着人类文明的发展，如今发达国家早已实现了“工业化”，有的已进入“后工业化”。科技和工业的高度发展，不仅创造了改造自然的手段，同时也造成许多国家以至世界性的对自然资源的过度索取和巨大破坏。环境污染、生态失衡、能源危机、耕地减少、资源穷竭、灾害频仍、疾病丛生，等等，都是眼见的事实。科学家们已经向人类一再发出警告，指出人类正在走上一条与自然相抵触的歧路。如果沿着这条道路继续走下去，人类就会受到更多更大的惩罚。面对严酷的现实，人类必须以高度的理智去协调人与自然的关系。在重新审视人与自然的关系时，中国古代朴素的天人观和生态伦理观，确有可资借鉴的长处。我国是发展中的大国，在现代化的进程中，既要借鉴他国的经验，学习吸收其生态科学、环境科学的研究成果，又要继承本国传统文化中“天人合一”、“赞天地之化育”的天人协调发展的精神。这样，或许才能找到一条解决当前人类面临的生存危机的正确途径。

三、在传统文化的基石上创建先进文化

文化的发展具有很强的继承性、延续性，任何新文化都要面对传统，都是在传统文化基础上以符合社会发展规律的方式所进行的创新。今天，我们在创造、建构中国先进文化时，必须以前人留下的文化遗产为基础，合理地选择、

① 《荀子·王制》。

继承传统文化中积极、进步的成分，剔除、抛弃其落后、消极的因素，使传统文化中的积极因素经过当代中国特色社会主义实践的改造、更新，成为先进文化的有机组成部分。

（一）正确认识和对待中国传统文化

正确认识和对待传统文化是合理继承、扬弃的前提。中国传统文化是建立在自给自足的小农经济基础之上，以血缘宗法关系为纽带而发展起来的，不可避免地被打上特定时代的、历史的和阶级的烙印。因此，中国传统文化必然具有两重性。所谓两重性，是指一个事物内部的双重性质。传统文化的两重性主要表现为两种形式：其一，是时代局限性与普遍适用性。中国传统文化是中国古代社会的产物，中国古代社会是以农业为主体的封建社会，因而传统文化归根结底是为封建社会的政治经济制度服务的，具有鲜明的时代性，体现了特定时代的中国人对自然事物和社会生活的思想观念、价值判断和情感趣味。但是，它又是我们民族自古以来处理各种问题，协调人与自然的关系，以及管理社会等方面的经验和智慧的结晶，是人类在认识世界的历史实践中取得的成果，其中许多都具有普遍的意义。这些存在于特殊文化形态中的普遍性的内容具有恒久的价值，也决定了中国传统文化必然是优良性与局限性并存的文化形态。其二，是阶级性与人民性。文化是精神产品，归根结底是由历代劳动人民所创造。但是，对文化进行总结，特别是上升到理论形态，则是由依附于统治阶级的知识分子完成的，再经由统治阶级筛选、采纳、倡导和推行而流传于社会。因而传统文化总是要打上阶级的烙印，这便使中国传统文化成为一个良莠杂陈的复杂体系。在中国传统文化中，既有表现统治阶级意志的、根深蒂固的封建思想意识，也有反映人民群众意愿和利益，以及对理想人性和人格追求的进步思想，诚如毛泽东曾经指出的，中国几千年的文化，是封建时代的文化，但并不全是封建主义的东西，有人民性的东西，有反封建的东西。我们要把封建主义的东西与非封建主义的东西区别开来，把积极、进步的因素与消极、落后的因素区分开来，才能取其精华，去其糟粕。

然而，当人们审视具体的中国传统文化时，对精华与糟粕的鉴别和把握并非易事。这是因为中国传统文化是一个丰富而又复杂的体系，精华与糟粕往往是共处一体、相互掺杂糅合在一起的。同一种传统文化思想往往同时具有积极与消极两种因素，如在儒家的民本思想中，既有“民为邦本，本固邦宁”[①]、“民为贵，社稷次之，君为轻”[②]等重民贵民的思想精华，也有“中人以下，不可以语上也”[③]、“民可使由之，不可使知之”[④]等鄙视民众的思想糟粕。即使那些带有全民族普遍要求的一些文化观念，也有两重性，如群体意识与家族、血缘意识杂糅在一起，统一意识和皇权思想结合为一体，爱国主义中蕴含着忠君思想，伦理道德中渗透着神权、君权、族权、夫权思想，等等。很显然，传统文化中精华与糟粕并不是截然分开、互不相干的两部分，而常常是呈现为良莠混杂、瑕瑜互见的复杂状态。

中国传统文化既然是一个丰富复杂的体系，那就一定具有多方面多层次的内容，其中既有很多有益于现代社会发展进步的内容，也有桎梏现代社会发展创新的因素。我们应该以历史唯物主义和辩证唯物主义的科学态度，立足于我国现阶段的国情和历史任务的客观要求，剥离传统文化中的各种杂质，提炼出与现代社会发展相适应的优良的民族文化传统。下面从社会主义市场经济发展和先进文化建设的角度出发，对传统的社会道德观和经济伦理观中存在的两重性作一粗浅的考察与分析。

社会伦理道德作为社会生活秩序和自我人生规范的理性约定，构成了中国传统文化的一个重要组成部分。以儒家为主干的传统社会伦理道德自古以来产生着积极而深刻的影响，有学者曾把这一传统美德罗列为十大德目，即：仁爱孝悌、谦和好礼、诚信知报、精忠爱国、克己奉公、修己慎独、见利思义、勤俭廉正、笃实宽厚、勇毅力行。[⑤]的确，这些以仁爱为核心而衍生的道德规范，几千年来成为中华民族一贯的道德追求。然而，以儒家伦理为“道统”的中国传统道德毕竟是封建专制主义时代的产物，其中也蕴含着不少负面因素，如传统文化中“尊

① 《尚书·夏书·五子之歌》。
② 《孟子·尽心下》。
③ 《论语·雍也》。
④ 《论语·泰伯》。
⑤ 张岱年、方克立主编：《中国文化概论》，北京师范大学出版社1994年版，第281—290页。

卑有序”的伦理观念即如此。严格的封建等级制与今天广大人民群众当家做主享有充分的民主与自由权利的现实格格不入，扼制了劳动者的积极性、主动性的发挥和创造精神的施展。而“重人情贵亲疏”的封建宗法意识，在官僚主义的催化下容易形成从上到下的裙带关系，任人唯亲、拉山头搞宗派以及贪污腐败等等。这些现象会严重扰乱社会主义市场经济所要求的法律秩序和社会关系。此外，若把“亲亲，仁也”[①]、“仁之实，事亲是也”[②]看成是一种社会的理想模式，观察、处理问题以是否“亲亲”的宗族关系为基准，人的思维仅仅局限于狭隘的小圈子内，势必因循守旧、安分守己。这样的社会生活状态，不可能产生创新思维。因为，创新要打破常规，破坏原有秩序，岂非大逆不道、非礼不仁？在经济领域中，创新会带来超额利润，利润水平会领先于社会平均水平；在社会生活中，创新者会出人头地，引人注目。这种积极进取的行为，会受到具有传统平均主义思想的人的攻击，被斥之为“出风头”而“枪打出头鸟”。我国经济学家一直在批评的“鞭打快牛”政策，其背后正是这种传统文化观念在作祟。

中国传统经济伦理观贯穿于整个经济运行过程的生产、交换、分配、消费等各个环节，同样含有积极与消极两重性。在这些伦理思想中确有适应现代市场经济发展的要素：在生产伦理方面，从“生财有道”出发，强调“勤劳敬业”，提倡以积极主动、勤勉惜时的态度参与经济活动，创造物质财富，达到“富国富民”的目的。所谓“民生则勤，勤则不匮”[③]只要人民勤劳敬业，“必使饥者得食，寒者得衣，劳者得息，乱者得治”。[④]而民以食为天，要使人们的经济行为符合伦理道德要求，就要以一定的物质财富为前提。因此，国君在治国时，富民是最基本的要求，“凡治国之道，必先富民”[⑤]。在交换伦理方面，传统经济伦理最基本的主张就是“交往有信”，即

---

① 《孟子·尽心上》。

② 《孟子·离娄上》。

③ 《左传·宣公十二年》。

④ 《墨子·非命下》。

⑤ 《管子·治国》。

要求人们在经济交往过程中做到“诚信无欺”。《中庸》说：“诚者，天之道也；诚之者，人之道也。”把诚看作仁道的根本要求。反对唯利是图，见利忘义，损人利己的行为。在消费伦理方面，传统经济伦理一贯崇尚节俭，反对奢侈，主张“用财有制”。荀子说：“强本而节用，则天不能贫”，“本荒而用侈，则天不能使之富。”[①]在他看来，努力发展生产，节约费用，是富国裕民的根本途径。这些传统经济伦理观念，对于发展今天的社会主义市场经济，仍然有积极的意义和作用。

在批判地继承传统经济伦理观中的合理因素的同时，也不能忽视清除其中的消极因素及负面影响。如传统文化中的人治传统和社会主义市场经济对高度法制的要求就存在着突出的矛盾。儒家主张以德治国，安社稷定邦国所依倚的手段是伦理道德，并把国家的兴衰寄托在统治者的道德修养上。在古代中国，法制从未建立起来，权即法，以权代法，有权就有一切，这种人治机制导致严重的官本位。在以利益为驱动的市场经济中，人们为了谋取最大的利益而激烈竞争，难免拼得你死我活，甚至兄弟反目为仇，友情烟消云散。尽管道义劝说有一定的协调作用，但仅靠伦理道德显然维持不住良好的市场经济秩序。道德要和法律相辅相成，建立健全完善的法律体系，并且奉行在法律面前人人平等的原则，严格依法管理，方能使社会主义市场经济健康而有序地向前发展。又如，在分配伦理方面，儒家主张“不患寡而患不均，不患贫而患不安”[②]；墨家强调“兼相爱，交相利”[③]；法家提出“均贫富”，这种平均主义思想及思维方式与市场经济所要求的公正平等观念相矛盾。由于这种思想的理论基础是根本否认人与人之间存在着体力和智力上的差别，不是按劳分配，只是追求分配结果的平等，这在市场经济条件下是行不通的。社会主义市场经济的平等观体现为给劳动者提供均等的机会和条件，在平等的起点上，鼓励劳动者发挥各自的

① 《荀子·天论》。
② 《论语·季氏》。
③ 《墨子·兼爱》。

聪明才智，依靠勤奋劳动和合法经营，走上致富之路。在获取收入机会均等的前提下，坚持以劳动贡献和经济效益为主要尺度进行分配，允许因个人勤勉程度和工作能力的差异而造成利益分配的合理差别。这种公正平等的分配原则能充分调动劳动者的积极性和创造性，为社会创造出更多的财富，并使社会主义市场经济充满生机和活力。

以上分析说明中国传统文化具有鲜明的矛盾性和两重性：既有光辉灿烂的精华，又有腐朽落后的糟粕；既有积极、进步、革命的一面，又有消极、保守、落后的一面。当代中国先进文化建设的任务之一，就是要批判地继承传统文化的精华，剔除其封建性糟粕，在新的历史条件下，对其有益的精华进行改造、整合、更新，实现传统文化向现代文化的转化。

（二）传统文化的创造性转化

中国传统文化的创造性转化或者说中国传统文化的现代化，就是要用中国特色社会主义的先进文化所具有的价值取向、思维方式、道德观念和行为方式来改造、更新传统文化，使之符合现代化的要求，使之在自我超越中获得新的生命力。传统文化的创造性转化是个极为复杂的问题，尚需在当代文化建设中不断加深认识和付诸实践。下面仅就几个具有现实意义的重要问题，谈几点看法。

1. 必须科学合理地评价中国传统文化

自五四运动以来，中国传统文化的现代转换一直是学者们关注的重要课题。在长期的文化论争中，关于如何评价和对待中国传统文化的问题，大致有三种基本态度：一是保守主义的儒学复兴论。持这种观点的人认为复兴儒学是振兴中华之道。在他们看来中国传统文化，尤其是孔子开创、宋明理学继承发扬的儒家文化，是天生优越的，本质上大大高于任何西方文化、外来文化，力图用儒家学说融会西方文化，以求中国文化的现代化。二是自由主义的全盘西化论。这派人认为中国传统文化是封建文化，是封闭的、保守的、中庸的，一无是处；西方文化是现代文化，是开放的、外展的、竞争的，因此他们主张中国要实现现代化就必须“全盘西化”。三是马克思主义文化派，持综合创新论。认为中国文化的现代化，只能走“古今中外、综合创新”的道路，即以中国传统文化作为源远流长的母体文化，以西方近现代文化作为激发现代化活力的异体文化，在马克思主义和建设有中国特色社会主义理论指导下，以中国现代化为主体目标，从当代中国的国情出发，批判地借鉴中西文化的精华，创造出中国特色社会主义的先进文化。显然，前两种态度，即“儒学复兴”论和“全盘西化”说，都是错误的。二者共同的思维特征是只强调一元而忽视多元。由于非此即彼，必然造成极大的偏颇性。“儒学复兴”论主张恢复儒学对中国文化的统治地位，并用以指导中国的现代化建设，不仅是不切实际的主观幻想，而且本身就是一种历史的倒退；“全盘西化”说实质上是彻底的民族虚无主义，其主张不仅在理论上是荒谬的，而且在实践上也是极为有害的；第三种态度，即“综合创新”论，是科学的、现实的，代表着中国文化现代化的正确方向和思想主潮，应该是我们对待传统文化的基本态度。科学合理地评价中国传统文化，是正确对待传统文化并成功地开掘其现代意义的理性前提。我们应遵循毛泽东所说的：“对于中国古代文化，同样，既不是一概排斥，也不是盲目搬用，而是批判地接收它，以利于推进中国的新文化。”[①]同时，要切实掌握鉴别、区分中国传统文化精华与糟粕的基本方法，要以历史唯物主义和辩证唯物主义的立场、观点、方法，剖析、鉴别、评价传统文化，并要结合当代中国实际，用当代科学观来审视、考察传统文化，将历史的和当代的两种视角有机地贯通、结合起来，才能对传统文化作出客观科学的评判与选择，进而实现古为今用。

2．必须处理好传统文化与马克思主义的关系

处理好中国传统文化与马克思主义的关系，实质上就是解决传统文化现代化建设过程中的指导思想，确立正确的发展道路和方向的问题。在中国，传统文化的现代转化的题中之意，是要求传统文化获得社会主义的时代内容，适应社会主义的发展要求。要实现这样的创造性转化，如上所述，就需要对传统文化作科学的鉴别、分析，批判地继承，而这一切都需要科学的理论和方法来指导。马克思主义是在批判地总结全人类文明优秀成果的基础上产生的，是有史以来最伟大的思想文化成果，包含着科学的世界观和方法论，体现着革命性和

① 《毛泽东选集》第三卷，人民出版社1991年版，第1083页。

科学性的统一，它是一个开放性的与时代同步共进的科学理论体系。中国人民在近代以来长达一百多年艰苦卓绝的实践、探索过程中，历史地选择了马克思主义。它不仅指导中国共产党领导中国人民推翻三座大山，建立起广大人民当家做主的新中国，而且指导、激励中国人民取得了社会主义革命和建设的一系列成功。因此，只有按照马克思主义的指导，才能成功地解决传统文化的现代化问题。要用马克思主义的立场观点正确分析、鉴别、评价传统文化中的精华与糟粕，以马克思主义科学的世界观、价值观改造和更新中国传统文化，实现传统文化的现代化。中国特色社会主义的先进文化，一方面植根于社会主义建设的伟大实践，一方面又渊源于中国五千年悠久的传统文化。脱离了社会主义建设的实践和马克思主义的指导，就不会具有社会主义的时代精神和先进的精神内涵；而脱离了五千年的传统文化，就会失去生长的根基和中国特色。所以，马克思主义与中国优秀的传统文化相结合，是中国先进文化建设的一个关键问题，这个问题不解决，当代中国的先进文化建设就不可能成功。

3．在对传统文化的创造性转化中，创建和发展先进文化

继承优秀的中国传统文化，其最终目的是为了创建和发展有中国特色的社会主义先进文化。文化发展的历史证明：继承借鉴是手段，革新创造是目的。没有继承借鉴，革新创造就失去了条件；而没有革新创造，继承借鉴就失去了价值和意义。新陈代谢、推陈出新，既是宇宙发展的规律，也是人类文化发展的规律。历史局限性从根本上决定了中国传统文化难以同今日的社会主义现代化建设相耦合。中国传统文化要走向现代，发挥它的价值，就必须根据社会发展和时代要求，进行改造、更新和升华，消除自身同现代社会不相适应的内容，在超越自我中获得新的生命力。江泽民说："我们讲继承、讲借鉴，目的是通过继承和借鉴，使民族传统文化、外来文化的精华，同我们党领导人民在长期革命和建设中形成的优良传统和革命精神有机地结合在一起，并在新的实践基础上不断创新，建设和发展有中国特色的社会主义文化。"①这里，江泽民把立足

① 江泽民：《在全国宣传思想工作会议上的讲话》，《人民日报》1994年3月7日。

于本国实际的创新精神看作是社会主义文化可持续发展的不竭的动力。

当前，我们的国家和民族正处于走向社会主义现代化的历史进程中，社会生活的质与量都在发生着深刻的嬗变。社会主义市场经济体制不断完善，商品经济与科学技术进一步发展，社会主义民主与法制建设步入正轨，这些生生不息的变化，不仅促进人们的生活方式、文化心理和思维定势产生变革，而且要求社会主义的文化与之相适应，实现文化范式从旧到新的根本转换。因而，我们正在建设和发展的中国先进文化，是一种崭新的文化形态，它是“继承发挥民族优秀传统文化而又充分体现社会主义时代精神，立足本国而又充分吸收世界文化优秀成果”[①]的文化，它是既具有独特的民族品格，又与我国当前的具体国情和社会发展实际紧密相连的文化，具有鲜明的时代性和民族特色。中国先进文化的这些特性，决定了我们对传统文化的继承绝不是原封不动地“移植”，而是一个伟大的创新实践。

要成功地实现中国传统文化的现代化，使其有益的精华经过整合，成为当代先进文化的有机组成部分，并消除糟粕造成的负面影响，重要的是把握好传统文化创造性转化中的“度”。

强调群体和谐时，不要忽视、压抑了人的个性发展。中国传统文化基本上是一种以群体为本位的文化。“天下为公”的传统观念，形成了中国人重社会、重国家的集体主义价值观，这种集体主义价值观强调以群体的利益作为主要的价值评价尺度，注重群体凝聚的精神，而对个体的自主、自尊、自由则不太重视。与中国传统文化相反，西方近代以来形成的文化基本上是一种以个体为本位的文化，强调个性自由，体现个人价值，保护个人的权利和利益，主张实现自我。两种不同的文化价值观念，虽然其侧重点各不相同，但都含有合理的价值因素。中国传统文化中对群体和谐的重视，有利于团队精神的形成和社会秩序的稳定，但处理不好会压抑个性的发展。西方文化中对个体价值的重视，有利于发挥人的聪明才智和创造精神，但若对个性自由强调过分，便会引

① 江泽民：《在庆祝中国共产党成立七十周年大会上的讲话》，《人民日报》1991年7月2日。

发极端个人主义、享乐主义、拜金主义，导致私欲膨胀、唯利是图等各种社会丑恶现象。我国现阶段的文化应该在继承传统文化群体本位、群体和谐精神的同时，批判地吸收西方文化个体本位的合理内核，自觉克服两者的缺陷和片面性，把个体价值尺度和群体价值尺度有机地统一为一体。就是说，在确立起主导作用的文化价值观和评价标准时，既要充分考虑尊重个性自由发展的要求，保护个人正当合理的权利和利益要求，同时又要注重群体的利益和价值目标。在培养人们的大局观念和集体主义精神时，也要善于正确引导和培养人的个性发展，使每个人既“独善其身”，又“兼善天下”。这样，便能使文化价值观念不断丰富、发展，成功地实现中国传统文化的创造性转化。

在把中国传统的礼治社会、人治社会，有效地转化为现代法治社会的实践中，要处理好法制与德教的关系。现代社会主要是依靠法律的权威来治理国家，依照宪法和各种法律规定管理国家事务、社会事务和经济文化事业，保证国家各项工作都依法进行。社会主义法律是人民制定的，充分体现着人民的利益和意志，不因领导人的看法和注意力的改变而改变。依法治国是社会主义的时代要求，以法治代替人治，是历史发展的必然趋势。只有建立起完备的法律体系，有法可依，依法办事，才能有力地保障和推进社会主义市场经济和现代化建设的健康发展。在加强法制建设的同时，也不能忽视对公民进行道德教育。法规制度从外部强制人们遵守各项社会规约，遵守市场经济的“游戏规则”，维护社会的正常秩序；而良好的道德观念，则可以内化为指导、约束人们言行的自律力量，这种自律力量也是保持社会发展稳定的重要因素。所以，在人治社会向法治社会的转换时期，要处理好法制和人治的关系，不能轻视道德教育、道德调节的作用。加强道德教育，提高社会全体成员的道德水准；加强舆论引导，创造良好的道德环境；健全监督机制，确立道德调控权威。这样，就能把“他律”与“自律”和谐地统一起来，既能不断提高社会管理的法制化程度，又能合理地继承和弘扬道德教化的优良传统，避免从人治社会向法治社会的转换中误入歧途。在传统文化向现代转换过程中，需要把握好“度”的问题有很多，在此就不一一赘述了。

总之，传统文化的创造性转化，是十分复杂的问题，它不仅是一个需要深入探讨的理论问题，更是一个亟待实践的艰巨的现实任务。我们需要在马列主义、毛泽东思想、邓小平理论和“三个代表”重要思想的指导下，从理论到实践，扎扎实实地做好各方面的工作，就能够克服种种困难和阻力，实现传统文化的现代化。在此基础上，创造和发展当代中国的先进文化。

（原载《中国先进文化论》，文化艺术出版社2004年版）

简论21世纪中国文艺发展的主要趋向

新时期以来，在邓小平文艺理论的指引下，我国社会主义文艺获得了前所未有的繁荣与发展。党和国家积极改进对文艺工作的领导，及时调整和完善文艺工作的方针政策，制定繁荣文艺创作、发展群众文艺活动和加强中外文化交流的诸多的具体政策和法规，实施积极有效的文艺体制改革等，为我国文艺的发展创造了良好的环境和机制，开辟了广阔的道路。文艺界在坚持正确导向的前提下，充分反映时代生活、表现时代精神，使文艺创作不断繁荣，在文学、电影、戏剧、音乐、美术、舞蹈等各个艺术领域，都诞生了一批又一批的优秀作品，其题材主题不断拓展、表现手法丰富多样、风格流派异彩纷呈，精品佳作不断涌现，为社会主义精神文明建设做出了突出的贡献，为广大人民群众提供了无比丰富的精神食粮。站在新时期文艺发展达到的高度，审视正在建设之中的有中国特色的社会主义文艺，不难看出，21世纪我国文艺具有以下三个主要发展趋向。

一、在社会主义现代化实践中逐渐摸索出一条具有民族化与现代化相统一的、有别于西方现代派的文化艺术建设的新路子

毛泽东说："艺术离不了人民的习惯、感情以至语言，离不了民族的历史发展。"[①]人类社会生活是以民族形态而存在、而发展的。各民族在长期的历史发展中所形成的各自的心理素质、生活方式、文化传统、风俗习惯等因

① 《毛泽东论文艺》，人民文学出版社1992年版，第91页。

素，必然要反映到文艺创作和文艺接受上，从而呈现出不同的民族特色。中华民族的文艺经过五千年的发展，形成了自己的民族风格与特色。有中国特色的社会主义文艺是在继承、弘扬民族优秀传统文化艺术而又充分吸收世界优秀文化艺术成果的基础上发展起来的，走的是坚持民族化与现代化相统一的新路子。

对社会主义文艺的“中国特点”，毛泽东曾概括为“中国作风、中国气派”，并深刻指出：“洋八股必须废止，空洞抽象的调头必须少唱，教条主义必须休息，而代之以新鲜活泼的、为中国老百姓所喜闻乐见的中国作风和中国气派。”①中国作风、中国气派是中华民族文化艺术之魂，也是有中国特色社会主义文艺民族化的根本性内涵。文艺的民族化是通过文艺作品的内容与形式的统一显示出来的，即在革命的政治内容和尽可能完美的艺术形式的统一中，显示出中国的特点和中国的风格。文艺的民族性，首先是由内容的民族特点决定的，但必须通过民族形式来表现。文艺的民族形式是文艺民族特点的具体表现，它是由民族独特的生活方式及在此基础上形成的民族特质决定的，它一经形成后，仿佛历史沉积层，就具有相当的稳定性，就具有相对独立的审美价值和艺术功能。所以毛泽东说：“艺术的民族保守性比较强一些，甚至可以保持几千年。”②有中国特色的社会主义文艺只有注重内容与形式的民族化，才能真正为中国老百姓所喜闻乐见，才能较普遍地引起群众的关注和共鸣，使他们赏心悦目、乐于接受。而群众喜闻乐见，则构成了文艺民族化活动的内在动力、价值目的和文艺的再生产。新时期以来，在邓小平建设有中国特色社会主义理论的指引下，我国文艺的民族化获得了大踏步前进，体现民族意识、民族精神、民族风格的优秀作品层出不穷。如戏剧《丹心谱》、《旮旯胡同》、《虎踞钟山》；电影《巍巍昆仑》、《红河谷》、《鸦片战争》；小说《美食家》、《陈奂生上城》、《茶人三部曲》等，都是具有中国作风和中国气派的

---

① 《毛泽东选集》第三卷，人民出版社1991年版，第844页。

② 《毛泽东论文艺》，人民文学出版社1992年版，第91页。

文艺作品。由于这些优秀作品注重内容与形式的民族化，凝聚了中华民族强烈的民族精神、民族情感，因而普遍地引起了广大人民群众的关注和共鸣，真正为中国老百姓所喜闻乐见。正是具有浓郁的民族性，我国的社会主义新文艺才富有丰富性和迷人的个性魅力。我国的社会主义文艺真正走向世界的，受到世界人民欢迎的也恰恰是有中国作风和中国气派的文艺作品，而不是那些洋腔洋调的、假洋鬼子式的、打着现代派招牌的“新潮”文艺。所以，坚持民族化是新世纪文艺发展的必由之路。

文艺的民族化使文艺具有民族性，但民族性并不是超越一切历史时代的抽象的特性，它带有一定历史时代的具体内容和特性。它与民族的现实生活相联系，同时每一民族把外民族的长处化为自身血肉的张力，也会有所变异。正是在这个意义上，民族化与现代化应当相提并举、相互涵盖。现代化总是一定民族的现代化，民族化也不能脱离历史现代化的总体趋势。所以，有中国特色的社会主义文艺应该既是民族化的又是现代化的，既要有中国作风和中国气派，为广大人民群众所喜闻乐见，又要采用现代化的形式、手法、语言、技巧，具有现代意识，为现代人所接受。文艺理论界一直有这样一种说法，“越是民族的，就越是世界的”。这有一定道理，但必须具备一个前提，即这样的具有民族作风、民族气派的文艺作品，必须同时具有现代意识，这样才能成为“世界的”。在当今的文艺创作实践中，广大文艺工作者应当努力使社会主义新文艺既与前进的时代同步，具有强烈的时代感；又深深植根于民族文化沃土之中，具有鲜明的民族特色，逐步做到民族化与现代化的统一。

文艺的现代化是多方面的，至少包括以下几个方面：一是文艺观念必须更加现代化、科学化。新时期文艺在端正文艺与政治、文艺与生活的关系的同时，应当大胆地对文艺本体进行多侧面的深入探索，在文艺反映生活的认识上，超越直线对位、简单比照现实的观念，更加真实、生动、形象地反映出新时代人民大众丰富的情感、多彩的生活。反映和表现改革开放的社会主义现实生活，应该成为文艺创作的主要内容。二是在创作的题材、形式、风格、手法、技巧上应该更加多样化，使艺术家在自由选择艺术表现方法进行艺术创作的实践中，不断有所创新，丰富和发展各种艺术表现技法。三是文艺语言要充分体现出特定民族生活中的现代语言，包括它的丰富的、层出不穷的词汇、语法规范与更新及语言风尚的剧烈变化。四是文艺种类、体裁、样式应比过去更加完备，文艺的多种社会功能应该得到更为充分、全面的发挥。

文学艺术的现代化是历史的必然。然而，值得注意的是，有些论者直接把当前文艺的现代化与西方现代派混为一谈，简单地认为文艺现代化就是要走“现代派”之路。事实上，文艺现代化与现代派有着极大的不同。文艺的现代化指的是文艺的现代性；而现代派则是指现代资本主义历史条件下产生的特定的文艺思潮和流派。它派系纷繁，内容庞杂，光怪陆离，五花八门，包括象征主义、表现主义、未来主义、超现实主义、存在主义以及意识流小说、荒诞派戏剧、黑色幽默等诸多的派系。现代派文艺是西方进入垄断资本主义时代的产物。它的根本特征是表现强烈的反社会倾向和资本主义制度下人的异化。现代派文艺浸透了颓废情绪，反映了当代西方社会陷入危机的资本主义各种矛盾和人们的病态心理。可见，现代派与我们所说的文艺现代化有着根本性质的区别。中国文艺的现代化不是无批判地模仿西方现代派，而是对其批评地借鉴。我们将会在中华民族传统文艺的基础上，创造出真正具有中国作风、中国气派的深刻地反映中国现代社会和时代精神的社会主义新文艺。

二、从世界文化艺术动态的横向比较与考察中探索出一条科学与开放相统一的、不同于国外的社会主义文化艺术建设的新途径

现代化的突飞猛进和高科技的迅猛发展，使当今世界已进入“地球村” 时代，各国文化艺术的交流日益频繁、便捷。我国与其他第三世界国家一样，在文化资源共享上具备了与一般发达国家相当的能力。于是，外国文艺思潮大量引入。在新时期，我们不仅翻译介绍了大量外国文学艺术作品，而且翻译介绍了大量外国文化艺术理论和思潮。例如，属于科学主义的逻辑实证主义、形式主义、结构主义、解构主义、符号学；属于人本主义的存在主义、弗洛伊德学说和新人本主义、法兰克福学派等的社会文化理论和艺术思潮；还有继现实主义、浪漫主义、自然主义之后，20世纪以来一度风行西方的现代主义和后现代

主义的理论和思潮。这种广泛的吸收与借鉴，固然大大拓展了我国艺术家艺术思维的空间，激活了他们的审美创造性，促进了艺术形式、风格、表现手法的丰富多彩。但是，西方世界大量文化艺术思潮的涌入，也不免鱼龙混杂、泥沙俱下。因此，不加分析与鉴别，就囫囵吞枣、照抄照搬是极为有害的。

随着西方社会现代化进程的一步步演绎，西方各种文化艺术思潮也经历了众多的流派，且更迭迅速，彼此呈现出极其复杂的关系。这些五花八门的文艺思潮，都是资本主义发展到一定时期的文化产物，有其特定的社会根源和阶级基础。如风靡于西方的后现代主义文化思潮，是新技术革命和晚期资本主义的文化产物。这种包罗广泛的文化思潮，以崇尚荒诞和虚无为其基本特征，带有宣扬新的非理性主义、怀疑主义、否定主义的倾向，反讽与戏谑，自贬与嘲弄，悲观与失意，构成了后现代主义文艺作品的主调。西方后现代主义文艺的发展道路，显然不适合中国的国情。我国社会主义初级阶段的文艺，不仅需要感性的解放，而且更需要科学理性与社会理性的建设。

有中国特色社会主义文艺的本质特征决定了它所走的是一条不同于别国的新途径，即坚持文艺建设的科学性与开放性的统一。所谓科学性，就是要坚持以马列主义、毛泽东思想为指导，这是我国文化艺术事业得以健康发展的根本保证。如果失去了马列主义、毛泽东思想的指导，有中国特色的社会主义文艺就会失去社会主义的性质，我们的文艺工作就会步入歧途。这样，新时期的社会主义文艺事业就不可能科学地、健康地繁荣与发展。因此，邓小平一再强调："马克思列宁主义、毛泽东思想，是我们党的指导思想。"[①]并告诫我们：思想战线的同志，"作为灵魂工程师，应当高举马克思主义的、社会主义的旗帜"[②]。由于马列主义、毛泽东思想本身就是科学理论，在科学理论指导下的文化艺术必然具有科学的品格和科学的精神。坚持文艺建设的科学性，还要坚持解放思想、实事求是。邓小平说："实事求是，一切从实际出发，理论联系实

① 《邓小平文选》第二卷，人民出版社1993年版，第39页。

② 《邓小平文选》第三卷，人民出版社1993年版，第40页。

际，坚持实践是检验真理的标准，这就是我们党的思想路线。”[①]并进而提出：“解放思想，就是使思想和实际相符合，使主观和客观相符合，就是实事求是。今后，在一切工作中要真正坚持实事求是，就必须继续解放思想。”[②]毋庸置疑，解放思想、实事求是，是邓小平建设有中国特色社会主义理论的精髓，也是其建设有中国特色社会主义文化艺术理论的核心。在文艺建设上，解放思想就是要有敢于面对现实提出的理论挑战的魄力和勇气，克服僵化封闭、愚昧迷信思想，审时度势，抓住机遇，站在历史发展的高度，开创理论思维和文艺建设的新境界。实事求是，就是要坚持唯物主义原则，坚持一切从客观实际出发，反对唯心主义、本本主义和教条主义，理论联系实际，在实践中检验和发展真理。正是由于有了这种打破精神枷锁、拨乱反正的魄力和尊重历史、立足现实实践的实事求是的科学态度，才使新文艺在自己的发展中能够正确地对待历史与传统，不断革新与发展。因此，坚持解放思想、实事求是的科学态度，也深刻体现了建设有中国特色社会主义文艺的严密的科学性。

有中国特色的社会主义文艺又是一个富有改革开放精神的，不断创新与发展的系统。具有特色的中华民族艺术经过较长时间的延续，容易形成稳态的结构、封闭自足的审美范式，因而要得到更新与发展，必须坚持改革开放，不断引进新因子，注入新的活力。改革，就是不断地建设和完善社会主义文艺；开放，就是面向中国以外的世界，从中吸收与借鉴一切有益于社会主义的东西。一个国家经济的发展，离不开世界市场；一个国家文化的发展，也不能脱离世界文化。早在19世纪，就形成了世界市场和世界文学，正如马克思、恩格斯指出的：“资产阶级，由于开拓了世界市场，使一切国家的生产和消费都成为世界性的了。”“民族的片面性和局限性日益成为不可能，于是由许多种民族的和地方的文学形成了一种世界的文学。”[③]当今世界，全球经济文化一体化的趋势已成为时代潮流，中国文化艺术与世界文化

① 《邓小平文选》第二卷，人民出版社1993年版，第278页。

② 同上，第364页。

③ 《马克思恩格斯选集》第一卷，人民出版社1973年版，第254、255页。

艺术正处于大规模地交汇、碰撞与整合的新的历史时期，那种旧有的封闭格局已被打破，那种已滞后于历史进程的旧的文化习俗、文学艺术，都必然面临着严峻的挑战。在全球化的文化艺术交流中，有中国特色的社会主义文艺正在不断强化其可交流的资质，积极探求并建树新的民族个性和审美品格。毫无疑问，有中国特色的社会主义文艺必然会在这种大融合的过程中获得发展，在开放中吸收各国文化艺术之长，不断完善和发展自己。可以预测，有中国特色的社会主义文艺未来的远景是十分美好的，我国与世界各国的文化艺术交流将会多渠道、全方位的展开。一方面，世界艺术中的精品、力作将迅速地、大规模地介绍给中国文艺界，博采世界文化艺术之长真正成为可能；另一方面，中国的优秀文艺作品也将及时地、比较普遍地为世界文艺界所知悉，并对世界文化、对人类文明做出我们应有的贡献。

三、从社会历史形态纵向比较中逐渐寻找出一条具有人民性与时代性相统一的，又区别于封建主义、资本主义文艺的社会主义文化艺术发展的新道路

我国社会主义文艺已经走过了半个多世纪的光辉历程。在这50多年中，我们的社会主义文艺事业不仅取得了令人瞩目的伟大成就，而且充分显示了有中国特色社会主义文艺的本质特征，走出了一条不同于封建主义、资本主义文艺的社会主义文艺发展的新道路。

文艺是社会意识形态之一，它不但是一定经济基础和经济关系的产物，而且还反映一定社会的政治、法律、道德、宗教和哲学观点，表现出特定时代艺术家的情感、思想倾向和世界观。为此，文艺的思想导向决定了文艺的根本性质。就文艺的整体而论，封建主义、资本主义的文艺与我们正在建设的有中国特色的社会主义文艺相比，其主要的思想导向有着本质区别。封建时代的文艺，主要表现的是封建统治阶级的意志，反映和宣扬的是束缚广大劳动人民精神的封建宗法和礼教观念，其意识形态性服务于封建社会的经济基础与上层建筑。资产阶级在反对封建制度时曾经是进步的、革命的阶级，但取得政权而成为统治阶级后，资产阶级在政治上由进步转向保守、反动，一步步走向腐朽没落；思想上也发生了蜕化，背弃过去的优秀思想传统，在其文化艺术中不遗余力地宣扬以个人为中心的

人道主义，鼓吹怀疑论、不可知论、非理性主义、个人至上、金钱万能等各种各样唯心的、反动的思想观念。而社会主义文艺作为巩固和发展社会主义经济基础和上层建筑意识形态的审美创造物，是坚持以共产主义思想为核心的革命思想导向。共产主义思想是人类一切优秀文化的结晶。它是马克思主义创始人在批判地继承人类全部文化遗产的基础上产生的，并在广大人民群众的革命实践中丰富和发展起来的。新时期以来，我国涌现出的大批的优秀文艺作品，在对现实的真实描写中充分表现出以共产主义思想为核心的革命导向。同时，表现社会主义、爱国主义、集体主义、英雄主义和乐观主义等先进思想的文学艺术作品，也层出不穷、绚丽多姿，构成了有中国特色社会主义文艺的一道道光彩夺目的风景线。

社会主义文艺与封建主义、资本主义文艺的另一个显著区别是表现在与人民群众的关系上。在封建社会，虽然也有少量反映人民意志、情感的文艺作品，但占统治地位的则是地主贵族的文艺，帝王将相、公子小姐是封建文艺的主人公，广大被剥削被压迫的人民群众被剥夺了创造和欣赏文艺作品的权利。在现代资本主义社会，资本主义固有的矛盾不断激化，资本主义的异化状态日趋加重，占支配和统治地位的文艺依旧是服务于资产阶级及其利益的文艺。而社会主义社会，人民大众是国家的主人，是新生活的创造者和推动社会文明进步的决定力量。我国是社会主义国家，人民当家做主的社会性质，决定了有中国特色社会主义文艺必然是人民大众的文艺，是体现和反映社会主义政治、经济的社会主义文艺。这种新文艺区别于封建主义和资本主义文艺，构成对封建主义文艺和资本主义文艺本质上的超越，它起着巩固社会主义经济基础及其上层建筑的作用。人民大众既是文艺创作和文艺表现的主体，又是文艺服务的对象。列宁在《党的组织和党的文学》一文中，就强调了社会主义文学有着深刻的人民性，“这将是自由的文学，因为它不是为饱食终日的贵妇人服务，不是为百无聊赖、胖得发愁的‘几万上等人’服务，而是为千千万万劳动人民，为这些国家的精华、国家的力量、国家的未来服务”[①]。这种为千千万万劳动人民

① 《列宁论文学与艺术》第一卷，人民文学出版社1960年版，第69页。

服务的思想，是历史唯物主义在文艺领域的具体表现，是马克思主义文艺观。邓小平继承和发展了这一马克思主义文艺观，针对中国国情，结合社会主义新时期的新情况、新要求，提出文艺“为人民服务，为社会主义服务”的“二为”方向，充分反映出有中国特色社会主义文艺的性质、方向与任务，是文化艺术工作的生命线。

有中国特色社会主义文艺的人民性又是与时代性相统一的。当前，我们的民族正处于走向社会主义现代化、全面建设小康社会的历史进程中，民族的质与量都在发生深刻的变化。社会主义市场经济体制不断完善，商品经济与科学技术进一步发展，这些新新不已的变化，不仅促使人们的生活方式、文化心理和思维定势产生变革，而且要求社会主义文化艺术与之相适应，充分反映社会主义的时代精神和历史脉搏，要求社会主义文艺真实地表现当代人民群众的生活斗争、思想情感与审美追求，着重塑造社会主义新英雄形象。为此，反映改革开放的现实生活，应该成为文艺创作的主要内容；我国各族人民为实现社会主义现代化而进行的英勇卓绝的斗争，应该成为文艺创作的主要题材；弘扬共产主义精神和爱国主义、集体主义、英雄主义传统，应该成为文艺创作的突出主题。也正是在这个意义上，社会主义文艺比之封建主义、资本主义文艺具有不言自明的伟大生命力；也正是凭借着优于其他文化艺术的诸多独立品格，有中国特色的社会主义文化艺术必将在世界文坛和艺坛上葆有强大的竞争力，成为世界文化艺术未来发展的重要资源。

（原载《毛泽东文艺思想论丛》第13辑，吉林大学出版社2003年版）

市场经济下的文学艺术

市场经济的大潮以前所未有的威力冲击着文学艺术和文人学士的价值观念，艺术的商品化像团迷雾笼罩在人们头上。于是，在市场经济不断发展的今天，文学艺术具有哪些新的特点？如何看待文艺作品的商品属性和它自身的特殊性？文学艺术如何保持自身的生存与发展等问题，成了目前我国文艺理论工作者探讨的热门话题，理论家们各抒已见，形成了各种不同的观点和意见。有人认为，文艺就是商品，是一种与物质产品具有同样性质的商品。社会上关于商品的一般定义完全适用于文艺。因此建立文化市场，就要确立市场观念，放手大胆地把文艺推向市场，使文艺在市场的竞争中求生存与发展。但有人却持相反的意见，疾呼文艺是精神产品，不是商品。把文艺当作商品则破坏了艺术规律，使艺术创作流于平俗不能产生精品，还会导致艺术家心灵的堕落。另有一些人则指出，文艺虽有商品的属性，但它的本质不是商品，只是一种带有商品属性的精神产品。还有一些理论工作者出言较为谨慎，认为，在目前文艺还只是初步进入市场的情况下，对于一些十分复杂的理论问题不必匆忙地作出结论。但应认真面对现实，抓住有利时机，全力促成文艺向着更高的层次去拓展创新。理论上的热烈争鸣，必将拨去迷雾，促进文艺的繁荣和新时期我国文艺理论的建设。

事实上、我国社会主义市场经济机制的启动和运行，已经引起了整个社会许多方面的变化，文学艺术也必然要被卷入商品经济的洪流中去经受洗礼和荡涤，这恐怕是不以人们的意志为转移的，毕竟经济是制约文艺的最终原因。文学艺术走向市场，带上了令人迷惑的商品性质，是否就变成了一头可怕的怪兽？毋庸置疑，市场经济的冲击致使文艺领域出现了一些惊人的乱象怪状，诸如高雅艺术难以生存与发展，大量内容低俗、不健康的书刊充斥市场；受金钱的驱使和诱惑，艺术剧院、图书馆、博物馆实行多种经营，成了产品展销场所；艺术变成产品的宣传广告；还出现了文稿拍卖、艺术拍卖等，由于赤裸裸地追求金钱效应，使艺术价值严重失落。这些现象的出现并非全是市场经济的罪过，而主要是僵化的计划经济及其统筹下的文化体制的崩溃，人们长期被禁锢压抑的各种欲望被释放出来的结果，物欲的极度膨胀，必然要侵染艺术的圣堂。在我国市场经济刚刚起步的今天，文艺领域出现的那些散发着金钱铜臭的怪事，是难以避免的社会现象，这些现象决不能反映我国文艺发展的趋向。

世间任何事物有弊必有利。市场经济的健康发展，有效地促进了社会经济的繁荣，加速了我国人民的生活由温饱型向小康型的转化。随着人们物质生活和精神文明水平的提高，艺术鉴赏的要求日益增长，工时制的缩短，又提供了更多的闲暇时间，促使人们更渴望获得美的享受和艺术的熏陶，这必将极大地推动我国文艺创作的发展。进入90年代，中国大众的文化心态发生了明显的变化，尤其是在竞争激烈、生活节奏加快的今天，人们在紧张工作之余或疲惫不堪的心理压力之下，自然渴望得到一种心理情感的松弛，得到一种本能欲望的宣泄。大众需求的艺术品，不再是那些陌生的形式和需要痛苦思索才能接受的内容，而是转为偏爱那些轻松娱乐，富有趣味性、刺激性的艺术作品。为此，通俗艺术正是适应了大众的这一审美趣味，以喜闻乐见的形式贴近民众本体本性的内容，率先深入民心地占领了文艺市场，不同的艺术形式和艺术风格的自由竞争，在文化市场中获得了广阔的天地。由于市场经济对文学艺术的影响，艺术生产与艺术消费的关系也发生了根本的变化。过去是艺术生产决定艺术消费，艺术生产者出于“文以载道”等动机，推出自己认为满意的作品让大众去欣赏，不大考虑消费者的需求。如今艺术走向市场后，艺术生产部门为了获得最大的经济效益，就必须尊重艺术消费者的客观欲求，服从市场的召唤，为大众而创作。这样艺术消费者便成为艺术生产的积极参与者，艺术消费根据市场规律指导艺术生产，艺术品能否赢得大众的喜爱，成为艺术生产的出发点，那种听命于长官意志或旁若无人地闭门创作的倾向明显地受到了遏制。许多文艺工作者能自觉地研究广大群众的审美需求和文化消费意向，以便准确地把握住大众的审美心理活动及其变化的特点，使生产的艺术产品在市场竞争中能够立于不败之地。如北京电视艺术制作中心，在处理电视连续剧《京都纪事》时，他们先拍摄、播映了二十余集，随后进行了广泛的市场调查，听取不同阶层观众的反映，在续拍时对该剧的后半部分又认真做了修改，放映后受到了大众的好评。文艺创作中消费者参与度的提高和其需求被纳入生产者的视野，标志着艺术进一步走向民主。同时，也促进了艺术家对艺术新形式、新技巧的探索，形成了各种流派、各种艺术形式百花齐放式的竞争局面，这无疑是一个巨大的历史进步。市场的发展还促进了科学技术的进步，一些崭新的高科技产品源源问世，电脑的使用、录像机的普及、卫星电视的发展等，使文艺媒体越来越走向多样化，文艺创作的技巧也随之发生了巨大的变革，这一切都影响着大众的艺术消费习惯，能提供感官享受的视觉类艺术颇为走俏，而纯文学的消费趋于萎缩。艺术的多元化发展是我国艺术繁荣的标志，也是整个社会进步、开放的象征。

文艺进入市场，的确面临着许多新情况、新问题。艺术的商品性虽说历来是人们忌讳和反感的字眼，但如今却成了无法回避的理论课题。马克思主义认为，商品是用来交换的劳动产品，它具有价值和使用价值两重属性。即商品必须具备两个要素：一是为交换而生产的劳动产品；一是具有价值和使用价值。一种劳动产品只要同时具备了这两个条件，就成为商品。从这个角度出发来考察文学艺术现象，便可以确认市场经济中文学艺术具有商品属性。首先，文艺作品要实现自身的价值，就必须进入市场，经过流通和交换，在文学作品有人买，戏剧演出有人看的情况下，去赢得消费者的接受。艺术品自身的价值在未被欣赏者接受之前，只是一种潜在的价值，只有通过消费满足了人们的精神需求，才能真正实现其价值功能。其次，任何文艺作品的表现都离不开特定的物质载体，诸如，纸张笔墨、金石土木、录像磁带等，这些东西本身都是具有商品属性的物质，艺术家创造性的精神成果正是借助这些有形的载体而物态化的，因此，作品的价值就不能排除物质载体的价值，这就使文艺作品不仅具有思想性和审美性，而且具有了商品的属性。

在承认文艺具有商品属性的同时，我们又必须看到，文艺是一种特殊的商品，有着不容忽视的特殊性，不能与一般物质商品等量齐观。文艺这种商品的特殊性突出地表现在以下几个方面。

第一，文艺创作和一般物质生产劳动不同，它是马克思称之为的“自由的精神生产”，“最高贵的精神生产”。文艺作品是艺术家的生命意识和审美体验的物化形态。所以，艺术家在进行真正的艺术创作时，其动机往往是非功利的和无实用目标的，它是艺术家出于一种不能自已的情感价值的宣泄需要和审美意识的传达需求，是他们天性的能动表现，是倾注着整个灵魂和血肉的。显然，艺术家这种自由、自觉的创作心态，与一般商品生产者的唯利动机是截然不同的。正是由于许多文学艺术家把创作看作精神的伴侣、灵魂的家园，因而能够自觉抵制以追求利润为特点的商品经济对人的异化，并以艺术为武器，鞭挞资产阶级的贪婪，揭露金钱对人性的颠倒。在伟大作家莎士比亚的戏剧中，我们能明显看到对金钱的诅咒，对各种卑鄙无耻东西的谴责，对人性中的美好品质，如正直、节俭、慷慨、宽容、勇敢、刚毅等的热情歌颂，那敏锐的洞察力和超凡脱俗的精神追求，使他超越了阶级和时代的局限性。17世纪英国的杰出诗人弥尔顿，早年参加资产阶级革命；晚年，他双目失明，却以惊人的毅力写出了长达万行的著名史诗《失乐园》。马克思说，这是“弥尔顿出于春蚕吐丝一样的必要而创作《失乐园》”，也“是他天性的能动表现”。虽然后来“他把作品卖了五镑”[①]，但艺术家在创作中付出的劳动及作品的社会价值却是难以估量的。不言而喻，文学艺术作品是艺术家生命的延伸，体现了对艺术追求的崇高本质。也就是说，一个真正的艺术家，绝不把自己的作品看作手段，作品就是目的本身，艺术生产不是为了赚钱、捞钱。“诗一旦变成诗人的手段，诗人就不成其为诗人”[②]了。

第二，文艺作品是艺术家创造的具有审美价值但以商品形式流通的特殊商品。艺术生产和物质生产是有很大区别的，前者主要是创造审美价值，满足人的审美需要；后者则主要是创造实用价值，满足人的实用需要。审美作为人的

---

① 《马克思恩格斯全集》第二十六卷第1册，人民出版社1972年版，第 432页。

② 《马克思恩格斯全集》第二卷，人民出版社1957年版，第87页。

一种“本质力量”，是人皆共有的一种需求，人类需要文学艺术，正是为了欣赏美和创造美。艺术这种特殊的精神生产则是一种用来传达人对现实的审美感受和体验的，是艺术家的“生命表现”和个性物化的审美创造。由于艺术是审美体验的典型化、物态化，艺术的特质是审美，这就要求艺术家应创造出具有独特审美价值的艺术品，以满足大众的审美需求为目的。同时，艺术生产又不能离开社会经济条件的制约，艺术家在创作过程中，还必须要关注大众的艺术期待，考虑消费者的审美需求，使所生产的艺术作品在投放到市场上进行交换时，得到消费者的接受和欢迎，从而实现产品的交换价值。依照常理而言，文艺作品的审美价值与商品价值应该是统一的，审美价值越高的作品，欣赏者应该越多，交换价值应该越大。但由于高雅精纯艺术的欣赏，需要具备较高的文化水平和艺术素养，而目前对于我国众多的文化素质低的人来说，还缺乏这种能力和水平，故而形成了“曲高和寡”的现象。这就使文艺的审美价值追求与交换价值实现之间出现不平衡甚至倒挂的现象。而物质商品的使用价值与交换价值一般则是成正比的，这又显示了精神产品与物质产品的区别。另外，一般物质商品的价值是通过社会必要劳动时间计算出来的，商品的价格能基本反映出它的价值。而精神文化产品却很难准确计算出其所花费的劳动量，所以文艺作品其价格与价值背离的情况屡见不鲜，实行等价交换原则也总是行不通。譬如，作家出书，出版社是按照作品字数来计算稿酬的。其实隐含在作品中的脑力劳动是难以用数量关系具体表现出来的。在不同的作品中，相等的字数所耗费的精神劳动是不同的，所具有的精神价值也大相径庭，那些流芳百世的艺术佳作，其艺术价值永远无法用金钱的尺度来衡量。因此，在貌似公平的计酬制度中，抹去了许多精神劳动所创造的宝贵价值。这足以见出文学艺术作为商品与一般商品相比具有的特殊性。

第三，文艺产品的创造不像物质生产那样标准化、模式化、批量化。文艺产品的生产过程是精神生产过程，是艺术家感觉、情感、理解、想象等多种心理因素综合作用的结果，艺术作品是艺术家创造性劳动的结晶，每部成功之作都饱含着创造者独特的精神个性和审美体验，因而具有独创性和不可重复性。而物质商品的生产则是按照计划指令，集体分工协作进行的标准化、批量化的生产，以追求金钱的价值利益为原则。此外，文艺作为特殊商品，其使用价值的表现形态和实际效果与一般商品是迥然有异的。一般商品的使用价值在于直接满足人们的实用目的，通常具有一次性消费的特点。而文艺创作不能提供直接的维持人类生存的使用价值，但却能满足人的精神需求和调节人的心理情绪，因而，文艺的使用价值表现为文艺的社会效益和审美效益。消费者对文艺作品的接受，不是消极、被动、机械地接受，而是要倾注心血，按照自己独特的体验、感受和理解对艺术形象进行“再创造”，这种带有审美享受的“再创造”性的欣赏，不仅能使消费者获得美感，而且能不断地开掘出该部文艺作品所蕴含的、尚未被发现的新的精神价值。所以，一部杰出的艺术之作，能超越时空的局限，不仅能传播到其他民族、其他国家，而且能世世代代地流传下去，供子孙后代享用，这种永恒的魅力、永久性地消费，以及使用价值的广泛转移，是任何物质商品无法比拟的。又由于每个消费者在欣赏艺术作品时所引发的心理反应，所获得的精神启迪、审美愉悦各不相同；同一个消费者在不同时间、空间欣赏同一部艺术作品，对艺术形象的感受、理解也有差异，这些因素又使文艺作品的使用价值令人难以预测。

从上述分析中不难看出，艺术的商品性与一般产品的商品性有着诸多的不同之处，艺术产品具有意识形态属性，是一种特殊商品。为此，在市场经济中，我们就不能用衡量一般物质商品的标准来对待它，而应采取一种更切合这种特殊商品品格的方法和态度。

文艺的本质属性是意识形态性和审美性，而其商品性只是市场经济条件下所具有的特殊属性，是非本质属性。当代文艺固有的这三种属性，决定了艺术具有与之相对应的三大效益，即社会效益、审美效益、经济效益。这三大效益的关系应当是和谐统一的。但近些年文艺市场上却出现了一些不尽如人意的情形：不少思想品位低下，专门迎合某些消费者低级趣味的庸俗之作，进入市场后确乎成了抢手的商品，经济效益颇佳。而一些凝聚着人类崇高的思想情感，审美情调健康、高雅的严肃文艺作品，虽说有很好的社会效益和审美效益，但进入市场后却受到了前所未有的冷落，处境十分尴尬。这种社会效益、审美效益与经济效益不成正比，甚至严重背离的现象，在时下市场经济的大潮中表现得越来越明显。面对这些现象，真正的艺术家应该保持应有的历史眼光和审美理想，从美学和历史的高度，去把握现实运行趋势，使自己从事的高贵的精神生产，不听任市场价值规律的摆布，才有可能由衷地产生出创作激情，创作出表现新时代光彩的艺术精品来，才能实现艺术创作的自由和自觉。反之，艺术家倘若在浓重的物质主义的迷雾下走入误区，就会丧失崇高的艺术追求和艺术理想，甚至沦为金钱的奴隶。为了获取最大的经济效益，势必要迎合社会上某些人的低级趣味，制作出一些格调不高、粗制滥造的东西，这些低俗、劣质的文艺品，会对社会和人民造成不良的精神危害。所以，在处理三种效益之间的关系时，应当把社会效益放在首位，“鼓励创作内容健康向上特别是讴歌改革开放和现代化建设的具有艺术魅力的作品”[①]。任何损害人类文明，宣传腐朽没落、封建迷信的东西，任何黄色淫秽之作，都应坚决取缔。还要以审美效益为中心，因为艺术家的创作，既要表达自己对人类进步的积极思考和体验，又要尊重艺术本身的审美规律，使作品具有艺术感染力和美学价值。那些思想内容先进而艺术上平庸的作品，通常不能产生长久的社会效益。只有将艺术的社会效益与审美效益有机地统一为一体的优秀作品，才能具有永恒的魅力。在上述两种效益的导向之下，还应力争获得更好的经济效益。

无论市场经济怎样发展，艺术这种特殊的精神产品，总是无法全部纳入商品经济的运行轨道。通俗文艺适应市场经济的竞争环境，具有较强的竞争力和市场活力。但高雅文艺却不具备完善的市场经营性，如果让某些高雅艺术团体走向市场参与竞争，实行自负盈亏，其结果或许就得为了谋取生存，被迫转向去搞些不伦不类的东西；要么就会在激烈的竞争中顺其自然，走向枯萎、凋零。所以，当今我国的高雅文艺要生存、要发展、要保持自身的圣洁性，仅靠艺术家、理论家们的呼吁、呐喊是不行的，需要国家和社会的支持。党和国家要对文化市场加强宏观调控，利用大众传播媒介大力提倡社会主义精神文明，引导群众提高审美趣味。对于中国的传统文艺形式和高雅艺术，要实行适当的

① 江泽民：《在中国共产党第十四次全国代表大会上的报告》。

倾斜政策，给予积极的扶植和保护。有条件的企业也要伸出赞助之手，帮助高雅艺术摆脱困境，走向繁荣与发展。其实许多眼光远大的企业家，已经以极大的热情早就做出了慷慨解囊的举措；上海宝钢出资2000万建立“高雅艺术基金会”；上海证券交易所每年赞助中央交响乐团250万；上海广虹实业总公司，为了扶植沪剧的发展，每年提供28万人民币，资助上海沪剧院浦东分院的创作演出；北京日报社每年赞助北京交响乐团100万……企业对高雅文艺的支持，不仅促进了高雅文艺的健康发展，而且也提高了企业的知名度和文化品位。

国家还应为艺术家保持高雅的艺术追求和艺术的圣洁性，创造一个良好的大环境，通过文艺立法、文艺评奖、巡回演出等多种形式，加强社会主义文艺建设。艺术家应当珍重自身的价值，保持自己独立的品格和高尚的艺术追求，要提高驾驭商品经济的能力，肩负起历史和时代赋予的神圣责任和使命，艺术地把握今天的现实，创作出更多的反映社会主义主旋律的艺术精品。

（原载《理论与创作》1995年第2期）

第二编
非物质文化遗产保护研究

非物质文化遗产是植根于民间的活态文化，是各民族的精神家园。新世纪以来，在政府主导和社会广泛参与下，我国非物质文化遗产保护工作取得了可喜的进展和显著的成效。在非物质文化遗产保护实践中，如何遵循非物质文化遗产自身传承、发展规律，坚持正确的保护方针原则、方式方法，实现科学保护；怎样发挥各级保护主体的作用，做好传承主体和代表作的保护工作；对春节文化内涵的阐述等是本编探讨的主要内容。

采取系统科学的有效方法　做好非物质文化遗产保护工作

随着我国国家级非物质文化遗产代表作名录体系的建立，各省市自治区都在认真整理、清点着自己的珍贵文化艺术资源，非物质文化遗产的抢救与保护受到了前所未有的重视，形成了可喜的局面。然而，要多方面、全方位地做好非物质文化遗产的保护工作，还应在认真贯彻党和国家有关方针政策的同时，采取科学系统的有效方法，做到措施周全、方法得当、计划可行，才能有条不紊地进行这项浩大而复杂的文化工程。笔者认为，抢救、保护非物质文化遗产重点应做好以下几个步骤的工作：

一、开展普查，收集整理资料，建立完整的资料数据库

普查工作是抢救与保护非物质文化遗产的首要任务。普查中的一项重要工作是采集作品和记述民俗。全面而科学地采集好非物质文化遗产作品，忠实地记录下各种民俗文化事象，才能保存下流传至今的非物质文化遗产的真实面貌，从而为我们从民间文化角度研究民众的思想和世界观提供可能，为党和政府制定、实施非物质文化遗产保护规划乃至文化发展国策，提供可靠而科学的依据。所以，做好普查，摸清底数，才谈得上保护，抢救与保护也才更有针对性。普查是对现在还在流行的各类非物质文化遗产形态、作品，优秀的非物质文化遗产传承人，进行调查、登记、采录、建档工作，并按照全国统一编码进行登记并分级建档。凡具有历史、文化、科学、艺术价值的非物质文化遗产均在普查和保护之列。普查的覆盖面要广，要深入到每一处偏远的山乡。普查中，要以马克思主义唯物史观为指导思想，客观、科学地看待和分析非物质文化遗产的发生、发展以及在漫长的历史进程中出现的种种现象。要充分尊重民众的创造性，以全面性、代表性、真实性为普查的指导原则。所谓全面性，是

指普查中要避免主观主义和教条主义，要进行兼顾城镇和乡村、兼顾不同人群的全面调查和采录。所谓代表性，即在全面掌握某地区的非物质文化遗产蕴藏情况的基础上，选择有代表性的民俗事象、有代表性的体裁形式、有代表性的作品等，加以认真、科学地采录。所谓真实性，是指普查时要忠实地采录讲述者讲述的原貌。按照民间文化作品和民俗表现形态，保持原状、不加修饰地将其记录和描述下来。只有符合这“三性原则”的普查和采录成果，才是真实而有价值的，才能经得起历史的检验。

要做好普查工作，还要掌握科学的方法。普查工作主要有三个步骤，即：普查准备阶段；实地考察阶段；总结评估阶段。在普查准备阶段要做好两项工作，一是制定出普查工作的具体实施方案（计划、大纲、登记表格等），明确普查任务。确定普查时间、目标、方法、步骤，落实人员配备。二是为普查工作人员组织学习培训，使他们明确普查工作的目的意义、目标方法，并根据普查任务和个人专长对普查工作人员作出合理的分工，做到各司其职、互相配合。实地考察阶段是普查的重要阶段，应因地制宜、因时制宜，根据不同情况可采用不同的调查方法，如重点走访、抽样调查、开小型调查会、观摩民间艺术家的表演、参与民间手工艺制作及民俗节庆活动等。调查采访者以笔录、摄影、录音、录像等方式真实地记录下现场考察成果，同时还要注意搜寻民间传抄的唱本、长诗、鼓词、皮影脚本、宝卷（宣卷）、经书、图画册页等手抄本。采集到的口头文学、民间艺术品、民俗实物、摄影摄像、仪式的素描，除原件原物外，还要按照表格的要求进行登记。登记的项目，既要有文本实物的名称、内容简介、类别等，也应有讲述者、表演者、提供者的背景材料（姓名、年龄、性别、民族、身份、文化程度、简历、传承系脉、居住地等），还要有采访者（姓名、身份、工作单位、文化程度、联系地址等）及采录的时间地点。总结评估阶段重点要写好调查报告。调查报告应按照普查计划和调查提纲逐一叙述，要对各项内容及要求作出分析和统计，形成完整的书面材料。同时要对普查的成果与调查的完善程度作出初步评估，之后将有关材料悉数报送上一级主管部门。

紧随普查之后，是对遗产的登记、分类、整理、出版，将普查的结果系统化、规范化、档案化，确定非物质文化遗产保护名录，对遗产设定不同的保护级别。除了图片和文字性的成果出版之外，还应建立以照片和磁带为主的“非物质文化遗产影像档案”和用计算机管理的“非物质文化遗产资料库”，以及民间艺人档案馆。各省（市）、地、县要努力创造条件，更多更好地建立具有地方特色和民族特色的非物质文化博物馆或民俗博物馆。这类博物馆既能保存大量的非物质文化遗产，又能对其收藏物进行生动的展示，是进行传统文化教育、民间艺术教育和中外民间文化交流的最佳场所之一。

二、做好遗产的评估鉴定工作，认定和命名非物质文化遗产的杰出传承人

口头与非物质文化遗产是我们祖先五千年以来创造的极其丰富和宝贵的文化财富，是我们民族精神情感、个性特征以及凝聚力与亲和力的载体。其被保护的对象应该是那些在历代文化史上、民俗生活史上有积极意义和重要价值的遗产，是具有创造力和独特文化品格的那一部分，以及这些活态文化赖以存在的文化生态环境。保护的对象绝不包括民间文化中属于糟粕或垃圾的遗留物。为此，在普查的基础上，要做好遗产保护前的甄别鉴定、价值评估等先期工作，明确保护的范围与对象，再分出轻重缓急，有计划、有步骤地进行有效保护和合理利用。对口头与非物质文化遗产进行价值评估时应当从以下方面考虑：

第一，它必须具有民族独特性，表明其深深扎根于文化传统或有关地区文化历史之中。民族独特性是非物质文化遗产的根本特性，是其所具有的“特殊价值”。因为它体现和反映的是一个民族生存与发展的理念以及具体的活动方式、规律和特点，它凝聚着民族生存与发展所拥有的自然特点、风俗习惯、生活方式、价值观念、理想信念等因素。所以，蕴含着深厚的民族精神与民族意识的非物质文化遗产，是民族文化发展的根基，需要很好地继承与发展。

第二，用一定的价值尺度评判、认定，它具有特殊的价值。联合国教科文组织在《宣布人类口头和非物质遗产代表作条例》中规定对“代表作”的价值的判断，是“从历史、艺术、人种学、社会学、人类学、语言学或文学角度来看是具有特殊价值的民间和传统文化表现形式”。原生态的民间文化艺术大多呈现为原

始的、混沌的、综合的形态．其所蕴含的价值和功能是复杂多样的，我们应当用多种价值尺度对它进行科学的审视。我们审视和研究的非物质文化遗产，只要具备一种或多种科学的、独特的、珍贵的价值，就应成为抢救与保护的对象。

第三，它是创造者智慧的结晶，具有鲜明的个性化特征，同时表现出创造者丰富的想象力和高难度的技艺，是同类文化样式的典范。正如联合国教科文组织关于口头与非物质遗产代表作《申请书编写指南》中所说的：“具有人类创作天才杰作的突出价值。”这些作品的传承和积累是经验性的，主要是父母与子女、师傅与徒弟口传心授、颖悟体验。

具备了以上条件的文化形式和产品既是非常难得的，又是极其脆弱易于流失的，它们大多处于濒危状态，面临着消亡的危险．需要我们刻不容缓地进行抢救和实施有效的保护。我国已经建立并正在完善非物质文化遗产保护名录体系，宝塔形的名录体系包括国家、省、市、县四级。国家级非物质文化遗产代表作名录由国务院批准公布；省、市、县级非物质文化遗产代表作名录由同级政府批准公布，并报上一级政府备案。2005年我国政府进行了第一批国家非物质文化遗产名录的申报和评审工作，有501个项目入选国家级非物质文化遗产名录。今后我国向联合国教科文组织申报人类口头和非物质文化遗产代表作的项目，将从国家级非物质文化遗产代表作中产生。

由于表演与创造行为是无形的，其技巧、技艺仅仅存在于从事它们的人身上，所以，非物质文化遗产的传承必须靠人来进行。因此，认定重要非物质文化遗产的同时，必须认定传承人，将传承人纳入“人类活珍宝”的范围。联合国教科文组织开展的建立《人类口头及非物质文化遗产代表作》的命名和《关于建立“人类活珍宝”制度的指导性意见》，在理论和实践上给予了支持和保障，并有力地促进了非物质文化遗产的传承和弘扬。“人类活珍宝”级的传承人是指那些持有使人民的文化生活和使其物质文化遗产延续下去的特定方面生产所必需的技艺并且具有最高水准的人们。[①]对这类传承人应给予特殊的荣誉和

① 参见联合国教科文组织：《关于建立“人类活珍宝”制度的指导性意见》。

特殊的待遇。中国民间文艺家协会计划从2005年3月开始，用两年时间对散落在全国各地的各民族民间文化杰出传承人进行普查，最后由中国民协组织专家进行评定，首批选定100名，对他们分别以文学讲述人、民间艺术传承者、民间工艺美术师命名。2005年5月24日，中国艺术研究院聘任了30名来自全国各地的杰出民间艺人为“民间艺术研究员”，今后还将陆续聘请100位德艺双馨的民间艺术家。不仅如此，中国艺术研究院还将筹措一部分经费，为这些民间艺术研究员举办展览、研讨会，并用录像和记录等方式将他们的技艺和成就整理、保护下来。这些举措都将有力地促进我国非物质文化遗产的抢救与保护，并建立起以人为核心、科学有效的传承机制。各省、市、自治区也应该建立适合当地情况的民间艺术传承人保护制度，认真选择、甄别、认定技艺水准最高的传承人，为他们创造好的生活、工作条件；要对他们的艺术传承进行档案登记、数字化存录，建立专门的图文影像数据库；组织专家对传承人的艺术成就和传承工作进行学术性、专业性的分析和总结；对其优秀成果举办展演、展览和展示；同时安排他们通过授课、带徒等方式培养接班人，使其技艺得到完好的传承。

三、制定和落实相关的政策法规，加强对非物质文化遗产开发利用的管理

非物质文化遗产是不可再生的珍贵的文化资源，必须致力于对它们的保护。在人们的文化保护意识还没有充分树立起来之前，立法显得格外重要。况且，保护非物质文化遗产不是短期行为，而是一项长期而艰巨的系统工程，需要一代一代做下去。要实施好这项工程，仅有应急性措施是远远不够的，必须有坚实的政策和法律保障。可以说对非物质文化遗产的法律保护，是进行抢救、保护非物质文化遗产工程的有力保证。2003年10月，第32届联合国教科文组织大会上通过了《保护非物质文化遗产公约》。我国自始至终积极参与了《保护非物质文化遗产公约》制订工作。2004年8月，经全国人大常委会批准，我国正式加入了《保护非物质文化遗产公约》。为借鉴《保护非物质文化遗产公约》的基本精神，2004年 8月，全国人大又把 2003年 11月形成的《中华人民共和国民族民间传统文化保护法（草案）》的名称调整为《中华人民共和国非物质文化遗产保护法（草

案）》。全国人大对非物质文化遗产保护的立法工作非常重视，已经列入文化立法十年规划重点项目。2005年2月，成立了全国人大、中宣部、文化部等多部门组成的立法工作领导小组，正在对法律草案进行进一步的修改完善，加快这部法律的立法进程。这部保护法审议通过、颁布实施后，还会出台相关条例。各级人大也要相应出台“非物质文化遗产保护条例”等地方性法规。各省、市、自治区应尽快将非物质文化遗产的法律保护纳入立法、司法日程。健全相关的法律、法规，使保护工作有法可依、有章可循，我国的非物质文化遗产抢救、保护工作才能由无序到有序，并走向层层深入的发展阶段。

政策措施是加强政府宏观管理职能的重要手段，有了行之有效的政策措施的保证，非物质文化遗产的开发与利用才能更加科学合理。在政府相关政策的规约下，非物质文化遗产的开发与利用首先应遵循适度性原则，因为各民族的非物质文化遗产都是有限的，有的是成熟的，稍加市场运作就可以开发；有的是半成熟的，需要发展成熟后，才可以利用。要不断强化保护意识，开发利用一定要有利于非物质文化遗产的保护。尤其是作为旅游资源来开发的非物质文化遗产，更应该在相关政策的指引下，把开发与保护融为一体，有效地防止对遗产的过度开发和损毁性的利用。在立足保护的基础上，对非物质文化遗产合理而适度地开发利用，从某种意义上说是更有效的保护。利用它进行教育培训和开展艺术科学研究，已被证明是行之有效的保存方法。新时期以来．民间文化的经济价值越来越为人们所认识，许多地区对传统民俗文化和民族民间艺术正在进行多种多样的商业性开发。例如：自1984年至2004年，山东潍坊成功举办了21届国际风筝会，引进外资千余家，有力地带动了当地社会、经济、文化、商业的全面发展，促进了区域内外、省内外和国内外的多层次的交流合作，使一个封闭、落后的农业市，变成了一个走向世界、全方位搞活、开放的工业化明星城市。如今潍坊国际风筝会已经被列入联合国教科文国际民间艺术组织2005年非物质文化遗产及民间艺术保护工程，成为响当当的国际文化品牌。可见，对民间传统文化的合理开发利用，不仅能使非物质文化遗产弘扬光大，而且能利用文化优势促进经济增长，取得巨大的经济效益，实现文化与生产力的同步发展。但是，在对非物质文化遗产的开发利用时，我们要反对把文化遗产的价值简单等同于经济效益而由此造成的急功近利行为，同时要打击非物质文化遗产的制假活动，坚持真实、全面地保存并延续非物质文化遗产的历史信息及全部价值。其次应坚持多样性原则，我国少数民族众多，遗产开发要有利于各民族间的理解和沟通，要有利于促进各民族间的信赖和尊重，要有利于各民族间的团结和社会稳定，要避免在保护、开发和利用上厚此薄彼，引起不必要的民族纠纷。

四、保护文化生态环境，建设文化生态保护区（村）

我们的非物质文化遗产既包含着丰富多样的内容和形式，又与特定的生态环境相依存，尤其是我国民间许多活态习俗，都离不开特定的文化生态环境。所以，“对具体文化事象的保护，要尊重其内在的丰富性和生命特点。不但要保护非物质文化遗产的自身及其有形外观，更要注意它们所依赖、所因应的构造性环境”[①]。为了使民间原生态文化存活下来，我们就应该重视与其紧密相依的文化环境的保护。一个民族有一个民族的文化，每个民族文化又有与众不同的特色。建立民族文化生态保护区（村），既可对非物质文化遗产的保护设立最安全的屏障，又能将民族文化遗产原状地保存在其所属的环境之中，使之成为“活文化”。从1988年起，文化部开始命名“民族艺术之乡’、“特色艺术之乡”。十几年来，全国涌现出一大批具有浓郁民族特色和艺术风格的艺术之乡，促进了当地两个文明的建设。事实证明，划定文化生态区（村），认真加以保护，是使民间文化艺术立体生存的有效方式。我国应在民间文化遗存较完备的地区和少数民族聚居的地区，有步骤、有计划地做好文化生态保护区（村）的建设。在这方面有的地区已经做出了成功的尝试。广西河池市南丹县里湖怀里村的蛮降屯、化图屯、化桥屯是白裤瑶[②]的聚居地，位于崇山峻岭之中，至今这

① 刘魁立：《论非物质文化遗产保护的整体性原则》，载张庆善主编：《中国少数民族艺术遗产保护及当代艺术发展国际学术研讨会论文集》，文化艺术出版社2004年8月版。

② 白裤瑶是瑶族的一个分支，自称“朵努”。白裤瑶人口有3万多，主要分布在广西南丹的里湖、八圩两个瑶族乡以及贵州的荔波等地。

里的自然环境、社会结构、经济状况和精神生活仍保存在一种较完整的文化生态中。为了在当地做好白裤瑶族文化的保护工作，河池市南丹县2003年在这里建立了广西第一座生态博物馆，将三个瑶寨作为生态博物馆的保护范围。这项政府主导、专家指导、当地居民参与的民族文化保护系统工程，为白裤瑶民族文化的原生态保护、记载、展示等创造了有利条件，也为白裤瑶的学术研究提供了很好的契机。这座生态博物馆的建立和完善，会使更多的人来这里参观和考察，在弘扬民族文化的同时，促进当地旅游业的发展，逐步提高当地白裤瑶族人的生活水平。当地居民利用生态博物馆这一手段来保护自己的遗产，并利用这些遗产来创造未来。

五、建立非物质文化遗产的知识产权制度

在经济全球化的新形势下，知识产权日益成为最大的产权，知识产权的竞争成为迄今为止最高级别的竞争。保护知识产权就是保护民族的根本利益，就是保护知识产权所有者的人权，也是保护国家主权。目前，我国还没有完备的非物质文化遗产的知识产权制度，难以遏制非物质文化遗产的滥用或流失。有些境外人员出于各种需要进行文化采风，以很少的投资窃取我国的民族民间文化遗产，甚至轻易就窃走了民间的某种技艺。为了杜绝这种文化侵害，保护国家和民族的利益，保护民族的精神权益和物质权益，我们必须尽快建立、健全相应的知识产权制度和一些强制性保护措施。知识产权制度要明确民间文化艺术知识产权主体、客体及内容，确立民间文化艺术使用许可制度。强制性保护措施包括：对民间传统工艺、民间绝技的保密，对重要的非物质文化艺术资料出境的限制，对著作权转让的限制等，以防珍贵的民间文化遗产被掠夺、流失海外。这是保护非物质文化遗产不容忽视的举措。文化利益是人民大众的根本利益之一，文化遗产的保护是国家可持续发展战略中的重要方面，只有修好、护好中国这座“无形的长城”，中华民族璀璨的文明才能绵延不绝。

对非物质文化遗产的抢救与保护、传承与发展，不仅是满足人民大众精神生活的需要，更是今人寻找民族之根、疏通民族血脉、承继民族传统的必需。

抢救和保护非物质文化遗产是一项任重而道远的文化工程，只有坚持实施科学正确的方法与措施，才能通过全社会的努力，逐步建立起比较完备的、有中国特色的非物质文化遗产保护制度，使中国珍贵、濒危并具有历史、文化和科学价值的非物质文化遗产得到有效的保护，并得以传承和发扬。

（原载《重庆社会科学》2006年第4期）

关于非物质文化遗产传承主体的保护

由于非物质文化遗产是植根于民间的活态文化，是发展着的传统的行为方式，因而，它不能脱离生产者和享用者而独立存在，它是存在于特定群体生活之中的活的内容。它无法被强制地凝固保护，它的生存与发展永远处在“活体”传承与“活态”保护之中。从这个意义上说，传承主体是进行非物质文化遗产保护的核心因素。如果从事非物质文化遗产的传承人日益减少，乃至青黄不接、后继乏人，一些民间传统艺术、技艺就会不断消亡。所以，重视发挥传承主体的作用，是做好非物质文化遗产抢救与保护工作的根本。

在非物质文化遗产中，民间艺人创作的剪纸、年画、泥塑、木雕、风筝、织锦、唐卡等作品，是他们绝技、绝艺的物质载体，而他们所具有的精巧的艺术构思、高超的手艺及罕见的绝技、独到的艺术表现手法，以及创作过程中遵循的行业规矩和信仰禁忌等，这些富有无限创造力的经验与智慧，这些无形的精神因子，则是非物质文化遗产的灵魂，是具有根本价值的宝贵财富。“尽管生产工艺品的技术乃至烹调技艺都可以写下来，但是创造行为实际上是没有物质形式的。表演与创造行为是无形的，其技巧、技艺仅仅存在于从事它们的人身上。”[①]要使非物质文化遗产的传承形成一条永不断流、奔腾向前的河，“人”是决定性的因素，因为一旦老艺人离世，他身上承载的某种非物质文化遗产就会随之消亡，所以，解决传承主体即传承人的问题，乃是当务之急且重中之重的大事。

① 联合国教科文组织：《关于建立“人类活珍宝”制度的指导性意见》。

非物质文化遗产的传承主体，是指民间文化艺术的优秀传承人，即掌握着具有重大价值的民间文化技艺、技术，并且具有最高水准的个人或群体。他们被称为“人类活财富”、“人类活珍宝”或“人间国宝”。非物质文化遗产正是依靠他们的传承才能得以延续。这些国宝级的民间文化艺术传承人，大多年迈体弱，有的身怀绝技但未能传承给后人就已离开了人世。目前，活在世上的优秀传承人已为数不多了，这就使有的民间艺术、技艺濒临绝境。如北京京西一带曾风靡一时的下苇甸皮影戏，有着200年的历史，前几年还有三位皮影老艺人健在，他们已是第三代传人了。如今，三位老艺人均已离世，他们的高超技艺无后人继承，这一颇具特色的民间艺术便在当地消失了。屡经磨难幸运保存下来的360个皮影道具，已成为北京市门头沟区博物馆的馆藏文物。这种“人亡艺绝”的事件并非个案，在专家学者们进行非物质文化遗产考察时，常能遇到或听到诸如此类令人扼腕叹息的事情。

造成某些民间艺术、技艺传承面狭窄、后继乏人的状况，其原因是多方面的。

首先，受传统传承方式的局限。在物质匮乏的农耕社会，艺人对从祖辈传袭而来的，又经过自己多年的潜心学习和磨砺才拥有的某种技艺、绝活，怀有一种敝帚自珍式的心态，在他们看来，所掌握的技艺是立足社会、养家活口的独有的本领，这种本领只属于本家族或者是某一族群所有，绝对保密，不得外传。这样便形成了某些民间技艺单线式的传承方式，即一对一的传承，父传子、母传女、师父传徒弟。为了保证家族拥有的某种技艺不外传扩散，传承中甚至出现了只传男不传女，可以传给儿媳却不能传给女儿。这种谨慎保守的传承方式，必然造成某些民间技艺流传的范围很窄，掌握的人数极少。同时，这种一对一的传承，主要是通过口传心授，借助面对面的语言交流来进行的，因而对传者的依赖性很大，若传者突然去世，或传授的技艺无徒可收时，传者所拥有的这门技艺就可能失传。

其次，受现代文化和现代生活方式的冲击。相对封闭的社会文化环境，是保持传统文化的稳定性和完整性，使民族民间传统技艺能够在代与代的传承中自然延续的客观条件。一旦这一客观条件改变了，文化传承就面临威胁，传承链在某些环节就会出现断裂。随着现代化浪潮的涌起和商品经济的深入发展，偏远落后的少数民族地区也深受现代文化与现代生活方式的影响，结束了过去与外界隔绝的封闭状态。社会成员在开阔了眼界，大量接触了外来文化后，开始认同现代文化和现代生活方式，尤其是年轻人大多钟情于现代艺术，追求现代时尚，对传统艺术和技艺不再有昔日的热情。他们有着强烈的求富意识和求知意识，对生存、对美、对快乐有了与他们祖辈完全不同的理解。加之要学好一门传统技艺需要下苦功夫，难度高、强度大、耗时多、收入低，令很多年轻人望而却步。如上海古老的松江顾绣，被誉为鲁绣、苏绣、湘绣的渊源，以技法精湛、形式典雅、艺术性极高而著称于世。绣时以针代笔，以线为墨，画绣不分，要求绣工会看画、懂画理、认得画家笔势，因此难度很高。据顾绣传人朱庆华介绍，绣的时候要先将蚕丝撇成24份，然后用12号小针穿上剖成1/24细的蚕丝，耗时几个月甚至几年才能完成一幅顾绣作品。况且要成为优秀的顾绣继承人，还需要有一定的灵气和悟性。要学好这门技艺太苦、太难，自然年轻人不肯问津。由此可见，非物质文化传承的自发过程，在现代化浪潮的冲击下受到了严重影响，其面临的诸多威胁，的确令人堪忧。倘若听之任之，许多民间宝贵的文化事象将迅速消亡。那么，如何使非物质文化传承的薪火燃烧下去，且越烧越旺，这是当今国人必须用行动回答的一个重大问题。

马克思指出："在历史发展的最初阶段，每天都在重新发明，而且每个地域都是独立进行的。"在这样的历史条件下，发明随时都有失传的危险。因此，"某一地域创造出来的生产力，特别是发明，在往后的发展中是否会失传，完全取决于交往扩展的情况"[①]。在封闭保守、落后狭小的地区出现的民间发明、文化创造很容易自生自灭。要使民间宝贵的文化财富传承下来，使民间濒临灭绝的一些文化事象、技艺起死回生，第一是要高度重视非物质文化遗产传承主体的保护工作，实施科学有效的抢救与保护措施。近年

① 《马克思恩格斯选集》第一卷，人民出版社1995年版，第107—108页。

来，联合国教科文组织很重视这项工作，不仅颁布了《关于建立“人类活珍宝”制度的指导性意见》，而且从1993年开始已启动了建立“人类活珍宝”项目的保护工程。这项工程起源于日本政府1950年采取的“人才国宝保护体制”，因在抢救和保护传统民间文化方面成效显著，得到联合国教科文组织的推广，从而纳入人类口头和非物质遗产抢救与保护的整体框架之中。目前，“人类活珍宝”项目正在推广和试行之中。从1996年起，联合国教科文组织在一些具备条件的成员国，特别是已建立起“人类活珍宝”体制的成员国，轮流举办“人类活珍宝”体制国际培训班。如果顺利有效，联合国教科文组织计划推出《世界“人类活珍宝”名录》。第二是要设法改变过去非物质文化遗产传承的保守自发的状态，逐步走上开放自觉的传承之路，扩展传承的范围和途径，并建立起一套科学有效的传承机制。要实现这一目标，并不是一件容易的事，它需要多方共同努力才能在实践中取得成效。从实际情况来看，至少需要以下三个层面的共同努力。

一、政府层面

各级政府对非物质文化遗产传承主体的抢救与保护起主导作用并负有重要责任。我国政府应根据联合国教科文组织相关文件的精神，针对我国国情，制定出一套非物质文化遗产传承主体的评估认定体系，提出实施抢救与保护工作的指导性意见。在建立健全非物质文化遗产代表作名录体系的同时，应着力建立国家、省、市、县四级宝塔形的非物质文化遗产传承人名录体系，以便实施分类管理和保护。在优秀传承主体的认定上，应坚持一定的标准，把握好选择的尺度。国家级传承主体的认定，应考虑或参照联合国教科文组织颁布的《关于建立“人类活珍宝”制度的指导性意见》中提出的四条选择尺度，即：（1）其杰出的、罕见的人类创造性价值；（2）对于一种文化传统和历史来说，它是独一无二的或至少是特殊的证明；（3）它具有一个特定地区或特定流派的显著特征；（4）它正面临消失的危险，因为——在从业者和（或）继承者数量上严重锐减，——历史可靠性意义的丧失，——文化意义的重大丧失，——因无形文化财产的法律地位的重大改变而引起的对其保护的缩减。坚持如此标准，才能保证认定的传承主体是“国家活珍宝”，是我国非物质文化遗产的代表性传人。各省、市、县在普查、认定本地区非物质文化遗产代表作的同时，也应甄选出创造这些代表作的优秀传承人及传承团体，建立起各级传承人名录，明确抢救与保护的对象，以便有的放矢地做好非物质文化遗产传承主体的保护工作。中国民间文艺家协会计划从2005年3月开始，用两年时间对散落在全国各地的各民族民间文化杰出传承人进行普查，最后由中国民协组织专家进行评定，首批选定100名，对他们分别以文学讲述人、民间艺术传承者、民间工艺美术师命名。2005年5月24日，中国艺术研究院聘任了30名来自全国各地的杰出民间艺人为“民间艺术研究员”，今后还将陆续聘请100位德艺双馨的民间艺术家。不仅如此，中国艺术研究院还将筹措一部分经费，为这些民间艺术研究员举办展览、研讨会，并用录像和记录等方式将他们的技艺和成就整理、保护下来。这些举措都将有力地促进我国非物质文化遗产的抢救与保护，并建立起以人为核心、科学有效的传承机制。

普查与认定工作的完成，只是进行传承主体抢救与保护工作的第一步，接下来各级政府应通过对传承人（传承单位）的资助扶持和宣传鼓励等手段，建立起科学合理的非物质文化遗产传承机制。作为政府，不光要制定一些文化政策，对非物质文化遗产的传承和发展提出要求，还要切实加大资金投入和对传承主体的保护力度。可通过多种渠道筹措资金，建立起传承人保护基金会。如果有了较充裕的资金保证，能给传承人定期发放津贴，辅之以适当的物质奖励，使他们不再为生计发愁，同时手里还能有点传承培训经费，便能调动起他们的积极性，使他们能够把全部精力投入到带徒传艺上。政府及相关机构要对他们的艺术传承进行档案登记、数字化存录，建立专门的图文影像数据库；组织专家对传承人的艺术成就和传承工作进行学术性、专业性的分析和总结；对其优秀成果举办展演、展览和展示；同时安排他们通过授课、带徒等方式培养接班人，使其技艺得到完好的传承。政府在对非物质文化遗产保护立法时，要完善知识产权立法，增加对使用精神产品的补偿，维护原创者、传播者的利益，保护他们的权益。如对作品复制的严格规定和限制；采取必要措施，防止所收集的民间艺术品被有意无意地不正当使用；对民间文化艺术作品公开展示、展览，给予艺术家一定的补偿等。应建立传承人权益保护组织，集中管理传承人权利，或在有关行业协会中增加这方面职能。有了法律法规的保障和相应的权益保护组织，才能有力地促进非物质文化遗产的传承与发展。

二、领导干部层面

这里所说的领导干部，是指在各地区担负着制定和实施该地区经济文化发展决策及负责本地区文化艺术工作的人。他们的思想觉悟、政策水平、工作实绩，直接关系到所管辖的地区经济文化能否协调发展，非物质文化遗产能否代代相传、绵延不绝。在一些经济发展落后的地区，尤其是一些偏远贫困的少数民族地区，解决人们的温饱问题是这些地区领导干部最主要的工作。他们急于利用文化资源发展经济，因此，在政策的制定和实施上，很难有超前的眼光和长远的规划，急功近利的心理和行为往往会造成对非物质文化资源的过度开发或破坏性的利用。一些领导干部并不看好老艺人掌握的费时、费力，又没有什么经济效益的“绝活”，不能为他们提供必要的传承条件，不肯用有限的资金去解决文化传承和文化发展问题。结果是可想而知的，民间传统的技艺、艺术后继无人、自生自灭。随着一个个老艺人的相继离世，一些民间技艺、艺术也随之消亡了。国家政府的文化政策是需要各级领导干部贯彻执行的，倘若领导干部思想观念滞后，没有认识到弘扬民族传统文化，守住精神家园的重要性，缺乏有关文化传承和发展的理论素养，就不能去自觉地关注、思考本地区的文化传承问题，更不可能设计、制定出有效的文化传承计划，那么，传承主体的保护就不会提到议事日程。待多年后该地区温饱问题解决了，经济发展了，再去考虑和解决文化传承问题已为时晚矣。所以，各级领导干部要加强理论学习，正确掌握党的各项文化方针政策；要提高“文化自觉”，充分认识到抢救与保护非物质文化遗产的重要性和迫切性，要对非物质文化资源的价值有清醒的认识，要有长远的战略眼光；在发展经济的同时，切实抓好本地区文化的传承和发展，成为中华民族传统文化的守护神和中国先进文化的建设者。

三、传承主体层面

被国家和各级政府指定或认定为非物质文化遗产传承主体的传承人（传承单位），担负着将自己所持有的技艺、技术传承给后人，贡献给社会的责任和义务，享有发展自己所持有的非物质文化遗产的权利。国家政府将出台相关的政策与法律，各级政府也会拟定出与之相应的各种保护条例或意见。如2006年2月，广西南宁市政府出台了《关于加强非物质文化遗产保护工作的意见》，为实现保护工作的科学化、规范化、网络化和法制化，该市将对列入各级名录的非物质文化遗产代表作采取命名、授予称号、表彰奖励、资助扶持等方式，鼓励代表作传承人（团体）进行传习活动。每年命名一批非物质文化遗产传承人（传承单位），对有代表性并做出重大贡献的传承人（传承单位）给予奖励。对自治区人民政府已经命名的民间艺术之乡和特色艺术之乡优先给予扶持和保护。通过社会教育和学校教育，使非物质文化遗产代表作的传承后继有人。在传统文化特色鲜明、具有广泛群众基础的社区、乡村，还要开展创建民间传统文化之乡的活动。其他省、市也都在积极酝酿、制定有关保护条例或意见。各级政府在非物质文化遗产抢救与保护工程中实施的各种举措，将会改善传承主体的生活和工作条件，为他们创造从事非物质文化遗产传承工作的有利环境。作为传承主体，首先应该增强自己进行文化传承的自觉意识，并认识到个人所拥有的某种特殊的文化技艺与技术，既属于自己或特定群体，又是国家和民族优秀传统文化的有机构成因素，是属于全人类的宝贵财富。为此，传承者应有开阔的胸襟和开放的意识，改变过去那种固守秘密，其技艺、技术只在本家族内传承的狭隘作法，扩大带徒传授的范围，要千方百计地把愿意学、有灵气的年轻人聚在自己的周围，培养出更多的合格继承人，使其技艺、技术能传承发展、弘扬光大。关于非物质文化遗产传承者应尽的义务，联合国教科文组织颁布的《关于建立“人类活珍宝”制度的指导性意见》中规定：“人类活珍宝”的义务应当是：（1）改进他们的技艺与技术；（2）将他们的技艺与技术传授给徒弟；（3）在无版权问题和争议的情况下允许以有形的方式（录像、录音、出版）对他们的活动进行记录；（4）在常规条件下，向公众发表运用其技艺和技术生产的产品。可见，优秀传承人的义务不只是带徒传艺，而且要求他们在传承自己技艺、技术的同时，要不断改进与提高，有所发展和创新，这是符合文化艺术发展的客观规律的。任何一种技艺、艺术如果只停留在一个水平上，不能随时代而不断地演进和发展，总是一副老面孔，没有容光焕发的新面貌，在传承中就会缺乏生机与活力，甚至遭到自然淘汰。为了使传承人传承的精湛技艺和技术能够传播开来，让大众知晓，就应该通过各种方式发表和展示他们的作品或“绝活”。2006年2月12日至3月16日，在国家博物馆举行的中国非物质文化遗产保护成果展上，有木偶雕刻、风筝扎制、唐卡绘制、云锦织造等10类“大师级民间艺人”现场献艺，不仅令参观者大开眼界，而且使人们亲眼目睹到了这些民间艺术繁复精细的技法、典雅精美的形式、鲜明古朴的风格，感受到了这些民间艺术所具有的艺术魅力。如此做法有助于非物质文化遗产的传承与发展。总之，只有做好传承主体的抢救与保护工作，才能使民间传统文化的传承生生不息、永续发展。

（原载《守护家园：中国非物质文化遗产保护·余杭论坛专集》，浙江大学出版社2007年版）

论保护主体在非物质文化遗产恢复重建中的作用

2008年5月12日，四川省汶川发生了里氏8级的强烈地震，这是新中国成立以来破坏性最强、波及范围最广、救灾难度最大的一次地震。地震不仅给灾区人民的生命财产造成了巨大的损失，而且对震区的文化生态、文化设施、文物及非物质文化遗产造成了巨大破坏。震情最严重的北川、汶川、茂县、理县等地区是羌族的聚居区，地震使羌民族文化遭到毁灭性破坏，不可计数的羌族文化遗产损毁，其精神家园的根脉受到严重威胁，震后羌族文化遗产的抢救与保护迫在眉睫。

重建灾区人民群众的精神家园，是党中央、国务院抗震救灾重建家园战略部署的重要内容。如何使羌族文化重现辉煌，如何恢复重建好灾区各族人民的精神家园，也是我们面临的严峻考验和最现实的课题。2008年6月，我有幸参加了中国非物质文化遗产保护中心组织的专家组，深入灾区进行实地调研考察，亲眼目睹亲身感受到了灾区非物质文化遗产受损之重，人员伤亡、环境破坏、馆所坍塌、设施损毁、文物被埋、资料丢失……其严重程度令人惊憾。深深感到文化救灾任务非常艰巨，抢救保护非物质文化遗产刻不容缓。面对地震带来的毁灭性的破坏，灾后非物质文化遗产保护和恢复重建的任务十分艰巨，要实施好《汶川地震灾区非物质文化遗产保护与恢复重建规划纲要》和《羌族文化生态保护实验区规划纲要》，重建好灾区各族人民的精神家园，最重要的是要重视和发挥各级各类保护主体的作用。

非物质文化遗产的保护主体是指负有保护责任、从事保护工作的国际组织、各国政府相关机构、团体和社会有关部门及个人。虽然各级各类保护主体负有不同的责任、承担着不同的保护工作任务，但工作的目标却是一致的。国务院办公厅颁布的《关于加强我国非物质文化遗产保护工作的意见》中明确规定了我国非物质文化遗产保护工作的目标，即："通过全社会的努力，逐步建立起比较完备的、有中国特色的非物质文化遗产保护制度，使我国珍贵、濒危并具有历史、文化和科学价值的非物质文化遗产得到有效保护，并得以传承和发扬。"要实现这一目标，保护主体在工作实践中就要坚持保护工作原则："政府主导、社会参与，明确职责、形成合力；长远规划、分步实施，点面结合、讲求实效。"在地震灾区非物质文化遗产保护和恢复重建中，各级各类保护主体只有明确并履行好自身的职责，调动社会各方面的力量，才能更好地实现非物质文化遗产恢复重建的规划和目标。要充分发挥保护主体的作用，应重视以下几个方面：

一、充分发挥政府主导作用

政府在非物质文化遗产保护工作中居于领导地位，是组织者和管理者，必须充分而正确地发挥主导作用。各级政府的主要职能是决策、指挥、管理、协调、监督、控制等，并有效地贯彻执行国家非物质文化遗产保护的工作方针、原则和各项战略部署，使本地区保护工作得以扎实有序地向前推进。在灾区精神家园的重建中，政府的主导作用尤为重要，各级政府应认真履行在保护工作中应尽的职责，这些职责主要体现在：

一是要将非物质文化遗产的抢救与保护工作列入重要工作议程，纳入灾后重建的整体规划之中，根据本地区具体情况制定出灾后非物质文化遗产保护和恢复重建的长期规划和现实计划。既要从宏观上明确保护工作的方针、目标、任务，又要制定出切实可行的保护方法与措施。还需及时颁布有关非物质文化遗产抢救与保护的政策、法规和指导性意见。

二是健全省、市、县三级责任明确、运转协调的保护工作机制，分级负责，层层落实，政府相关部门通过指导、监督、协调和奖惩等方式，促使灾区非物质文化遗产抢救与保护工作落到实处。对灾区非物质文化遗产的抢救保护、恢复重建、开发利用，从规划到实施，必须充分听取有关专家学者的意见并置于社会、公众强有力的监督之下。

三是尽快建立和完善灾区非物质文化遗产保护工作检查监督和指导制度，尤其是对经过认真论证、目前已开始实施的《汶川地震灾区非物质文化遗产保护与恢复重建规划纲要》、《羌族文化生态保护实验区规划纲要》落实情况要加强督导和检查，使之稳步推进。

四是加强对非物质文化遗产保护及恢复重建各项工作的协调。对受损严重且处于濒危状态的重要的非物质文化遗产种类和项目，要优先安排，集中力量，实施有效地抢救与保护。要妥善安排、合理使用各项保护工作经费，使多种渠道汇集来的资金，用实用好，以保障恢复重建等各项保护工作的正常开展。

五是培育大众的文化自觉，唤起民众广泛参与灾区非物质文化遗产的抢救与保护。非物质文化遗产的保护，作为一种记录、收集和延续、发展活态文化的活动，最为依赖的条件就是一定文化圈内民众的文化自觉，即从意识上对自己文化价值的肯定和自我珍视。有了这种文化自觉，非物质文化遗产的传承与保护才会成为民众的自觉行动。因此，各级政府在非物质文化遗产保护中的主要责任是培育民众的文化自觉，使非物质文化遗产的保护深入人心。这种培育是靠政策方面的引导，靠有效的宣传和教育，而不是靠简单的行政命令去干预。为了增强民众的民族意识，实现文化自觉，各级政府要运用教育手段，广泛传播羌族和灾区各民族优秀传统文化，唤起民众珍爱本民族文化遗产的自觉意识，使他们能积极主动地投身于非物质文化遗产保护事业。各级政府相关部门还要运用舆论手段，借助各种大众传媒，宣传非物质文化遗产抢救与保护的重要意义、恢复重建的美好蓝图，创造良好的舆论氛围，有力地推动灾区精神家园的重建和文化生态的保护。

二、建立健全保护工作队伍

汶川大地震不仅造成了设施财产、实物资料的巨大损毁和自然生态环境的严重破坏，而且造成的大量人员伤亡和给灾区人民带来的心灵创伤更是令人惊憾。在深入灾区实地考察中，我们了解到受灾严重的汶川、北川等地区，文化工作队伍均遭到重创，非物质文化遗产保护机构损失严重。北川文化系统79名工作人员中，死亡失踪25人。北川文化馆5名工作人员全部遇难。震后大部分文化工作者处于无家可归、一无所有的状况，没有固定的工作场所，没有任何工作设备和交通工具。他们中不少人都痛失亲人，心灵受到极大的伤害。在如此处境中，他们全力投入抗震救灾，不辞劳苦地昼夜工作，其坚韧不拔的毅力和不屈不挠的精神非常令人敬佩。

人是进行非物质文化遗产保护最重要的因素，因为任何工作都要靠人去做、靠人来完成。传承主体和保护主体是进行非物质文化遗产保护和灾后恢复重建的核心因素。如果从事非物质文化遗产的传承人日益减少，乃至青黄不接、后继乏人，一些传统艺术、技艺就会不断消亡；如果从事保护工作的相关组织和部门不健全，没有从事该项工作的专职人员和进行工作的基本条件，抢救与保护工作就无法落到实处，再周全的规划和举措也只是停留在纸上谈兵。所以，重视发挥人的作用，是做好非物质文化遗产抢救与保护工作的根本。

在灾区的非物质文化遗产恢复与重建中，健全机构和保护工作队伍是基础和前提。基层市、县要设立非物质文化遗产保护工作机构，设专职人员从事这项工作，才能保障工作的正常开展。对于那些地震中受损严重、一无所有的文化干部，各级政府应给予一定的救助，尽快地帮助他们解决困难，摆脱因灾造成的窘境，并能安心地投入工作。基层保护机构应有稳定的办公地点和基本的工作条件，有关部门应及时帮助配备必要的工作设备和交通工具，使其能够正常开展工作。在灾后重建的特殊时期比正常时期工作量要大得多，基层市、县级非物质文化遗产保护工作机构任务繁重。首先，应摸清本地区非物质文化遗产及代表性传承人的受损情况，根据上级的部署规划尽快制定出本地区的恢复重建计划。有的重灾区的普查资料已被掩埋，丧失了前期的工作成果，需要重新进行非物质文化遗产的普查，任务十分艰巨。其次，羌族文化生态保护实验区的建设、大量非物质文化遗产实物的抢救保护、代表性传承人的救助、非物质文化遗产专题博物馆及传习所的建设等等，都需要人力物力。如果缺少专职人员扎实地开展工作，再好的计划也会落空。

非物质文化遗产保护与传承是一项任重而道远的文化事业，保护工作涉及众多领域，工作量大、范围广、专业性强，因此，从事非物质文化遗产保护工作需要具有一定的专业知识和技能，要拥有一大批事业心强、懂业务、善管理的从业人员，就要注重对从业人员的教育培训。灾区非物质文化遗产保护工作队伍需要补充一批新的工作人员，这些新人缺少必要的专业知识和相关工作经验，为了使他们能及早熟悉情况，掌握必要的工作技能，应及时地安排分期、分批对其进行教育培训，提高保护工作队伍的素质和能力，使他们能尽快地适应工作需要。

三、加快公共文化机构和设施的建设

非物质文化遗产在长期的发展和传承过程中，留下了大量珍贵的实物和物质载体，如民间美术中的绘画、雕塑、手工艺品；民间戏曲中的剧本曲谱、乐器、戏服、古戏台等，可谓包罗万象、丰富多样。每一件非物质文化遗产的实物和载体，都是劳动人民智慧和创造力的结晶。只有通过相关博物馆，才能将这些稀少而又珍贵的实物分类进行收藏、展示、研究。汶川大地震使文化基础设施严重损毁，四川省内有66个非物质文化遗产专题博物馆、325个传习所遭到了不同程度的损毁。

长期的文化遗产保护实践证明，图书馆、艺术档案馆在图文资料和音像资料的搜集、整理、保存、利用上，博物馆、科技馆在对文化遗产的收藏、诠释和展出上，群众艺术馆、文化馆在组织民间传统文化活动、进行辅导培训上，都取得了令人瞩目的成绩。正是这些机构的作用，加大了对非物质文化遗产保护的力度。国务院办公厅颁布的《关于加强我国非物质文化遗产保护工作的意见》指出："充分发挥各级图书馆、文化馆、博物馆、科技馆等公共文化机构的作用，有条件的地方可设立专题博物馆或展示中心。"明确要求"各级图书馆、文化馆、博物馆、科技馆等公共文化机构要积极开展对非物质文化遗产的传播和展示"。公共文化机构是非物质文化遗产保护不可缺少的主体力量。倘若没有博物馆、图书馆等公共文化设施机构，珍贵的非物质文化遗产实物就无处收藏保护和展示研究；没有可供非物质文化遗产代表性传承人开展各种传习活动的场所，就无法保障传承活动的正常开展，传承活动就会中断，就会使一些濒危的非物质文化遗产失传；没有群众艺术馆、文化馆，就无法经常性地组织和开展各种民间传统文化艺术活动，就会大大影响对非物质文化遗产的宣传、教育和普及。所以，作为保护主体的组成部分——公共文化机构和设施的建设是不容忽视的。

在文化救灾中，对灾区的公共文化机构和设施的建设应投入足够的资金，严重的危房要推倒重建，在新馆所的设计中，其功能定位应该凸显自身特色，富有时代特征，突出收藏、保护、宣传、传播、教育、交流等功能。如新建的非物质文化遗产专题博物馆，不仅要有充足的收藏与展示空间，而且可设立“百工坊”，能邀请优秀的民间艺术和工艺传承人现场献艺，让广大观众领略到传统艺术和民间工艺精湛的技艺和迷人的魅力。在这样的场所中，观众还可以同代表性传承人进行直接的交流和学艺，亲身参与，培养人们对传统民间艺术和技艺的热爱。有的专题博物馆还可以设立小舞台，为民间表演艺术提供演出空间，观众能现场欣赏到各种表演艺术的活态形式。新建场馆应充分利用信息技术和多媒体手段，运用数字化虚拟手法，复原各种生活场景和手工艺制作过程，让观众身临其境地了解感受其中的乐趣，产生互动效应。要注意提升公共文化机构和设施的影响力，使之能充分发挥自身的功能和作用。

四、抓好非物质文化遗产传承体系的建立

传承主体是进行非物质文化遗产保护的核心因素。同时，非物质文化遗产的传承主体也是积极的保护主体，成功的传承就是有效的保护。许多种类的非物质文化遗产，正是依靠传承人的有效传承才能得以延续。

汶川大地震使灾区非物质文化遗产代表性传承人伤亡较大，不少传承场所被损毁。救助代表性传承人，不仅要妥善安排好他们的生活和工作，而且要给予心灵的慰藉，使他们尽快从地震造成的精神伤害中走出来。为此，各级政府相关部门应认识到，已认定的各级代表性传承人是“国家活珍宝”，是最宝贵的财富。灾后应及时地针对本地区实际情况制定出抢救保护传承人的计划，明

确抢救与保护的对象，有的放矢地做好对他们的安置救助工作。要逐步完善各级代表性传承人名录体系，实施分级保护。要加大资金投入，解决传承场所，及时地、定期地给代表性传承人发放津贴，辅之以适当的物质奖励，使他们不再为生计发愁，同时手里还能有点传承培训经费，真正调动起他们的积极性，使他们能够把全部精力投入到带徒传艺上。传承人应有开阔的胸襟和开放的意识，改变过去那种固守秘密，其技艺、技术只在本家族内传承的狭隘作法，扩大带徒传授的范围，要千方百计地把愿意学、有灵气的年轻人聚在自己的周围，培养出更多的合格继承人，使其技艺、技术能传承发展、弘扬光大。传承人要认真履行自己的职责和义务，开展多种多样的传习活动，在传承自己技艺、技术的同时，要不断改进与提高，有所发展和创新，这是符合文化艺术发展的客观规律的。

五、调动社区与民众的积极性

各种口头与非物质文化形态是在基层社区和民众日常生活中演绎和发展的，同时，它们也是社区民众文化艺术生活的重要组成部分。因此，应该“承认各社区，尤其是原住居民、各群体，有时是个人，在非物质文化遗产的生产、保护、延续和再创造方面发挥着重要作用，从而为丰富文化多样性和人类的创造性做出贡献。”这就要求国家“在开展保护非物质文化遗产活动时，应努力确保创造、延续和传承这种遗产的社区、群体，有时是个人的最大限度的参与，并吸收他们积极地参与有关的管理”[①]。为了贯彻落实国际公约的这一精神，就要在灾区非物质文化遗产保护和恢复重建中重视和发挥社区与民众这类保护主体的作用。

在对非物质文化遗产抢救与保护的实践中，重视发挥基层社区的作用，是国际学术界的基本共识之一。基层社区是各民族和各地方社会之生活方式的主

① 联合国教科文组织：《保护非物质文化遗产公约》。

要基础，是各种民间文化艺术得以产生、传承和发展的土壤，离开了这一生长的土壤，民间文化艺术之树就不能枝繁叶茂、开花结果。所以，把保护工作落实到基层社区是行之有效之举。在保护文化遗产的实践中，重视和发挥基层社区的作用，有诸多的好处。“首先，由于社区文化生态和社区人文背景的支撑，不仅有可能使‘遗产’持久地‘活’在民众的生活之中，而且在新的条件下，它还可能获得‘再生产’的机会，亦即成为社区文化创造力的源泉。其次，不用花太多的钱，只要其意义被社区居民理解或认同，马上就可以做起来。第三，实施基层社区的遗产项目保护，还可促进社区乡土教育的发展，并有利于探讨使民间智慧在社区内获得世代传承的新路径。”[①]在发挥基层社区的作用时，应充分重视和尽量保持其原有的传承机制。

广大民众生活在特定环境下的民风习俗中，是丰富多彩的民间文化的创造者、享用者和传承发展者，他们与非物质文化遗产的关系是血肉相连无法分割的。他们是实现民族传统文化传承与发展的主体，没有他们的积极参与，无论多么美妙的蓝图，都只能是各级政府和干部们的一厢情愿。因此，可以说广大民众的态度，从根本上决定着非物质文化遗产之被传承或被废弃的命运。在非物质文化遗产抢救与保护的过程中，必须充分调动广大民众的积极性。首先，要提高民众的文化自觉，消除错误的思想观念，使他们能正确认识和对待本民族祖先创造的优秀文化遗产，自觉地加入到保护和弘扬非物质文化遗产的行列中，并成为保护工作中的真正主体。其次，在调动广大民众积极性时，除了要晓之以理、动之以情外，还要坚持“以人为本”的原则，注意尊重不同地域民族与人群的生活方式、宗教信仰和风俗习惯，要采取平等交流、文明对话的方式，不能强加于人。汶川地震重灾区是羌族、藏族等多民族聚居区，非物质文化遗产保护和恢复重建应充分展现羌族和灾区各民族的文化底蕴和鲜明特色，得到当地民众的广泛认同，实现活态整体性保护。同时，还必须从广大民众的实际利益出发，对能够产生经济效益，改善民众生活的非物质文化遗产项目，

---

① 周星：《民族民间文化遗产保护与基层社区》，《民族艺术》2004年第2期。

如羌族刺绣、绵竹年画等，采取积极有效的生产性方式保护，让他们在保护和弘扬非物质文化遗产的过程中，成为真正的受益者。

汶川大地震已经过去一年多了，如今灾区人民在党中央、国务院和各级地方政府的领导下，在抗震救灾、重建家园的斗争中，已经奏响了一曲曲撼天动地的凯歌。我们有理由相信，在非物质文化遗产的抢救保护和精神家园的恢复重建中，灾区人民同样会共克时艰、全力以赴，在科学发展观的统领下，充分发挥各级各类保护主体的作用，稳步扎实地开展各项工作，如愿如期地实现两个《规划纲要》的目标，谱写出非物质文化遗产保护的新篇章。

（原载《广西民族研究》2009年第4期）

略论非物质文化遗产代表作的保护

随着我国的昆曲艺术、古琴艺术、新疆维吾尔木卡姆艺术以及蒙古族长调民歌入选联合国教科文组织公布的“人类口头和非物质遗产代表作”名录，我国政府于2005年开始建立国家级非物质文化遗产代表作名录体系。2006年5月20日，国务院公布了第一批共518项国家级非物质文化遗产名录。每两年申报一次的国家级名录，2007年又在紧锣密鼓地进行着第二批国家级非物质文化遗产名录的申报和评审，评审结果将于2008年公布。目前，省级非物质文化遗产名录体系也在建立之中，最终要形成国家、省、市、县四级宝塔形的名录体系，实现非物质文化遗产的分级保护。

由于各级政府对申报非物质文化遗产代表作（以下简称“申遗”）的重视，各地相继掀起了前所未有的“申遗”热潮，各省都希望有更多的项目入选国家级名录。非物质文化遗产得到空前的关注，人们对非物质文化遗产保护工作倾注了极大的热情，这是一个值得赞许的好现象。但是，如何把“申遗”的热情转化为正确的保护理念和积极的保护行动，从而切实使保护工作落到实处，使那些经过层层甄选出来的杰出的非物质文化遗产得以弘扬光大，这是文化界、学术界不得不认真思考的重要问题。

建立各级非物质文化遗产名录体系，是要形成具有中国特色的非物质文化遗产保护制度。国家级代表作名录的建立，目的是要推动我国非物质文化遗产的抢救、保护和传承，展示中国非物质文化遗产的丰富性，增强中华民族的文化自觉和文化认同，促进国际文化交流与合作，为人类文化的多样性及可持续发展做出贡献。“申遗”只是保护文化遗产的形式和手段，它旨在提高人们对被申报的非物质文化遗产的认识和保护意识，从而使其得到最大限度的保护，并获得传承延续所需要的最佳环境和条件，这就要求申报单位和保护主体要切实承担起保护的责任，落实各项保护计划和措施。所以，“申遗”的成功，并不等于“保护”的实现。对于已列入各级名录的非物质文化遗产代表作，要实现全方位的有效保护，还有许多艰苦细致的工作要做。非物质文化遗产代表作是具有典型意义和杰出价值的遗产，是中华民族情感与精神的基因。对这些优秀文化遗产的共识和重视，只是保护工作的开始，申报的成功，意味着任重而道远。要做好非物质文化遗产代表作的保护工作，笔者认为还需要从以下几个方面去努力：

一、端正保护观念，坚持正确的保护工作方向

人的思想观念对人的社会实践具有指导性作用，有怎样的观念就会付诸怎样的行动。在目前的“申遗”热潮中，存在着一些错误的观念和一些不容忽视的问题。从近年来的申报国家级非物质文化遗产代表作的情况来看，有些地方政府官员重申报而轻保护、重开发而轻管理，习惯于走“申遗”的过场，把各项“申遗”活动搞得轰轰烈烈、有声有色，把“申遗”的成功当作目的，以此来积累政绩、扩大影响。他们对于非物质文化遗产代表作的申报成功，感到皆大欢喜，但欢喜之后，却没能把保护工作做深做细，甚至把“申遗”混同为直接保护。还有一些地方政府官员，由于尝到过物质文化遗产代表作为他们发展旅游产业带来的巨大经济效益，便想借水行船，把当地拥有的杰出的非物质文化遗产迅速转为“文化资产”，使其商业化、产业化，成为赚钱的工具。在这种观念的指导下，他们只是想把本地荣登国家名录的非物质文化遗产，作为发展本地经济的品牌，急于开发利用而淡忘了管理保护，致使一些地区对国家级非物质文化遗产的开发工作比保护工作更快，甚至把某些名录出售给企业家，被冠名和大肆宣传，而在开发过程中很多保护工作却未能落到实处，短期的现实利益压倒了长远的文化关怀。这些做法实在是令人堪忧。

我们应该理智地看到，“申遗”的成功并不是为了创建政绩、获取利润，而是表明国家对这些非物质文化遗产的重视，表明各地对于本地区世代传承下来的优秀的民间传统文化的珍视，宣布对其进行抢救与保护的决心和承诺。非物质文化遗产代表作是可以造福子孙万代的重要文化资源，它的确具有可开发

利用的经济价值，但更重要的是它具有精神价值（文化、历史、审美、教育等价值）和科学价值。精神价值是其核心的、主要的价值，它为我们传承着中华民族的文化基因和精神特质，体现着民族的根性。非物质文化事象的本质基础在于它的精神价值，即在于人同这一文化的关系。如果只是继承和利用其文化形式，而不能解读和弘扬其深厚的精神蕴含，便会失去"保护"的真正意义，就会人为地使它变成徒有其表的空壳。

如今，我们处在市场经济的商业化时代，在保护国家级非物质文化遗产时坚持保护与利用并举的原则无可厚非，但作为商业行为的开发利用是一柄"双刃剑"，倘若是科学有效地开发利用，它对非物质文化遗产的保护可以起到一定的宣传和传承作用，能够使遗产的教育价值和社会价值最大化。如少林寺周围建立起了不少规模不同的武术学校，这种利用少林武术办教育的商业行为，对于弘扬和传承少林功夫具有积极作用。但是，如果这类武术学校铜臭气过重，只顾赚钱，不能为学员传授少林功夫的真谛，而搞一些假冒伪劣、不伦不类的东西，那就会对少林功夫这项国家级非物质文化遗产造成致命的伤害。所以，对非物质文化遗产的开发和利用，一定要坚持保护为主的方针。非物质文化遗产的真正价值，在于其所蕴含着的丰富的文化因子，如果我们能从中获得灵感，创造出体现民族独特风格和科学价值观的文化产品，打造出强大的文化产业，那么非物质文化遗产的作用将得到充分发挥。

二、健全保护工作机制，有效地进行传承和发展

首批518项国家级非物质文化遗产分布在全国各省市自治区，涉及758个保护单位。要使这些非物质文化遗产代表作的保护工作落到实处，各省市自治区就要健全职责明确、高效长久的工作机构和比较稳定的专业队伍，进而形成良好的工作运行机制，确保非物质文化遗产保护方针、工作原则、政策法规得以贯彻执行。各省市自治区应建立非物质文化遗产保护委员会或非物质文化遗产保护工作领导小组，在文化部门设置办公室，负责领导、规划、研究、检查、部署本地区非物质文化遗产保护工作，逐一落实国家级非物质文化遗产的保护计划。说到保护计划，第一批518项国家级非物质文化遗产均有量身定制的五年

计划，在“国家级非物质文化遗产代表作申报书”的“保护计划”栏中，有的填写得非常具体，步骤鲜明且深入细致；有的虽说还有待细化，但也目标明确且措施到位。如果制定的这些计划都能在实践中逐年逐项地落到实处，各项国家级非物质文化遗产的保护就会出现喜人的局面和美好的前景。

要使非物质文化遗产代表作世代相传，就要做好传承与发展工作。非物质文化遗产是植根于民间的活态文化，是发展着的传统的行为方式，因而，它的生存与发展离不开传承主体的口传心授。一种非物质文化遗产代表作如果没有了传人，就会走向消亡。因此，在保护非物质文化遗产代表作的过程中，人是最重要的因素，传承人是非物质文化遗产的守护神，是我们保护的重点。为了有效保护和传承国家级非物质文化遗产，鼓励和支持非物质文化遗产传承人开展传习活动，经过各地申报、专家评审委员会评审、社会公示和复审，在我国第二个“文化遗产日”，文化部公布了第一批国家级非物质文化遗产项目代表性传承人226名。这些代表性传承人涉及民间文学、杂技与竞技、民间美术、传统手工技艺、传统医药等五大类134个项目。文化部已经起草了《国家级非物质文化遗产项目代表性传承人认定与管理办法》，对代表性传承人的认定标准、权利、义务以及资助等做出规定。目前，这一办法正在广泛征求意见，待进一步修改完善后公布并实施。今后，文化部还将陆续分类、分批公布国家级非物质文化遗产项目代表性传承人。文化部的这些举措，加大了对非物质文化遗产代表性传承人的保护力度。有了国家的扶植和相关政策的保障，还需要各级政府有关部门给予配合和支持，为这些年事已高又重任在肩的传承人创造良好的传承环境，提供较充裕的资金保证，充分调动起他们的积极性，使他们能够全力以赴并毫无保留地把自己的绝技绝艺传授给下一代，以保证杰出的非物质文化遗产的传承生生不息、永续发展。

任何一种技艺、艺术如果只停留在原有的水平上，不能随时代而不断地演进和发展，在传承与保护中就会缺乏生机与活力，甚至遭到自然淘汰。所以，对非物质文化遗产代表作的继承与保护，应该是能动的、富有创造性的，而绝不能是机械的。那种亦步亦趋、照猫画虎式的继承，只能是越继承越少，直到全部失去。只有在继承与保护的前提下，移步不换形地加以创新，才能使其得到发展。譬如，昆曲艺术作为非物质文化遗产代表作，的确带有不少“博物馆艺术”的属性，但其作为活跃在舞台上的表演艺术，就应该不断为其注入符合时代要求的生命气息。文化部对昆曲艺术工作提出的“保护、继承、革新、发展”的八字方针，就强调了继承基础上的创新。但创新一定要把握住正确的方向，在改革和发展昆曲艺术中要保留昆曲艺术的精粹，不能改变昆曲艺术的本质和特性，也不能违背昆曲特有的创作和表演的艺术规律。那种为迎合某些观众的口味而把昆曲改造得面目全非、不伦不类的做法，如以歌代曲、以说代念，让妨碍表演的道具过多地占领舞台空间和演员的表演时间，把高雅的昆曲演变成一套庸俗的歌舞剧等，这些所谓的改造，无疑是在损毁昆曲艺术。改革与创新是传统艺术发展的必然途径，但改革与创新的进行，必须按照艺术传统本身发展的内在逻辑，而不能随心所欲或出于某种功利的考虑，即不能是政治的、经济的、市场收益等艺术之外的考虑。

三、注重因类而宜，实施科学的分类保护

首批国家级非物质文化遗产代表作名录分为民间文学、民间音乐、民间舞蹈、传统戏剧、曲艺、杂技与竞技、民间美术、传统手工技艺、传统医药和民俗共10大类。由于各类非物质文化遗产的表现形式不同、创造方式有别，因此，对其保护既要遵循普适性的保护原则与方法，又要注重因类而宜，实施科学的分类保护。有针对性且措施得当的保护，才能达到预期的保护目的。

对民间文学代表作的保护，应该对收集、整理好的民间文学作品，一方面要加强理论研究，确立一些重点课题，成立相应的课题组，由学科带头人牵头，扎扎实实地做些工作，填补以往民间文学研究领域中的诸多空白。国家和地方政府在资金和政策上应给予一定的支持和保证。另一方面要有效地宣传推广和开发利用民间文学资源，变“死保”为“活保”。当传统的传承方式在市场经济条件下遭遇到价值取向的冲击时，学校教育就成了传承和弘扬民间文学艺术最为有效的方式。民间文学不仅是非物质文化遗产的重要组成部分，而且也是学校实施素质教育不可缺少的内容。我们应把民间文学代表性作品引入教材，在中小学进行一些民间文学艺术的启蒙教育，在高等院校的一些院、系开设民间文学课或相关的讲座。在普及民间文

学知识中，弘扬民族精神，增强青少年的民族自尊心、自信心。

对民间音乐、民间舞蹈、传统戏剧、曲艺、杂技与竞技等各类表演艺术代表作的保护，应重点做好三个方面的工作：一是要营造和提供适宜的文化生态环境和条件，使某些因外界的原因（如传承者和受众的变迁）而岌岌可危的民间艺术，能够在新的环境和条件下继续生存和延续。应当在各主体少数民族相对集中的地区建设民族艺术生态保护圈，并结合发展当地的旅游事业，在保护圈民族聚居区中，对具有代表性、独特性而又濒临消亡和传承危机的民族文化艺术项目建立保护性基地，如特色艺术乡、民歌村等，把它建设成类似“自然保护区”那样的民间艺术保护区。同时，应重视合理开发利用民间艺术资源，发展旅游等文化产业。二是利用多种方式提升现有的民间艺术工作者和业余艺术骨干的综合素质和专业水平，重视对民间表演艺术后备人才的培养。人是民间表演艺术生存与发展的主体，有了高素质的民间艺术工作者和不断培养起来的大批艺术后备人才，民间表演艺术才能得以传承发展，并深深地扎根于民间。可以通过举办民间艺术培训班、民间艺术传习馆等方式，开展民间文艺的培训和传承。为了扶植和弘扬民间表演艺术，各省市可以定期举办民族民间艺术会演，在此基础上，可3至5年举办一次全国性的民族民间艺术调演，评出优秀节目，给予重奖。三是以现代影像和数字化手法，将各种民间艺术表演制成音像制品和多媒体制品，既便于长期保存，又可向更多的人们展映，能广泛地弘扬优秀的民间艺术。对这类音像制品和多媒体制品要不断丰富、完善，加强管理，可按照档案资料的管理办法，设专人负责，且责任落实。

对民间美术、传统手工技艺、传统医药类代表作的保护，重要的是要选择、甄别、认定技艺水准最高的传承人，为确保他们的技艺能延续传承给后人，要将他们命名为“民间工艺美术师”，并给予表彰。我们还应对这些代表性传承人的艺术传承进行档案登记、数字化存录，建立专门的图文影像数据库；组织专家对传承人的艺术成就和传承工作进行学术性、专业性的分析和总结；对其优秀成果举办展演、展览和展示。同时，建立适合各地不同情况的民间艺术传承人保护组织和体系，通过社会教育和学校教育等途径，使各项非物质文化遗产的传承后继有人，能够长久地活在相关社区和文化空间中。

对活态民俗类非物质文化遗产代表作的保护，要坚持本真性和整体性的保护原则。在首批国家级非物质文化遗产名录中，引人注目的是中国传统节日（春节、清明节、端午节、中秋节、七夕节、重阳节）及少数民族富有特色的节日（傣族泼水节、黎族三月三节、苗族姊妹节等）均已列位其中，说明国家对利用传统节庆弘扬民族文化的重视。世代相传的中国传统节日和民间习俗，凝结着中华民族的民族精神和民族情感，承载着中华民族的文化血脉和思想精华。各地应充分运用民族传统节日，要挖掘和突出传统节日的文化内涵，精心组织好传统节庆活动，使民族传统节日成为展示和传播优秀民族文化的重要阵地，成为弘扬和培育伟大民族精神的重要载体，成为满足人民群众精神文化生活需要的重要渠道。对活态民俗类非物质文化遗产代表作的保护，还应注重合理地开发和盘活民俗文化资源，发展有特色的民俗旅游，用旅游来带动当地民俗资源的保护，实现文化与生产力的同步发展。但是，在对民俗文化遗产的开发利用时，我们要反对把文化遗产的价值简单等同于经济效益而由此造成的急功近利行为，同时要打击非民俗文化遗产的制假活动，坚持真实、全面地保存并延续民俗文化遗产的历史信息及全部价值。

四、增强文化安全意识，保护好知识产权

非物质文化遗产代表作是我们中华民族优秀的文明成果和宝贵的精神财富，任何一项都不能因异国的文化掠夺或我们工作的疏忽而流失或失传。为此，各级人民政府和有关部门要从对国家和历史负责的高度，从维护国家文化安全的高度出发，增强文化安全意识，加大保护力度，对非物质文化遗产代表作严加管理。长期以来，我们的文化安全意识薄弱，民族文化资源流失现象严重，有些境外人员出于各种需要进行文化采风，以很少的投资窃取我国的民族民间文化遗产，甚至轻易就窃走了民间的某种技艺。西方国家和日本对我国民族民间文化的掠夺触目惊心。据报载，日本某城市有一家专门收藏中国民间文化珍品的博物馆，规模之大，品种之多，令许多参观者大为惊叹。这不能不引起我们的高度重视。美国迪斯尼公司制作的动画长片《花木兰》，以西方人的思维方式阐释中国文化,并

取得了巨大的商业成功。如果我们对这种“《花木兰》现象”不能引起足够的警惕和特别的关注，那么，我们的子孙后代在将来看到的对中国传统文化阐释的读本，也许就是“美国版”的了。为了杜绝这种文化侵害，我们应树立起符合中国文化国情，反映中华民族根本文化利益的“国家文化安全观”，必须采取有效的措施，扎紧自家的篱笆，守护好我们的精神家园。为了加强对名录的管理工作，文化部拟订了《国家级非物质文化遗产保护名录管理办法》，各级政府有关部门应在贯彻执行中，建构起一道坚固的非物质文化遗产保护的安全屏障。

要重视对知识产权的保护。当互联网成为保护传统文化的重要阵地时，如何利用互联网对各级非物质文化遗产代表作进行有效的保护，也是我们面临的重要课题。曾有记者撰文指出，目前在我国第一批国家级非物质文化遗产名录中，绝大多数还未注册“中文．cn”域名，尚处于“待嫁”状态。中文是互联网上的第二大语言，全球已经有超过1.3亿的网民使用中文上网，中文域名的使用人数和影响力都在日益扩大，它是弘扬中国文化的一个窗口。互联网域名专家表示，“中文．cn”作为新一代互联网地址，具有独一无二和不可再生性，一旦被注册，其他人就无法拥有同样的中文域名了。如果这些“名录”域名被抢注，那么带来的经济损失将无法估算。如此的漏洞应尽快弥补。

对非物质文化遗产代表作的保护是一项任重而道远的文化工程，只有坚持实施科学正确的方法与措施，才能通过全社会的努力，逐步建立起比较完备的、有中国特色的非物质文化遗产保护制度，使中国珍贵、濒危并具有历史、文化和科学价值的非物质文化遗产得到有效的保护，并得以传承和发扬。

（原载《第二届中国非物质文化遗产保护·苏州论坛论文集》，浙江人民出版社2009年版）

论非物质文化遗产的科学保护

新世纪以来，在政府主导和社会广泛参与下，我国非物质文化遗产保护工作健康发展，并取得了可喜的进展和显著的成就，并已经初步构建起了符合中国国情的非物质文化遗产保护体系和制度。但是，也应该看到：随着全球化趋势的增强和现代化的迅猛发展，我国的文化生态发生了巨大的变化，非物质文化遗产的保护与传承面临着一些新情况、新问题。要使我国的非物质文化遗产保护事业沿着正确的保护工作方向可持续地健康发展，就要遵循非物质文化遗产自身传承、发展规律，坚持科学保护。

一、以人为本是科学保护的前提

人是进行非物质文化遗产保护与传承的主体，任何关于非物质文化遗产的保护理念和实施手段，都要靠人来实现。以人为本就是要充分发挥传承主体与广大民众在非物质文化遗产保护中的作用。

传承主体是非物质文化遗产的守护者，因此是进行非物质文化遗产保护的核心因素。活态传承是非物质文化遗产的基本特点，只有通过传承主体的口传心授，才能使非物质文化遗产世代相承，永不断流。尽管生产工艺品的技术乃至烹调技艺都可以写下来，但是创造行为实际上是没有物质形式的。表演与创造行为是无形的，其技巧、技艺仅仅存在于从事它们的人身上。所以，“人”是非物质文化遗产世代相承的决定性因素，正如冯骥才指出的：“历朝历代，除了一大批彪炳史册的军事家、哲学家、政治家、文学家、艺术家以外，各民族还有一大批杰出的民间文化传承人，后者掌握着祖先创造的精湛技艺和文化传统，他们是中华伟大文明的象征和重要组成部分。当代杰出的民间文化传承人是我国各民族民间文化的活宝库，他们身上承载着祖先创造的文化精华，具有天才的个性创造力。……中国民间文化遗产就存活在这些杰出传承人的记忆和技艺里。代代相传是文化乃至文明传承的最重要的渠道，传承人是民间文化代代薪火相传的关键，天才的杰出的民间文化传承人往往还把一个民族和时代的文化推向历史的高峰。”①

非物质文化遗产的传承主要有两种形式，一是群体传承，如礼俗仪式、岁时节令、社祭庙会等大型民俗活动，一般属于群体记忆或民间记忆，为群体所创造和拥有，通过群体传承的方式才能得以世代相传；二是传承人传承，如口头文学、表演艺术、手工技艺、民间知识类的民俗文化等。传承人通过带徒授艺、口传心授，把自己掌握的绝技绝艺传给后人，使他们的技艺得以延续下去。每一项传承至今的非物质文化遗产，都是经过了几代甚至是几十代传人的创造、传承与创新而逐步发展铸就的。如人类口头与非物质文化遗产代表作新疆维吾尔木卡姆艺术，肇始于民间文化，起源于祭祀和劳动。它最早的音乐形式是公元前206年流行于西域东部和天山以南的楼兰、姑师一带的摩可兜乐（大套歌曲）。后因社会动荡等多种原因，几近失传。1547年，酷爱音乐和诗歌的维吾尔族女性阿曼尼萨成为以新疆莎车为国都的叶尔羌汗国的王后，她召集大量的乐师和木卡姆演唱家大规模地整理木卡姆，使之系统化和规范化，从而整理出结构完整、体系严密、琅琅上口、易于理解的全新“木卡姆”。后来，随着历史的变迁和政治、文化的发展，直到19世纪，又逐步精缩为十二部套曲，并定名为“十二木卡姆”。期间经历了一代又一代传人的继承和发展，并不断吸收和融合其他民族的优秀音乐而日臻完善，成为集音乐、歌唱、舞蹈和文学为一体的大型综合艺术形式。如果没有历代传人的继承、创新和发展，木卡姆就不可能流传到今天，更不可能在艺术成就上达到无与伦比的高度。由此可知，非物质文化遗产存活在众多杰出传承人的记忆和技艺里，传承人的口传心授是文化乃至文明传承的最重要的渠道。因此，非物质文化遗产在不断地传承与发

① 中国民间文艺家协会编：《中国民间文化杰出传承人调查、认定、命名工作手册》，2005年8月印行，第11页。

展过程中，传承主体始终是这个过程的主角。传承主体承载着非物质文化遗产的薪火，对传承主体的保护，是非物质文化遗产保护中的最根本问题。

为了有效保护和传承非物质文化遗产，鼓励和支持非物质文化遗产传承人开展传习活动，根据《国家级非物质文化遗产项目代表性传承人认定与管理暂行办法》，文化部2007年至2009年相继评定并公布了三批共1488名国家级非物质文化遗产项目代表性传承人。地方各省（区、市）也陆续认定与命名了省级非物质文化遗产项目代表性传承人6332名。对已认定的代表性传承人，文化部门通过记录整理技艺资料，提供传习场所，资助开展传习活动，组织宣传与交流，征集并保管代表性作品，建立档案、数据库等方式，积极支持代表性传承人开展传习活动。

“人民群众是文化遗产的所有者、鉴赏者和传承者。文化遗产保护必须紧紧依靠人民群众，文化遗产保护成果必须惠及全体人民，这是实现文化遗产价值的现实需要，也是保护、发展文化遗产的根本目的。”[①]所以，非物质文化遗产保护与发展离不开人民群众的作用。以人为本就是要尊重相关民众的现实需求，保护遗产不能以妨碍经济发展、降低人的生活质量为代价。实施的保护方式与方法，一定要有利于人的全面发展和人与环境的和谐。要尊重不同民族与人群的生活方式、风俗习惯乃至宗教信仰，在保护他们的精神意志不受侵犯的同时，引导他们正确对待本民族的文化遗产，增强广大民众非遗保护的文化自觉，唤起民众的参与热情，提高其参与度；要注重保障和实现人民群众的基本文化权利，让人民群众得到实惠，享受保护成果；要深入发掘非物质文化遗产的多重价值，充分发挥非物质文化遗产在文化传承和文化创新、陶冶人们的情操、提高民族文化素质等方面的积极作用。

二、遵循非物质文化遗产保护与传承的规律是科学保护的根本

非物质文化遗产作为一种文化传统活在当代，有着不能随意改变的特质或

① 李长春：《保护发展文化遗产 建设共有精神家园》，《人民日报》2010年6月12日。

基因。同时非物质文化遗产又是随着历史的演进和时代的发展，不断地变化、更新，不可能一成不变。为此，对非物质文化遗产的保护必须遵循科学的原则，即客观地去看待非物质文化遗产的变化，承认它的发展和流变。同时必须遵循非物质文化遗产自身传承、演化规律，实行活态保护，不能人为地将其“化石化”。需探索出一些具有中国特色、体现科学保护原则的非物质文化遗产保护方式，使保护工作稳步推进且卓有成效。主要采取的保护方式有下面几种：

（一）普查记录式的保护

2005年6月，文化部统一部署了全国非物质文化遗产普查工作，至2009年底基本完成。据不完全统计，这次普查收集珍贵实物和资料29万件，普查文字记录量达20亿字，拍摄图片477万张，还有大量录音录像资料，非物质文化遗产资源总量近87万项，不仅认定和抢救了一批濒危的非物质文化遗产项目，而且较为全面地了解和掌握了各地区、各民族非物质文化遗产资源的种类、数量、分布状况、生存环境、保护现状及存在的问题。

在全国各省区统一开展的非物质文化遗产普查中，工作人员运用录音、录像及亲笔记录等方式，搜集记载下民间各类非物质文化遗产传承人的声音、表演或技艺、生产过程，获取真实可靠的图像、实物、文本记录及其他第一手资料，然后再整理分类、建立档案、建立资料库，进而利用多媒体、数字化等高科技手段，建立数据库等，以便永久保存，并逐步做到资源共享。如文化部、中国艺术研究院设立了中国非物质文化遗产数据库；河南郑州大学建立了中原民族民间文化资源数据库；北京、浙江、湖南等地致力于将动漫技术应用到把口头文学转换成卡通片的工作并卓有成效。

目前，各地区的普查成果正在整理、研究、编纂中，将陆续出版一大批相关书籍、音像制品等。这些宝贵的成果，为我们深入开展非物质文化遗产保护和研究工作奠定了基础。

（二）博物馆的收藏与展示

只有设立相关博物馆、展示馆，才能将稀少而又珍贵的实物分类进行收藏、展示、研究。各省（区、市）积极推动非物质文化遗产基础设施建设，已经兴建了一批具有多种功能的非物质文化遗产展示馆、专题馆和传习所等基础设施。据不完全统计，目前，全国各省（区、市）已建立国有或民营等各种形式的非物质文化遗产馆424个、展厅96个，民俗博物馆179个，传习所1216个。这些基础设施的建立，为保护、传承、展示、宣传当地的非物质文化遗产提供了场所和平台。

在一些非物质文化遗产专题博物馆内，还邀请民间艺术大师或优秀传承人现场献艺，通过他们精湛的技艺，让人们领略到民间艺术或民间工艺巧夺天工的魅力；此外还通过多媒体技术，真切地展现出非物质文化遗产的活态形式。

（三）生产性方式的保护

对于非物质文化遗产的保护应该根据具体情况，采取不同的保护方式。对于那些已经失去了生存条件的文化形式，采用收入博物馆的方法加以保存；但对于那些仍然具有生命力，又有开发潜质的传统手工艺和民间艺术，则应进行合理开发利用，以生产性方式保护。为了扶植传统手工艺的开发与利用，国家应给予一些优惠政策，如减免税收、提供一定的经费资助等，同时利用各种媒体，加大宣传力度，扩大其影响和知名度。

（四）活态整体性的保护

我国的非物质文化遗产既包含着丰富多样的内容和形式，又与特定的生态环境相依存。虽然在广大时空背景中，要把活态的民间非物质文化遗产保持在原始的自然状态下使之不发生变化是不可能的，但是，在一个局部的特殊环境中，采取相应措施，使原生态民间非物质文化遗产存活较长时间，并扩散其影响，是完全可能的。建立民族文化生态保护区（村）是一个可行的路子。

文化生态保护是文化遗产保护的重要内容，标志着我国文化遗产保护工作进入一个活态整体性保护的新阶段。文化生态保护实验区是以保护非物质文化遗产为核心、对历史积淀丰厚，存续状态良好，具有特殊价值和鲜明特色的特定文化形态进行整体性保护，以促进经济社会全面协调可持续发展而划定的特定区域。文化生态保护区建设是非物质文化遗产保护的一种创新机制。截止到目前为止，文化部已相继设立了闽南文化生态保护实验区、徽州文化生态保护实验区、热贡文化生态保护实验区、羌族文化生态保护实验区等共11个国家级文化生态保护实验区。

以上这些非物质文化遗产的保护方式，都是科学保护实践中的有益尝试。然而，不管是以博物馆收藏与展示的方式来保护，还是运用生产性方式保护，都不能违背非物质文化遗产自身演化规律而进行人为的改造，不能脱离正确的保护与发展轨道，更不能失去其原有的文化基础和文化神韵。所以，只有按照非物质文化遗产自身的传承规律来制定相应的保护方法与措施，才能行之有效。

三、坚持依法保护是实现科学保护的保障

非物质文化遗产保护是一项任重而道远的文化事业，要使这项事业可持续地科学发展，必须要有坚实的法律和政策的规约和保障。为了加强对非物质文化遗产保护工作的领导，2005年3月，国务院办公厅颁发了《国务院办公厅关于加强我国非物质文化遗产保护工作的意见》（国办发〔2005〕18号），确立了“保护为主、抢救第一、合理利用、传承发展”的非物质文化遗产保护工作方针，提出了保护工作的原则、任务、目标、要求和措施等指导性意见。它是新世纪新阶段全面保护非物质文化遗产的重要工作指针，有力地推动了全国非物质文化遗产保护工作的全面开展。2005年6月，中共中央宣传部、文化部等五部委联合下发了《关于运用传统节日弘扬民族文化的优秀传统的意见》。同年12月，国务院又颁发了《国务院关于加强文化遗产保护工作的通知》（国发〔2005〕42号），决定从2006年起，每年六月的第二个星期六为我国的“文化遗产日”。这几个重要文件的出台，体现了党和政府对民族文化遗产的高度重视，非物质文化遗产保护工作正在逐渐成为我国政府工作的重要内容。

为了将非物质文化遗产保护纳入国家法制化轨道，文化部与全国人大有关部门和国务院法制办，积极开展了立法调研，起草了《非物质文化遗产法（草案）》，经广泛征求意见，并几经修改而形成的《中华人民共和国非物质文化遗产法》2011年2月25日经全国人大常委会审议获高票通过，已于2011年6月1日起开始实行。这部大法的出台，将党中央关于文化遗产保护的方针政策上升为国家意志，将非物质文化遗产保护的有效经验上升为法律制度，将各级政府部门保护非物质文化遗产的职责上升为法律责任，有利于建立健全科学

有效的保护体系，为非物质文化遗产保护政策的长期实施和有效运行提供了坚实保障。同时，也标志着中国非物质文化遗产保护事业全面进入了有法可依的历史时期。

这部大法明确了继承和弘扬中华民族优秀传统文化的目标，提出了指导非物质文化遗产保护工作的两大基本原则：一是保护非物质文化遗产，应当注重其真实性、整体性和传承性。二是保护非物质文化遗产应当有利于增强中华民族的文化认同，有利于维护国家统一和民族团结，有利于促进社会和谐和可持续发展。这两大原则是我国非物质文化遗产保护经验的高度凝练和总结，是今后保护工作应当遵循的重要指针。此法还规定了非物质文化遗产保护的三项重要制度，分别是调查制度、代表性项目名录制度、传承与传播制度。非物质文化遗产调查是保护工作的基础，本法对县级以上人民政府、各有关部门、公民、法人和其他组织的调查以及境外组织或个人在我国境内的调查分别做出了规定。建立非物质文化遗产代表性项目名录，是为了集中有限的资源，对体现中华民族优秀传统文化，具有历史、文学、艺术、科学价值的非物质文化遗产项目制定保护规划，进行重点保护，并明确了建立名录的程序规范和保护要求。非物质文化遗产的传承与传播，既包括对代表性传承人的认定和扶持，也包括各级人民政府、有关部门及学校、新闻媒体、公共文化机构等，在非物质文化遗产宣传、教育、传播方面的重要责任。另外，国家鼓励和支持合理利用非物质文化遗产代表性项目，开发具有地方、民族特色和市场潜力的文化产品和文化服务。这些不仅对我国今后的非物质文化遗产保护工作提出了更高的要求，而且有利于建立健全科学有效的非物质文化遗产保护体系，为非物质文化遗产保护政策的长期实施和有效运行提供了坚实的保障。目前，文化部正在研究制定相应的法规和细则，将会使这部大法的精神进一步落到实处。

四、处理好“两个关系”是实现科学保护的关键

要使非物质文化遗产保护事业沿着正确的轨道前进，实现科学保护，必须处理好以下“两个关系”。

（一）处理好保护与开发的关系

有效保护与合理利用相结合，使非物质文化遗产造福当代，是非物质文化遗产保护工作科学发展的必由之路。所以，非物质文化遗产，只有在科学原则的指导下合理地开发利用，才能保持其长盛不衰的生命力。保护不是封存不动地保存，而是要在活态传承中再现其生机与活力，因此，保护与利用应该是相辅相成的，有效地利用可以不断地提升其价值，可以更好地促进保护。如国家级非物质文化遗产项目苏州镇湖刺绣，坚持以发展求保护，以市场为导向的战略，积极开发利用适销对路的产品，注重人才培养和技术创新，人才、精品迭出。同时，充分利用“中国刺绣艺术馆”的平台，集刺绣生产销售、展示评比、技艺研发、学术交流等多项功能于一体，不断扩大影响，提升品牌，如今已经形成了有一定规模的刺绣产业集群，镇湖也成为全国最著名的刺绣产业基地。苏绣这一传统工艺在开发与创新中得到了更好的传承与保护。

当前，在非物质文化遗产保护工作实践中，各地都在探索采用生产性方式保护。对于非物质文化遗产项目能否采取生产性保护，应该采取科学慎重的态度。非物质文化遗产的价值具有丰富性和多重性，既有历史价值、文化价值、精神价值、审美价值，又有科学价值、经济价值等。但就每一个非物质文化遗产项目而言，所蕴含的价值并不相同，有的只具有历史的、文化的、审美的等精神层面的价值，不具有可开发利用的经济价值；有的则既具有精神层面的价值，也具有经济潜在价值，我们所说的生产性方式保护只适用于后一种类型的非物质文化遗产。

对一些非物质文化遗产资源和项目科学地进行产业化开发，可以获取较大的经济效益，满足当地民众发展生产、改善生活的愿望和要求，并能提供资金对非物质文化遗产项目进行有效的保护。同时，自我发展的产业化能增强非物质文化遗产的生命力，促使其走向全国、走向世界，对于增强偏远地区少数民族的民族自尊心，推动社会和谐发展，乃至提升国家形象都具有积极意义。但是，对非物质文化遗产项目进行产业化开发倘若失败，就会带来不可弥补的损失。所以，采取科学的态度，对非物质文化遗产代表项目实施合乎实际的价值鉴别和评估，全面权衡各方面因素，是非物质文化遗产开发利用，乃至走产业化之路的前提。

然而，如何杜绝盲目不当的商业开发对非物质文化遗产的歪曲和损毁？如何做到在保护中开发、在开发中保护？这是采用非物质文化遗产生产性方式保护所面临的难题，应该引起各地保护工作机构和有关专家学者的关注。坚持科学保护原则，就是要坚持科学发展观，兼顾当前与长远、局部与全局利益，以发展的眼光对待非物质文化遗产的保护与开发，杜绝狭隘的经济利益至上、眼前利益至上的“遗产贴现”行为；坚持科学保护原则，就应充分尊重当地民众的生存权和发展权，依据当地的情况、条件和地域特点，全面权衡非物质文化遗产项目的开发对当地的文化生态环境、民族生活方式和风俗习惯等各方面因素的适应与影响。只有这样，才能实现文化资源可持续的利用以及对非物质文化遗产的有效保护，从而符合维护文化生态平衡的总体需要。

（二）处理好传承与创新的关系

非物质文化遗产这一活态文化，是流淌于过去、现在和未来整个历史长河中的，它永远处于不断更新与创造之中。非物质文化遗产不是静止和固态的，它需要在发展中生存。所以，非物质文化遗产不能停留在原有水平上，要从现实生活中汲取养分，从现代精神中激活情感，在传承基础上不断创新，才能实现非物质文化遗产的科学保护与发展。

对非物质文化遗产进行生产性方式保护，要走市场化和产业化之路，就应以不失其固有的本真性为度，尊重、顺应其自身发展流变的规律，在原生态的基础上进行延伸性创新和发展，融入现代人的审美需求，引进先进的生产技术，使之实现科学地开发利用，让古老的非物质文化遗产更好地服务于现代社会。譬如，昆曲艺术作为非物质文化遗产代表作，的确带有不少“博物馆艺术”的属性，但其作为活跃在舞台上的表演艺术，就应该不断为其注入符合时代要求的生命气息。文化部对昆曲艺术工作提出的“保护、继承、革新、发展”的八字方针，就强调了继承基础上的创新。但创新一定要把握住正确的方向，在改革和发展昆曲艺术中要保留昆曲艺术的精粹，不能改变昆曲艺术的本质和特性。继承基础上成功的创新能使古老的艺术焕发出生机与活力。由著名华语作家白先勇担任总制作人和艺术总监，江苏省苏州昆剧院青年“小兰花”

演员担纲主演的青春版《牡丹亭》，自2004年4月在台北首演成功后，巡演于苏州、上海、北京、西安、成都、南京等多地，走进了20多所大学，共演出150多场，观众累计超过22万人次，获得了极大的成功。本剧在立足本土的基础上将昆曲之美辐射到了整个世界，在纽约、巴黎、伦敦、雅典等地的巡演，均造成了一定的轰动效应，昆曲的艺术魅力冲破了文化壁垒，使不同文化背景的人一起为之感动、落泪、欣喜、欢呼，在昆曲艺术的传播中弘扬了中国传统文化之美。青春版《牡丹亭》之所以能取得成功，主要表现在继承与创新的关系得到了理想的结合。剧本是对汤显祖的原著进行整理而不是改编，其中传统折子戏的精品均依原样保留，在唱腔方面也完全是继承原谱而不是重新作曲。但乐师在继承传统的基础上，为渲染舞台气氛，设计了幕间配乐和舞蹈音乐。本着“古典为体，现代为用”的原则，在舞台装置、服饰道具、舞蹈技法、书画布景、灯光设计等方面均有所革新，既保持典雅写意、精美抒情的传统表演风格，又将传统艺术风貌与当代观众审美诉求相调适，恰当地融入现代剧场的概念，智慧地打造出古典与现代相融合的舞台场景，气象一新，满台生辉，使之适应现代观众特别是青年观众的视觉要求。此剧吸引并培植了大量的青年观众，打开了昆曲艺术的演出市场，使古老的昆曲艺术焕发出青春。如此成功的创新是值得借鉴的。

总之，非物质文化遗产的保护与传承，只有坚持科学正确的原则与方法，政府主导全民参与，才能建立起科学、完备的非物质文化遗产保护制度，使珍贵、濒危并具有历史、文化和科学价值的非物质文化遗产得到有效的保护，并得以传承和弘扬。

（原载《徐州工程学院学报》2011年第5期）

非物质文化遗产生产性保护的途径

新世纪以来，在抢救与保护非物质文化遗产的实践中，我国政府和各级非物质文化遗产保护工作机构不仅坚持正确的保护理念和保护原则，而且注重在实践中摸索规律、积累经验，初步探索出一些具有中国特色、成效显著的保护方式。主要有：抢救纪录式保护、口传心授式保护、博物馆收藏与展示、生产性保护、活态整体性保护等。其中生产性保护作为非物质文化遗产保护的重要方式，已经引起了众多学者和非物质文化遗产项目传承主体的关注，不少地区在非物质文化遗产的保护实践中也正在积极探索和实施生产性保护，并力求使非物质文化遗产的生产性保护沿着正确的方向发展。

2012年2月2日，文化部非物质文化遗产司发布了《文化部关于加强非物质文化遗产生产性保护的指导意见》，提出了非物质文化遗产生产性保护的概念、方针、原则，以及如何科学地进行生产性保护的指导意见。此文件明确指出："非物质文化遗产生产性保护是指在具有生产性质的实践过程中，以保持非物质文化遗产的真实性、整体性和传承性为核心，以有效传承非物质文化遗产技艺为前提，借助生产、流通、销售等手段，将非物质文化遗产及其资源转化为文化产品的保护方式。"生产性保护旨在"以保护带动发展，以发展促进保护"，这符合一些非物质文化遗产项目自身传承发展的规律。

虽然一些非物质文化遗产项目适合运用生产性方式保护，但现实中，如何看待非物质文化遗产的生产性保护和怎样实现科学的生产性保护，依然面临着许多亟待澄清的问题，需要我们从理论和实践的层面上深入探讨。生产性保护必须符合非物质文化遗产保护规律，坚持科学的保护工作原则，实现有效保护与合理利用相结合，才能使非物质文化遗产保护不偏离正确的轨道并造福当代。笔者认为，以下几点是非物质文化遗产生产性保护的有效途径。

一、坚持政府主导、社会参与

非物质文化遗产项目是特殊的文化资源，不同于一般的物品或商品，它们是独一无二的历史文化载体和人类历史发展的见证；它们来自民间，与各族人民的心理情感、群体认同有着密切的联系，是各民族赖以发展的源泉。开发利用非物质文化遗产资源和项目，要慎之又慎，因为，某些项目的非物质文化遗产产业化，同发展一般产业有极大不同：这类产业开发的失败，不能像一般产业那样重新再来，它不仅意味着经济上的损失和对民族文化遗产的破坏，更意味着国家和民族尊严的严重创伤。反之，非物质文化遗产资源和项目如若得到有效的保护和有序合理的开发，便会成为持续创造经济价值的文化生产力。但要实现这一目标，采用生产性方式保护，就要坚持政府主导、社会参与。

首先，发挥政府的主导作用。政府在非物质文化遗产保护工作中居于领导地位，是组织者和管理者，必须充分而正确地发挥主导作用。各级政府的主要职能是决策、指挥、组织、管理、协调、监督等，并有效地贯彻执行国家非物质文化遗产保护的工作方针、原则和各项战略部署，使本地区保护工作得以扎实有序地向前推进。对非物质文化遗产的保护传承和合理开发利用，各级政府相关部门要高度重视和支持，要制定出符合本地区非物质文化遗产保护工作实际的、立足长远又切实可行的长期规划和现实计划，对非物质文化遗产的保护传承、开发利用，从规划到实施，必须充分听取有关专家学者的意见并置于社会、公众强有力的监督之下。

其次，要建立起完善的保障机制，主要是指相关政策法规和管理体制的建立。在政策法规中应该明确：设立非物质文化遗产保护专项资金，对重要的非物质文化遗产项目开发给予一定的财政经费支持、免税或税收优惠；协调投融资、原材料管理等多方面关系；建立合理的利益分享机制，规定通过市场化运作获取的经济利益，首先应用于该项目的保护，其次才是对相关权利者和经营者的回报；明确持有者和传承人之间合理分享利益的规约，维护相关个人、群体的合法权益；对于需要保密的民间绝技的传承方式、范围予以保护和限制等。各级政府要加强引导规范，根据项目不同的生存发展状况采取相应的引导、规范措施。“对适合生产性保护但处于濒危状态、传承困难的代表性项目，要优先抢救与扶持，记录、保存相关资料，尽快扶持恢复生产，传承技艺，督促开展相关工作；对有市场潜力的代表性项目，鼓励采取‘项目+传承人+基地’、‘传承人+协会’、‘公司+农户’等模式，结合发展文化旅游、民俗节庆活动等开展生产性保护，促进其良性发展；对开展生产性保护效益较好的代表性项目，要引导传承人坚持用天然原材料生产，保持传统工艺流程的整体性和核心技艺的真实性，促进该项遗产的有序传承；对开展生产性保护取得显著成绩的代表性项目，要及时总结，推广经验；对忽视技艺保护和传承或者过度开发、破坏传统工艺流程和核心技艺的，要及时纠正偏差，落实整改措施，加强管理和规范。”①各级政府对非物质文化遗产项目的开发，不仅应给予政策上的扶持和资金上的支持，而且应该明确开发管理的主体，改变以往多个部门共同参与却管理不利的局面。要利用各种媒体，加大宣传力度，扩大开发项目的品牌影响和知名度。

再次，坚持社会参与，协调各方面力量。广大民众生活在特定环境下的民风习俗中，是丰富多彩的民间文化的创造者、享用者和传承发展者，他们与非物质文化遗产的关系是血肉相连无法分割的。他们是实现民族传统文化传承与发展的主体，没有他们的积极参与，无论多么美妙的蓝图，都只能是各级政府和干部们的一厢情愿。因此，可以说广大民众的态度，从根本上决定着非物质文化遗产之被传承或被废弃的命运。在非物质文化遗产保护与传承、开发与利用的过程中，必须充分调动广大民众的积极性。非物质文化遗产只有融入社会、融入民众、融入当下的生活才有活力，而其生产性保护只有惠民、利民，才能得到当地民众的支持和参与。

① 《文化部关于加强非物质文化遗产生产性保护的指导意见》，http://www.ihchina.cn/main.jsp，2012－02－02。

二、审慎处理好保护传承与开发利用的关系

非物质文化遗产的有效保护与合理利用应该是相辅相成的，合理利用可以不断地提升其价值，可以更好地促进保护。为了实现合理利用，非物质文化遗产生产性保护必须始终坚持“保护为主”的原则，以不伤害、不破坏非物质文化遗产为前提，开发必须服从保护工作的需要，不能一味地求大、求新、求全；开发一定要尊重历史、呵护传统，即尊重历史上已经形成的传统生产方式，坚持传统工艺流程的整体性和核心技艺的真实性，不能急功近利，以牺牲项目的本真性为代价去获取经济效益。现在各地都在利用非物质文化遗产项目开发具有地方特色和市场潜力的文化产品，谋求非物质文化遗产保护与旅游业融合发展，但实际操作中却出现了不少问题，诸如“非遗”作品被仿冒，“非遗”项目被歪曲、损毁，乃至破坏了“非遗”的时空规定性。如傣族的泼水节，本是傣历新年前后几天的活动，是特定时间和空间的产物以及民族文化的符号，在经济利益驱动下，如今西双版纳推出了“天天泼水节”，以放高升、划龙舟及原生态傣家风情为卖点，吸引大量游客来此天天过“泼水节”。[①]一些旅游景点，为了赚取小费，不断地上演着“拉郎配”等，所以，在生产性保护实践中，应不断强化保护意识，开发利用一定要有利于非物质文化遗产的保护。尤其是作为旅游资源开发的非物质文化遗产，更应该在相关政策的指引下，把开发与保护融为一体，有效地防止对遗产的过度开发和损毁性的利用。

对于非物质文化遗产保护而言，产业化是一把双刃剑，它既可以获取较大的经济效益，满足当地民众发展生产、改善生活的愿望和要求，并能提供资金对非物质文化遗产项目进行有效的保护；也有可能造成开发性的破坏。产业化是一个经济学的概念，带有鲜明的市场属性。产业化也是一个动态的过程，即全面的市场化。一些具有独特性和稀缺性的非物质文化遗产，虽然具有经济价值的增值性，是最能体现文化差异性的文化资源，并具备了进入文化产业，成

---

① 陈炜、陈能幸：《旅游开发对宗教文化遗产保护的影响》，《五台山研究》2011年第3期。

为文化资本的潜质。但非物质文化遗产是民族的精神家园，具有丰厚的文化内涵，对其开发利用，是为了更好地传承保护，因此，它与一般商品的产业化有着本质的不同，不能单纯追求经济效益，而必须以弘扬传统文化为宗旨，以传承传统技法为核心，在科学发展与合理利用中，实现文化保护与经济开发的良性互动。所以，采取科学的态度，对非物质文化遗产代表项目实施合乎实际的价值鉴别和评估，全面权衡各方面因素，是非物质文化遗产开发利用，乃至走产业化之路的前提。此外，生产性保护非物质文化遗产的企业和单位不同于一般生产企业，它必须建立起非物质文化遗产展示设施和传习基地，体现自觉传承保护的意识。同时还需要建立起非物质文化遗产市场化、产业化后的评估、监测、规范等管理机制与利润分配体系，在坚持文化生态整体性保护的原则下，积极寻求新时代背景下非物质文化遗产的生存发展空间。

三、坚持可持续性的保护原则，走正确的生产性保护之路

可持续发展观是20世纪人类对自身发展历程反思后的新发展观。可持续发展是指："既满足当代人的需要，又不对后代人满足其需要的能力构成危害的发展。"可持续发展战略是以人为中心的发展观，它要求正确认识"人与自然"、"人与人"的关系，强调人与自然的和谐。可持续发展问题涉及人类社会生活的各个方面和各个领域，经济发展、文化建设、社会进步和环境保护等，都是可持续发展的组成部分。[①]非物质文化遗产的生产性保护要具有可持续发展性，就要在坚持正确方向的前提下，科学合理地规划布局，将非物质文化遗产生产性保护纳入本地区经济社会发展规划，发挥本地区的优势和特色，积极探索科学发展的途径和促其成功的经验；坚持可持续性的保护原则，就是要坚持科学发展观，兼顾当前与长远、局部与全局利益，以发展的眼光对待非物质文化遗产的保护与开发，杜绝狭隘的经济利益至上、眼前利益至上的"遗产

① 王文章主编：《非物质文化遗产概论》，文化艺术出版社2006年版，第333页。

贴现”行为；坚持可持续性的保护原则，就应充分尊重当地民众的生存权和发展权，依据当地的情况、条件和地域特点，全面权衡非物质文化遗产项目的开发对当地的文化生态环境、民族生活方式和风俗习惯等各方面因素的适应与影响。只有这样，才能实现文化资源可持续的利用以及对非物质文化遗产的有效保护，从而符合维护文化生态平衡的总体需要；坚持可持续性的保护原则，就要“统筹规划，加强天然原材料、珍稀原材料的保护，处理好天然原材料、珍稀原材料保护与利用的关系，依照相关法规制度为传承人使用天然原材料、珍稀原材料提供帮助和支持；鼓励和支持传承人在传承传统技艺、坚守传统工艺流程和核心技艺的基础上对技艺有所创新和发展；鼓励和支持传承人在制作传统题材作品的同时创作适应当代社会需求的作品，推动传统产品功能转型和审美价值提升……”①

在遵循可持续性保护原则对非物质文化遗产进行生产性保护的实践中，我国一些地区坚持活态整体性保护，使本地区的非物质文化遗产项目在融入社会、融入民众中，自觉地传承发展，并对项目合理利用，成功地进行旅游开发，促进本地区经济、社会全面可持续发展。如2006年入选首批国家级非物质文化遗产保护名录的刘三姐歌谣，是流传于广西壮乡的民间山歌、歌谣的总称。刘三姐歌谣是被称为“歌仙”、“歌圣”的刘三姐和无数壮族民间歌手长期在壮族民间传歌培育形成的成熟的壮族民间音乐主要形式之一。广西壮族自治区宜州市是传承刘三姐歌谣最有代表性的地区，被认同为刘三姐的故乡，至今古风犹存。这里有“女人不会唱歌难出嫁，男人不会唱歌难娶媳”的说法，因此，上至古稀老人、下到妙龄少女，个个张嘴能唱，歌声有韵有调、有意有境。他们不仅唱世代相传的歌谣，而且能即兴即景唱身边的人和事，唱社会变迁与时代特色。当地依托这种山歌民风开发旅游业，每年清明以后宜州便游人如织，山歌不歇，山歌文化为宜州地区的经济发展作出了极大贡献。广西壮族

① 《文化部关于加强非物质文化遗产生产性保护的指导意见》，http://www.ihchina.cn/main.jsp，2012－02－02。

自治区有效地开发利用刘三姐歌谣和壮族歌圩，使这些非物质文化遗产代表项目，辐射全国、走向世界，已经形成了本地区亮丽的文化名片。广西壮族自治区南宁市，积极开发和利用民歌艺术，自1999年开始举办“南宁国际民歌艺术节”’后，壮族民歌就打出了“国际牌”——在海内外“以歌传情，以歌会友，以歌促商”，为南宁市的对外开放、经济建设、城市发展做出了卓越的贡献。以2007年为例，民歌节通过市场运作，光节庆本身总收入近3000万元；节庆期间接待游客48.97万人次，全市宾馆饭店出租率达81.44%，签订投资项目102个，项目投资共计441.94亿元；签订内外贸易合同873份，贸易总金额高达142.6亿元。“南宁国际民歌艺术节”不仅促进了国际文化交流，而且拉动了南宁市经济的发展。①可见，对民间传统文化的合理开发利用，不仅能使非物质文化遗产弘扬光大，而且能利用文化优势促进经济增长，取得巨大的经济效益，实现文化与生产力的同步发展。

但是，对非物质文化遗产项目和资源的开发利用，目前也存在着一些值得重视的问题。例如，由于前一时期保护与开发无法可依，一些地方的非物质文化遗产的开发处于无序状态。如果到海南各地走一圈，你会看见到处都有所谓的“黎寨”或黎族服装、服饰及其他工艺品，许多是改头换面，甚至是假冒伪劣的产品，严重损害了黎族织锦工艺品的信誉。还有的地区以经济效益为单纯追求的目标，将保护与开发利用本末倒置，给非物质文化遗产项目或资源带来了灭顶之灾。如近年来，随着“藏族艺术文化热”的兴起，唐卡，这种原本仅在藏传佛教寺院和信众家中悬挂的宗教卷轴画，逐渐成为艺术收藏的新宠和馈赠亲友的礼品。据一些画师介绍，目前，一幅好唐卡少则几万多则几百万元。受经济利益的驱使，对唐卡便出现了过度的开发利用，以致违背了生产性保护的初衷和宗旨。以前的画师首先要学经，绘制前要精心揣摩、打好腹稿，才能动笔勾勒线条。现在有的人从电脑上下载底稿、复印，直接上色。一幅图稿能

---

① 全国政协文史和学习委员会专题调研组：《守护中华民族的精神家园》，《光明日报》2008年12月9日。

用几十次、几百次。以前绘制唐卡的颜料全部来自天然的矿物和植物，如金箔、珊瑚、朱砂、大黄等，因此成像后能历经千年而不褪色。现在一些急功近利的画师则用廉价的广告颜料代替天然矿物颜料。为了谋求“高效率”，甚至出现了“流水线”制作，就像工厂的分解作业，每个人就负责一部分，俨然成了机械化劳动。①这些现象令人痛心和堪忧。所以，如何杜绝盲目不当的商业开发对非物质文化遗产的歪曲和损毁？如何做到在保护中开发、在开发中保护？这是采用非物质文化遗产生产性保护所面临的难题，应该引起各地保护工作机构和有关专家学者的关注。

四、正确处理好继承与创新的关系，与时俱进地传承发展

非物质文化遗产是植根于民族民间的活态文化，是发展着的传统生产方式和生活方式。它在漫长的历史长河中不断演进、发展，可以说每项非物质文化遗产都经历了与时俱进的历史演化。要使传统文化之树深深地扎根于当代社会的沃土之中，并在广大民众生活中开花结果，就要不断注入时代的新元素、新内容和当代人喜闻乐见的新形式。活态的传承保护与发展创新相结合，非物质文化遗产才能焕发出生机与活力。所以，非物质文化遗产不能停留在原有水平上，在传承基础上不断创新，才能使其生命之树常青，让传统文化资源变为现实的文化生产力。

关于非物质文化遗产的创新问题，学界有不同的看法。有人认为对非物质文化遗产而言不能提创新，只能提发展，创新与真实性保护是相冲突的。这就有一个怎样理解“创新”一词的问题。随着社会的不断发展进步，必然会产生“旧”与“新”的差异与矛盾。非物质文化遗产保护与传承中的继承与创新之意，不是“破旧立新”、“除旧更新”、“弃旧图新”，而是“承故融新”，

① 参见《热贡艺术“冷热不均”折射出我国非遗保护困局》，http://www.tibet3.com/news/content/2011-06-05/content_554859.htm,2011-06-05。

其新与旧不是二元对立的，是相互依存、相互交融的，也就是说二者之间虽有扬弃和变异，但不是后者否定前者，而是一脉相承、相生相融，即：新是旧中之新，是在原有基础上顺应时代的发展，是融进新的文化元素。作为活态文化，这种继承中的创新是必不可少的。

在如何正确处理好继承与创新的关系，与时俱进地传承发展方面已涌现出了一些较为成功的范例，如国家级非物质文化遗产蔡氏漆线雕技艺在进行生产性保护中已探索出了适合项目发展的有效路径。他们认为，传承、创新和市场是构成生产性保护的三要素，缺一不可。若没有传承，就没有了根基；若没有创新，就没有源源不息的动力；若没有市场，生产性保护就会落空。传承离不开创新，唯有创新才能使其适应环境，富于生机，与时俱进。为了保持项目的真实性和整体性，他们固守创新却不失项目的核心元素和典型特征——线条的艺术和纯手工技艺。在这一原则的基础上，他们大胆地探索和尝试，在漆线雕的胚体上、题材上及表现形式上不断创新，不仅有效地促进了漆线雕技艺的传承与发展，而且为其产品打开了市场。为了保持不改变漆线雕的DNA，厦门惟艺漆线雕艺术有限公司，在发展中不追求怎样做大，而是追求做强、做精。正是基于这样的认识和理念，他们的做法已经获得了初步成功，使项目的保护与传承步入了良性循环发展的轨道。[①]由此可见，对非物质文化遗产进行生产性保护，要走市场化和产业化之路，就应以不失其固有的本真性为度，尊重、顺应其自身发展流变的规律，在原生态的基础上进行延伸性创新和发展，融入现代人的审美需求，引进先进的生产技术，并实现科学地开发利用，才能使古老的非物质文化遗产更好地服务于现代社会。

目前，采用生产性保护的非物质文化遗产项目，在保护与开发中还普遍面临着一些亟待解决的问题，主要有：有些地区政府重视不够，缺乏必要的资金保障；保护与开发无章可循，仍处于无序状态；传承培训环节薄弱，后继乏

① 张学平：《蔡式漆线雕在生产性保护方面的研究及探索》，厦门：福建省人民政府和中华文化联谊会，2011。

人；技术能力不足，挖掘和创新能力不够；设备落后，生产能力有限，市场应变能力不强，经济效益低；缺乏品牌意识和知识产权保护意识；等等。要解决这些问题，不仅要靠政府主导，建立起有效的管理机制；更要坚持社会参与，调动和协调好各方面的力量，形成合力。开发非物质文化遗产项目、实施生产性保护所涉及的要素很多，包括：资源、场所、资金、人才、技术、管理等，诸多要素的投入才能实现生产性保护的目标——遗产价值的增值。但要整合好这些要素，既要争取决策者的秉公支持，又要唤起当地民众的关注和积极性，吸引社会各阶层热心人士的参与，还要充分发挥传承人和相关工作者、管理者的作用，同时要借鉴成功典型的经验，做好整体规划，采取切实有效的措施，建立起符合国家非物质文化遗产保护方针和科学发展观的新的运行机制。为了以点带面，积极探索和总结非物质文化遗产生产性保护的做法和经验，文化部经组织专家评审、实地考察、评审委员会审议、公示等程序，于2011年10月31日公布了第一批国家级非物质文化遗产生产性保护示范基地名单，有41个项目企业或单位，39项国家级名录项目入选。[①]在这些示范单位的带动下，我国非物质文化遗产的生产性保护将会沿着正确的方向获得较好的发展。

总之，非物质文化遗产，只有在科学原则的指导下合理地开发利用，才能保持其长盛不衰的生命力；只有在传承基础上不断创新，才能与时俱进；只有顺应其自身发展及保护工作的规律，科学地处理好非物质文化遗产开发利用与传承保护的关系，才能在有效地利用中不断提升其价值，促进和实现更好的保护。

（原载《文化学刊》2012年第5期）

① 《文化部关于公布第一批国家级非物质文化遗产生产性保护示范基地名单的通知》，http://www.ihchina.cn/main.jsp，2011－10－31。

演绎、传承、创造春节文化

春节是中华民族的第一大节，它凝聚着历代劳动人民的智慧和情感，承载着中华民族的文化血脉和思想精华。它以群众喜闻乐见的形式传延不衰，以欢乐祥和的氛围弘扬着民族的美德和精神。春节的文化内涵是厚重而多彩的，主要体现在精神文化层面、行为文化层面和物质文化层面。它们交互作用、彼此依托，构成了春节文化博大精深的独特魅力。

在精神文化层面。春节是由原始农业社会庆贺丰收的“腊祭”演变而来的，祭神敬祖，表达对大自然和祖先的感恩之情；辞旧迎新、阖家团圆，这是一年一度的春节的主题。俗话说：“有钱没钱，回家过年”。每逢春节前，中国人返乡的景象如同候鸟回迁，大多数人不论身在何处，都要踏上归乡之路，回家团聚，共度除夕。即使身处海外的华人华侨，每逢传统节日，也都会想到自己是炎黄子孙，在庆贺佳节之时，无限向往祖国。除夕之夜，阖家团圆，一家人聚在一起和面包饺子，和面的“和”与“合”谐音，而圆圆的饺子皮则象征着团圆。春节里的“拜年”活动，使亲朋邻里之间，消除了隔阂，增进了团结，可谓“一声恭喜，互泯恩仇”。春节的一系列仪式礼仪，不仅使民众的生活绚丽多彩，而且显示了以人为本，人与大自然的和谐相处，反映出可贵的自尊、自爱、自信、自强的民族精神，凸现着团圆、祥和、平安、欢乐的精神追求。

在行为文化层面。春节是各种民俗活动的集大成者，自古祭祀和庆典仪式就十分丰富。就祭祀而言，春节祭祀活动很早就形成了两大祭祀文化传统：一是感念大自然的恩赐而举行的祭祀，如祭祀灶神，是对灶火烧食之功的感念；祭祀土地神，是对大地母亲繁衍万物的回报；祭祀井神、河神，是对生命之水的感恩；对牛、马、鸡等各种家畜的善待和祭祀，则是表达了对帮助人类生存发展的动物们的酬谢，等等。这些祭祀，是中国人一年一度与大自然沟通、对话的方式和渠道，是虔诚的追求与自然和谐统一的写照。二是敬仰古圣先贤和宗族祖先而举行的祭祀。慎终追远的尊祖情怀是中华文明的一条重要根脉，在春节这个普天同庆的日子里，家家户户隆重地举行祭祖活动，宗族家长们率领着儿孙虔诚祭拜列祖列宗，感念祖先的恩德，祈祷其“在天之灵庇佑儿孙”，并倾诉出儿孙们的承诺和告慰。这充分体现了中华民族饮水思源、永不忘本的传统精神。

春节期间的社交娱乐活动更是丰富多样：团聚、守岁、贴春联、剪窗花、挂年画、放鞭炮、拜长辈、访亲友、逛庙会、观花灯、闹元宵等等。人们在释放内心情感、满足心理诉求、体味人间温情、享受年节欢乐中，演绎着、传承着、创造着中华民族的节日文化，并净化和提升着亲情、友情。

春节也是民间艺术、技艺的大展演。在中华民族漫长的年节史中，历代先民发明和创造了数以千计的游戏、艺术、体育的形式和品种，其中既有讲、唱、演，又有游戏、竞技、杂耍等。在春节期间常见的有：社火、戏剧、舞蹈、秧歌、高跷、旱船、舞龙、耍狮、耍猴、杂技、武术、跳绳、打秋千、放焰火、走灯阵、讲故事、说书等，这些多姿多彩的活动，不仅极大地丰富了春节的文化内容和品位，而且使春节的喜庆氛围高潮迭起，使每个人都能尽享这份愉悦身心的欢乐，并得到精神上极大的放松。此外，围绕年节文化而产生的那些神话传说和民间故事，历代文人墨客创作的诗文佳句，以及流传于民间的有关年节的歌谣和俗语等，也都蕴含着深厚的文化内涵和丰富的民族精神。

在物质文化层面。春节的许多美食佳肴，都有着一定象征寓意：除夕子夜与新年交替之时吃饺子，又称“更岁交子”，饺子取“交子”的谐音，有“辞旧迎新”与“喜庆团圆”之意；饺子又形似元宝，故又有“招财进宝”之意。春节吃年糕，由于年糕与“年高”谐音，寓意“万事如意年年高”。年节餐桌上的美味佳肴也多有讲究，炒青菜是家家必备的盘中餐，表示“亲亲热热”；吃豆芽菜，因豆芽形同“如意”，意味着“如意吉祥”；餐桌上必有鱼，但切忌一次吃光，表示“富贵有余”；等等。此外，元宵节吃元宵、汤圆，象征家人团圆，和睦幸福。美味的节庆食品饱含着美好的寓意，体现着华夏子孙朴素且高尚的精神追求。

春节的节庆用品诸如字画饰物、植物花卉中，大多也是物与情脉脉相通，人们以物寄情，巧妙地利用各种物质符号，传递着丰富的文化信息和复杂的心理情感。如民间有在门窗上贴“福”字的习俗，“福”字含有“幸福”、“福气”、“福运”等寓意，寄托着人们对幸福生活的向往、对美好未来的追求。民间为了更充分地体现这种向往和追求，许多地方干脆将“福”字倒过来贴，借“福”字倒了的谐音表示“福气到了”的寓意。由桃符发展而来的春联，言简意深，对仗工整，平仄协调，以汉字和中国书法完美结合的艺术形式，表达着人们对生活、对生命的所有赞美和祝愿。由门神画演化而来的年画，含有历史故事、神话小说、民间故事、民俗生活等多方面题材，可谓“画中有戏，百看不腻”，在《鲤鱼跳龙门》、《六合同春》、《五福临门》、《五谷丰登》等年画中，蕴涵着对人生的种种美好企望。即使是自然界中的一些植物、花卉，在传统节日特定的情境中，也有着品不尽的精神内涵和文化韵味。春节，人们以高洁脱俗的水仙花，象征新一年的福运，以迎风绽放的梅花，象征新春的吉祥，所谓“梅花开五福，竹声报三多”。

春节的文化内涵博大精深，其深厚的文化底蕴已经深深融入历代人的日常生活，滋养着民族的生命力、创造力、凝聚力，推动着中华文化历久弥新。

（原载《中国文化报》2012年1月31日第3版）

第三编

文学语言之思

本编集中探讨的是文学语言问题，先是历时性地描述了20世纪中国文学发展历程中其语言观念的嬗变及发展轨迹；继而共时性地分析了文学文本的结构层次和汉语文学文本中的多种语词组构策略，并深入阐释了文学语言的深层特征及文学语言的节奏美和色彩美，引导读者从文学语言的视角真正感受到文学世界的无穷奥妙；最后阐发的是读者对文学话语的接受，论及文学话语接受的主要特征，把文学语言的研究落到了实处。

20世纪中国文学语言观念的嬗变

中国文学在20世纪的百年发展历程中，一个显著的特色就是它在语言上的质的转变和不断演化。中国文学从古典形态走向现代形态的根本性标志之一，便是在语言上的重大变化。从文学发展史上看，文学的每一次突破和转型毫无疑问都会在语言上有所体现，反之，语言的每一次演变，也都必然意味着文学的某种发展和变革。就此而言，百年中国文学的发展历史，也可以被视为是一部百年中国文学的语言演变史。百年中国文学语言观念的嬗变，在我看来，主要呈现为四条演变的发展轨迹。

一、以文言为根本到以白话为正宗

文言文曾占据我国文坛的主导地位并盛行了数千年，它以其典雅渊实、蕴藉曲致而为历代文人奉为圭臬。在“五四”以前，一般文人以诗文为正宗，以文言文为雅文。随着时代的发展，难读难懂、不易普及的文言文的语言形式日益僵化，阻碍着文学发挥改造社会、启蒙救国的作用，成了束缚人们思想的工具。因此，早在19世纪下半叶，为适应变革中国社会现实的需要，一些仁人志士就已经敏锐地意识到了中国文学在语言上进行变革的必要性和紧迫性，并纷纷提出变革语言，要求用通俗的白话语言进行创作的文学主张。黄遵宪提出语言和文字合一的主张。梁启超认为，文学进化的一大关键是“古语之文字变为俗语之文字”。这些主张在当时都产生过一定的影响，率先为白话文运动作了理论准备。1898年，裘廷梁发表了一篇著名论文《论白话为维新之本》，正式竖起了“崇白话而废文言”的大旗。

1902年2月由梁启超主编的《新民丛报》在日本横滨创刊，梁启超在这份报纸上发表的文字，以“务为平易畅达，时杂以俚语韵语及外国语法，纵笔所至不检束”为特色和追求，“其文条理明晰，笔锋常带情感”，一时“学者竞效之，号新文体”。[①]这种“新文体”的出现既是一种语言观念的体现，也是一种语言运用的实践。就语言本身而言，“新文体”开始在“平易畅达”的基础上引进“外国语法”，这对中国文学语言而言是一个进步和突破，它打破了中国文学语言封闭自足的历史，开创了中国文学语言“兼容并包”，吸收异质的先风。“新文体”的特点主要表现为文言、俚语和外来语的三合一，它在语言上较旧文体前进了一步，并在古代文言文过渡到现代白话文的历程中，起到了一种承上启下，继往开来的作用。

到了“五四”文学革命时期，白话文的发展达到了高潮，当时的新文学家们不再把白话文仅仅作为通俗宣传之用，而是用它来创造整个新文学——国语文学。由此，我国的语言符号系统才从根本上得到改变。胡适、陈独秀、鲁迅、钱玄同、刘半农等人都写过为白话文论战的文章。1917年1月，胡适在《新青年》上发表了《文学改良刍议》，从“一时代有一时代之文学”的文学进化论角度，正式提出废文言而倡白话的主张。胡适从“八事”入手，具体制定了以白话代替文言的方法，同时也强调文学应该真实地、创造性地反映现实生活。胡适对“文言乃是一种半死的文字”的判定和对“白话是一种活的语言”的宣告，清楚地表明了一种全新的语言观念的诞生。它的新意在于：它不再在文言的大框架下求变通，而是抛弃文言体系，另立白话为新宗。也正是从它开始，打破文言神话、确认白话主导的观念开始逐步确立，从对文言的推崇到对白话的认同，实现了语言观念质的飞跃。以后的语言演变，无论是观念的递嬗，还是形态的变异，都是在“白话”的范畴内进行的。

胡适将文学语言的革命作为新文学产生的首要条件，他的这种在语言观念上的革命性变革，代表了一种历史发展的必然，因而，他的《文学改良刍议》一发表，在当时的中国文坛和思想界就引起了很大的反响。陈独秀的《文学革命论》便是最先的响应。文中明确提出文学的“三大主义”：“曰推倒雕琢的

① 梁启超：《清代学术概论》，上海古籍出版社1998年版，第85—86页。

阿谀的贵族文学，建设平易的抒情的国民文学；曰推倒陈腐的铺张的古典文学，建设新鲜的立诚的写实文学；曰推倒迂晦的艰涩的山林文学，建设明了的通俗的社会文学。”“三大主义”贯穿着文学通俗化的意旨。接着，钱玄同、刘半农、傅斯年等，也都纷纷撰文响应，逐步展开了热烈而深入的讨论，将白话文运动推向了高潮。

随着白话文的逐步推广和一批新文学作品的出现，以白话为正宗的文学观念，终于在20世纪初的第二个十年，得以确立和巩固。1918年5月，《新青年》第4卷第5号正式完全改用白话文和新式标点，大量刊登白话写作的小说、散文、评论和译作。新创办的《每周评论》和《新潮》等刊物全部采用白话。由于文化领域白话文逐渐取代了文言文的正统地位，北洋政府教育部也不得不承认白话为“国语”，并颁布命令，要求各级学校实行国语（白话）教育。在这种形势下，一大批新文学作家以自己的创作实践“显示了文学革命实绩”（鲁迅语）和白话文学的崭新面貌。鲁迅的小说《狂人日记》、《孔乙己》、《药》，周作人的散文，刘半农、沈尹默、郭沫若等人的新诗，都从思想到形式上展示了白话文学的新特征。这一切无不显示着“白话化”的语言观念已深入人心，被广为接受，并从理论号召的阶段进入实践运用的阶段。从此，中国文学在语言上，终结了绵延数千年以文言为书写载体的历史，开始了以“白话”为文学语言的新阶段，中国文学的语言形态终于揭开了崭新的一页。

文学语言的白话化，不仅仅是语言形式改革的成果，它的意义和价值远远超出文学语言本身。“文学创作的白话文之代替文言文所意味着的，不是一种表现手段的更换，而是文学的创造对象，创造性质的嬗变。”[①]文学语言白话化不只是更有效地发挥文学的教育民众、唤醒民众的社会功能，而且拓展了国人的思维能力，促使文学自身功能的变化，增强了新文学的生命力和影响力，使新文学事业得以逐步走向平民化。

---

① 李劼：《试论文学形式的本体意味》，《上海文学》1987年第3期。

二、由大众化走向多元化的语言形态

中国文学的语言形态在确立了以白话为书写语言的正宗地位之后，在后续的历史上，语言观念并不是就此一成不变的，在“白话”的体系范围内，语言观念随着社会的转换和历史的前行，一直在不断地丰富、变化和发展。

五四文学革命使得文学从少数封建文人的垄断下解放出来，开始走向城市小资产阶级和资产阶级知识分子。无产阶级革命文学运动兴起以后，左翼文学界对文学与人民群众特别是工农群众的关系有了新的认识，文学大众化便成为三十年代“左联”以至整个进步文学界重视的问题，并成为当时文学理论探索的中心议题。1929年3月，林伯修（杜国庠）在《1929年亟待解决的几个关于文艺的问题》一文中，首先提出“文艺大众化”问题并加以论述。1930年春“左联”成立前后，第一次就“文艺大众化”问题进行了广泛的讨论。如果说这次讨论的重点，集中在如何写出“能使大众理解——看得懂——的作品”[①]那么，1931年冬开始的第二次讨论，则将注意力更多地放在了对文学形式层面的把握上。在文学形式诸因素中，左翼文学界特别重视语言大众化的问题。瞿秋白曾经提出：“大众文艺应当用什么话来写，虽然不是重要的问题，却是一切问题的先决问题。”[②]到了1934年的第三次“大众化”讨论中，就形成了对语言文字全面改造的趋势，并进行探讨乃至实践。左翼文学工作者一致主张文学语言要力求通俗易懂。但在当时要达到文学语言的通俗易懂并非易事。为了克服文言的残余成分造成的半文半白及欧化倾向对白话的影响，左翼文学界作了多方面的探讨和努力。同时，在改革语言文字上，还提倡大众语和汉字拉丁化，并做出了种种努力。虽然他们的文字拉丁化方案未能实现。但是，这些新的语言观念的提出和对语言文字的改革尝试，意味着在“白话”的基础上对语言观念的进一步丰富和深化，也说明随时代的发展语言观念会不断地产生出新质。

---

① 冯乃超：《大众化的问题》，《大众文艺》第二卷第3期，1930年3月1日。

② 宋阳[瞿秋白]：《大众文艺的问题》，《文学月报》创刊号，1932年6月。

1937年抗日战争全面爆发后，一切服从抗战，一切为了抗战，文学也如此，而且首当其冲。文学成为动员人民群众参加抗战的宣传武器，伴随着“文章下乡，文章入伍”口号的提出，一直在理论上争论不休的文学大众化问题，在抗战形势下得以付诸实践，成为普遍认同的文学思想，成为作家们的自觉追求。作家们走出亭子间，到乡间去，从军、从政，与工农兵打成一片，用大众语创作出大批人民群众喜闻乐见的通俗文学作品。这一时期的文学创作实践表明“大众语”的语言观念已经深入人心。到了40年代，在解放区文学中，民族形式和大众化方向一直受到倡导、鼓励和支持，创造“新鲜活泼的、为中国老百姓所喜闻乐见的中国作风和中国气派”[①]的文学，成为解放区文学的总体方向。1942年毛泽东发表了《在延安文艺座谈会上的讲话》，对新文学现代化意义上的大众化问题作了深刻、明了的理论阐释。《讲话》从革命政治的高度，通过对文学家思想感情大众化和文学为工农兵服务的规定、强调，真正从观念上、方法上和现代化的较高水准上解决了大众化问题，使“大众化”、“口语化”的文学语言观念作为主流观念在解放区文学中得以确立。

如果说“大众化”、“通俗化”的语言观念在1949年之前还主要是在解放区文学中占主导地位的话，那么随着新中国的诞生，这一原本是一种地域文学的主流语言观念，也就扩展为国家文学的主流语言观念。新的文学语言不仅便于大众接受，为工农兵大众所喜闻乐见，而且在新的整合与变革中更加充实与丰富，它既注重从人民群众中汲取丰富的语言养分，又注重吸纳外国语言中好的东西，为我所用，同时又继承弘扬了古人留下的优秀语言遗产，这种富有新质的大众化文学语言，由于符合广大人民群众的审美旨趣和接受水准，因而受到众多作家的推崇并努力付诸于创作实践。然而，不少优秀作家，如老舍、巴金、曹禺、郭沫若等，在遵循文学语言“大众化”、“口语化”的创作准则后，并未能获得预期的创作实绩，甚至没能达到自己过去的创作水平和语言美学的高度。“这表明，标举大众化语言固然有其文化与历史合理性，但绝对抛

① 毛泽东：《中国共产党在民族战争中的地位》。

弃文人化语言传统却往往违背文学语言发展规律，丧失了语言与美学合理性。文学语言既有向大众吸收的必要，但更有文人加以整理、提炼和创造的必要即文人化的必要。”[①]如果过分强调文学语言的大众化，致使诗不是顺口溜就是打油诗，许多文学作品见不出一点锤炼字句的功夫，见不出文学艺术的修养，必会降低文学作品的艺术性和审美价值，文学艺术也难以在普及的基础上得以提高。

80年代初，“朦胧诗”的崛起和“意识流小说”的出现，宣告了对一以贯之的“大众化”、“口语化”的文学语言观念的不满。当时我国新时期思想解放运动向纵深发展。受社会思潮的推涌，文学在个性风格、流派、美学原则等方面均出现突破。文学在继续承担着对社会现实的反思使命的同时，也潜在地生长着对自身存在形式的反思。新的表现因素开始在文学中积累性地出现，新的诗歌、小说形式已初露端倪，新的美学原则已在构想之中。这一时期的中国作家，语言意识明显加强了，对语言的价值有了更深层的了解，开始注重文学语言的个性追求，这种语言个性不是作品中人物的个性而是作家本人用以描写和叙述的语言个性。“古语式的，新语式的，以及土语式的言语，独特、奇妙、别出心裁的修辞方式，造成了多种语言个性，出现了各式各样的文体。”[②]80年代中国作家文体意识的自觉，使他们在文学语言的运用上呈现出崭新的面貌，在摆脱了“文革”文学的“帮风帮气”之后，又开始背离语言俗化的单一道路，大胆进行富有创新性的文学语言探索，实现文学语言从“一元”向“多元”的复杂演变。

由“朦胧诗”和“意识流小说”开创的文学语言多元化的格局，标志着文学语言发展到了一个丰富而活跃的新阶段。这一时期，许多作家开始放弃了以往那种在主题与题材方面单一开掘的做法，把注意力由关注“写什么”转向了“怎样写”；在表达效果上由注意语言的指称功能，强调叙事的鲜明与准确，转向注重语言的自指功能，探究语言的能指特点，以及文学语言的深层审美特

① 王一川：《近五十年文学语言研究札记》，《文学评论》1999年第4期。

② 曹文轩：《中国八十年代文学现象研究》，北京大学出版社1988年版，第52页。

性。他们在探索文学语言独特表现现代人深层心理意识、生命底蕴的冲动、无意识的欲望等方面进行了创造性的开拓。从新潮作家的语言实验及探险中便能见出这些特点。他们强调文学语言“陌生化”效果，追求语言的多义性、象征性和非逻辑性，这恰恰是文学语言作为艺术符号的特性。虽然以“朦胧诗”和“意识流小说”为代表的这种新的“反大众化”、“反口语化”的文学语言观念在最初遭到了不少非议，但它在青年人中所引起的巨大反响，却昭示了一种新的文学语言观念存在的合理性。事实上，文学语言的杂语化、多样性，如今已被众多的人所认同，并在文学领域产生越来越广泛的影响。

三、从载体论到本体论的观念转变

“语言意识的觉醒”体现在文学理论和文学批评领域，则是从载体论到本体论的观念转变。在传统的文艺理论中，语言问题并非“被遗忘的角落”。近几十年来的文学理论教科书都有“文学是语言的艺术”的命题及高尔基关于语言是文学“第一要素”的论断。然而，对语言的重视并未落到实处。在这些教科书中又都把文学作品分为内容和形式两个方面，而语言则被归为文学作品形式构成的因素之一。在内容与形式的关系上，又都主张内容决定形式，内容起主导作用；形式则从属于内容，并为内容服务。这样语言自然处于从属和服务的地位，因而语言便被视为工具、载体、媒介。其实，把语言视为可供随意使用的工具之说、载体之论，是一种古老的传统语言学观念。早在先秦时期，庄子就认为，载意之言与捕鱼之筍、捉兔之网具有同样的性质和作用，都是工具、手段，用这些工具所要达到的是获取对象的目的，一旦捕获物到手，工具便毫无用处。正是受这种传统文学语言观念的影响，长期以来人们没有认识到文学语言本身的价值，而习惯于到语言的背后去寻找文学作品的“历史背景”、“现实意义”、“时代特征”、“审美特性”等，正所谓“得意而忘言”。

我国文学理论的发展进入20世纪80年代中期以后，由于西方语言哲学思潮的深入渗透和影响，大大拓宽了文艺理论家的理论视野，加之新时期文学创作实践和文学批评实践对文学形式及语言问题的探索和变革要求，一些文论家开始突破传统的文学语言观，对文学语言进行本体性的思考，诸如文学语言与语言的区别、文学语言自身的价值、文学语言的深层特性、语言在文学作品中的地位和作用、文学语言对作品总体风格的影响，等等。新时期文论家在深入思索与探讨之中，对传统的文学语言观做出了尖锐的反省和批评，发表了一些令人耳目一新的见解。

1985年底，黄子平发表《得意莫忘言》一文，率先发出了文学语言观念亟待转变的呼声。文章首先指出长期以来文论界轻慢文学语言的弊端，随后鲜明地摆出了自己的文学语言观："文学作品以其独特的语言结构提醒我们：它自身的价值。不要到语言的'后面'去寻找本来就存在于语言之中的线索。于是文学评论以'文学语言学'的崭新面貌出现了，它不仅要研究'语言的文学性'，而且更注重研究'文学的语言性'。前者在'旧有的批评框架'中只处于'最后'的卑微地位，后者在'新的理论学科'中却成了最根本的出发点。"[①]这里，他突出地强调了文学语言的本体意义，无疑是对传统的载体论语言观的有力抨击。

在同一时期，相似的观点和阐述在文学创作和批评中大量涌现。1987年，老作家汪曾祺在耶鲁和哈佛演讲《中国文学的语言问题》时，对文学语言作了独到而深刻的阐述："语言不只是一种形式，一种手段，应该提到内容的高度来认识……语言不是外部的东西。它是和内容（思想）同时存在，不可剥离的。语言不能像橘子皮一样，可以剥下来，扔掉。世界上没有没有语言的思想，也没有没有思想的语言……语言是小说的本体，不是附加的，可有可无的。从这个意义上说，写小说就是写语言。"[②]这段话既是对语言即工具的传统文学语言观的反拨，又蕴含着丰富的新思想、新观念。他强调语言与内容（思想）融为一体、互存共生、不可分离，强调语言是文学（小说）的本体，突破了语言仅仅是内容的外壳的载体之说，把语言置于文学的根本地位上，并进而提出"写小说就是写语言"的口号。这表明中国作家语言观念的解放。

---

① 黄子平：《得意莫忘言》，《上海文学》1985年11期。

② 陆建华主编：《汪曾祺文集·文论卷》，江苏文艺出版社1994年版，第1—2页。

1998年第1期《文学评论》以“语言问题与文学研究的拓展”为总题，刊出了一组从语言视角切入当代文学研究的笔谈。这组笔谈进一步证实了文论界语言文体意识的觉醒。论者在对文学语言问题的探讨与关注中，把语言本体论大大向前推进了一步，同时也预示着“文学语言”理论范式的转换。在此笔谈之后，从本体论视角阐述文学语言的论者不断涌现，尤其是20世纪90年代以来，对文学语言的探讨愈显沉稳与深入。1993年第2期《艺术广角》杂志，集中刊发了一组谈论“文艺学研究的语言论转向”的文章，陶东风、马大康、张法、金元浦等学者以全新的语言观审视文学语言，他们对文学语言的理解不仅超越了“工具论”的层面，也远远超越了修辞学、风格学的层面。他们是在哲学意义上认识语言——语言与存在的关系，使语言本体论得到了进一步的阐扬。

我国新时期文学语言研究，突破传统的“工具论”、“载体论”，转向“本体论”，自有其合理性和积极意义，“从现代语言学到哲学美学阐释学，把作为交流工具的语言提升到人的生存的本体世界的层次，用语言消融掉主体和客体的区别。这是从方法论到世界观、从认识论到本体论的重大转变”①。语言本体论的阐扬，促进了文学创作和理论批评对于语言的重视，确立了语言在文学中的根本地位，同时带来了语言与文学观念的全面变化。语言本体论不仅开拓了文学研究的理论视野，而且为人们深入认识和把握文学语言的本质特征奠定了理论基础，并推动文论界建立新的文学语言范式。语言本体论还特别关注文学与语言、意义与存在的关系，而且主张在文学创作中通过各种方式去进行语言的探索和实验，以展示出文学语言丰富的潜能和独特的魅力。然而，取代“工具论”的语言本体论也自有它的缺憾。语言本体论从现代语言学中得到启示，着意强调语言是人类的本体、世界的本体、文学的本体，从而把语言从“器”的层次提升到了“道”的层次。有些论者对文学语言的强调走入一种极端的形态，把文艺学的全部问题归结为语言符号的问题，这是令人难以认同的。如何克服这种片面性，更全面地认识和看待文学语言，这是文学理论界当

① 吴予敏：《寻找人文价值和科学理性结合的契点》，《文学评论》1988年第1期。

前乃至今后需要深入探讨的课题。

四、全面认识汉语的特性，确立“创造汉语言文学”的观念

伴随着文学语言观念由载体论向本体论的转向，对文学语言的探讨愈来愈引起我国文论界的重视。20世纪90年代后，一些学者已不满足于从形式本体论泛泛地去论说文学语言了，而是把探索的触角直接伸向汉语言文学。1990年，中国社会科学出版社出版的鲁枢元的专著《超越语言——文学言语学刍议》，书中有一节专论“汉语言的诗性资质”，作者从文学艺术的角度、从诗的角度对汉文字和汉语言进行了一番悉心的审视与观照，具体生动地展示出汉语言所具有的八点独特优越性及诗性资质。在此论证的基础上，作者认为，汉语言是一种艺术型的语言，一种诗的语言。随后，诗人郑敏在1992年、1996年分别发表了《汉字与解构阅读》及《语言观念必须革新》两篇论文，全面而系统地阐述汉语的审美特性和诗意价值。文中不仅以生动的比喻描述了汉语的“感性魅力”，而且通过汉语与拼音文字的比较，对汉语（汉字）的本质做了完整的阐发，论述了汉语的诗的本质、隐喻功能、创造潜能、视觉的造型美以及它所具有的丰厚的文化蕴涵。青年学者王一川先后出版的《中国形象诗学》（上海三联书店1998年版）、《汉语形象美学引论》（广东人民出版社1999年版）及《汉语形象与现代性情结》（首都师范大学出版社2001年版），都以较大的篇幅分析和研究汉语形象的基本地位、美学特性、修辞形态以及汉语形象与现代性等问题，并从文学语言实践的角度，对近50年文学语言状况和20世纪末中国文体变革的潮流进行了深入的总结与剖析。多年来一直被忽视的汉民族母语，在这些文论家的笔下凸现出了其优长与光彩。重新审视并深刻认识汉语与文学之间的耐人寻味的关系，确立“创造汉语言文学”的观念，引导作家尊重母语并充分利用母语的独特优势，去创造真正属于自己的文学丰碑，这是当下众多文论家所关注和正在研究的课题，也标志着中国文学语言观念的嬗变已由“语言意识的觉醒”，走向“语言自觉”的新高度。

从以上对20世纪中国文学语言观念发展演变史的回顾中，不难看出，百

年来我国的文学语言观念，首先经历了从以文言为根本到以白话为正宗的质的转变。白话文的正统地位确立之后，我国的文学语言又从“精英化”、“书面化”走向“大众化”、“口语化”，并成为多年来居于统治地位的语言观念。80年代之后，伴随着作家文体意识的自觉和语言意识的觉醒，文学语言从大众化走向多元化、杂语化，同时文论界也突破了传统的载体论、工具论的语言观念，开始转入语言本体论的探讨，并为创造汉语文学的辉煌更为关注对汉语本身的研究，从而使文学语言获得了前所未有的重视。

（原载《理论与创作》2003年第3期）

文学文本的结构阐析

文学文本是文学存在的现实形态，是作家审美意识物态化的语言实体。由于文学活动的特殊性质，文学文本又不是一个简单的语言事实，而是一个需要从不同角度去分析、去认识的复杂对象。对于文学文本这一富有生命力的有机体，古今中外文论史上众多的文论家都试图对它的构成做出全面而科学的解释，因而形成了不同的文本构成理论，如要素论和层次说等。在中国，古代的《周易·系辞上》在探索哲学思想的表达问题时，就明确提出了“言、象、意”三个要素。其后经学家王弼，在对《周易》进行诠释时详明地阐述了言、象、意三层次间的递联关系。唐代以后，一些诗论家便借用这一理论来解说诗歌文本的层次构成。吸收和借鉴古今中外文论关于文本的构成理论，我们可以将文学文本由表及里地分为三个大的层次，即语言符号层、文学形象层、审美意蕴层。

一、语言符号层

文学对生活的审美反映是通过语言符号的运用而实现的，所以，文学文本首先是作为语言符号而存在的，语言符号是作家构筑形象体系，传达审美体验的物质媒介。没有语言符号，文学不可能形成物质实体，文本自然也就不可能产生。文学语言符号是普通语言符号在文本中的功能与审美的变体，它能有效地完成情感传达与交流的职能，能造成文本独有的文学性。因为“小说文体的秘密在于对语言的创造性使用，作家借助于他对语言的创造性使用，将他的情感体验组织成为一个有机的整体”[①]。一切文学文体的秘密皆在于此。

---

① 塞尔利安：《现代小说美学》，陕西人民出版社1987年版，第226页。

文学语言符号本身也是一个完整的世界，它是由四种要素所构成，即声音、词汇、句子、语调，这四个要素也可看作是文学语言符号的结构层次。

1.语音

语言符号是以语义为结构核心，以语句为基本功能单位的，而语句是由一个个语词构成的，因此，语词是言语行为中最小的有意义的语言成分。现代结构语言学认为，一个语词通常总是能指与所指的结合体，能指和所指分别指代语音和语义。由于语言交际主要是一种思想交流，因而在阅读非文学文本时，人们完全可以将能指忽略不顾，“一般情况只是语词声音被飞快地、毫不停顿地意识到，它只是理解语词和句子的一个飞快的过渡。”①但这种经验在面对文学文本时显然行不通。因为文学文本常是通过语音将阅读引向其内在的意义的。语音一般来说是语义的物质载体，一些作品审美涵义、韵味是通过语音的表现化而得到传递。正如索绪尔指出的，语词的声音变化本质上是属于心理的。正是由于这个缘故，有时“发音本身以决定的方式呼唤出每一样客观的东西，并且创造出客观东西的灵魂的情调。”②在某些文学语言的具体表达中，单是词的发音就可以传情达意。正是看到了语音对于文学文本的意义，英加登和韦勒克在他们关于文学文本的层次构成论中，均把语音层划为文本的第一层面，并强调语音层面对于形成文本审美性的重要作用。“每一件文学作品首先是一个声音的系列，从这个声音的系列再生出意义。……在许多艺术品中，当然也包括散文作品在内，声音的层面引起了人们的注意，构成了作品审美效果不可分割的一部分。”③正因为声音本身就具有某种美学效果，因此不少作家诗人在创作中都很重视语音的运用。高晓声就曾明确说过，他在写作时十分注意语词的音响效果。“如《钱包》中有一句：‘星罗棋布的村庄就是那不沉的舟’。这句话本来可以写成‘星罗棋布的村庄是不沉的船’，但读来音节不如

① 罗曼·英加登：《对文学的艺术作品的认识》，中国文联出版公司1988年版，第20页。

② 沃尔夫冈·凯塞尔：《语言的艺术作品》，上海译文出版社1984年版，第127页。

③ 韦勒克、沃伦：《文学理论》，三联书店1984年版，第166页。

前一句，编辑部删掉了那个‘那’字，就使我这句话里少了一个字音了。我用‘舟’字，不用‘船’字，也是从音节上考虑。”①在炼字炼句中，由于得体地利用了语音的表现性，因而增强了文本叙述语的语感特征和诗意因素。

文学语言的语音美主要是由声调、节奏、韵律等方面构成的。和谐的音韵、悠扬的旋律和鲜明的节奏使文学语言读起来上口，听起来入耳，具有一种音乐美。固然，对于不同的文体在声调、节奏、韵律等方面有不同的要求，一般而言，诗歌的语音要求比较高，尤其是韵律诗，讲究语调升降、平仄和押韵，使之构成一个语音和谐的有机体。散文与戏剧文本也很讲究语音的和谐与美，如范仲淹的《岳阳楼记》，朱自清的《春》，莎士比亚的《雅典的泰门》中对于黄金的诅咒，郭沫若的《屈原》中的“雷电颂”都是讲究语音美的典型范例。在小说文本里，无论是叙事还是描写中，均有善于运用语言的节奏、韵律而造成独特审美效果的佳篇、佳段。如叶圣陶的长篇小说《倪焕之》在描写大革命来临前倪焕之感受到的社会气氛和人们的表情、心态时，便用了一段节奏鲜明、音韵和谐、整齐匀称、精炼淳朴的语句：“他觉得马路间弥漫着异样的空气。很沉静，然而是暴风雨立刻要到来以前那一刹那的沉静，很平安，然而是大地震立刻要爆发以前那一刹那的平安。每个人的眼里都闪着狂人一样的光，每个人的脸上都现出神经末梢都被激动了的神色；虽然有的是欢喜，有的是忧愁，有的是兴奋，有的是恐慌，他们的情绪并不一致。”这段文字抑扬顿挫、自然流畅。作者巧妙地运用了对偶、排比等修辞手法，形象地表现了大革命爆发前中国社会“沉静”、“平安”的背后，隐藏着钱塘潮般巨大的波澜及人们沉静中孕育着火山爆发般的激情。文中一连用了四个“有的是”，即把人们当时既欢乐，又忧愁；既兴奋，又恐慌的复杂矛盾的心绪表现得淋漓尽致。读来语气强烈、语意连贯，富有语言表现的音乐性。

2.词汇

词是最小的、能够独立活动的、有意义的语言成分。它一方面是由一个或

---

① 《中短篇小说获奖作者创作经验谈》，长江文艺出版社1983年版，第105页。

多个词素所构成，另一方面又能与其他词一起组成句子。一系列语词衔接排列，构成文学文本。在文学语言中，词汇是显示文学文本之意义的基本单位。“词汇不仅本身有意义，而且会引发在声音上、感觉上或引申的意义上与其有关联的其它词汇的意义甚至引发那些与它意义相反或者互相排斥的词汇的意义。”①由于能否选用最妥帖的词语，是能否恰到好处地显示文本意义的关键，所以，精心地炼字遣词，务求通过文学语言对主客体关系的描写，见出主体的精神状态或审美感受的独特性，便成为历代优秀作家呕心沥血的追求。《唐诗纪事》中载有这样一事：唐人齐已从傲雪怒放的梅花中，感受到了春天的气息。于是便在《早梅》一诗中写道：“前村深雪里，昨夜数枝开。”诗句醒目地突出了深雪与梅花的对比，给人以生动鲜明的印象。但诗人郑谷读后评点说：“数枝非早也，未若一枝佳。”将诗句中的“数”字改为“一”字，齐已为之佩服得五体投地。后人也以郑谷为一字师。虽是一字之异，却使诗的韵味迥然有异。“一”字在这里，不仅是作为数词，表明事物的数量，更重要的是它紧紧扣住了“早”字，揭示出事物之间的特定关系。在深雪覆盖的寂寥山村里，在萧索冷清的气氛中，一枝迎风傲雪顽强绽开的梅花生机勃勃、豁然醒目。它给人们带来了严冬已达极点，时令悄然转换的最初的信息，它是人们在冰冻雪封的山村中最先聆听到的春的脚步声。诗中只有用“一枝”代换“数枝”，才能准确而形象地表达出诗人微妙而细腻的感受。这一文坛趣事显示了诗人对“字”（也就是单词素的词）在整个文本艺术表现中的重要作用的深刻理解。

词汇与语音相比，在文学语言中处于更深层的位置。词汇作为人类文化心理的对应物，其内涵意义十分丰富，它不仅能够表达语词的本义和引申义，而且能投射出某种社会心理，它还潜含着令人品味不尽的社会文化义。因为人们遣词造句的语言行为往往要受到其生活方式、思维方式和情感方式的支配，后者决定着对于前者的感受、选择和使用。如在我国古典诗词中，与月亮有关的

① 韦勒克、沃伦：《文学理论》，三联书店1984年版，第188页。

语词很多，有“望月”、“赏月”、“问月”、“对月”、“邀月”等等，都不只是“观赏月亮”的意思，而是同时包含着思乡、怀远、忆旧、抒怀等涵义和意味，有着不同的文化蕴含。

在文学文本的语词中，语义含量最丰富、对叙述行为最有影响的是名词与动词，正像福勒所说：如果我们把一个叙述行为视为一个命题的集结，那么就必须看到，“一个命题总是由谓语加一个或几个名词而完成的”。再进一步，“如果谓语传达了一个事件或某一时态，那么名词就参与其对事件参与者或事态受事方面的指定”。[①]名词与动词搭配不仅能为我们勾勒出事物的本相，而且还具有特定的文化意义。而其文化意义常常是通过时间投射功能与空间投射功能来呈现的。塞米利安在谈到名词在文本中如何呈现其文化意义时指出：“使用外国语的专有名词不仅可以产生地方色彩，而且也可能由于它们本身特有的引申意义而使语言获得某种魅力。地名的诗意价值几乎是不言而喻的。在惠特曼的诗中，如果没有那些别具特点的地名，就会失去它们特有的美国色彩。海明威在《太阳照样升起》这部小说中，把细节的描述压缩到最低限度，只借助一些街道、饭馆、酒吧的名称来创造出巴黎的氛围。在《尤利西斯》中，也是通过几千个地名而使柏林生动而真实地出现在读者面前。”[②]这段论述足以说明名词在小说文本中的重要作用及它所具有的丰富的文化意义。其他词类在文学文本的艺术表现与作用，在这里就不需一一赘述了。

3.句子

句子是由词组成的语言片断，能够表达相对完整的意义和一定的情感基调。在文学文本中，一个个紧密相连的句子构成叙述语链或描写语链，由语链形成的语段才是文本表情达意更为完整的语言单位。在语段中，每个句子的意义才能得以充分的显现。正如英加登所说：“句子只是在一定程度上独立于本文中的其他意群，只有作为一系列句子的组成部分才获得它的完整意义及其恰

---

① 转引自徐岱：《艺术的精神》，首都师范大学出版社2001年版，第34页。

② 塞米利安：《现代小说美学》，陕西人民出版社1987年版，第222页。

如其分的精微差别。”[①]句子作为文本的构成因子，也需要精心地进行锤炼和熔铸。我国明代著名的戏曲作家、理论家王骥德在其戏曲论著《曲律》中有专门对句法的论述，他指出：“句法，宜婉曲不宜直致，宜藻艳不宜枯瘁，宜溜亮不宜艰涩，宜轻俊不宜重滞，宜新采不宜陈腐，宜摆脱不宜堆垛，宜温雅不宜激烈，宜细腻不宜粗率，宜芳润不宜噍杀；又总之，宜自然不宜生造。”[②]这10个“宜”与“不宜”便全面提出了造句的具体要求。经过作家潜心锤炼的语句，在语类、语序上都达到了无法更动的地步。倘若对某个语句从语序上加以调整，这个句子所表达的情感涵义就会随之发生变化。例如，鲁迅《伤逝》的结尾：“子君却不再来了，永远、永远地。”如果将此句的语序改为：“子君却永远、永远地不再来了。”原句所蕴含的那种难以排遣的情绪无疑少了许多。再看鲁迅《祝福》中对祥林嫂的描写：“她一手提着竹篮，内中一只破碗，空的……”这里打破正常语序，将“空的”二字移后，且用逗号隔开，不仅使语言的节奏变得短促，更重要的是强调出祥林嫂孤苦无告，连一粒饭都要不来的悲惨境况，能使读者更真切地体味出作者对祥林嫂的无比同情与沉痛的心情。若将此句改成“内中一个空的破碗”，虽然语序顺了，但却大大削弱了语句表情达意的效果。所以，在汉语表达结构中，语序的作用更为重要。为此，洪堡德指出：“在汉语的句子里，每个字排在哪儿要你斟酌，要你从各种不同的关系去考虑，然后才能往下读。由于思想联系是由这些关系产生的，因此这一纯粹的默想就代替了一部分语法。”[③]

在文学语言中，如果说词汇具有一定的文化内涵和较强的社会性的话，那么句子，则具有更深刻的文化内涵并向主观个体深层开掘，在具有社会性的同时，又被赋予个性化的意味。在一个句子中，词如何排列、组合、分布和搭配，都与作者个人的修养、经验、情感和趣味有关，传达出的是他对世界、对

① 罗曼·英加登：《对文学的艺术作品的认识》，中国文联出版公司1988年版，第33页。
② 王骥德：《曲律·论句法》，引自汪流等编：《艺术特征论》，文化艺术出版社1986年版，第497页。
③ 洪堡德：《论语法形式的性质和汉语的特征》，《文艺研究》1989年第5期。

生活独特的感悟与体验，而在这背后则潜伏着各自不同的文化积淀和文化心理。如“送君九月交河北，雪里题诗泪满衣。”（岑参《送崔子还京》）；“曾是管弦同醉伴，一声歌尽各东西。”（赵嘏《赠别》）；“日暮征帆何处泊？天涯一望断人肠。”（孟浩然《送杜十四之江南》）；“孤帆远影碧空尽，惟见长江天际流。”（李白《黄鹤楼送孟浩然之广陵》）。这些诗句尽管抒发的都是挚友间的离愁别绪，但这不同的依依惜别的画面中，却呈现出诗人不同的情感体验和艺术个性。

4.语调

所谓文学语言的语调是指文本言语单位所具有的“调性”，语调的生成机制在于情感的表现，所以语调的实质是一种情调，是构成文本的言语行为整体给人的特殊感觉。文学语言的不同的调性直接关联着各种情感的传达。关于这一点，美国学者理查德·泰勒曾阐述说：“句子的长度、措辞上的流畅与否以及音调模式的相似性都会对所反映的情感形象和意义产生决定性的震动力量。例如，一个长句子就能在时空范围内产生增加长度的印象。当用长长的、开朗的或洪亮的音调很流畅地陈述，具有强大声势时，这种句子就会根据题材的需要，导致强烈的情感，要么沉静、厌烦，要么消沉或沮丧。另一方面，一个短句子，要是它被打散成短语，并且进而用尖锐而快速的爆破音重读，那就会给人以富有生气、有煽动性或狂暴的强烈印象。”[①]而凯塞尔则把语调看作是具有改变文本面貌的权威，他宣称：“我们只要稍微在语言的声调、加重语气、停顿、句的长度方面加以改变，这个诗的世界就会变成另一个世界，这个作品就会变成另外一个作品。”[②]正是因为语调在文学文本中具有如此重要的作用，语调是对作家的体验、观念、趣味、素养的全面显示。因此，大凡优秀作家都非常重视给自己的作品“定调子”。列夫·托尔斯泰在创作中篇小说《哥萨克》时写给巴·安年科夫的一封信里说过：“我有一次跟您提到过的那部严肃的东西，我起初曾用四种不同的调子写作过，我把每一种调子写了约摸三个印张，

① 泰勒：《理解文学要素》，四川大学出版社1987年版，第130—131页。

② 凯塞尔：《语言的艺术作品》，上海译文出版社1984年版，第7页。

然后就搁笔不写了，因为不知道选择哪一种调子的。”[①]这说明语调在作家的创作中具有举足轻重的意义。

语调既与文本所描写的对象有关，同时也是作家创作个性的集中显现。在文学史上，鲁迅杂文中那辛辣犀利的语调，是揭露黑暗势力、腐朽文化的匕首与投枪；孙犁小说中以清新自然的语调，为人们展示的一幅幅质朴生动的画面，给人留下了深刻的印象。而老舍则用饱含辛酸的幽默语调，写尽人间百态，老辣地揭示出生活的美好与丑恶、善良与残酷。他们文本中的语调无不呈现着鲜明的个性风格。正是由于语调与创作个性之间存在着这种紧密的联系，屠格涅夫才一再强调，在一个文学天才身上，“重要的是生动的、特殊的自己个人所有的音调”，因为“这些音调在其他每一个人的喉咙里是发不出来的”。[②]许多文学文本开头所用的语调，就定下了全篇的语言基调或情调。如鲁迅小说《伤逝》的开头：“如果我能够，我要写下我的悔恨和悲哀，为子君，为自己。”这段话，每个字音高的振幅都不大，语音基本上在低音区，语调低沉、缓慢，它是在涓生深深的“悔恨和悲哀”的情感基础上建构起来的，渲染出浓重的悲剧氛围，这种低沉的语调也就定下了全篇抑郁而哀婉的情调。

二、文学形象层

语言符号是文学文本的第一个层面，处于文本的表层。文学文本是用语言构筑的艺术世界，因而文本的语言符号层并不是一只空壳，它包含着文学文本所展现的丰富多样的艺术形象。作家用语言描绘的是一个个具体可感的艺术形象，由这些单个形象又有机地组合成整个文本的形象体系。文本的形象层面，一般是指这样的整体形象体系或曰形象世界。这样，文学形象便以两种形态呈现于文学文本中，即单个形象和整体形象。以描写人物为中心的叙事作品，是

① 赫拉普钦科：《作家的创作个性和文学的发展》，上海译文出版社1978年版，第64页。

② 赫拉普钦科：《作家的创作个性和文学的发展》，上海译文出版社1978年版，第70页。

以提供有艺术魅力的单个形象为主，每个人物形象都有独特的审美价值；但抒情的、象征的、寓言的文本则以提供整体形象为主，一般多以整体形象着眼来表现其审美性。

文学形象层面处在文本结构的中心地带，它能沟通文本的浅层结构与深层结构的联系，因而它又是文本结构的中介因素。王弼所说的“尽意莫若象”，是说它对深层结构的作用；又说“言生于象”，则是强调它与表层结构的联系。因此，文学形象层面是艺术表现的中心环节。

在不同的文学文本中，文学形象的呈象形态是不尽相同的。如果我们对各种文本的文学形象加以认真的考察，就会发现有几种不同的呈象形态，大体可分为具象的、虚像的和超象的三种形象类型。具象形象是文学形象形态中的最基本的构成，是最为常见的一种。这种形象不仅是以生活本来的具体状貌为原型，而且创造出来的形象也是以生活原貌作为形态表现。现实主义文本中所描绘的人物、事件、环境、景物等形象便是这种直接的具体的反映。如杜甫的五言绝句：“江碧鸟愈白，山青花欲燃。今春看有过，何日是归年？”此诗描绘的春之景就是具体逼真的写照。春江水涨，江水碧蓝，浮游其上的鸟儿的羽毛被衬映得格外雪白；山上草木葱茏，山花盛开，在茂盛的草木丛中花儿红得似火燃烧。在如此春光中，漂泊在外的诗人发现又一个春天将要过去，自己却归期无望，不禁心中涌起浓郁的思乡之情。这种逼真的具象形象不仅具体可感，而且便于被欣赏者理解与把握。虚像形象是指这种文学形象并不是直接的生活形象，而是采用变形、寄托的构成方法，使所描绘的形象呈模糊性、非确定性、宽泛性等特点的虚像。它是一种潜伏着形象，或附丽在别的形象之上，或是形象之间的联系和过渡。西方现代派创作的比较有价值的一些作品，如《变形记》、《犀牛》、《秃头歌女》、《等待戈多》和《第二十二条军规》等等，都是通过一些非现实生活化的形象，传达作家在资本主义异化的社会环境中的体验、探索与思考。这些寓意式的或象征性的形象，其具象的成分减弱，而虚像的程度增大，甚至纯然是奇异的幻象、虚像，读者只有从虚像的情感逻辑出发去把握其寓意和象征意味，方能体悟到这种形象的内涵。超象形象是指形象形式中包含着重旨复意，而形象所表现的主要不是它本身的具体涵义，而是它所暗示的更为深远的情感、意蕴。美国的乔治·桑塔耶纳说："在一切表现中，我们可以区分出两项：第一项是实际呈现出的事物，一个字，一个形象，或一件富于表现力的东西；第二项是所暗示的事物，更深远的思想、情感，或被唤起的形象、被表现的东西。"① "超以象外"是文学艺术表现的普遍规律。文学形象的超象显现，并不是与形象无关而是超出直接形象和直接文字，使审美蕴含由此而生并得以表现，即借象来表现"象外之象"。如李白的诗《玉阶怨》："玉阶生白露，夜久侵罗袜。却下水精帘，玲珑望秋月。"这首诗描绘的直接形象是深秋之夜一个不能入寐的女子，孤苦凄凉地望月痴想。但透过这具体的生活画面寻觅下去，就会得到一种"超以象外"、"不著一字"的意蕴。这意蕴便是思妇深沉无尽的哀怨、愁苦和诗人寄予的深切同情。仔细品味此诗，可谓寄意深远、含蓄无穷，是超象表现的典型之作。值得注意的是，在上述三种文学形象的形态中，具象形象的方式是其他一切形象形态表现的基础，无论是虚像，还是超象，在寄予其意义时都离不开生动、具体可感的具象形象，它是虚像与超象形象存在的基础。所以，在文学文本中为了实现"立象以尽意"的创作目的，必须重视对具象形象的刻画。

三、审美意蕴层

相对于文学文本的语言符号层和文学形象层而言，文学文本的意蕴层才是文学文本的核心和灵魂之所在。所谓意蕴层是指文学文本中蕴含的精神内涵、人生哲理、审美情韵。意蕴是文本更为内在的深层结构。

"意蕴"一词，是朱光潜先生在翻译黑格尔《美学》时使用的词语。"意蕴"的德文是das Bedeutende，意思是"有所指"或"含有用意"的东西。黑格尔说："遇到一件艺术作品，我们首先见到的是它直接呈现给我们的东西，然后再追究它的意蕴或内容。前一个因素——即外在的因素——对于我们之所以

① 乔治·桑塔耶纳：《美感》，中国社会科学出版社1982年版，第132页。

有价值，并非由于它所直接呈现的；我们假定它里面还有一种内在的东西，即一种意蕴，一种灌注生气于外在形状的意蕴。”那么，究竟什么是意蕴呢？黑格尔举了一个例子来说明，他认为，就像一个人的眼睛、面孔、皮肤、肌肉，乃至于整个形状，都显示出这个人的灵魂和心胸一样，艺术作品也是要通过线条、色彩、音响、文字和其他媒介，通过整体的艺术形象，来“显示出一种内在的生气，情感，灵魂，风骨和精神，这就是我们所说的艺术作品的意蕴”①。在中国古代文论中，尽管没有明确提出“意蕴”这一概念，但对意蕴层次的存在，早有察觉且有大量精辟的论述。刘勰在《文心雕龙·隐秀》中便指出文本有内外两部分，文本应“内明而外润，使玩之者无穷，味之者不厌”，“深文隐蔚，余味曲包”，他还认为文本的意蕴是多层次的：“隐也者，文外之重旨者也”，“隐以复意为工”。唐代诗论家司空图提出诗歌应当具有“象外之象”、“景外之景”、“韵外之致”、“味外之旨”，他用了四个“外”字，揭示出文学形象中蕴藏着的深广隽永的精神内涵。

文本意蕴是非常丰富的，由于文学形象的指向性和包孕性，就使文本意蕴层面呈现出多层次性。它一般可以分为两个大的层面，即本事意蕴层和哲学—美学意蕴层。所谓本事意蕴层，是指文本的文学形象层所传达出的比较明确、具体的情感和观念，它没有脱离语言符号本身的确指意义或现实意义，是文本的浅层意蕴。我们只有理解了文本形而下的意蕴，才谈得上理解更深一层的形而上意蕴。哲学—美学意蕴层是指文学形象中所蕴含着的文学家对自然、社会的一种深度悟察，对历史人生的一种深邃洞见，它往往透视出人性的深层内涵、社会的深刻本质和刻骨铭心的审美体验。它是超越特定社会历史内容，是带有全人类性的，更为普遍、永恒的一种精神体验和哲理思考。这种形而上的性质使其具有抽象性和较浓郁的思辨性。但这一层面不是伦理说教，而是通过生动的文学形象使其深邃的哲学—美学意味被暗示出来或通过隐喻、象征表现出来。如：

① 黑格尔：《美学》第1卷，商务印书馆1979年版，第24—25页。

离离原上草，一岁一枯荣。
野火烧不尽，春风吹又生。
远芳侵古道，晴翠接荒城。
又送王孙去，萋萋满别情。

——白居易：《赋得古原草送别》

这首诗的本事意蕴是以春草起兴，把满目春色和离别情怀融为一体。诗的前六句写古原草随着大自然季节的更替，由荣变枯又由枯而荣的景象和竞生不息、到处繁盛的顽强生命力。最后两句点出送别，写人间的离情别绪。诗人借用“萋萋”古原草喻离别之情浓郁深长而又悠然不尽。通过对诗句的分析、理解，诗的这层本事意蕴便能较容易地把握。但此诗之所以成为脍炙人口的佳作，它的魅力在于其蕴含着的深刻的哲理和审美意味。诗人以野草的生生不已和人事的荣枯代谢对照，使人生应有的坚忍不拔、顽强奋斗，以及对生活的美好信念，通过草的枯而复荣、绵延伸展、永无止息的特点，形象地表现出来。这离离古原草的荣枯，不正是人生的一种写照吗？这种深藏在诗句背后的人生精义是超越时空的，诗中的哲理与诗的意境连在一起，使之富有艺术感染力。正因为如此，这首诗所送别的人，虽然早已被人们遗忘了，但诗中的名句“野火烧不尽，春风吹又生”却成为千古绝唱。

哲学—美学意蕴可以说是一种形象化的、情感性的哲思，这是一种较高的审美境界，并非所有的文学文本都能达到。有的文本仅仅停留在本事意蕴层，却不蕴含哲理意味。也有的作品完全打破生活的外在形貌，以荒诞的审美意象，超越本事意蕴层，直接表达隐匿在现象世界背后的某种普遍的、永恒的、形而上的哲理观念。如卡夫卡的长篇小说《城堡》，叙述一位名叫K的土地测量员，要进入城堡办事，而这座城堡就在前面的山丘上，轮廓清晰可见，但是K向着它直走到天黑，用尽了精力与心思也无法靠近它。显然，这是一个荒诞离奇的故事。它虽不符合生活常境，但却真实地揭示了某种深刻的精神体验：目的虽有，却无路可循。作者通过荒诞不经的描写，凸现了官僚政治统治下的世界的荒谬性、人生的虚幻感和人的无能为力感。正是作品中蕴含着的这种深沉的形而上意蕴，引起了人们普遍的共鸣和深思。

以上我们从静态分析的角度，分别阐释了构成文学文本的三个层次，即语言符号层、文学形象层和审美意蕴层。文学文本的三个层次是一个有机整体，它们之间是相互依存和相互渗透的。这三个层次由表及里、层层推进，每一个层次又有相对独立的意义和自身的审美价值。而作为一个有机整体的文学文本而言，正是言、象、意三位一体，共同形成了文本特有的艺术魅力。

（原载《美与时代》2010年第9月下）

汉语文学文本的语词组构策略

汉语是一种充满诗性资质和审美表现性的语言，它的组合主要是依靠词序排列和虚词的应用，词本身的形态则大多不变。如“我爱他”，换成“他爱我”，语义便翻转了，而语义的变化只靠“他”和“我”的位置颠倒；如果加上一个虚词“也”，就可使两个句子的意思统一起来，成为一件事情的两个方面，即“我爱他，他也爱我”，这就由两个单句构成了一个复句。可见，语序在汉语中的地位是非常重要的。虽然语言受线性序列的限制，一个语词不得不排列在另一个语词的后面，但它们之间可以前后移动、相互置换，在形式上具有可逆性。“汉语言单位的弹性表现在功能上就是它的变性，亦即词义功能的发散性。汉语一个个词像一个个具有多面功能的螺丝钉，可以左转右转，以达意为主。只要语义上配搭，事理上明白，就可以粘连在一起，不受形态成分的约束。”[①]正是汉语的这种随意性和弹性，决定了语词组合的多向性。“一个语词序列，可以顺向建构，也可以逆向拼合，还可以以腹为头双向合成。”“语句可以无限延伸，语序可以随意调整，语链还可以自由地切分。”[②]在文学创作中，作家充分利用汉语语句结构之灵活多变的特性，通过语词艺术化的组构，成功地表现着审美意象和艺术境界，传递着美的信息。汉语文学文本中的语词组构策略是多种多样、千差万别的，仅从下面五个方面便能看出汉文学艺术语言建构的特点：

---

① 申小龙：《申小龙自选集》，广西师范大学出版社1999年版，第69页。

② 高万云：《文学语言的可变性规律初探》，《文学评论》1990年第5期。

一、运用表象义丰富的词，复苏语言与感知觉表象的潜在联系

语言是由语词构成的，语词的核心是词义，词义的核心是概念，概念总是抽象一般的。所以，语言这种抽象化、概念化的符号更适合于表现抽象的思想。尽管如此，语言仍与人的感知觉有着不可分割的联系。它既有普通一般的一面，又有具体特殊的一面，因为语词是从若干个别事物中提取出来的，语词与表象有着天然的联系。比如“房屋”这个词，它虽然指的是许许多多房子的抽象，但它又始终是与个别的房子联系在一起的。每一个人在理解这个词的时候，在把握共义的前提下，又都各有不同。城市人与农村人的理解不一样，大人与小孩的理解不一样，古人与今人的理解不一样，中国人与美国人的理解不一样，因为他们理解这个词所依据的生活经验不一样。这就说明，“房屋”虽然是一个共义性的符号，但它并没有完全割断与个别事物的联系，在向人们显示它抽象普遍的一面的同时，它也向人们显示出其具象特殊的一面。由此可以推见，语词的意义准确地说应分为意义和涵义两部分，意义与抽象认知有关，是普遍的、分析的，而涵义跟感觉有关，跟过去的经验、文化背景有关。意义可以传授，涵义只能靠语境、语感去领悟。现代语义学对语言意义的划分愈趋精细，英国语言学家利奇就把语义分为七类：理性义、内涵义、社会义、情感义、反映义、搭配义、主题义。[①]这说明语词语音层面下面的语义呈现出一团“意义星云”，以理性义为中心，周围弥漫着诸多模糊不清的边缘义。词义的多向性与弹性为文学创作留下了广阔的空间。

文学是用生动鲜明的艺术形象反映社会生活、表达主体情感的，形象性是文学的根本特性。这一特性决定了在文学语体中，比较重要的是语词的表象义、情感义、社会文化义等，这些边缘义间互相联系，且都以“联想意义”来概括，能引发巨大的表现潜力和暗示力。表象义是词的所指对象在我们脑中引起的感知觉表象，通过表象可产生联想，唤起相应的审美情感。因而表象义在

① 参见利奇：《语义学》，上海外语教育出版社1987年版，第13页。

文学艺术语言中获得了极其重要的地位。作家倾向于选择表象义丰富的词，以使意象得以形象地符号化。例如，“枯藤”、“老树”、“昏鸦”、“小桥”、“流水”、“古道”、“西风”等都是表象义凸现、鲜明的名词，这些词能引发人们对所指客观事物的联想，能在头脑中建立起相应的感性的画面。以这些词作为语言材料，经过诗人精心地组合建构，便形成了一首形象生动、意蕴隽永的“秋”的千古绝唱：“枯藤老树昏鸦，小桥流水人家，古道西风瘦马。夕阳西下，断肠人在天涯。”（马致远《天净沙·秋思》）普遍一般性的语词，经过诗人的具体化组合，使之指向了具体、特殊的事物，唤起人们的感官具象反应。诗中每三个语词为一组，分别构成三幅看似独立的图景，但其中都蕴含着一个悲凉的主题。各个语词所标志的事物的状态，由近及远，由静及动，由次及主，由外到内地分层推进、立体延伸；景色的描写与心理的衬托相得益彰，每一个自然景物中都渗透了萧条秋色里人物内心世界的悲凉。

二、利用词义聚合的不同特性，造成有意味的文学话语

汉语是世界上词汇最丰富的语言之一，在《汉语大词典》中就收集了37万多条（只包括一般语词）。同一事物常有许多不同的说法或名称，例如，“死”历来被认为是不吉利的事情，所以在日常生活中人们尽可能用委婉的说法来表示：“仙逝”、“谢世”、“永别”、“长眠”、“归西”、“作古”等等，有多达几十种说法。这些语音形式不同而意义相同或基本相同的词，就是一般所说的同义词。在文学作品中，作家巧用语言系统中的同义词不仅避免了用词的重复，为句子带来错综变化之妙，而且能通过运用同中有异的同义词，传达出不同的情感色彩和风格色彩。如《红楼梦》是以贾宝玉和林黛玉的爱情悲剧为中心，描写了贾府衰亡的过程，全书贯穿着悲和愁。为了表达各种场合、各类人物、不同程度、不同内涵的“悲”和“愁”，作者运用的两组同义词共达36个。其中表示因悲而痛的有：“悲痛、悲恸、悲切、悲凄、悲戚、悲哀、悲”；表示因伤而悲的有：“伤感、伤心、悲感、悲伤、伤悲”；表示凄苦的有：“凄楚、凄恻”。愁有感于形而虑的“烦虑、忧虑、愁烦、忧愁、忧”；

有动于心而闷的“愁闷、忧闷、纳闷、气闷、烦闷、闷”；有心绪不展的“悒郁、忧郁、抑郁”；有心境不畅的“懑愤、懊恼、烦恼、苦恼”。笔之所至，无所不及。于贾府，则愈显出封建社会摇摇欲坠之态；于宝黛，则更见其愁肠固结，如泣如诉。[①]

在语词的意义聚合中还有一种现象值得注意，这就是语词的多义性，即通常所说的一词多义现象。例如，“蜡烛”一词的实体词汇意义是“蜡制的照明物”。以这一实体词义为基础，又生发出了极为丰富的具有民族文化色彩的国俗语义。以燃成灰烬始干的烛泪喻深深的情思和虽死不悔的决心和信念；根据蜡烛“燃烧自己，照亮别人”的品质，“蜡烛”一词用来泛指“乐做奉献的人”，特指“教师”；由于摇摇曳曳的烛光易被风吹灭，又有了“风烛”比“残年”的用法；中国过去在婚礼中，在新房内以点红蜡烛表示喜庆，并于红烛之上加上龙凤彩饰，以增添吉祥热闹的气氛，是为“花烛”。“花烛”遂指代“新婚”，“洞房花烛夜”即为“新婚之夜”；而在“他是蜡烛，不点不亮”这句话中，“蜡烛”一词具有贬义，泛指“不自觉、有傻气的人”。可见，“蜡烛”一词具有丰富的象征义、比喻义，修辞上有褒有贬，既表现缠绵之情，欢乐之感，也表现悲凉之意。这种种丰富的涵义都是在“蜡烛”一词的实体词义的基础上所增添的民族文化蕴含，是通过对蜡烛实体的特点的联想而产生的。

一词多义现象既有积极的一面，又有消极的一面。积极的一面在于它使语言非常经济，一个词包含几个意义，可以大大减少语言符号的数目，使用者能从词汇所具有的涵义的汇集中，获得无比丰富的意义，并可以根据上下文选择出一个与表达目的最为吻合、恰当的涵义。消极的一面在于易使话语产生歧义现象。正因为如此，对于一词多义，人们在科学语言和文学艺术语言中采取两种截然相反的态度。在科学语言中，不允许存在含混不清的表达，要力求消除

① 辛加宝：《同义词研究》，参见吴竞存编：《〈红楼梦〉的语言》，北京语言学院出版社1996年版，第243页。

语言的多义现象，使语词的能指与所指一一对应。而文学要用语言表达出作者罕见的、新颖的、独特的、原初的审美感受与体验，意义明确单一的语词是难以传达出如此丰富复杂的审美体验，因此，文学艺术语言就要提倡和保留语词的多义，并通过各种手段造成一词多义现象。正如法国释义学派创始人保罗·利科所说："诗歌是这样一种语言手段，其目的在于保护我们的语词的一词多义，而不在于筛去或消除它，在于保留歧义，而不在于排斥或禁止它。语言不再是通过它们的相互作用，构建单独一种意义系统，而是同时构建好几种意义系统。从这里就导出同一首诗的几种释读的可能性。"[①]文学艺术语言恰是善于运用语词多义性的语言，利用同一语词具有的多种意义，拓展了文学作品的容量和内涵，如"春蚕到死丝方尽，蜡炬成灰泪始干。"（李商隐《无题》"相见时难别亦难"）；"蜡烛有心还惜别，替人垂泪到明天。"（杜紫微《别诗》）这两首诗中都以垂泪的蜡烛象征苦恋者那黯然销魂的离别之恨和幽然神伤的思念之情。而在"还主动和我们打招呼，蜡烛！"（陆文夫《井》）中的"蜡烛"一词则是贬斥性的骂语，意思是"什么东西，那么不自量！"正是由于文学艺术语言具有多义性的特点，因而才能够包容众多的情感体验、生活经验和哲理意蕴，收到言有尽而意无穷的艺术表达效果。

三、创造语词能指与所指之间的"偏离效应"，使一般化语词生发出独特的表意功能

在日常语言中，语言符号的能指与所指之间的关系是固定的对应关系，即使一词多义，也是可以确定的，这就是语词的常态意义。这些常态意义的表现性毕竟是有限的，因为它要受到语法规则和造句习惯的制约，语言表达难以脱离概念化的逻辑轨道。相对于理性逻辑，艺术形象中的生活与情感则是变异了的。苏联心理学家列昂节夫在给维戈茨基的《艺术心理学》作序时深刻指出：

---

① 参见涂纪亮主编：《现代欧洲大陆语言哲学》，中国社会科学出版社1994年版，第162—163页。

“情感、情绪和激情是艺术作品内容的组成部分，但它们在作品中是经过改造的。就像艺术手法造成作品材料的变形一样，艺术手法也造成情感的变形。”[①]这就告诉我们艺术作品中的情感是个人情感的改造与升华，要成功地传达这种变异的情感，就要有与之相适应的艺术形式与手法，就要在日常语体的基础上转换生成审美语体，其转换生成的基本规律是：“只有违反标准语言的常规并且是有系统地进行违反，人们才有可能用语言写出诗来。”[②]在实际语境中，词义又是变化多端的。当词义的变化超出语词的能指与所指之间的确定联系时，能指与所指间的恒定关系就会破裂，偏离也就随之产生。偏离的另一层意思便是指在词的用法、搭配及语法功能等方面违背常规的用法。语词的偏离在两个方面造成独特的表意效应：

首先，通过言语的偏离及超常搭配，打破其常态，使语词不再指向共相、一般的意义，而是指向独特、个别的意义，语词的具体特殊的一面就突出出来了。如“花”这个词，虽然中国社会科学院语言研究所词典编辑室编辑的《现代汉语词典》（修订本）中，对它的解释多达19项，其中包括“花”的一些比喻义、象征义，但是，这些解释里“花”依然是共相意义上的“花”，能指与所指还是能够确定的。在文学作品中，采用偏离的方法及语词的超常搭配，“花”便指向各种特殊的事物和意义，“花”的意义和用法是变化万千、无法穷尽的。诗人张先的佳句“云破月来花弄影”被视为千古绝唱。“花”本来是不能“弄影”的，但恰是用了一个拟人化的“弄”字，而境界全出。这是诗人把自己的心情投射到花上，使花人格化的结果。在月光下徘徊、起舞、顾影、伤愁的既是花也是人，是二者的巧妙融合，是物化了的诗人的审美感受。没有“弄”字这一超常搭配的语词，则花归花，人归人，诗人的心境无法窥见，花的出现也失去了意义。显然，这一佳句中的“花”，不可能是共相意义上的花，而是殊相意义上的，即诗人独特情感体验中的花。

---

① 列·谢·维戈茨基：《艺术心理学》，上海文艺出版社1985年版，第8页。

② 什克洛夫斯基：《作为手法的艺术》，方珊等译：《俄国形式主义文论选》，三联书店1989年版。

其次，语词的偏离能恢复语言感性鲜活的表现力，并打破读者心中固有的接受定势。语词的常态意义由于经常使用，已变得机械化、一般化了，既失去了它与感性经验的联系，又使人在接受过程中感觉不到其生动鲜活的一面。文学艺术语言通过言语的偏离和打破其成规与常态的“变异”，能够使人们产生新异感，并有助于打破那种非艺术接受机制的惯性运动，产生出艺术语体所需要的言语接受图式。譬如，我国古典诗词中对“愁”的描写，总是用具体生动的感性形象来表达这种抽象的、飘忽不定的情感：“问君能有几多愁，恰似一江春水向东流。”——愁有长度；“只恐双溪舴艋舟，载不动许多愁。”——愁有重量；“自在飞花轻似梦，无边丝雨细如愁。”——愁有形状；“月落乌啼霜满天，江枫渔火对愁眠。”——愁能相对而望；“愁心似醉兼如病，欲言还慵。”——愁有酒味，能醉人；“菡萏香销翠叶残，西风愁起绿波间。”——愁有动作，能陡然立起。这里，诗人将难言的愁思，别出心裁地用文字凝铸成一个个鲜明生动的意象，令读者在曲折玩味中觅得诗词的真谛。这些诗句中对于语言常态的偏离和“变异”的表达，迫使我们将注意力集中到语言本身，而不是它以外的别的东西。新异、独特的语词搭配，使我们感受它时已无法重复原来的感知路径，无法袭用原来的接受模式和套路，只有凭借丰富的想象力与创造力，悉心地去体味、感悟。这就打破了我们心中原有的接受定势，从麻木不仁的状态中惊醒起来，使思维恢复生机与活力。

颠倒词序，在语言方面设置一些“谬误”和“悖理”的现象，在诗、词、曲、赋中常能见到。如南朝江淹的《别赋》中有一段这样写道：“是以别方不定，别理千名。有别必怨，有怨必盈。使人意夺神骇，心折骨惊。”全赋论及各种离情别绪萦绕心头，牵肠搅肚，使人痛苦万分。但言“心折骨惊”，论理上是不通的：人的心灵怎能折断，无感知的骨头又怎会产生惊惧之感呢？显然，这是作者对正常词序的有意颠倒，旨在强调离愁使人的心灵如同猝然折断破碎，这种愁怨竟然使无知的骨头都为之震惊，那么其痛苦程度不就可想而知了吗？若按正常词序“心惊骨折”，则失之泛泛。为了使言语表达简练形象、生动活泼，在特定的语言环境中临时改变词性，在文学作品里运用得也很普遍。如“雨丝斜打在玻璃窗和水泥窗台上，溅起的迷茫将窗外的世界涂染成一幅朦朦胧胧的图画。”（张建文、高立林《为了国家利益》）把形容词“迷茫”活用为名词，表示颜色，形象生动，给读者以想象的空间。

四、“碎片化”的语词组合，拓展文本内在的艺术张力

文学文本的话语结构从本质上说是作家在观照生活时审美情感秩序的外化。就是说，一定的审美情感模式必然会产生与其对应的话语结构。正如杜夫海纳所说：“艺术的语言并不真正是语言，它不断地发明自己的句法。它是自然的，因为它对自身说来就是它自己的必然性，一个存在的必然性的表现。”[①]作家在创作中要以自己活跃的审美情感去超越以理性思维为基础的语法规则，同时就需要建构出能满足非理性思维的要求，能充分反映作家审美情感和创作个性的新的语法规则，美国语言学家乔姆斯基（Noam Chomsky）的转换生成语法充分满足了这些要求。乔姆斯基认为，语言可按其规则进行不同形式的排列组合而产生出不同的语句和语义，而且趋向无穷。这一语法理论是以既有的语法规则为前提，强调语言运用的变化性、创造性，它允许对旧有的语法进行破坏、改革，以便通过语言形式的重组来生成新的语义。这种转换生成法是符合文学艺术语言组构规律的。作家如果遵循现象之间的因果必然律，按照常规语法去反映现实、组构文本，就会把生活中许多偶然的、个别的、无法按照因果关系去解释的意象与思绪筛选掉、遗漏掉，使文本的面目变得苍白虚假。为了突破旧有的话语结构模式，一些作家在结构作品时不仅选择了片断拼接的结构形态，而且大胆采用“碎片化”的语词组合方式，以使那些无法贯穿于因果关系链上的大量偶然的、个别的意象都被拼接黏合而纳入文本世界之中，形成散点透视的效应，使意象之间的范围、距离、深度增大，拓展了文本内在的艺术张力，给读者留下广阔的想象与再创造的空间。如巴金在《春天里的秋天》中这样写道：

① 米·杜夫海纳：《美学与哲学》，中国社会科学出版社1985年版，第106页。

> 没有父母的少女，酗酒病狂的兄弟，纯洁的初恋，信托的心，白首的约，不辞的别，月夜的骤雨，深刻的心的创痛，无爱的婚姻，丈夫的欺骗与犯罪，自杀与名誉，社会的误解，兄弟的责难和仇视，孀妇的生活，永久的秘密，异邦的漂泊，沉溺，兄弟的病耗，返乡，兄弟的死，终身的遗恨。

这段是在叙述一部电影的情节，它是由18个偏正词组并列拼接而成，其中有的词组内还含有并列着的多个信息。每个词组都是一个独立的意象，多项词组聚合成动态的意象群，各项之间看似没有必然的联系，显得零乱杂多。但却在广阔的时空中延展出一幅幅流动的画面，形成了一个动态的过程，在貌似零乱无序的语词搭配中，传递着丰富的信息和各种复杂的情感。

总之，文学作品中使用的语言并非是语言学中的语言，而是超越了普通语言规范的变异的语言，是作家心灵创造和审美组构的结果。在陌生化的语言形式中蕴含着丰富的审美信息和情感内蕴，它能成功地呈现出作家心中独特的审美意象和个性化的生命体验。基于这样的认识，我们才能真正理解为什么说“文学是语言的艺术”。

（原载《重庆教育学院学报》2009年第2期）

文学语言特征新论

文学是语言的艺术，“文学就是用语言来创造形象、典型和性格，用语言来反映现实事件、自然景物和思维过程”[①]没有语言就没有文学。但是，由于受传统文学语言观“载体”说与“工具”论的影响，至今我们在文学语言的研究方面依然薄弱，一些文学理论的教材、论著，在论及文学语言的特征时，还只停留在浅层次的描述上，如“形象性”、“精确性”、“感染性”、“音乐性”、“新鲜多样性”等。没能从文学语言内在的机理上说清文学语言与日常语言的区别，没能揭示文学语言的审美特性及深层特征。

语言可以分为日常语言、科学语言、文学语言（指狭义的文学作品中的语言）。不同语言有不同的言说方式与特点。日常语言面对的是真实的世界，强调语言的实践性和实效性，它既不像科学语言那么严密，也不像文学语言那么蕴含丰富，它是一种外指性的自然形态语言。科学语言面对的是真理的世界，强调语言的客观性和概括性，它要求准确严谨，采用规范的、合乎语法和逻辑的语言形式，其所指和能指的关系简单明晰。文学语言面对的是一个虚幻的世界，一个独立的“话语的宇宙”，语言主体的生命意蕴、审美情感必须鲜活地呈现在这个“宇宙”之中，但语言主体的审美感受、体验、情感是复杂多样、瞬息万变的，既有明朗的“可以言传”的，也有朦胧的难以名状的，要传达出主体原初体验的新异感、真切感，文学语言势必要表现出多度的多义性和言不尽意的尴尬，必然要拓展出语义的新奇与独特，必然要按照主体的情感流向和想象的逻辑来重新安排组织话语结构，使日常语言发生“形变”，或经过“陌生化”

① 高尔基:《和青年作家谈话》,《论文学》,人民文学出版社1978年版,第332页。

而升华为文学语言。

既然文学语言是一种承载着人的思维、经验和情感的艺术符号，是对日常语言的积极超越与审美升华，是作家灵魂的“内分泌”，是人类精神自由本质的象征，那么文学语言就不仅仅具有非文学语言也同样具备的“精确性”、“形象性”、“感染性”等特点，而有着自己独特的言语规律和深层特征，只有了解和认识了文学语言的深层特征，才能真正感受到文学世界的无穷奥妙。笔者以为文学语言的深层特征主要表现在以下四个方面：

一、情境性

文学是审美的“语言构组”。单个词语只是具有词典义的符号，它需要创作主体在结构关系中把它们连接成有意味的语言，使无生命的符号具有“灵魂”和意义，语言在文本结构中才能被诗化。因此，文学语言的生成离不开作者所创设的各种特定的语境。现代心理学发现，人类情感的发生总是与个人所处的特定情境相连的。文学作品中的人物语言也是在特定的时间、空间和社会环境、人与人的交往矛盾纠葛中说出的，是在具体语境中展示它的内涵，表现人物间血肉联系的。文学语言一旦脱离了特定的语境，就犹如鱼离开水，鱼必濡沫待毙。

语境又称“情景语境”，是由英国人类学家马林诺夫斯基于1923年提出。它指使用语言时所处的实际环境，即指言语行为发生时的具体情境。语境在范围上有大与小之分，在形态上则有显与隐之别。小语境指书面语的上下文或口语的前后语所形成的言语环境。大语境是指语言表达时的具体的社会环境和自然环境。小语境是易被人们注意的显语境，而由言语与现实生活的联系所构筑的大语境，是常常被人们所忽视的隐语境。由于文学语言的运用总是在一定的语境中进行的，并受特定语境的影响与制约，因而，文学文本中的语词不仅具有它本身的词典意义，而且还包含一种由特定语境所形成的涵义，“词既是能指的又是表现的。说它是能指的，是指它含有一种客观意义，这种意义在某种程度上存在于它的外部，要求运用理解力；说它是表现的，是指它本身含有一种内在意义，这种意义超出了理解力所把握的客观意义。词是符号，又不只是符号：词陈述，同时又显示，而它显示的与它陈述的并不一样。”[①]这种内在意义（涵义）之所以与意义不同，就因为它是由生活产生的，它所反映的是对象与主体之间的关系，是个人对于语词内容的一种主观体验，即人们通常所说的“言外之意”，它潜藏在符码形式的深层。如“你好”一词，在日常生活中是朋友间邂逅时常用的寒暄敬语，只是普通的问候，没有更深的涵义。但在《红楼梦》第九十八回，林黛玉临终前的最后一句话：“宝玉！宝玉！你好……”包含了非常丰富复杂的内涵，令人揪心的惆怅。“香魂一缕随风散，愁绪三更入梦遥！”潇湘馆内黛玉气绝离世，正好是宝玉娶宝钗这个时辰。万籁沉寂，远远传来一阵音乐之声，隐隐约约，仔细聆听，却惟有竹梢风动，月影移墙……联系这样凄凉冷淡的环境气氛，再来品味黛玉的临终之言，便会感到“你好”一词中包孕着丰富的潜台词，既有对宝玉薄情的忧伤，又有对炎凉世态的控诉等说不尽的意味，交织着爱、恨、怨、怜、悔……多种复杂的情感。正是在这独特的语境中，“你好”一词获得了语义的深度，拥有了意蕴丰饶的审美性。文学语言这种语与境相依、相谐所呈现出的丰富的表现性，恰恰体现了文学的本质特点。美国语言学家萨丕尔曾这样来定义“文学”：“对我们来说，语言不只是思想交流的系统而已，它是一件看不见的外衣，披挂在我们的精神上，预先决定了精神的一切符号表达的形式。当这种表达非常有意思的时候，我们就管它叫文学。”[②]所谓“非常有意思”的表达，就是超越语词词典意义的诗意的表达，是耐人寻味的“言外之意”的凸现。

作家运用文学语言透视人物的特点，剖析人物的心灵时，其笔下的人物是运动着的、活生生的，是展现在不同的历史画面和不同的时间空间中的，文学语言的语境是流动多变的。而在不同情境中的不同人物，其心理活动、审美体验又是具体的、个别的、特殊的、朦胧的。要表达这些不同情境下独具个性的主观感性的东西，文学语词的涵义必然要表现出鲜明的个性化，同一个词在不

① 杜夫海纳：《审美经验现象学》（上），文化艺术出版社1996年版，第159页。

② 萨丕尔：《语言论》，商务印书馆1985年版，第198页。

同作品所营造的语境中能表达出截然不同的涵义。

在曹禺的剧本《雷雨》中，写到周萍为了摆脱繁漪的纠缠，决定远走高飞。繁漪倾诉自己深藏的愤恨与痛苦，却丝毫不能打动周萍，她又听到周萍当晚要和四凤约会，她绝望地说："好，你去吧！小心，现在（望窗外，自语）风暴就要起来了！""你去吧"三个字中蕴含着丰富的涵义，它既是爱的火焰被扑灭后绝望的自语，也含有不可抑制的仇恨燃起的疯狂，展示了她爱起来像一团火，不顾一切；恨起来也像一团火，同样不顾一切的那种"雷雨"的性格。

而在曹禺根据巴金小说《家》改编的另一剧作中，描写被冯乐山霸占的丫环婉儿和冯乐山一起到高家后，婉儿正向高家人诉说在冯家的不幸时，没想到冯乐山突然出现在面前，剧本中这样写道：

冯乐山（一面是峻厉可怖的目光恶狠狠地盯着她，示意叫她留下，一面又——）去吧，去玩去吧。平日也真是太苦了婉姑了。（非常温和的声音）去吧！

这是多么精彩的戏剧性情境。冯乐山那凶狠的眼神和慈祥的声调形成鲜明的对比，在"去吧"一词温和的语调后面，暗藏着冯乐山狡猾、凶恶的笑面虎的本质。他听到婉儿对他的控诉，表面上若无其事，心里咬牙切齿。本想让婉儿立即离开，回去整治，但又不得不装得十分慈悲，这里"去吧"二字显然是反语，衬托出了冯乐山的阴险、毒辣。

这说明日常语言一旦进入文学作品，就被涂上了浓重的情感色彩，并被作品的语境所框定，使它不再是单纯的传递信息的"载体"，而具有了日常语言所没有的特殊涵义，此时"语义不是词或话语具有的性质，而是说话人和听话人赋予词或话语的性质"[①]。在文学作品里，词语的意义是从作品的整个话语系统（大语境）中获得的。因此，一些词语不仅具有表意功能，而且具有传递审美情

① 《国外语言学》1985年第2期，第9页。

感的表现功能，单纯的语言符号已转化成艺术审美符号。文学语言与作品中的具体情境紧密相连，文学语言正是在语与境这种唇齿相依的文本结构中获得了它的审美性。

二、变异性

文学创作是高贵的精神生产，文学作品中既传达着人们对世界的理解与认识，又表现着人们对生活的审美感受、体验、憧憬以及种种微妙独特的情感，还有因为感受而引发的人对自己情绪、心境的体认，这些审美感受与体验是极其丰富复杂的，正如当代符号哲学大师卡西尔所说："我们的审美知觉比起我们的普通的感官知觉来更为多样化，并且属于一个更为复杂的层次。在感官知觉中，我们总是满足于认识我们周围事物的一些共同不变的特征。审美经验则是无可比拟地丰富。它孕育着在普通感觉经验中永远不可能实现的无限的可能性。"[①]审美知觉经验具有瞬时性、直觉性、印象性、流变性等特点，它呈现出无限的复杂和丰富。而作家要表现这如此微妙复杂的审美体验时，他所面对的并不是一个个允许他随意驱遣的词语，而是本身已有约定俗成的固定意义的语言符号和语法成规，在规范性语言的束缚下，文学家们深感"言不尽意"的痛苦，马拉美在为语言的"残缺不全"而"沮丧"，詹姆斯在抱怨"语言其实是个牢笼"。然而他们并没有知难而退，而是遵循情感逻辑，通过对日常语言的"形变"、艺术化的"扭曲"，使语言冲破牢笼获得了极大的活力与灵性，并转化生成了艺术语体，形成了由审美规则联接成的非逻辑符号系统。在这个符号系统中，"通常语言得到强化和凝炼，原义改变而词句缩短或加长，在颠倒中运转。这是令人感到新奇的语言。"[②]这种带有变异性特征的文学语言，凸现出非规范性、非逻辑性、无功利等超越常规的特性。

---

① 卡西尔:《人论》，上海译文出版社1985年版，第184页。

② 若里·伊格顿:《文学的定义》，《海南师院学报》1992年第3期。

文学语言的变异性表现在语音、语法、修辞、逻辑等各个方面。文学特有的变异的表达方式，突破语言固有规范并非目的，其目的是为了把创作主体心灵深处的审美体验表达得更真切、更细腻，产生的审美效果更强烈、更独特，因为变异的语言符号承载着极为丰富的情感信息和美感信息。

从语音上看，文学语言是一种能指优势语言。在日常语言和科学语言中，语言符号是用能指指代所指，能指（音响形象）只是手段，所指（概念）才是符号过程的目标，可谓“得鱼忘筌”。但在文学语言中能指具有优势地位，文学语言特别讲究音韵和节奏，仅仅音调音律便可构成诗律等艺术形式。中国古代律诗，注重节奏、讲究平仄、要求押韵，都是在语言能指层面上的开拓。所谓“平声平道莫低昂，上声高呼猛烈强，去声分明哀远道，入声短促急收藏”，便是我国古代诗论对汉语“四声”的说明和对语音表现意义的总结。在文学作品里，常通过词语的超常搭配和句子的倒装，使语言音调和谐，如何立伟《小城无故事》中，“劈里啪啦地鼓几片掌声”，摆成“鼓几片掌声劈里啪啦”，文字便有了起伏的韵律感，这种变异的表达，新鲜诡奇，突出了作品独特的情调与个性。在文学语言中，还常常利用谐音飞白和谐音双关等语音手段制造某种艺术表达效果。如刘禹锡的《竹枝词》：“杨柳青青江水平，闻郎江上唱歌声。东边日出西边雨，道是无晴却有晴。”这首词表现的是一位少女对男子默默依恋的感情。词中以“晴”谐“情”，以“晴”写“情”，使“无晴还有晴”的外部自然景象，与“无情还有情”的内部情感意象巧妙地结合起来，真切含蓄地传达出了少女微妙的情感体验。

从语法上看，文学语言可以打破传统的语法规则，将词句按照创作主体的感觉方式进行新的排列组合：语序的随意调整、语链的自由切分、词性类属的变异等，运用这些“反常化”的手法，创造出新的语言表达形式，产生一种陌生化的审美效果。如“鸡声茅店月，人迹板桥霜。”（温庭筠《商山早行》）全是名词排列，高度凝炼成六个意象：鸡声、茅店、月、人迹、板桥、霜，没有任何动词、连词、介词等。这不合语法的诗句，却创造出了一种意蕴丰富“早行”的气氛：雄鸡报晓，残月未落之时上路，算得上“早行”了，但板桥霜上已有“人迹”，言外“莫道君行早，更有早行人”。难怪欧阳修认为它达到了“道路辛苦，羁旅愁思，岂不见于言外乎？”[①]的效果。颠倒词序，在语言方面设置一些“谬误”和“悖理”的现象，在诗、词、曲、赋中常能见到。如南朝江淹的《别赋》中有一段这样写道：“是以别方不定，别理千名。有别必怨，有怨必盈。使人意夺神骇，心折骨惊。”全赋论及各种离情别绪萦绕心头，牵肠搅肚，使人痛苦万分。但言“心折骨惊”，论理上是不通的：人的心灵怎能折断，无感知的骨头又怎会产生惊惧之感呢？显然，这是作者对正常词序的有意颠倒，旨在强调离愁使人的心灵如同猝然折断破碎，这种愁怨竟然使无知的骨头都为之震惊，那么其痛苦程度不就可想而知了吗？若按正常词序“心惊骨折”，则失之泛泛。为了使言语表达简练形象、生动活泼，在特定的语言环境中临时改变词性，在文学作品里运用得也很普遍。如“雨丝斜打在玻璃窗和水泥窗台上，溅起的迷茫将窗外的世界涂染成一幅朦朦胧胧的图画。”（张建文、高立林《为了国家利益》）把形容词“迷茫”活用为名词，表示颜色，形象生动，给读者以想象的空间。

从语义上看，词语的超常搭配，独辟蹊径、出人意外的语言组合，使语义关系呈现出隐喻性、象征性、非逻辑性。郭沫若的诗《天狗》称：“我在神经上飞跑，/我在我脊髓上飞跑，/我在我脑筋上飞跑。”这种语言组合十分荒诞，但正是在这种“谬误”和“悖理”中，全诗以奇特的意象抒发出诗人强烈的激情和特殊的感受，并造成一种在宇宙中自由驰骋的强大气势，表现出诗人内在的生命活力和对自我的超越。此外，文学语言中还有“矛盾的形容”之类的手法，即用意义相反或相对的词语来形容描述对象。如“熟悉而又陌生的城市”、“甜蜜的忧愁”、“高雅的庸俗”等，在形式逻辑上也是荒诞的。然而正是在这违背事理的语言表达中，却蕴含着丰富的意蕴，显示着主体内在“精神生命”的矛盾复杂，并能真切地传达出主体内在情感的相互冲突和交融。

文学作品语言上的变异是创作主体感受和心境的真实写照。作家、诗人把自己细腻的审美体验转化为意象时，感到运思中的意象与某种事物之间“质”的等同，便把不同种类的东西统一于自己的感受之下，抑或把世间截然不同的

---

① 欧阳修:《六一诗话》。

运动和静止现象统一于自己的情感之中，动中见静，静中有动。通过“反常化”打破已有的僵化的语言表达方式，创造出新的语言表达方式，为语言注入源源不断的活力。这种通过“形变”的陌生化新形式，能够使人产生惊奇和新鲜感，能打破感觉自动化和读者心中的接受定势，将注意力集中到语言本身，促使读者惊醒思索、品味再三，达到审美认识和愉悦的深化。

三、暗示性

在科学论著中，语言主要用于对义理的论证和事件的陈述，要求准确严密、直接明快，它诉诸读者的理智，给予读者道理，强迫读者被动地接受。在文学作品中，作家运用文学语言塑造艺术形象，文学语言是一种“内指性”的“伪陈述”，它指向作品本身的世界，根本谈不上是真还是假，是对还是错，与正确与否无关，只需符合作品艺术世界的诗意逻辑，它诉诸读者的直觉，引发读者的想象，给读者以品味、思索、再创造的空间。文学作品表现的是一个渗透作者审美情感，经过作者艺术虚构所创造出来的“可能的世界”，这决定了文学文本语言追求的是语言的美学功能和表情功能，它注重含蓄，反对直露，讲究言有尽而意无穷，凸现出暗示性的特征。

现象学美学和接受美学都认为文学本文是充满了“未定点”、“空白”的“图式化结构”。英加登指出：“文学作品本身是一个图式化构成。”[①]“文学作品描绘的每一个对象、人物、事件等等，都包含着许多不定点，特别是对人和事物的遭遇的描绘。”[②]这些“未定点”即图式化的方面，有待于读者去具体化。“一个文本的‘具体化’，在任何特定的情况下，都需要读者想象力发挥作用。每个读者都以各自的方式填补文本所未写出的部分，或‘缺口’和‘游移未定’的区域。”[③]因而文学作品本身是一种暗示，一种邀请，邀请读者对作

① 英加登:《对文学的艺术作品的认识》，中国文联出版公司1988年版，第12页。

② 英加登:《对文学的艺术作品的认识》，中国文联出版公司1988年版，第50页。

③ 汤普金斯:《读者反应批评引论》，《读者反应批评》，文化艺术出版社1989年版，第31页。

品进行再创造，使作品内蕴的意义得以实现。同英加登一样，接受美学家伊瑟尔也将本文看作是图式化方面的框架。他认为："本文在未被读者阅读接受以前，并不是真正存在的本文，而是有待实现的暗隐的本文。"[①]只是在读者阅读这一"具体化"活动中，作品的意义才能被挖掘出来。

由此可见，语言艺术不同于造型艺术，缺乏诉诸人的视觉的直观性，而靠引发读者的想象在其头脑中造成形象，发生效果。在一部作品中并不是用语言对事物描摹得愈细、愈繁，唤起读者的想象愈真切、愈丰富。过多过细的文字，效果往往适得其反，特别是那些详尽琐细的静态描写，常是费力不讨好的。所以，文学作品中需要有"空白"、"未定点"，推动、诱发读者展开想象的翅膀。也正是由于作家、诗人在作品中有意留下的"空白"、"言外之意"，才使作品不仅"可读"、"可感"还"可塑"，具有品味不尽的艺术魅力。

文学作品中的"空白"通常是作家运用文学语言的暗示性所形成的。所谓文学语言的暗示性，"就是用'不言'或'少言'的方式在文学作品中造出一种文字上的'朦朦胧胧的空白'，给读者留下想象与回味的空间，司空图的《诗品》中讲'不著一字，尽得风流'，显然也是指的这种'空白'。"[②]

鲁迅在他的作品中就常使用暗示性的语言，以形成一种供读者体会、玩味的"空白"。在小说《祝福》中，鲁迅以形象、精炼的语言描写了祥林嫂一生的悲惨遭遇，尤其是生动地刻画出了孩子被狼吃掉后，她那痴呆、疯癫的精神状态，而此时让祥林嫂精神上自我亮相，鲁迅却只用了五个字，即祥林嫂逢人就念叨的"我真傻，真的"。这五个字反映出这个被封建制度吞噬着的劳动妇女丰富复杂的内心世界，几个平淡的字眼中却蕴蓄着无限的潜台词，留下了供读者想象、思索的"空白"。我们可以从中联想到祥林嫂悲惨的一生，窥见她对黄连般生活的咀嚼和回味，对一连串沉重打击的痛楚和泣诉，对失去唯一精神寄托的失望和空虚。

---

① 姚斯、霍拉勃:《接受美学与接受理论》，辽宁人民出版社1987年版，第9页。

② 鲁枢元:《创作心理研究》，黄河文艺出版社1985年版，第218页。

文学语言所指涉的内容具有多重性及某种不可穷尽性，也是形成文学语言暗示性的一个重要原因。这些内容不像科学那样确指某些概念或思想，文学语词的背后总牵着作者复杂的情感体验和无穷的审美经验。文学语言不是能指与所指的直接黏合，而是有距离的观照。“图象的符号完成它们的功用可以达到这样的程度，它们与认同对象的联系开始消失，或者抹去，因为此时此刻，某种符号所不代表的事物必然被想象——尽管它以符号所代替的事物为先决条件。这就迫使读者将指示变为暗示。”[①]这告诉我们文学语言常蕴含着复杂的涵义，暗示着更深远的思想、感情，语词完全可能传达出与字面义不同的甚至相反的涵义，这就使文学语言必然成为一种暗示性的语言。譬如阿城的小说《棋王》开头一句：“车站上是乱得不能再乱，成千上万的人都在说话。”如果从字面上看，这句话描述的是车站上乱糟糟的客观场面，但若仔细品味，便可以品出“乱”字背后暗含着另外两层涵义：一层是表述当事人和叙述者共同的一种心境；二层是暗示着作者对当时社会历史环境的真切感受。“乱得不能再乱”，既勾勒出了特定时代的特征，又渲染成了小说的背景气氛，从而为整个小说的情节发展作了铺垫。此外，为了避免把丰富生动的内心体验硬挤进语词概念的牢笼，作家还常采用借景抒情、寓情于景、侧面烘托等手法，从状物中象征、暗示出人类的情感。诚如符号美学家苏珊·朗格所言：“在通常情况下，当人们打算较为准确地把情感表现出来时，往往是通过对那些可以把某种情感暗示出来的情景描写出来，如秋夜的景象，节日的气氛，等等。”[②]很显然，文学语言的表现功能正是植根于这种暗示与象征之中。

在文学作品中，文字运用得恰到好处，文学语言的暗示性，能够唤起读者足够的想象，能让读者用自己的生活经验去补起文字以外的空白，这也是文学语言的“弦外之音”、“言外之意”。语言愈简约精粹，言外的形象就愈丰

① 伊瑟尔:《阅读活动》，赵宪章编:《二十世纪外国美学文艺学名著精义》，江苏文艺出版社1987年版。

② 苏珊·朗格:《艺术问题》，中国社会科学出版社1983年版，第87页。

盈，方能达到“精义内含”、“宝光外溢”的境界。

四、独创性

文学是人类生命存在形式的显现，而人类生命活动的最大特质是能发现和创造。文学艺术则是最理想的发挥人类创造精神的广阔天地，它最少定格，最多自由，因此也最富于独创性。独创性是作家个体在能动地、独特地阐释对象客体活动中显示出来的特点，它既表现为对客体世界的独具慧眼的发现与解释，也表现为对社会、人生的独特体验。优秀作家的创作总能给人某种体悟和某些启迪，他们从不重复别人，也不重复自己，而是发他人所未见，抒自己所未抒。“每一个伟大的艺术家所创造的都是一个全新的世界，在这个世界里，一切原来为人们所熟悉的事物都具有了一种人们从未见过的外表。这个新奇的外表，并没有歪曲或背叛这些事物的本质，而是以一种扣人心弦的新奇性和具有启发作用的方式，重新解释了那些古老的真理。”[①]作家用语言构筑的便是这样一种全新的世界，在这个世界里，所有感性的事物之所以新奇独特，因为它们都是创造主体心灵化、个性化的产物。

作家是依靠语言展现自己的创作个性和创新精神的。文学语言的独创性是优秀作品的一个重要标志，也是作家潜心追求的目标。为了使作品语言不落窠臼、新鲜奇特、富有审美创造性，优秀作家常把自己看作是刚刚来到世上第一次说话的人。正如汪曾祺所说：“一个小说作家在写每一句话时，都要像第一次学会说这句话。”[②]他们不需要先在的样本，没有摹仿，只是凭借着自己独特的体验与感受，对字词语句进行独出心裁的选择和组合，创造出世界上从来没有过的情境、氛围、场面、故事，以传达出自己的发现和感悟。具有不同审美个性的创作主体，对具体感知对象的态度不同、关系不同，感受时的选择方

① 阿恩海姆:《艺术与视知觉》，中国社会科学出版社1984年版，第68页。

② 汪曾祺:《关于小说语言（札记）》，《新时期作家创作新探》，人民文学出版社1991年版，第322页。

向、敏感程度、侧重方面会有许多差别，由此产生的审美意象及用语言塑造的艺术形象自然会烙上鲜明的个性印记。即使面对相同或相近的表现对象，不同作家的艺术表现力也能显示出各自的独创性的特点。如太阳，在科学家眼里意指是明确的，它指的是银河系的一颗恒星，是一个炽热的气体球。但在文学家心中，它往往会转化成一种物象、一种情绪、一种心境。因此，在作家笔下虽然吟咏的是同一个太阳，却赋予太阳不同的形象，有着迥然不同的抒情语言的格调。

在郭沫若的笔下：太阳出来“环天都是火云！/好像是赤的游龙，赤的狮子，/赤的鲸鱼，赤的象，赤的犀”（《日出》）

在闻一多的笔下：“太阳啊，火一样烧着的太阳！/烘干了小草尖头的露水，可烘得干游子的泪眼盈眶？”（《太阳吟》）

在邓刚的笔下：太阳升起“大海母亲恋恋不舍地拥抱着这个刚分娩的婴儿不放，于是这金红色的圆球的下半部被拉长了，变形了，像一个巨大的、站立着的金卵。”（《迷人的海》）

以上三位作家面对太阳时的具体感受不同，所以写出来的文字迥然有异。郭沫若的语言跳动着如火的激情，闪烁着无限的希望，在其笔端，日出的景象格外美好、壮丽。而闻一多先生面对着太阳，油然升起浓郁的思乡惆怅之情，语言充满了无尽的哀伤，在其笔端，阳光之下一切都是那么灰暗。邓刚则把初升的太阳描绘成一个刚分娩的婴儿，一个脱开了母体的巨大的站立着的金卵，其艺术想象力多么瑰丽、奇特！这幅绚丽夺目的画面，洋溢着一股朝气蓬勃、欢愉明快的时代情绪。可见，文学家对于“太阳”这一客观物象，赋予了不同的形象化、情绪化、个性化、审美化的奇妙色彩，传达出各自不同的审美发现和审美感受。正是在这些富于独创性的艺术描写之中，作家各自的智慧风貌得到了充分的显示。

由于文学作品是作家动荡流转的情绪、情感、观念、行动过程等富有生命力的内在形态的外在凝冻，即使是同一个作家，在不同时期、不同处境、不同心绪的作用下，对太阳的感受、描写也表现出不可重复的独特性和意象的丰富性。如在艾青笔下，1939年的《马赛》一诗中写道："午时的太阳/是中了酒毒的眼/放射着混沌的愤怒/和混沌的悲哀。"在1979年写的《太阳》诗中却有截然不同的描述："从远古的墓茔/从黑暗的年代/从人类死亡之流的那边/震惊沉睡的山脉/若火轮飞旋于沙丘之上/太阳向我滚来……"这里诗人借助不同的太阳的意象，抒发出不同的审美体验。文学语言的独创性正是创作主体对客观事物情绪浸染和心灵外化的结果。

总之，冲破传统的思维定势。弄清语言在文学中到底处于什么地位、具有什么功能？文学语言的深层特征是什么？这是当今文论界亟待解决的课题。倘若这些问题搞不清，就不可能真正理解何谓"文学是语言的艺术"。

（原载《文艺理论与批评》2003年第2期）

文学语言节奏论

文学语言的节奏是文学作品审美效果不可分割的一部分。朱光潜曾谈到自己领悟语言节奏时的深刻感受："我读音调铿锵、节奏流畅的文章，周身筋肉仿佛作同样有节奏的运动；紧张，或是舒缓，都产生出极愉快的感觉。如果音调节奏上有毛病，我的周身筋肉都感觉局促不安，好像听厨子刮锅烟似的。"[①]所以，他强调："声音节奏对于文章是第一件要事。"[②]读者欣赏文学作品，首先感触到的是语言的音韵、旋律和节奏，进而才会体味到文学语言特有的情趣、韵味、格调、色彩。好的文学语言，应该是音韵和谐，旋律悠扬，节奏鲜明，具有声情并茂之美。

一

节奏是宇宙万物存在的一个基本原则。寒来暑往，新陈代谢，风波起伏，山川交替等，都有鲜明的节奏，这是事物间同异相承续、相错综，"和而不同"的结果。"艺术返照自然，节奏是一切艺术的灵魂。在造型艺术则为浓淡、疏密、阴阳、向背相配称，在诗、乐、舞诸时间艺术则为高低、长短、疾徐相呼应。"[③]

节奏作为一种抽象的艺术形式，是从人类劳动结构中分化出来的，是人类劳动生活的反映。毕歇尔指出，节奏的主要形式绝不是由诗人随意"杜撰"出

① 《朱光潜美学文集》第2卷，上海文艺出版社1982年版，第303页。

② 同上，第110页。

③ 同上，第112页。

来的，绝不是它的实践的僵化规则，而是由劳动的节律逐渐变化为诗歌因素的。毕歇尔还具体说明了节奏是客观现实的反映，它的产生与劳动有密切的联系。[①]正是由于劳动的中介作用，节奏活动从存在于自然界的节律因素过渡到人的存在的重要因素，并进一步普遍化，使节奏在生活领域、艺术领域获得更广泛的应用。因此，可以说劳动节奏是艺术节奏的母型。

然而，艺术节奏与自然节奏不能同日而语。艺术节奏的根源存在于生命的有机体中，它的生成机制在于艺术家的心灵创造。正如苏珊·朗格所说："生命活动最独特的原则是节奏性，所有的生命都是有节奏的。""生命体的这个节奏特点也渗入到音乐中，因为音乐本来就是最高级生命的反应，即人类情感生活的符号性表现。"[②]她反对把重复理解为节奏的本质，提出"节奏的本质是紧随着前一事件完成的新事件的准备"[③]"节奏的本质并不在于周期性，而是在于连续进行的事件所具有的机能性，周期性尽管很重要，但它毕竟还只能称作是节奏活动的一种特殊的范例。"[④]朗格的这一观点揭示了不同情感过程连续的内在机能是生成艺术节奏的根本，而周期性重复的节奏观点，则过高地估价了艺术节奏的客观属性，过低地估价了艺术家的主观创造性，不能科学地说明艺术节奏的本质。

艺术节奏的典型代表是音乐节奏和诗歌节奏。音乐节奏带有情绪的抽象普遍性；诗歌节奏虽然也有不少音乐特性，但它却紧密地和"意义"结合在一起。所以，大部分诗学论者认为，诗歌的节奏有外部节奏与内部节奏两种，郭沫若称之为"有形律"与"无形律"。外部节奏一般指语言的顿歇、平仄、韵律等形式因素构成的节律；内部节奏指诗人内在情绪流动的规律性表现。不少诗歌论者都根据这一说法来阐述节奏，并认为内在节奏比外部节奏更重要，没

---

① 参见毕歇尔：《劳动与节奏》，卢卡契：《审美特性》第1卷，中国社会科学出版社1986年版，第222页。

② 苏珊·朗格：《情感与形式》，1986年版，第146页。

③ 同上。

④ 苏珊·朗格：《艺术问题》，1983年版，第49页。

有内在的情绪节奏，无论怎样的语言表现形式和音响效果，都将会是缺乏灵气、韵味的文字游戏。

文学语言是饱含情感的，语言节奏的声音组合必然要受情绪的影响，体现着人的情感变化。因为，“当人体验着某种情绪状态如：高兴、悲哀、激动、恼怒等的时候，这时不仅身体内部器官（脉搏的变化、胃的收缩，内分泌腺活动的增强）而且在外貌上也发生不由自主的变化，面部表情、眼神发生变化。露出笑容（面部表情），改变姿势，出现了手势的某种特征（体态表情），在语调即词的发音性质上出现了特殊的微小差异（声音表情）”[①]。这就是说，人的不同情绪，不仅造成生理器官活动的变化，而且会造成不同的面部表情、体态表情和声音表情，所以，情绪不同会表现出不同的语言节奏特征。如情绪激动时，心搏加速，呼吸增快，其语言节奏也必然加快；而情绪悲哀、低落时，生理器官的活动放慢，语言节奏也随之呈现出缓慢的特点。因此，作家在创作时，这种情绪节奏就自然影响到作品语言的声音节奏。情感有起伏，声音也有起伏；情感有往复缠绵，声音也有往复回旋。于是，抑扬起伏的声音节奏就成为传达情绪的最直接而且最有力的媒介。正因为如此，作家为了更好地表达自己内在复杂的心理体验，必然通过对语言节奏轻重缓急的巧妙运用，使自己的主观情绪物化为恰当的语言符号和一定的语感形式，来打动人的心弦，方能达到预期的审美表现效果，使读者在鲜明的声音节奏中引起情感共鸣。如李清照词《声声慢》，词的开篇精心选用了七组叠音词：“寻寻觅觅，冷冷清清，凄凄惨惨戚戚。”这十四个叠字的运用，奠定了整个词境的情感和音响基调。七组叠音词构成七个均等的音步，况且又是低沉音、齿音，与凄冷事象非常协调。语音短促而形成节奏的紧迫，凸现出竣急、怅恨的情状，恰到好处地表现出词人悲伤、孤独和寂寞的心境，使人能真切地感受到词人寻来觅去的沉重而急促的情感律动。由此看来，饱含情感的语言节奏，实质上是人的情绪节奏的体现，它所唤起的也必然

① 彼德罗夫斯基主编：《普通心理学》，人民教育出版社1981年版，第405—406页。

是接受主体相应的情绪体验。所以，朱光潜说："诗与乐的节奏就是这种主观的节奏，它是心物交感的结果，不是一种物理的事实。"[①]真正的艺术节奏，是生理能和心理能相互作用、相互转化的结果，这种相互作用达到水乳交融、无法分辨的程度，因此朱光潜把这种状态称之为"心物交感"。这是艺术节奏区别于自然节奏所表现出来的最本质的特征。

二

语音是生成文学语言节奏美的最为重要的基础。文学语言的节奏主要是指语音的顿歇、高低、轻重、长短、音律等相配合、相承接所造成的语言的节律。因而有人把文学语言节奏称之为声韵节奏。构成文学语言节奏美的因素很多，若从汉语文学语言的角度分析，营构语言节奏的主要因素有以下几种：

（一）顿歇有致

各民族的语言都有自己的语音特性。汉语是一个字一个音节，是以一个音节整体而不是单个的音素来构词的，以单音词构成单音步，以双音词构成二音步，音步一般用停顿表示，也有用轻微的拖腔表示的，而划分汉语节拍群的标志主要也是间歇停顿，而不是重音等其他语音特征。因此，我国不少诗论家都主张顿节奏论，朱光潜说："中国诗的节奏不易在四声上见出，全平全仄的诗句仍有节奏，它大半靠着'顿'。它又叫做'逗'或'节'。"[②]何其芳指出："中国古代格律诗的节奏主要是以很有规律的顿造成的"，而"顿是指古代的一句诗和现代的一行诗中的那种音节上的基本单位。每顿所占的时间大致相等。"[③]这种顿节奏论在当代诗论者中也广为流行。

汉语的词语之间的分别，主要靠读出一定的顿歇来表示，顿歇是划分音步

① 《朱光潜美学文集》第二卷，上海文艺出版社1982年版，第112页。

② 同上，第158页。

③ 何其芳：《关于现代格律诗》，《中国现代诗论》（下编），花城出版社1986年版，第54—55页。

的标志。一个个音步要靠停逗顿挫使之联结为有机的整体，并由顿歇形成诗的节奏点。如果我们把一个诗行中所含的几个音步简称为几顿，一般说，理想的诗行是三顿、四顿以及五顿体。不同节奏性能的几个最佳音步有规律地在诗行中略作停顿，就会造成和谐的诗行节奏。我国古典诗歌就有着和谐的顿歇规律：四言诗句是二顿，五言诗句是三顿，七言诗句是四顿，顿与顿之间轻重音有规律的安排，句与句之间相同音顿结构的反复出现，就形成了一定的节奏和旋律，读起来铿锵错落、琅琅上口。为了使声音整齐，使音步之间达到等时性，古代律诗中有些顿歇出现在意义上不连属的字音上。如“苦恨／年年／压金线，为他／人作／嫁衣裳。”（唐·秦韬玉《贫女》）后一句的顿就不符合意义上的区分，三个音步的划分是为了服从律句的固定程式，构成与前一句的“二二三”相同的节奏形式。这种对词或词组的形式化分割，在我国古代五言、七言诗中尤为突出。为此，当代学者蒋绍愚提出了“韵律节奏和意义节奏”区分的概念，他说：“诗歌的韵律的节奏和意义的节奏并不总是一致的，比如五言诗韵律的节奏都是‘二二一’，但意义的节奏却有‘二二一’、‘二一二’、‘一一三’、‘二三’等多种。”[①]现当代的自由体诗歌虽然也讲究顿歇，但自由诗建行的基本原则是以诗行的长短不同来造成情绪的平衡等量，节奏随情感和意义的变化而起伏，形式上较为自由灵活。

诗人是依据自己内在情绪流势的要求来进行诗行组合的。语言的顿歇体现着情感的抑扬，不同的顿歇体诗歌体现着不同的抒情意味。一顿体是扬，二顿体是次扬，三顿体是次抑，四顿体是抑。诗行的这一节奏性能，决定了“顿数愈少的短诗行，愈有一种短促、轻快、属于扬的节奏感，能显示出一种急骤昂奋的情调；顿数愈多的长诗行，愈有一种悠远、沉滞、属于抑的节奏感，能显示出一种徐缓沉郁的情调。”[②]例如，同是以《黄昏》为题，表现黄昏情调的诗歌，田汉和闻一多在诗的建行上呈现出迥然不同的节奏性能。田汉写道：

① 蒋绍愚：《唐诗语言研究》，中州古籍出版社1990年版，第163页。

② 骆寒超：《论中国现代诗歌的声韵节奏系统》，《当代创作艺术》1986年第2期。

晚风儿
　吹野树
　　低声泣
田野里
　草虫儿
　　唧唧唧

都是一顿体的最短诗行，于极短促轻快的节奏中显出活泼洒脱的情调。而闻一多则是这样写的：

黄昏／是一头／迟笨的／黑牛
一步／一步的／走下了／西山
不许／把城门／关锁得／太早
总要／等黑牛／走进了／城圈

四句都是四顿体长诗行，于徐缓沉滞的节奏中显出厚重抑郁的情调。

（二）音节匀称

音节的搭配是语言节奏的一个重要问题。"盖音节者，神气之迹也。"[①]汉语是以音节为单位构词，非常容易组成音节数目相同而结构上平衡的语句。汉语语词的分合伸缩具有不固定性，汉语的词汇中，大都以词根合成，形态变化极为简单，只要语义配搭就可以粘连在一起。汉语又独具大量的四字格的成语，加上许多整齐对称的谚语、俗语等，在组词、造句上易形成汉语的节律。根据汉语语言习惯，在不影响意义表达的情况下，选择音节对称匀齐、成双成对的词语，使上下文的语句互相对应，音节协调，配合得当，即可收到节奏明

① 刘勰：《文心雕龙·声律》。

快、匀称和谐的修辞效果。例如：

（1）人也真是个奇怪的动物，有得吃的时候味觉特别灵敏，咸、淡、香、甜、嫩、老，点点都能区别。

（陆文夫：《美食家》）

（2）华家乙听着这支歌，半生的经历都呈现在眼前：热血、铁蹄、牺牲、胜利；漫漫长夜，无所作为；少年志士风雨老，白衣少女白了头！

（陆文夫：《一路平安》）

例（1）连用六个两两相配的单音节词，突出了味觉的丰富灵敏。再看上下文，上文“有得吃的时候味觉特别灵敏”，可读成在音节上六六相对的两截；下文“点点都能区别”也是六个音节。在这和谐顺畅的语境中嵌入六个一字一顿的单音节词，格外响亮清脆、和顺悦耳。例（2）用了“二二二二；四四；七七”的音节对称形式。字数由少到多，节奏由快变慢。先用两两相对的快节奏，概括了华家乙青春时期激烈紧张的战斗生涯；再用四四相对的中节奏，表现他中年挨整的感慨；最后用七七相对的慢节奏，表达他壮年孤独的哀叹。整个句群节奏鲜明、顺口流畅。

在语言表达中，相同的字重复，相同的音节叠用，叫重字叠音，或称“叠字”、“叠音”等。它的构词方式和修辞效果是汉语所独有的。其表达作用是：其一，声韵相同的字叠用，能和谐悦耳，增添语言的音乐性；其二，用重字结构来描绘事物，能加强语言的形象性，使表达更为生动；其三，恰当地使用叠音结构，能帮助调整音节，使音顿协调。

汉语里有许多四音节词组，这些词组二二成对，自然和谐，能强化语言的节奏感。四音节词是中国语言的特点之一。“从历史上来观察，四音节好像一直都是汉语使用者非常爱好的语音段落。”[①]作家汪曾祺曾特别指出：“我是主张适当地用一点四字句的。理由是：一，可以使文章有点中国味儿。二，经过锤炼的四

① 吕叔湘：《现代汉语单双音节问题初探》，《中国语文》1963年第1期。

字句往往比自然状态的口语更为简洁，更能传神。若干年前，偶读张恨水的一本小说，写几个政客在妓院里磋商政局，其中一人，‘闭目抽烟，烟灰自落’。老谋深算，不动声色，只此八字，完全画出。三，连用四字句，可以把句与句之间的连词、介词，甚至主语都省掉，把有转折、多层次的几件事贯在一起，造成一种明快流畅的节奏。”[①]如陶渊明的《归去来兮辞》、范仲淹的《岳阳楼记》等，文中都运用了大量的四音节词组，形成精妙的对偶、流畅的音节、舒缓的节奏，如行云流水般自然和谐。

（三）声调抑扬

汉语是独有声、韵、调体系的语言。文学语言抑扬顿挫的节奏美离不开声律和韵律的作用。声律是指语言声调安排的规律，即利用不同声调有规律的搭配，构成语言的抑扬顿挫之美。早在南北朝齐梁年间，沈约等人便发现了汉语的“平、上、去、入”四声特点，并将四声原则第一次运用到五言诗的写作中去，后来又进一步提出了“四声八病”主张和一整套声律理论。随后的音韵书中对声律理论也多有阐释。唐代的《元和韵谱》说：“平声哀而安，上声厉而举，去声清而远，入声直而促。”大致表述出了各声调的显著音态：平声较长而少波动，上去入三声较短且有升降曲折。“四声”是汉语特有的一个特点，从语言音位学上看，它有区别词义的作用；从语言形式美的角度看，每个声调都具有自身发音特点，利用平仄的巧妙搭配，可以造成抑扬起伏、回环变化的音乐美感。正如老舍所说：“调动平仄，在我们的诗词形式发展上起过不小的作用。”诗文“上下句的句尾若能平仄相应，上句的末尾就能把下句‘叫’出来，使人听着舒服、自然、生动。在适当的地方，我们甚至可以运用四六文的写法，用点排偶，使较长的对话挺脱有力。比如说：在散文对话之中插上‘你是心广体胖，我是马瘦毛长’之类的白话对仗，必能减少冗长无力之弊。”[②]老舍认为“四声”是汉语语言之美的意见是很精辟的。

---

① 陆建华主编：《汪曾祺文集·文论卷》，江苏文艺出版社1993年版，第41—42页。

② 老舍：《出口成章》，作家出版社1964年版，第55页。

各种文体，对声调也有不同的要求。诗词曲最为严格，如诗词律句的典型句式“平平仄仄平平仄”、“仄仄平平仄仄平”，便是创作实践中形成的约定俗成的声律形式。在诗词曲的语段中，每句句尾是较长的停顿处，句尾的字尤其讲究声调。对偶句的奇句尾多用仄声，偶句尾多用平声，一般都是平仄交错安排。散文和自由体诗的句子，也应注意声调的变化，同声调和同音字，在句尾连续出现，就会给人以单调之感。若同声调的字连续出现在一个句子里，也不会产生悦耳动听之感，因为组成句子的音节本身显示不出高低之别，句子就难以产生语调的起伏变化。只有平仄配合，交错或对立出现，才能形成声音上的波澜起伏，呈现出旋律美。

（四）韵律和谐

韵律是指作品用韵的规则，即把韵母相同或相近的字安排在一定的位置上，使它们互相呼应，造成有规律的周期性重复，使言语富有节奏感和韵律美。用韵是文学语言的重要表现手段，我国的诗词赋箴铭等文体，大都讲究韵律；朗朗上口的戏曲唱词更是韵味十足；散文、小说间或也用韵，调节语言的声音美，渲染感情气氛。据清代学者江永、孔广森等研究，仅《诗经》的韵式就有20余种，其中如句句押韵、隔句押韵、交错押韵、抱韵等格式，一直为后世所继承。

用韵虽然是一种重要的音韵艺术手段，但它不是一种纯粹的声音装饰，它是作家内在情感、情绪的真切展示。韵位的疏密表现着不同的情感状态。正如龙榆生所说：“韵位的疏密，与所表达的情感的起伏变化、轻重缓急，有着不可分割的关系。大抵隔句押韵，韵位排得均匀的，它所表达的情感都比较舒缓，宜于雍容愉乐场面的描写；句句押韵或不断转韵的，它所表达的情感比较急促，宜于紧张迫切场面的描写。”①这说明不同韵式具有不同的情感表现性。一般而言，让韵脚不变，一韵到底的格式，整齐流畅，便于抒发质朴强烈的情感；韵部转换的格式，显得曲折委婉且规律中有变化，能强化声韵节奏对内在

① 龙榆生：《词曲概论》，上海古籍出版社1980年版。

情绪的适应性能，宜于表现隐晦复杂的思想感情。此外，韵部的选择也往往带有情感色彩。有人曾把韵按韵腹的开口度的大小分成三级，即洪亮级、柔和级和细微级。洪亮级适合表现豪迈奔放、欢快热烈、激昂慷慨的情感；柔和级宜表现轻柔舒缓、平静悠扬的情感；细微级用来表现哀怨缠绵、沉郁细腻、忧伤愁苦的情感。清代周济曾指出不同的音韵与具体的情感形式是相对的，“东真韵宽平，支先韵细腻，鱼歌韵缠绵，萧尤韵感慨，各具声响，莫草草乱用。”[①]正是由于外在形式韵律与内在情感韵律的巧妙结缘，才使得文学语言的韵律节奏充满着无穷的韵味。

三

节奏既然是形成文学语言美不可缺少的要素，那么，它的审美作用是什么呢？卢卡契在《审美特性》一书中曾转述过席勒的节奏审美观。席勒认为，节奏的审美作用有三种：“第一，节奏的职能是使相互结合的内容上异质的东西同质化。第二，节奏的意义在于选择重要的东西而排除次要的细节。第三，节奏能为整个具体作品创造一个统一的审美氛围。”[②]从席勒的这些观点可以看出，艺术节奏已经与原始社会出现的劳动节奏相去甚远，它在历史长河中，业已积淀了巨大而深厚的历史内容，它获得了与生命个体和谐运动的强大生命力，席勒关于节奏审美作用的分析，至今看来也是全面而中肯的。

席勒的第一条见解指出节奏能使“异质的东西同质化”，讲的是艺术节奏具有强大的审美调节功能。所谓异质的东西，是指那些共存于艺术创作中的不同内容的并列状况和对立状况，如动态的和静态的、冷色调与暖色调、正面的和侧面的，等等；而所谓同质化是指经过秩序化和规范化，使不同艺术内容的

① 周济：《宋四家词选目录序论》。

② 卢卡契：《审美特性》第一卷，中国社会科学出版社1986年版，第226页。

并列和对立统一为和谐的整体，以致达到水乳交融的程度。由此看来，“异质的东西同质化”可以解释为：经由艺术节奏的调节作用，促进并列的和对立的艺术内容达到变化的规则化和运动的有序化，使之既建立起不同层次的变化，又能显示艺术结构的和谐完整。比如鲁迅小说《药》的开头写道：

秋天的后半夜，月亮下去了，太阳还没有出，只剩下一片乌蓝的天；除了夜游的东西，什么都睡着。华老栓忽然坐起身，擦着火柴，点上遍身油腻的灯盏，茶馆的两间屋子里，便弥满了青白的光。

这段头一个长句中，各分句句式较为整齐、节奏相近，句中又用了“了”、“还”等字，使节奏、语气均变得更为舒缓，凸现出黎明前的黑暗那死一般的寂静。接下来，写主人公“忽然坐起身，擦着火柴，点上遍身油腻的灯盏”，一连串简洁、紧迫的动作描写，不仅打破了黑夜的寂静，开始了新的事件，而且语言节奏也显得急促了。在此由静到动，形成了鲜明而强烈的对比。而这种变化其内在机能又是明显的，前句结尾说，“一切都睡着”。其实躺着不动的华老栓并未睡，他在思考和酝酿着“忽然”起身的动作。无此“睡”的姿态，后面的动作就既不鲜明，又没根据。这里，鲁迅恰到好处地呈现出事件发展的有序性、必然性，而静与动的转化正是事件的进程和人物情感变化的表现。当我们读完《药》，发现华老栓彻夜不眠，急切起身，用尽积蓄，去买人血馒头为儿子治病，最终在希望和失望的交替中送了儿子的命时，再去体会开头的描写，便会感到鲁迅在静与动的描写中，象征出了主人公的愚昧、麻木和落后。

席勒认为，艺术节奏还可以起到强调某些重要内容而弱化一些次要内容，即“选择重要的东西而排除次要的细节”。节奏的强调作用在许多作品中都有所体现。如戴望舒的诗《雨巷》第一节：

撑着油纸伞，独自
彷徨在悠长，悠长

又寂寥的雨巷，
我希望逢着
一个丁香一样地
结着愁怨的姑娘。

此诗通过音节的特殊排列体现出了强烈的节奏感。第一行的结尾是一个双音节词，这个双音节词又是另一句的开端；第二行在结尾处又重复了一个双音节词作为第三句的开端。这两个双音节词（独自、悠长）是语音强调的部分，这样句子的语音便形成了由弱到强的节奏。这里用音节特殊排列的方式形成的节奏，不是一种单一的语音现象，而是与表现意义密不可分。通过强调（独自、悠长）这两个双音节词，同时强调了这些音节所代表的意义单位。在这首诗中，最基本的意象恰恰是被语言节奏所强调的那些部分。这也证明："语音的层面仍旧是产生意义的必不可少的先决条件。"[①]"这种节奏如果使用得好，就能够使我们更完好地理解作品本文；它有强调作用；它使文章紧凑；它建立不同层次的变化，提示了平行对比的关系；它把白话组织起来；而组织就是艺术。"[②]韦勒克所说的"组织"，便是对艺术节奏调节作用的强调，并突出了节奏所具备的各种辅助性结构的价值。

席勒提出节奏的第三条审美作用是能为整个具体作品创造一个统一的审美氛围。这一条是前两条审美作用所产生的结果效应。当节奏使文学作品达到"异质的东西同质化"后，必然使作品形成和谐统一的格调，再经过运用节奏"选择重要的东西而排除次要的细节"的强调功能，使作品更紧凑地形成秩序化，并凸现出重要的内容，进而一个完整统一的审美氛围的出现也就不言而喻了。此外，作家直接利用文学语言的不同节奏，如舒缓的节奏或急促的节奏，使作品形成不同的审美氛围，达到个性化的抒情效果，也是创作中常见的重要

① 韦勒克、沃伦：《文学理论》，三联书店1984年版，第166页。

② 同上，第175页。

选择。如诗人田间在抗日战争期间创作了大量的通俗、明朗的政治抒情诗，以宣传抗战，鼓舞士气。这位擂鼓诗人就喜欢用一顿体或二顿体的最短诗行，以形成一种短促急骤、类似鼓点般的节奏，造成昂扬、激越的审美氛围，使其笔下的诗歌具有强烈的战斗性和鼓动力量。

文学作品中的音律、节奏，反映了人们感性生命与宇宙大化的生命节律的统一。文学语言形式的下面表现着个体“情感生命”的内在联系和事件过程的递进。了解了文学语言节奏的特性及其构成要素，把握艺术节奏的审美作用，才能使我们更好地领会文学作品中声情并茂的审美意蕴。

（原载《文艺理论与批评》2004年第5期）

文学语言的色彩美

马克思说过："色彩的感觉是一般美感中最大众化的形式。"[①]文学作品是用语言描绘的色彩世界。颇谙绘画艺术的当代作家冯骥才认为："绘画是把瞬间变为永恒，文学是用文字的绘画，所有的文字都是色彩。"[②]著名诗人艾青曾说过：对于所写的事物除了"给以明确的轮廓之外，还能使人感到有种颜色或声音和那作品不可分离地融洽在一起"[③]。的确如此，作家有感于大千世界的五光十色，他们以特有的艺术感觉倾心捕捉色彩，巧用语言的彩色碟，描景绘物，抒发情志。鲁迅作品中的百草园，秦牧笔下的五色土，杨朔散文中茶花怒放的昆明，刘白羽散文中的长江日出……都以生动的形象、绚丽的色彩，深深地打动了读者，使人倍感亲切。文学与色彩有着不解的姻缘，色彩是文学语言的形式美范畴之一。

一、色彩语言的表现性

提到色彩，人们自然会首先想到它与绘画艺术的紧密联系。早在1万多年以前，西班牙北海岸的洞窟中便留下了原始人用黑、赤、褐三色描绘的野牛图，那准确生动的线条、丰富鲜明的色彩，显示了原始初人对色彩、形体已具有了敏锐的感受力和形象思维的能力。新石器时期东西方的原始陶器上，已经有丰富多彩的带色纹样作装饰，足见色彩的应用已经成为原始人审美生活的重要组

① 马克思：《政治经济学批判》，《马克思恩格斯全集》第十三卷，人民出版社1962年版，第145页。

② 转引自赵玫：《艺术天空的闪电》，《光明日报》1993年5月22日。

③ 《艾青全集》第3卷，花山文艺出版社1991年版，第28页。

成部分。至于现代派画家笔下那充满激情、活泼生动的“色彩合奏”，更使我们感到绘画是色彩艺术，失去了色彩与线条，就失去了绘画。许多有关绘画的描述，如“丹青”、“青绿山水”“浅绛山水”、“金碧山水”等词汇，也说明了绘画与色彩的关系。

其实，色彩不仅仅钟情于绘画，它几乎渗透到各个艺术门类。就音乐艺术而言，在艺术通感的作用下，欣赏音乐时常能出现色听现象。奥特曼在实验人对声音的色彩感觉时，发现有的人听高音产生白色的感觉，听中音产生灰色的感觉，听低音产生黑色的感觉。在欧洲16世纪以来的乐曲中，人们常常用高音区代表“明亮”、“洁白”、“白雪”、“白昼”；低音区代表“乌黑”、“阴暗”、“沉重”、“黑夜”等。音乐与色彩的关系已经引起了众多研究者的重视。

文学是语言艺术，作家凭借语言材料表现生活。社会生活本身是丰富多彩的，反映这种社会生活的文学作品也是一个色彩纷呈的世界。文学作品虽然不能像绘画那样直接地以色彩描绘客观事物，但却可以用表示或者暗示色彩的文字、语言符号组成画面，来引发读者对色彩的美感联想，因而文学作品也应讲究色彩的表现和运用，用不同色彩的对照，色调和光线的变化，来烘染由主题所规定的独特环境，表达作家的特定情绪和感受。在欣赏文学作品时，只要我们稍加留意便可发现，擅长用五彩画笔，巧妙地描绘环境、渲染气氛、创造意境的优秀文学作品俯拾皆是。著名作家冰心的《寄小读者》，就是利用色彩语言的神奇魅力，成功地揭开了大自然的帘幕，把我们带入童话般的境界，文中这样描写：

> 十八夜以后，夜夜梦醒见月，只觉空明的枕上，梦与月相读，最好是近两夜，醒时将近黎明，天色碧蓝，一弦金色的月，不远对着弦月凹处，悬着一颗大星，万里无云的天上，只有一星一月，光景真是奇丽。

作者运用“碧蓝”和“金色”两个词，色彩凝重而又明艳，前者是最令人产生遐思的冷色调，用它写天，整个画面更显得幽远、神秘、宁静。又有明亮夺目的金色这种暖色调点缀其上，不仅打破了蓝色的单一感，而且使色调的明暗、冷暖在人们的联想视觉中构成鲜明的对比，使整个画面凝静美丽，富有童话般的意境。

以语言为媒介的文学作品在作用于人们的想象时，兼具听觉艺术和视觉艺术的特点，它既可以描绘静态的形象，又可以表现动态的事物，故而有人指出“有声有色”是我国古典诗歌的传统。声是声音，色指色彩。南宋魏庆之在《诗人玉屑》中说：“杜少陵诗云：‘两个黄鹂鸣翠柳，一行白鹭上青天。’王维诗云：‘漠漠水田飞白鹭，阴阴夏木啭黄鹂。’极尽写物之工。后来唯陈无已有云：‘黑云映黄槐，更着白鹭度’，无愧前人之作。”这里，对诗歌的声色配合及色彩的调和，做了精当的评述。在杜甫的绝句中，既有黄鹂和鸣，又有蓝天绿柳；既有静态的环境，又有活动的画面，短短两句诗中就用了黄、翠、白、青四种色调，和谐柔美，由近及远，层次鲜明地勾勒出了一幅明丽清新的图画，给人以美的联想。

诗人还不满足于只表现对象的固有色，他们善于以细腻微妙的色彩感觉捕捉物象在特定时间内明暗和光色的变化，并能准确地描绘出不同光线下物体色调的微妙变化。“日照香炉生紫烟”（李白《望庐山瀑布》），“柳暗百花明”（王维《早春》），“绿湿红鲜水容媚”（温庭筠《春州曲》），“桃叶鸣蜩绿暗，荷花落日红酣”。（王安石《题西太一壁二首》其一），“江色绿且明”（李白《荆门浮舟望蜀江》），“飞光染幽红”（李贺《感讽六首》其一），“日落江湖白，潮来天地青”（王维《送邢桂州》）。这些诗句都给人以丰富的视觉联想，读来格外清新。难怪香菱有这种感受：“‘日落江湖白，潮来天地青。’这‘白’、‘青’两个字，也似无理，想来，必得这两个字才形容得尽；念在嘴里，倒像有几千斤重的一个橄榄似的。”[①]

如果在大自然中变幻的色彩，还是光波作用的物理现象，是物理对象作用于视网的结果；那么，容纳到文学作品中的色彩，则是精神沉于物质的折射。

① 《红楼梦》第四十八回。

文学作品中的色彩描绘不仅能使作品形象更加具体、生动，富有感人的艺术魅力，而且还能起到烘托气氛和暗示某种情感的作用。莫言小说《枯河》的开头部分这样写道：

> 一轮巨大的水淋淋的鲜红月亮从村庄东边暮色苍茫的原野上升起时，村子里弥漫的烟雾愈加厚重，并且似乎都染上了月亮的那种凄艳的红色。这时太阳刚刚落下来，地平线还残留着一大道长长的紫云。几颗瘦小的星斗在日月之间暂时地放出苍白的光芒。村子里朦胧着一种神秘的气氛，狗不叫，猫不叫，鹅鸭全是哑巴。

这个开头是一个反现实逻辑的神秘预感。作家所选择的描绘自然景物的观察角度，是个隐匿主体的内视点，即它不是通常情况下一般人眼中的暮色村野，而是蕴满了作家主观感觉，带有明显荒诞性的图景，“变色”的月亮、紫色的残云、放出苍白光芒的星斗，烘托出一种惨烈的气氛，预示着作品将要表现沉重的死亡体验，使读者从开始就呼吸到血腥的气味，感觉到死神出现前那种止息一切的冷寂。小说接下来写了一个乡村男孩由于无辜过失，惨遭书记和自己父亲的毒打，为了向人间的冷酷复仇，男孩带着无奈的冤屈投进冰河自尽了。作者巧妙地运用色彩渲染环境、烘托情绪，对读者的感情起了成功的导向作用，使作品充满了耐人寻味的意蕴。

文学作品中的色彩还广泛地被用来展示人物的内心世界和人物命运的变化，这或许是文学运用色彩所独具的优势，正如匈牙利美学家巴拉兹所说，一位画家能够画出一张羞红的面孔，但决不能画出一张苍白的脸由于羞愧而慢慢地变成玫瑰色；他能画出一张苍白的面孔，但它决不能画出脸变白这一富有戏剧性的现象。在这一点上小说则可以充分地把握时间的流程，善于用翔实的文字，表达人物内心世界的细腻情感；用动态的色彩变化，展现出人物的心态和命运的变异过程。鲁迅在《祝福》中写祥林嫂命运的前后变化，就是巧用色彩造型话语的一个范例。祥林嫂初到鲁四老爷家里时，其形象是：“头上扎着白头绳，乌裙，蓝夹袄，月白背心，年纪大约二十六七，脸色青黄，但两颊却还是红的。”祥林嫂年轻早寡，按照当时社会的伦理规范和村社习俗，她只能穿冷色调的素装，因此白头绳、乌裙、蓝夹袄、月白背心和青黄的脸色，都以象征性的色彩语言，暗示出了她的命运和不幸。但仍有红晕的面颊，说明她依然年轻、健康，富有生命的活力。祥林嫂第二次站在鲁家堂前时，仿佛穿着与以前都是相同的，一切循着老规矩，“只是两颊已经消失了血色”，这细微中的色彩变化，深深地展示出她的悲惨命运。过了十余年的被欺凌的生活，待到最后和“我”相遇时，则变成“五年前花白的头发，即今已经全白，全不像四十上下的人，脸上瘦削不堪，黄中带黑，而且消尽了先前悲哀的神色，仿佛是木刻似的；只有那眼珠间或一轮，还可以表示她是一个活物。”暗示她的生命已经走到了尽头。这里，仅就色彩的细微刻画：两颊还是红的——两颊已经消失了血色——脸上黄中带黑，便状出祥林嫂不幸命运的动态变化的全过程。她的不幸，她的悲哀的灵魂和那无告的命运，都在色彩的变异中闪现出来。这既展示了小说的优势，也表现了鲁迅作品的色彩艺术。黑格尔曾精辟地指出：“颜色感应该是艺术家所特有的一种品质，是他们特有的掌握色调和就色调构思的一种能力，所以也是再现的想象力和创造力的一个基本因素。”[①]正是由于优秀作家具有这种色彩美感的能力，因而，在他们的作品中便能巧妙地敷彩设色，融情入色，以色暗示，以色象征。

二、色彩语言的符号象征性和情感象征性

物象所造成的色彩现象是不依人的意志为转移的客观存在。这种存在作用于人的视觉之后才造成人的色彩感觉，客观的色彩现象所产生的色彩效果都是人的感觉反应的产物，“不通过感觉，我们就不能知道实物的任何形式，也不能知道运动的任何形式”[②]。感觉是人脑思维活动的结果，必然包含一定的主观性。所以，色彩与人的心理、情绪、情感有着密切的联系。由于不同色彩给

① 黑格尔：《美学》第3卷上，商务印书馆1979年版，第282页。

② 《列宁全集》第14卷，人民出版社1988年版，第319页。

人以冷、暖、兴奋、沉静等不同感受，加之一定的文化、历史和民族心理、个性气质的影响，以及各种心理因素的综合作用，便可直接作用于人的情感。歌德曾经把色彩分为积极的色彩（黄、红黄、橙、红）和消极的色彩（蓝、红蓝）。积极的色彩能够产生出一种“积极的、有生命力的和努力进取的态度”，而消极的色彩，则“适合表现那种不安的，温柔的和向往的情绪”。歌德凭着敏锐的感受力，描述了色彩具有激起人的情感和情绪的独特功能。对此，美国著名的艺术心理学家鲁道夫·阿恩海姆也曾精辟地指出：“说到表情作用，色彩却又胜过形状一筹，那落日的余晖以及地中海的碧蓝色彩所传达的表情，恐怕是任何确定的形状也望尘莫及的。”①

色彩具有符号象征性和情感象征性是自古有之的文化现象。以红色为例，远古时代，人的血液所特有的红色就被视为生命奥秘的具体象征，寄托着原始人的灵魂观念。几乎世界各地都发现过旧石器时代的原始人用红色赭石涂抹死者的习俗。我国山顶洞人在埋葬氏族的死者时，在其身上和周围撒上许多赤铁矿粉，意味着血液在周身流动，虽死犹生，意在呼唤生命。作为这一古老观念的延伸，我国古代多以红色的器物作为避邪之物，如朱索、朱帕、红衣等。古代达官贵人喜用红色作装饰，故有“朱门”之称，封建帝王臣僚们的官印又用朱红色印泥，这里红色又象征着尊贵与权力。随着时代的发展，红色的象征意义愈加丰富。人们以红色象征喜庆、吉祥、幸运、革命。所以，欢庆佳节挂红灯笼，过节贴红色春联、红色剪纸。在结婚典礼上，红色更是不可缺少的主色调，它象征着新郎新娘对美好生活的向往，使新婚气氛更加喜庆、热烈。此时，人们借助红色宣泄自己的情感，表达和交流欢快的情绪。在现实生活中，所谓“火红的年代”、“金色的年华”、“绿色的希望”、“玫瑰色的梦想”等，都是象征的说法。

色彩运用的这种特征，不仅在绘画中，在其他各艺术领域都有所表现，如戏曲、文学中表现得就很突出。戏曲人物的脸谱用色以红表示忠义、黑

① 鲁道夫·阿恩海姆：《艺术与视知觉》，中国社会科学出版社1984年版，第455页。

表示刚直正义、白象征阴险狡诈、黄表示暴虐、绿表示顽强而有勇无谋、蓝表示性格刚直勇猛、金银色表示神仙鬼怪，等等，均是象征性用色的巧妙发挥。文学中不仅用色作景色描写，“春为青旸，夏为朱明，秋为白藏，冬为玄英。”（《尔雅》）诗人们还常常以色寄情，“怡红快绿”、“寒烟翠”、“紫蝶黄蜂俱有情”、“白云愁色满苍梧”等都成为广泛流传的名句。

语言中的色彩词在特定的条件下长期运用之后，便获得了约定俗成的固定的象征意义，如“白色”象征纯洁、素雅，“黑色”则象征死亡、恐怖等。然而，人们的社会实践是丰富复杂的，色彩的单一象征意义远远不能满足人们表达丰富多彩的社会生活的需要。所以，在运用色彩的具体实践中，一种色彩常常呈现出几种不同的象征意义或正反两重涵义。著名电影导演爱森斯坦在谈到彩色电影时，曾指出过一个有趣的现象，即每一种颜色所引起的感觉不是一个，而是成双成对的，而且是彼此相反的。如黑色，既是大礼服的颜色，也是丧服的颜色；绿色，令人想到青春，也让人想到暴力；蓝色，既可以是和平安宁，也可以是冷酷无情；红色，既可以是光明，也可以是血腥；白色，既可以是纯洁，也可能是死亡。[①]由于色彩词具有如此广泛的象征意义和生动的表现力，这就使作家在作品中能灵活多变地运用色彩词表达特定的情感和独特的心境，或者通过色彩的象征，把不同范畴的事物和对立的意义凝结和统一起来，使作品充满迷人的意蕴。

在文学语言的实践中，作家有时并不恪守色彩固有的象征性，往往是临时赋予色彩词以某种象征意义。在宋代词人李清照早期的词中，用得最多的色彩词是“红”，她词中的“红”并不是喜庆、欢乐的象征，而是与孤寂、惆怅、幽怨紧密相连。“红藕香残玉簟秋”（《一剪梅》）“秋已暮红稀香少”（《怨王孙·湖上风来波浩渺》）“红酥肯放琼苞碎”（《玉楼春·红梅》）“风定落花深，帘外拥红堆雪”（《好事迈·风定落花深》）。“红”在词人笔下写的是花朵，可不仅仅是

① 参见戴士和：《画布上的创造》，四川人民出版社1986年版，第116页。

花朵的替换词，它象征着美好的事物。爱之愈深，就痛之愈切。词人喜爱的红色，在大自然中总是匆匆易逝，这不能不使多愁善感的词人黯然神伤，陷入深深的惋惜、惆怅和痛苦之中。因而，李清照借“红”作铺垫，去述“悲”，去道“愁”，抒发孤寂、幽怨的情怀。同是使用“红”这一色彩词，杨沫在《青春是鲜红的》中，则赋予另一番象征意义：“青春应当是鲜红的，永远的鲜红——生命只属于这样的人。”其中“鲜红”象征革命的朝气、热情和献身精神。

在作家、诗人的笔下，色彩词的象征性有时还呈现出多义性的特点。从“欧罗巴带回一支彩色的芦笛”的艾青，便是一位善于运用色彩美的诗人，他在《绿》一诗中写道：“刮的风是绿的，下的雨是绿的，流的水是绿的，阳光也是绿的。”这“绿”显然是诗人情绪、情感的象征符号，它强烈地吸引着人从外部物质世界转向对内部精神世界的探寻和体验。由“绿”所暗示的象征意义颇为丰富：它既可象征诗人的某种希望、追求和理想，也可象征诗人的特定心境，还可象征美丽宜人的自然景象，我们完全可以在“绿”中识读出诗人内在心灵的奥秘。可见，在文学作品中色彩词的象征涵义是十分丰富的。如果作家在创作中能妙笔生花，把色彩词语织进独特的语境之网，便能使语言实现由抽象到具体，从平实到新异，从单义到多义的转变。欣赏者在具体的语境中需要细细地品味、联想、开掘，方能准确理解色彩词背后深藏着的各种情感。正是这种富有暗示性和刺激力的象征，能促使读者展开想象的翅膀，体味作品内在深层的意蕴和情趣，自觉地参与审美再创造活动。

色彩词的象征性不仅体现在它能以色彩强调主体自身的感觉，使色彩意象成为内心情感的一种对应和暗示，而且在具体的语境中，有时为了某种表达效果的需要，作家还常常用色彩词直接象征客观事物，诸如，“穿红戴绿”、“青出于蓝”、“姹紫嫣红”、“回黄转绿”、“粉白黛黑”等大量成语的使用，便足以证明这种用法。如此用法能鲜明形象地表现出客观事物的特点，使作品富有含蓄蕴藉之美。此外，色彩的情感象征性，还体现在不同的色彩象征不同的观念或品格。闻一多曾用诗歌形式描绘了不同颜色的象征意义，在题为《色彩》的诗中写道：“绿给了我发展，红给了我情热，黄教我以忠义，蓝教我以高洁，粉红赐了我希望，灰白赠了我悲哀，金加我以荣华之冕，银罩我以美幻之梦。”在特定的语境中，色彩词是某种情感的载体，寓意、象征的色彩词，能含蓄地表达作家的情感和作品的意蕴，为欣赏者充分展开联想与想象留下艺术的空间。

文学是情感的艺术，情感是文学作品生命之流动的汁液。在文学创作中，由于文学家对描写对象总是采取一种情感态度，总是熔铸进自己的主观感受，因而色彩的表情性就尤为新奇、突出。与丰富的色彩相比，语言显得格外贫乏。语言从属于概念，对人的特殊情感只能作极其简略的综合，这种综合只能留下知觉的核心，而对与中心知觉有区别的变异知觉却难以概括。语言这种概括的、抽象的符号，与特殊的、具体的、个别的艺术表现对象和艺术创造主体，必然存在着深刻的矛盾。艺术家要表达瞬间产生的奇异的感觉或微妙的情感，就会深深地感受到“语言的痛苦”，在深切的情绪体验和强烈的情感推动下，“艺术活动不‘使用’‘现成的语言’。它在进行中‘创造’语言”[①]。因而超越或违背语言常规的变异修辞就会出现于作家、诗人的笔下，或流于口头，有时将没有色彩的事物赋予色彩，在不合情理中注入丰富的内涵。如艾青在《大堰河，我的保姆》这首诗中这样写道：

> 大堰河，今天，你的乳儿是在狱里，
> 写着一首呈给你的赞美诗，
> 呈给你黄土下紫色的灵魂，
> 呈给你拥抱过我的直伸着的手。

“灵魂”本身是一种看不见、摸不着，也无任何颜色可言的抽象物，诗人却赋予其“紫色”，显然这是违背常理的表述。对诗中这一充满神秘意味的色彩词，欣赏者经过反复揣摩、思索，才会领悟到诗人的用意，是用紫色来象征

① 科林伍德：《艺术原理》，中国社会科学出版社1985年版，第282页。

大堰河崇高善良的品质。又如，王润华的《春》中写道：

寺院
金黄色的钟声
将夕阳击落
野草丛中

诗人把黄昏中的视觉形象夕阳，与听觉形象的钟声联系在一起，在瞬间的感受中，凝练为一句形象化的诗句“金黄色的钟声”，这种用色彩描绘只能作用于人的听觉的钟声，是不合情理的语言组合。“显而易见，最初那个强烈的刺激使艺术家活跃的头脑把事物重新思索过，改造过，或是照明事物，扩大事物；或是把事物向一个方面歪曲，变得可笑。”[①]正是这一描绘心理感受的变异修辞，使诗人把黄昏给人的一瞬间的感觉立体化和流动化了，并巧妙地传达出了客观景物在激情的影响下，在心灵中产生的印象。

作家不仅能够让没有色彩的事物具有色彩，而且还能描绘变态心理作用下主观感受到的色彩。在激情的推动下，有时人处于一种物我两忘、如醉如狂、混淆现实与幻景的想象状态中，此时便会产生真切的幻象，理性化的世界就会被分解、变形、散乱，世界万物都因变态心理的感受而变形，客观景物的色彩大多失去了原有的真实，而蒙上了主观感受到的色彩。在肖洛霍夫《静静的顿河》中，葛利高里眼中那轮“黑色太阳”，便是特定情感的折射。葛利高里这个带有严重哥萨克偏见的中农，在无产阶级与地主资产阶级生死搏斗的漩涡中，摇摆不定，苦闷彷徨，终于陷入了反革命泥淖而不能自拔，对人民犯下了不可饶恕的罪行。他被打败了，连唯一的亲人阿克西尼亚也饮弹而死。这时候：

在旱风的蒙蒙雾气中，太阳升到断崖上空来了。太阳的光芒照得葛利

① 丹纳：《艺术哲学》，人民文学出版社1983年版，第27页。

高里的没戴帽子的头上的密密的白发闪着银光，从苍白的、因为一动不动而显得可怕的脸上滑过。他好像是从一场噩梦中醒过来，抬起脑袋，看见自己头顶上是一片黑色的天空和一轮耀眼的黑色的太阳。

黑色的太阳是纯主观的色彩，是葛利高里在特定的情境下所感受到的色彩，也是作家心灵的创造。“黑色的太阳”是极度悲伤、空虚、颓废的葛利高里痛苦灵魂的形象化的写照，是他那种阴暗心理的物化形态。这种变异性的描写带有一种人们原初经验的新异感、模糊感，能巧妙地捕捉到情感这个微妙莫测的精灵。由于改变了客观事物的原有色彩，形成了与规范化语言描绘的“反差”，所以具有一定的接受难度，这就给人们的思维带来一种强刺激，能引起读者的注意，随之在读者的心理上产生了一个“惊奇——思考——理解”的过程，读者先是感到意外、新奇和疑惑，继而便会透过这种表面的悖理与偏离，去探寻语言背后深藏着的真正涵义，理解作者用词的意图，体味到作品内在的意蕴。不言而喻，文学作品中的色彩不仅仅是事物、景物的外在表象，它具有特定的审美价值，它是情绪和情感的符号，正如俄国著名画家列宾所言：“色彩即思想。”

三、色彩词的言语义的成因

文学作品中的色彩语言富有主观感受的性质，带有明显的主体意识。现实中，艺术家对色彩的喜好是千差万别的。面对同一个事物，不同的艺术家可以产生出不同的情感和感受，“面对着同一棵雪松写生，如果有一千个画家，一定会画出一千种不同的色彩来。面对着同一片晚霞，有的文学家把它写成一片大火，有的文学家把它写成一块彩绸，有的则把它写成一朵朵的鸡冠花，有的则把它写作一摊摊的鲜血……”[①]即使是同一个艺术家，在不同时期、不同场合

① 鲁枢元：《创作心理研究》，黄河文艺出版社1985年版，第110页。

中，对色彩的心理反应也总是有微妙变化的。造成创作主体对色彩情感体验上的差异性以及独特的色彩偏好，其原因是多方面的。

时代因素的影响。文学是社会生活的反映，文学作品是特定时代的产物，不同时期的文学作品在色彩的运用上，自然会留下时代的烙印。日本学者就中国新文学的光明与黑暗色调的演化进行讨论时，曾经认为在作品的整个色调上，各个时期有着明显的不同。20年代，以鲁迅为代表的小说，虽然极力删削黑暗，装点欢容，努力使作品涂上一些亮色；然而整个画面是“黑漆漆的，不知是日是夜”，许多主人公的命运，都被那黑暗的世界所吞噬。30年代，茅盾的《子夜》，丁玲的《在黑暗中》等作品，则寄寓着光明与黑暗交织的文化氛围。在40年代里，解放区涌现的孙犁、赵树理、周立波以及丁玲的作品，是“新的人物，新的世界”，构成明朗、纯净的色彩与格调。就作家个人的创作而言，其作品中的色调也凝聚着特定时代的文化语境。如鲁迅作品对于深重色调的倾斜，就负荷着黑暗时代的重压。鲁迅在《呐喊·自序》中谈到自己创作心境时认为，那仿佛是生活在“一间铁屋子，是绝无窗户而万难破毁的，里面有许多熟睡的人们，不久都要闷死了，然而是从昏睡入死灭，并不感到就死的悲哀。”黑暗社会的压抑，内心难耐的寂寞，使鲁迅在设色润墨上表现出对黑色与青色的敏感与注重，他总是用深重色彩强化笔下的人物，构成了一个耐人寻味的黑色的家族。《铸剑》中的那个黑色人，从人群里挤出来，便是“黑须黑眼睛，瘦得如铁”的黑瘦汉子。待到进见国王时，再写“那人的衣服却是青的，须眉头发都黑，瘦得颧骨，眼圈骨，眉棱骨都高高地突出来”。这里，黑色的点染和重复，强化了人物的传奇性和侠风义骨。《孤独者》中的魏连殳是“浓黑的须眉占了一脸的小半”，“两眼在黑气里发光”。《孔乙己》中的孔乙己则是青白脸色，一部乱蓬蓬的花白胡子，“黑而且瘦”。《在酒楼上》的吕纬甫，不仅苍白、衰瘦，而且“精神很沉静，或者却是颓唐，又浓又黑的眉毛底下眼睛也失了精采”。深沉、冷峻的色调是特定环境下人物个性的外化，固然也积淀着鲁迅个人心态的投影。众所周知，在鲁迅的境遇中，凝结着对民族和祖国命运的沉重思索，凝结着忧患意识和社会责任感，他如牛负重，坚毅深沉，这种体验不可能不在行色润墨中形诸笔端，正所谓文如其人。

民族因素的影响。不同民族在生活习惯、文化传统、民族心理和民族感情等方面都存在着客观的差异性，因而形成对色彩的不同审美情趣和对色彩的特殊偏爱。我国各民族都有自己使用色彩的习惯，京族喜欢蓝色，朝鲜族、藏族、回族、白族和纳西族崇尚白色，瑶族喜欢红色，哈尼族却喜欢青黑色，怒族崇尚黑色，彝族则喜欢黑、红、黄三色，汉族以红色代表喜庆、黄色象征权威、白色表示悲哀。对同一种色彩，不同民族常赋予不同的情感性和社会意义。譬如，同是白色，在我国，汉族把白色看成是传统的丧色，习惯用白色来祭奠亡人，以表示悲痛、哀悼。回、维、朝鲜族以白色象征纯洁、清白。藏族则用白色的“哈达”表示吉祥、崇高、幸福之意。在西方，婚礼上新娘穿的是白纱礼服以示其纯洁高尚。在宗教意义上，白色表示神的圣洁。缅甸的宝塔，我国北京北海公园的白塔，扬州瘦西湖的小塔，都是白色的。印度的佛教把白象、白牛看成是吉祥、神圣之物。色彩感觉的民族差异性，在文学作品中会自然而然地表现出来。藏族民间英雄史诗《格萨尔王传》中，许多英雄身披白色盔甲，手舞白刃，骑白色战马，充分表现出藏族人民对白色的崇尚。又如，台湾诗人洛夫在参观菲律宾美军抗日阵将墓园时，面对17000个白色大理石十字架，写出了《白色墓园》一诗，诗中有如下诗句：

钢盔和鸢尾花　白的
严肃的以及卑微的　白的
在此都已暧昧如风　白的
有磷质而无名字的灰烬　白的
散布与诸多战史中的　白的
死与达达　白的
都是不容争辩的　白的

极力用白色渲染，不仅突出了视觉形象，而且真实地传达出了诗人面对白色十字架而产生的对生命、死亡等复杂情感的幻觉表象以及萦绕忽现的潜意识。这里，“白色带来了巨大的沉寂，像一堵冰冷冷的、坚固的和绵延不断的高墙。因此，白色对于我们的心理的作用就像是给一片毫无声息的静谧，如同音乐中倏然打断旋律的停顿。但白色并不是死亡的沉寂，而是一种孕育着希望的平静”①。无疑，诗中的白色寄寓着诗人深层的内心体验。同是运用白色，在不同民族的艺术中所象征的意义、所表达的意蕴却有所不同。可见，各民族风俗信仰的多样性，以及长期的历史发展所融会起来的观念的混杂性，不可避免地导致了文学作品中色彩表现的差异性和多层次性。

文化传统的影响。从文化学的角度看，语言是文化信息的一种载体，传统文化之所以能绵延不断地传承下来，相当重要的一个原因是语言有一种储存文化信息的功能。一个社会的语言能反映与其相应的文化，并能以最典型的形式表现文化活动。作为与人们社会生活、文化活动密切相关的色彩及色彩语言，也深深地被烙上了民族文化的印记。在中国传统文化中，色彩的生成和使用自古就带有丰富的文化内涵。在我国封建社会，色彩一直是区分社会等级的标志，从而具有尊卑贵贱的文化特征。如，汉魏以后，朱（赤、丹绛）、紫、黄、黑（玄、皂、缁），多为帝王公卿所用；青（苍）、白（素、缟）、绿则多用于低级官吏和庶民百姓。隋代起始开“品服衣”制度，以后各代基本相袭。皇帝礼服为“柘黄”（日光下呈赭黄，烛光下呈赭红，用柘桑木染），平时服朱。三品以上服紫，四品五品服绯，六品七品以绿，八品九品以青，庶民多穿白衣（本色麻布）、青衣（蓝或黑的布衣）。色彩被转化为封建统治者意志的体现。久而久之，使人们产生了一种色彩符号的认同感，平民百姓的用色自由及爱美之心受到沉重的压抑。

色彩及色彩语言在历史的积淀中所形成的文化内涵及象征意义，直接影响着艺术家的创作。明代画家戴进，在《秋江独钓图》中，画一红袍人垂钓于江边，被同代画家谢环参奏，“大红是朝官品服，钓鱼人安得有此？”从此戴进门庭冷落而无人问津，不得不向画友乞食糊口。只由于红色是富贵的象征，平民百姓是不能随意享用的。工诗善画的曹雪芹在《红楼梦》里，艺术地运用了

① 康定斯基：《论艺术的精神》，中国社会科学出版社1987年版，第50—51页。

色彩语言。有研究者指出，红色是《红楼梦》画廊里的主色。书名是《红楼梦》，作者自称写于“悼红轩”，总大观园一园之首的地方叫“怡红院”，主人公贾宝玉又称“怡红公子”，他生性又有爱红的毛病。至于自然景色、居处陈设、家具器皿、人物服饰、花卉果蔬等等，敷施红色的地方不胜枚举。无疑，热烈、鲜艳的红色象征着大观园的尊贵地位。在大观园里，红色主要是少爷小姐的用色，并不是一般平民家子女都能享用的。贾宝玉在袭人家看见她的亲戚穿红衣服叹了口气。袭人便对他说“我知道你心里的缘故，想是说，‘他那里配穿红的’”。显然，色彩的使用具有高低贵贱的等级区分，封建社会的文化传统对文学作品中色彩语言的运用有着极强的影响力。

个性气质的影响。在大千世界里，由于每个人的身份、地位、经历、知识、素养、爱好等多方面的情况各不相同，造就了千差万别的个性气质，因而面对赤橙黄绿青蓝紫，每个人的感觉、认识、理解与评价就不会一致。一些研究者通过观察发现，不同性格的人喜欢不同的颜色。喜欢冷色调的人，多数性格内向；而性格开朗外向的人，又多喜欢暖色调。喜欢简单色彩的人，多数性格单调；喜欢多种色彩的人，则性格比较复杂。对色彩的不同感受和理解，也就必然导致语言运用上的差异性，形成不同的色彩表现风格。在中外艺术史上，艺术家对色彩的潜心追求，不仅浸染着人世的深情，对艺术的理想和价值取向；而且还深深地显示出艺术家的性格特征。就绘画而言，“鲁欧奥尔特喜欢在绘画时使用红色，而凡·高则喜欢用黄色，这种不同的言好，就揭示出了两种不同的个性”[①]。就个人而言，因个性因素及审美意识的变化，在色彩的运用上也会因之而变化。西班牙画家毕加索，早期的创作侧重描绘老人、病人、贫困者、孤独者，为了表现出孤苦凄清的画境，他选择了善于表现忧郁美的蓝色。后来，随着生活领域的扩大，常同杂技演员和流浪艺人接触，并把他们作为描绘对象，加之感情上的变化，于是就转向了粉红的色调。荷兰画家凡·高也是如此。他早期的作品，色调大抵是灰暗的。后来接受了印象派的影响，进

① 鲁道夫·阿恩海姆：《艺术与视知觉》，中国社会科学出版社1984年版，第475页。

而追求灿烂的色调。从血红直到玫瑰红，造成令人神秘的色彩效果。后期，则转向明快的黄色，他笔下那一幅幅《向日葵》，闪烁着阳光的金黄色调，正是画家炽热情感的反射。

作家、诗人“着色”的方法和格调也因人而异，表现出独特的意趣。李白性格耿介、襟怀坦荡，他的浪漫主义诗篇爱用象征纯洁的白色。“白云处处长随君”、“玉阶生白露”、“白露垂珠滴秋月”、“白发三千丈”、“白兔捣药成”等，读来明丽清新。李贺一生凄苦、遭遇坎坷，他在诗中也喜欢用“白”字，但抒发的是凄切的情怀，表现的是奇特的意象、幽冷怪艳的境界。如“秋白鲜红死”、“吟诗一夜东方白”、“蓝溪水气无清白”、“一夜绿房迎白晓”、“云楼半开壁斜白”等，用惨白之色来渲染悲凉的气氛。山水诗人王维喜欢用“青”、“翠”、“绿”等冷色表现其退隐之后的宁静的心情。如“明月松间照，清泉石上流”，“白云回望合，青霭入看无”，“青浅白石滩，绿蒲向堪把”等，用沉静的冷色描绘着多变的、朦胧的境界，传达出怡然、愉悦的心情。

文学作品中蕴含着极丰富的色彩美，作家、诗人在创作过程中，灵活、巧妙地运用色彩语言，不仅能够提高语言表达效果，形象逼真地反映丰富多彩的社会生活，而且能丰富作品的内涵，创造出独特新颖的意境美。因此，良好的色彩感觉应该是文学家要具备的基本素质之一。

（原载《美与时代》2006年3月下）

文学话语接受的矛盾二重性

文学是语言艺术，读者阅读接受文学作品，首先就有个对语言文字的解码、对其意义和情味的把握问题，穿透语言形式层面，才能深入到文本的精神内容层面，实现读者与作者的情感交流与心灵碰撞。换言之，文学阅读接受都得从透彻地解读语言文字入手。在文学文本的阅读与欣赏中，文学语言接受表现为“文—意—物”的过程，即第一阶段是“感言知义”的认知阶段，读者凭借敏锐的语感，全方位地领受文学系统的音韵气势、组织形式、修辞技法，及依据语境确定语词的表里含义；第二阶段是“入情得意”的取神阶段，读者通过对文本语言符号、语体、文体的整体认知，进入作者写作的历史语境，入而化身其中，凭借想象、理解，去领悟作品的意旨、意蕴，体味作品的情感、意味。披文入情，入情方能“得意”；第三阶段是运思及物，意同宋代学者陈善所说的“用得透脱”的“出书法”。读者在语言接受的前两个阶段的基础上，延展话语解读的思维空间，以文本为中介，进行读者与作者的跨时空对话，实现读者与作者的意会神交。同时，以文为镜，认识文本所反映的历史和现实，增进读者对自然和社会的跨时空了解，并将文本中的精神营养化为读者的灵魂血肉，化为改造主客观世界的自觉行动。在读者对文学语言解读与接受的全过程中，表现出一些值得注意的特征，从读者获取和表达文学话语意义的视角来看，文学话语接受具有以下三对矛盾二重性：

一、有限与无限

在具体的文学阅读欣赏活动中，读者对文学话语的接受和意义的建构是有限的。这是因为，首先，读者对文本的释义与创义要受到文本自身规定性的制约，读者所面对的是作者给定的一个文本或一段话语，是在这一范围内的解读，这种解读实际上是读者与作者通过文本进行的对话交流。交流中，读者对话语的阐释和意义的重建自然要受文本的控制，其权力并不是无限的，当读者完全超越了文本时，原本的对话交流就会变味，成为一种独白。伊泽尔指出："在文学中，交流是一个过程，它的发动和调节不是由一种给定的准则，而是由一种存在于明确和含蓄、揭示和隐瞒之间的、相互限制和不断扩大的相互作用进行的。被隐藏起来的东西刺激读者去行动，而这种行动同样也受本文揭示出来的东西的控制；同样，当含蓄的东西被阅读揭示出来时，明确的东西就被读者转化了。"[①]经由文本这一中介实现的读者与作者的对话，是受控性与自主性的统一。文本及其作者潜在地控制着读者的话语接受，而读者又以自主性和创造性参与着文本的意义生成。文本的释义与创义就是在读者与文本的互动中实现的。其次，文学语言的接受不是由浅入深地一次性完成的，对于一次具体的解读活动而言，语言接受是一种有限的存在。这是因为，文学语言接受的过程，是读者通过心智活动和解读经验对文本的"不定点"、"空白"结构加以补充、衔接和创造性建构的过程，是融注了读者多种心理因素的发现性活动。在这一发现性活动中，读者的知识储备、生活阅历、价值观念、审美经验等决定着他从文本语言中发现的多寡、深浅。而读者的"先结构"，亦称"前理解"，既各不相同，也都有各自的局限性，这就导致每一个语言接受者个人的解读经验是有限的，个体之间也存在着较大的差异性，即使是同一个读者，也会因个人的"知识图式"的变化、时空的变化等，对同一文本的解读出现差异。读者对文本语言符号层的穿透、对意蕴层的深入，需要主体多次介入，在不断反复中求得理解螺旋式的深入。其逐步深入理解的过程，恰如钱锺书指出的："积小以明大，而又举大以贯小；推末以至本，而又探本以求末；交互往复，庶几乎意解圆足而免于偏枯，所谓'阐释之循环'者是矣。"[②]这样，虽然读者对文本的一次

① 伊泽尔：《审美过程研究》，中国人民大学出版社1988年版，第229页。

② 钱锺书：《管锥篇》第1册，中华书局1979年版，第172页。

解读活动，解读的信息和发现的东西是有限的，不可能出现超越个体“先结构”的解读，“阐释永远只能把自己的任务完成到一定程度：因此一切理解永远只是相对的，永远不可能完美无缺”[①]但是，随后再进行的每一次解读，都会使话语接受在广度和深度上延伸，并且会因接受的反复而体验有别，还会不断读出“新意”来。“一般来说，文学作品并不像一本技术说明书，一旦看懂就‘消费’掉了。即使我们已经理解了某些作品，（或者我们认为自己已经做到了这一点）我们仍要多次地重读它们，对于我们来说，这些作品仍然富有价值，饶有趣味。”“我们之所以珍视这些作品，是因为重读它们的时候，我们会经常发现过去没有发现的意义……新的意义可能补充、丰富、加深我们以前对作品的理解，因此，它们与过去的理解是极其和谐一致的。”[②]所以，读者对文学语言的接受既受个人感知程度的限制，但又可以通过反复阅读无止境地探究其语言的内涵和诗意。

传统阐释学总是力图以文字符号为中介，恢复、重建作者原意和历史的原貌。我国古代孟子倡导的“以意逆志”，朱熹主张的“传心”法等种种解读方法；西方自古希腊开始，经施莱马赫、狄尔泰，一直到当代的赫施、却尔等，提出的诸多解读理论，无非都是要读者“设身处地”，以我之心换作者之心，再以作者之心推出文本原意和历史原貌。事实上，作者原意是一个非确指性的概念。在绝大多数文学文本中，作者不会直接站出来言说其创作意旨，通常是将原意藏在文本中，由读者去解释、领悟；抑或作者的原意在文本中只是无意识且不自觉地流露，连作者自己也说不清原意是什么。而读者解读时又会不自觉地渗入自己的观点，所发掘的作者原意，必然刻上自己的思想印迹，如此而已，解读出的作者原意必有不同，难定是非。诚如黑格尔所言：“没有人能够替别人思考，正如

① 狄尔泰：《阐释学的形成》，引自张隆溪：《二十世纪西方文论述评》，三联书店1986年版，第180页。

② 却尔：《解释：文学批评的哲学》，文化艺术出版社1991年版，第191页。

没有人能够替别人饮食一样。”[①]个性化越强的解读，就越难以接近作者原意。既然世上没有绝对无差别的复制和再现，对作者原意、文本意义的解读，必然会呈现出无限性的态势。再者，文学创作本身具有模糊性的特点，有些作品是作者兴会遭际，凭一时感兴而发，作品本身“烟霞变幻”，提供的信息很不确定，具有许多不定点和难以穷尽的特征。在语言表现上，大量采用象征、隐喻、双关等修辞方法，讲究摆脱时空和逻辑的束缚，追求潜意识的组接和弹性等，读者在解读时就更有“重建”的自由度。同时，读者对文本意义的解释，依据解读的目的和需求不一，又会有种种不同理解，难以一一穷尽，这也能见出文学语言接受的无限性。

二、正读与误读

作家进行文学创作，向来都追求文本的审美蕴含，因而多采取“超以象外”、“余味曲包”的语言表现方式，让读者在接受中去体味、去发现。而读者在进行文本的解读时，也以意义的发现、意味的体悟为文学审美的首要追求。在这种追求的驱使下，人们总要从作品中读出点什么，或不自觉地在解读中向作品投注新的意义。这样，读者对文本话语的接受、对话语意义的重构，就呈现出两种主要的解读方式，即正读与误读。

正读是一种忠实于文本，尽量接近文本客观内容的传统的解读方式。恪守这种解读方式的读者，相信“正确阅读”的可能性，并且认为文学作品是作家有意识生产的审美创造物，作品的内容、意义具有客观规定性和相对稳定性，阅读便是感知和解释文本固有的内容、含义。这种力求复原文本内容、含义的解读方式，常采用循章归旨法，即从语句、语段的关键词，中心句入手，透过它们确立段落的精确含义，继而理清段落、章节之间的思路和意脉，再着眼于文本整体的分析、理解，最后从文本特点出发，自下而上地得出结论，这便是

① 黑格尔：《小逻辑》，商务印书馆1986年版，第78页。

"正读"通常的操作步骤，采用这种循章归旨法的步骤以保证"正读"结论的相对合理性。除此以外，"正读"还认为要客观而深入地了解、把握文本的内容、含义，还必须要探寻文本生成的历史语境和作者创作该文本的原意，认同孟子倡导的"知人论世"说。诚然，主张"正读"的接受者其良苦用心值得肯定，但实践中"正读"的目标并不能完全达到。因为，虽然文本的客观化内容部分较容易得到恢复，但要完全弄清文本创作时的历史语境，要复原作者的创作意图，是难而又难的事，最终只能达到局部的或不完全的复原。

误读（misreading）理论，虽然是解构主义理论出现之后提出的，实际上误读现象早已存在，并且正在成为文本意义解读的流行方式。美国学者布鲁姆宣称："阅读，如我在标题里所暗示的，是一种延迟，是几乎不可能的行为，如果更强调一下的话，那么，阅读总是一种误读。"①虽然这种理论有偏颇性，但却也说明误读是一种普遍性的阅读现象。

文本意义的误读有多种原因、多种情况。第一种是文化差异所导致的不自觉的误读。生活在不同文化环境下的异族或异国读者，由于价值观念、思维模式、理解方式的不同，就会出现种种不同的文化误读。譬如，西方一些读者解读赵树理的《小二黑结婚》，推崇三仙姑、贬斥小二黑和小芹。在他们眼里三仙姑最可爱，她敢于追求爱情，敢于追求美，虽然已经四十五岁了，却偏爱当个老来俏，小鞋上仍要绣花，裤腿上仍要镶边，脸上还要涂脂抹粉。他们认为三仙姑这些爱美的举止不应非议，因为四十多岁正是女人需要打扮的年龄。他们论定三仙姑是理想人物，一个自由主义者。而小二黑和小芹的婚姻要经区长批准，在他们看来是不可思议之事。这种解读显然早已背离了作者的创作意图。第二种是认识能力和视界差异所形成的误读。读者阅读总是从自己的"前理解"出发，按照现实视界来解读文本。面对文本意义的复杂存在，读者对它的认识与把握的能力是有限的，或只是认识其某个侧面，或根本未能把握文本的基本内涵而误读。正如鲁迅所说：同一部《红楼梦》，"经学家看见

① 布鲁姆：《误读图式》，朱立元：《现代西方美学史》，上海文艺出版社1993年版，第969页。

《易》，道学家看见淫，才子看见缠绵，革命家看见排满，流言家看见宫闱秘事”[①]。上述种种解读皆为误读。第三种是在了解文本原意之后不按原意解读，而是有意遮蔽原意，借用其语言形式另赋新意，形成创造性的误读。近代学者王国维在《人间词话》中论述“成大事业、大学问”的人们的三种境界时，就借用了宋代三位词人的三首词（晏殊《鹊踏枝》、欧阳修《蝶恋花》、辛弃疾《青玉案·元夕》）里的中心句，并将句子的原意进行审美转换，借原词中描写的情侣们苦望、苦思、苦求的形象，喻说成就事业与学问的追求过程。

面对种种误读的情形，我们应一分为二地分析对待。合乎情理的“创造性的背离”，能解读出有益结果。合理误读能产生积极意义的例子，古已有之。据《韩非子·外储说左上》载：“郢人有遗燕相国书者。夜书，火不明，因谓持烛者曰：‘举烛’。云而过书‘举烛’。‘举烛’非书意也。燕相受书而说之，曰：‘举烛者，尚明也。尚明也者，举贤而任之。’燕相白王，王大说（悦），国以治。治则治矣，非书意也。今世学者多似此类。”很显然，文中的“举烛”二字本是叫侍者把烛火举高点而已，并没有提供任贤之策的意思，况且又是误书；而燕相“尚明举贤”的解读更是误读，但正是误读出的这个意思，使燕王纳之，使国家治而受益。如此富有创新性的有意误读，是值得称道的。

误读也有应当克服的弊端，即以我为主，超越文本的随意化曲解。其具体表现是随心所欲、妄加猜测；或囫囵吞枣、胡乱评说；最严重的是妄自尊大，以己之偏见，任意解读文学作品。比如唐人韦应物名诗《滁州西涧》的上联：“独怜幽草涧边生，上有黄鹂深树鸣。”元人赵章泉诠释成一种“君子在下，小人在上之象”，这一曲解使这联好诗的趣味丧失殆尽。对此，著名学者周振甫指出：“把它说成君子在下小人在上，那不但上下两句不容易理解，也跟传统说法不合。”[②]可见，这种游离于文本所提供的客观化内容和规定语境之外的曲解，是一种有害无益的很糟糕的诠释。

---

① 鲁迅：《鲁迅全集》第7卷，人民文学出版社1958年版，第202页。

② 周振甫：《诗词例话》，中国青年出版社1962年版，第45页。

要避免曲解，保持误读的合理性，就须着眼于作品整体结构的对文本语境的把握。弗莱指出："正是这种对整体的终于了解，才使得'结构'一词成为文学批评中一个非常普遍的隐喻。"而这种"结构关注"的实质也就是"为我们研究的文学作品确定一个语境"。他的意思是说，文学作品的解读应与其他东西联系起来，诸如文学史、作家的生平、作家所处的时代、文本的整体结构、语词顺序，等等。在他看来："与语境的关系几乎足以说明文学批评的全部事实基础。"①他的观点虽与孟子的"知人论世"说有相似之处，但对于在阅读实践中避免曲解确有一定的行之有效性。要避免曲解，还须了解文本语言所蕴含的文化意义，要透过文化背景去解读，而不能望文生义、穿凿附会。如《红楼梦》、《青楼梦》，其名称即具有文化意蕴。红楼、青楼，都不是指简单的红色的楼与青色的楼，而是分别代表达官门第与妓院。其"梦"，也不是字面之意"做梦"，而是"人生如梦"式的一种具有文化含义的"梦幻"。

三、可言与不可言

《中国大百科全书·教育卷》对"阅读"曾这样解释："阅读是一种从书面言语中获得意义的心理过程。阅读活动的结果不是机械地把原文说出来，而是要通过内部语言，用自己的话来理解或改造原文的句子和段落，从而把原文的思想变成读者的思想。"这里说的"从书面言语中获得意义的心理过程"，就是"因文取意"的"意化"过程；而把原文转化为读者的"内部语言"，用自己的话说出来，则是"用意及物"的"物化"过程。阅读接受的出发点在认知与理解，终极点在吸收与实践，所以，阅读接受的两个过程是缺一不可的。

由"意"及"物"的过程，属于阅读内化后的外化，它离不开语言表达。但不可忽略的是文学话语接受面临着可言与不可言的两种情形。在我们

① 参见《弗莱文论选集》，中国社会科学出版社1997年版，第37—192页。

的阅读接受实践中，那些表达言内之意且意指明晰的作品，或情意显露且易于捕捉的作品，以及大部分作品中的纪实性描写、叙述和议论等，入情得意的途径就较为顺畅，并能实现心得的言语化。阅读这类作品时，通常读者能够对文本的语句、段落做出准确、连续的感知和理解，能抓住文中的关键语、中心句，梳理文脉，贯通文气，点亮文眼，能够径直地把握到作品的内容、意义，感悟到作品的意蕴，进而读者还可以凭借自己的知识图式和审美经验对文本进行补充性、创造性的建构。这类文本的阅读具有明显的可言优势，读者把“心语”物化为“口语”或“书语”的表达，诸如复述内容、描绘形象、概述文意、言说体会、辩论是非、布列提纲、评点名篇、撰写书评，等等。进一步读者还可以用文本之“意”去照射客观实际之“物”，触发联想，把阅读心得激活，让它迁移到相关、相类似的阅读新情境中去，进行文事的类推、文理的演绎、文情的升华、文思的变迁、文技的转用，使阅读得来的言语心得在文本以外的生活空间得到拓展，变成灵动活跃的、解决问题的精神力量。

但是，在文学阅读接受中常会出现这样的现象：读者被文本所吸引、所陶醉，全身心地沉浸在审美的愉悦之中。然而，当他冷静下来，试图用语言传达出阅读的感受体验时，却无论怎样也说不清楚，很难为发自内心的感受和朦朦胧胧的领悟找到恰当的语言，以及令人满意的表达方式，陷入难以言说的困境，即所谓“可意会不可言传”、“可神通不可语达”。阅读接受中出现的这种“不可言”现象，本质上是文学接受特有的一种审美效应，是接受者同文学作品建立审美关系的产物。而形成“不可言”的原因直接与文学语言的特质、文学言说的方法技巧有密切的关系。

文学以语言为材料塑造形象，语言是作家表现思想和传达情感的符号，语言本身不仅不具有形象性，而且还呈现出“暧昧不清明”的模糊性。文学作品常常利用语言的模糊性，更富表现力地传达出丰饶的“意”，激发读者的思索，给想象留下广袤的空间。运用模糊语言建构的诗句，具有极大的可塑性，常能形成余味曲包的深度。元范德机《木天禁语》中说：“辞简意味长，言语不可明白说尽，含糊则有余味。”明谢榛《四溟诗话》指出，做诗“妙在含糊，方见作手”，譬如“朝行远望”，“其烟霞变幻，难于名状”，才粲然可爱。模糊语言能“使得读者与文字之间，保持着一种灵活自由的关系，读者处于一种‘若即若离’的中间地带。”[①]正是这种“灵活自由的关系”，使语言最大限度地发挥了传达功能，同时又使读者能最大限度地发挥出潜在的再创造能力。由于模糊语言暧昧隐约、氤氲混沌、蕴藉丰富，读者对它的感受与体验必然具有朦胧、不确定、难以言说、难以名状的特点。

文学语言既可以传达言内之意，又可以“含不尽之意，见于言外”，传达出超越于语言通常传达目的之外的意蕴。我国古代文论重视言外之意，强调妙在笔墨之外，提倡篇中有余意，有弦外之音，反对一览无余。饱含言外之意的语言超出了语词固有的含义而表现为多义性，它具有强大的象征性、暗示性，而且表现和指向的东西是那么飘忽不定又丰富多彩，诚如陈廷焯所说，它“若隐若见，欲露不露，反复缠绵，终不许一语道破”[②]。它为体验之境留下了一片广阔的净土，可以任你尽可能地接近它、体味它，但又不能用语言说清它、界定它。维特根斯坦说过：“凡是能够说清楚的事情，都能够说清楚，而凡是不能够说的，就应该保持沉默。”[③]对于文学作品中难以言说的意蕴、超验的思索，最好的解读方式就是在静默中体味和解悟。静默即沉思默想，是一种直感、直觉的体悟活动，是读者与作者心灵的直接碰撞。而解读富含言外之意的文学语言，恰恰需要读者进入宁静如水、以心相碰的悟境。因为，正如杜夫海纳所言，这类文学语言所表达的“不再是通过词让人们所理解的东西，而是在词上形成的东西，就像在刚被触动过的水面上所形成的波纹一样。”[④]文学作品的意义不是文学语言所直接给予的，它需要读者参与，介入阅读，体味语词的情调、色彩和韵律，需要读者发挥想象力去填补“空白”，在静默中实现与作

① 叶维廉：《中国诗学》，三联书店1992年版，第58页。

② 陈廷焯：《白雨斋词话》，人民文学出版社1959年版，第5页。

③ 维特根斯坦：《逻辑哲学论》，商务印书馆1962年版，第20页。

④ 转引自胡经之等主编：《西方二十世纪文论选》第3卷，中国社会科学出版社1989年版，第78页。

者心灵的交流与沟通，意义才能生成，犹如“水面上所形成的波纹”，离不开外在的风的作用。读者一旦进入了静默的悟境，方能心游天地，思接千载，视通万里，贯穿古今，“心有灵犀一点通”，意有所会心有所领，快不可言。在静默中获得的“妙悟”，可谓最美妙的精神享受，这也是文学语言接受所达到的一种至深的境界。

（原载《理论与创作》2004年第6期）

第四编
艺术语言论析

本编探讨的是广义的艺术语言，即各种艺术体裁用以塑造艺术形象、传达审美情感时所使用的材料和媒介。首先分析了艺术语言所具有的本体特性，凸显出艺术语言是“有意味的形式”；接着从艺术分类入手，对艺术语言“分组归类”，厘清艺术语言的类型和系统；又根据艺术语言表现的不同审美形态，理论联系实际地分析了四组八种艺术语言的风格类型；随后着重论述了舞蹈艺术语言、戏剧艺术语言、多媒体艺术语言的构成及审美特性。

有意味的形式

——艺术语言的本体特性

艺术语言是艺术作品形式的基本构成要素。各个艺术门类，在长期的艺术发展中，都形成了自身独特的艺术语言。艺术正是因其拥有了属于它自己的语言及语言系统，才得以存在和发展。

一、艺术语言反映主观情感

艺术语言是艺术的第一要素。没有艺术语言，也就没有艺术作品的存在。因为，任何一件艺术品都不是抽象观念的存在，而必须是通过一定的语言符号、物质材料使其得到固定化和外在化，获得一定的物质外壳，形成一个直接诉诸人们感官的形象。所以，艺术作品的内容不可能独立于形式而存在。艺术语言是艺术作品存在的基本前提，艺术的内容是被语言符号化了的内容。语言符号也是我们得以体悟文艺作品内容及其审美的介质。所以，要了解艺术、把握艺术创作和欣赏的规律，就必须要懂得艺术语言。

艺术语言又是人类艺术思维的工具。各门艺术都以自己独特的艺术语言体系来体验和把握世界。思想产生的过程就是语言形成的过程，艺术家并不是有了某种形象、思想，再用语言符号把它表现出来，而是这种形象、思想本身就是由语言体现出来的。在艺术创造中，画家是用调色板，用色彩、线条来思考、来感受；作家是用文学语言来思考、来感受；音乐家是用音节、旋律、节奏来思考、来感受……他们对各自的语言符号、工具、材料都具有一种特殊的敏感，能够熟练地运用它们的性能和规律进行艺术思维、形成主观意象，进而成功地将其物态化，如画家运用色彩、线条，将心目中的黄山转变成画布、宣纸上的黄山。在艺术创造中，艺术家的主观精神渗透到语言形式中，直接影响到艺术形式的创造。当一个艺术家充满着内心的喜悦和热爱描写和表现他所肯定的事物时，那么，他所使用的语言文字或色彩线条等艺术符号必然表现出明显的肯定、赞美的情调；反之，当艺术家以鄙视憎恨的态度描写他所否定的人物或事物时，其所使用的语言符号或色彩线条就会表现出否定、憎恶的感情色调。

二、艺术语言具有独立审美价值

艺术语言不只是艺术重要的形式要素，而且本身也具有内容性。艺术语言既是手段与工具，又是艺术的对象与内容；它不仅包含着艺术审美性产生的奥秘，而且它本身就具有独立的审美价值。

首先，艺术语言与艺术的审美价值是不能分离的。在艺术审美价值的创造过程中，艺术语言已经融入价值本体之中，成为审美价值生长中不可或缺的部分，并体现在艺术创造活动的结果之中。如在中国绘画的审美价值创造过程中，画家是无法把语言媒介（笔墨、线条、技法等）同其创造过程及其创造结果（审美价值）分离开来，齐白石画大虾，其美就在齐白石独特的笔墨之中。也正是因为画家的笔墨各不相同，所以，齐白石的虾、徐悲鸿的马、黄永玉的猫头鹰，就呈现出不同的风格形式、审美价值。

其次，特定的审美价值只能由特定的艺术语言来实现。不同艺术语言的性质特点影响和决定不同艺术种类的性质和特征。如音乐和绘画的语言媒介不同，因而造成了它们艺术性质和特点上的差别。所以，某门艺术的特征总是与它所使用的特定的艺术语言的性质相对应的。在创造特定的艺术审美价值时，某种艺术语言是同某种艺术审美价值及其感性形式相对应的，不同语言媒介之间一般不能互相通融，特定的语言媒介是不能由另一种语言媒介来替代的。如大理石不同于青铜，因而大理石雕像和青铜铸像有着各不相同的特点和美。如古希腊雕塑《米洛的维纳斯》，是用洁白的大理石雕刻而成，完美地体现出了女神婀娜妩媚的体态和典雅高贵的气质，令人回味无穷。白色大理石那温润圣洁的质感，最适合塑造维纳斯含蓄娴静之美。

再次，艺术语言本身也具有独立的审美价值。艺术语言不仅是艺术的外在形态，不仅是单纯的形式和技巧，而是形式和内容的统一体，因为艺术语言不仅有可感知的物质材料，而且也包括可体会的精神内容。艺术语言的形式要素本身（声音、形体、色彩、线条等），既具有对现实的形象进行摹写的功能，又具有表现情感的功能。如在具象绘画中红色的应用，一方面具有模写太阳、红花、红旗等事物的功能，另一方面红色自身又有表现兴奋、热烈、喜庆、昂扬这一类情感的功能，能形成特有的审美价值。所以，艺术语言的诸多形式要素，其本身就具有情感表现性和情感象征性。如绘画艺术中的线条就有着丰富多样的审美价值。各种各样的线条给人以不同的感受：直线——挺拔，流畅，率直，始终如一；曲线——柔韧，波动，舒缓，柔和的动态感和回旋的变化感。可见，艺术语言符号本身就有着丰富的内蕴，就具有独特的情感表现性和审美价值。

艺术语言有新的创造和发展。语言作为艺术思维的基本“材料”和基本“范畴”深刻地制约着艺术的演变和发展，并随着人类语言和艺术实践的发展不断丰富。不同的语言形式会产生出不同的文学艺术样式，反之，不同的文学艺术样式也必然体现为不同的语言形态。从中国文学发展史上看，中国诗歌在历史上有过多次形式上的更迭，而每一次更迭都植根于汉语的发展，都是在特定历史时期语言结构的基础上形成的。

每一种艺术，它的语言符号在长期的艺术实践中，经过艺术家的概括提炼，便形成了自成一体的规则、结构格式。例如，中国古诗中五律、七律、绝句，都有约定俗成的格式；中国绘画中人物画、山水画等，也各有其特定的技法等。艺术语言符号可以被艺术家创造性地运用，也可以根据艺术创作实践而有所发展变化，但不可以轻易地违背。因而，研究各门类艺术语言的体系结构、运用规律等，才能更深入地探寻艺术之美，才能更好地把握各门类艺术创作与欣赏的特点和规律。

（原载《中国社会科学报》2013年4月3日B01版）

艺术语言的类型

艺术的世界是一个由多姿多彩、多种多样的艺术奇葩构成的百花园。艺术创作与艺术欣赏都离不开具体的艺术语言，艺术活动本质上就是一种艺术语言的交流。由于各种艺术的体裁不同、媒介形式有别、呈现方式各异，因而形成了极为丰富的艺术语言系统。探究艺术语言的类型，是认识艺术活动必不可少的重要环节，它不仅可以使我们清晰地了解艺术语言的类别，不同艺术语言之间的联系与区别，而且能使我们更好地把握各门类艺术的审美特征。

一、艺术的分类

艺术是一个独特的领域，它是由艺术活动、艺术作品、艺术符号等构成的整体，要了解艺术语言符号的类别，首先要弄清艺术种类的划分。厘清艺术的分类，揭示各类艺术的自身特性及各类艺术之间的内在联系，才有利于在相异性和相同性的统一中对艺术语言进行归纳、认识和阐析。

艺术门类划分是随着人类历史发展而产生并演变的。人类早期的艺术还谈不上如何分类，对史前“艺术门类”的勾画，是后人根据艺术的历史发展形成的形态解读出来的。随着时代的发展，艺术的样式不断丰富和扩展，对艺术类型的界定和区分也就成了认识各种艺术特性规律的切入点。我国汉代的《毛诗 · 序》中，就从表情达意的角度区分了诗、歌、舞，并对人类早期的艺术活动进行了直接感性描述。在古希腊，亚里士多德在《诗学》中根据艺术摹仿的方式、对象、手段来区别不同的艺术门类。他说：“有一些人，（或凭艺术，或凭经验）用颜色和姿态来制造形象，摹仿许多事物；而另一些人则用声音来摹仿；同样，象前面所说的几种艺术，就都用节奏、语言、音调来摹仿……这就是各种艺术进行摹仿时所使用的种差。”[1]康德从艺术的表现形式出发，把艺术分为语言艺术（文学、雄辩术）、造型艺术（绘画、雕塑、建筑）、感觉和游戏的艺术（音乐、色彩装饰）；黑格尔则根据他所设定的“绝对理念”的显现程度，将艺术分为三大类型，即象征艺术（严峻的风格，代表类型是建筑）、古典艺术（理想的风格，代表类型是雕刻）和浪漫艺术（愉快的风格，代表类型是绘画、音乐、诗歌）；德国的费肖尔又根据艺术中的主客观关系将艺术分为客观艺术（空间艺术）、主观艺术（音乐与舞蹈）、主客观艺术（诗及舞台艺术）。

当代我国的一些学者对艺术的分类方法也进行了许多研究。如李泽厚按照表现与再现、动与静两大原则，把艺术分为：表现静的艺术（实用艺术：工艺、建筑）、表现动的艺术（表情艺术：音乐、舞蹈）、再现静的艺术（造型艺术：绘画、雕塑）、再现动的艺术（综合艺术：戏剧、电视）和语言艺术（文学），共五大类。胡经之在《文艺美学》中则认为，艺术形态的分类可以有艺术内容（认识论）和艺术形式（本体论）两种标准。从认识论的标准看，艺术可分为表现艺术、再现艺术和表现再现艺术；从本体论看，艺术可分为时间艺术、空间艺术和时间空间艺术。

由于人们划分艺术种类的原则和视角不同，艺术的分类便呈现为丰富多样性。其中最主要的分类大约有以下几种：

1. 以艺术作品的存在方式为依据，可以将艺术分为时间艺术（音乐、文学、曲艺等）、空间艺术（绘画、雕塑、工艺美术、摄影、建筑等）、时空艺术（戏剧、影视、舞蹈、杂技、行为艺术等）。

2. 以对作品的感知方式为依据，可以将艺术分为听觉艺术（音乐、曲艺等）、视觉艺术（绘画、雕塑、工艺美术、书法、摄影、舞蹈、杂技、建筑等）、视听艺术（戏剧、影视等）、想象艺术（主要指文学）。

3. 以艺术作品对客体世界的反映方式为依据，可以将艺术分为再现艺术（绘画、雕塑、小说等）、表现艺术（音乐、舞蹈、建筑等）和再现表现艺术（戏剧、影视等）。

---

① 转引自伍蠡甫主编：《西方文论选》，上海译文出版社1979年版，第51—52页。

4. 以艺术作品的物化形式为依据，可以将艺术分为动态艺术（音乐、舞蹈、曲艺、杂技、戏剧、影视等）和静态艺术（绘画、雕塑、建筑、工艺美术、书法、摄影等）。

5. 从本质上讲，艺术作品就是以物态化的方式传达出艺术家的审美经验和审美意识，因此，艺术分类的美学原则，应当把艺术形态的存在方式与审美意识物态化的内容特征作为根本的依据，按照艺术塑造形象的方式和使用材料的不同，将艺术分为五大类别：即造型艺术（绘画、雕塑、书法、摄影）、实用艺术（工艺美术和设计艺术、建筑艺术和园林艺术）、表情艺术（音乐、舞蹈、曲艺、杂技）、语言艺术（文学）、综合艺术（戏剧、影视、多媒体艺术）。

以上种种艺术分类都有其一定的合理性与科学性，都有存在的价值，不必强求一致。然而，我们也应该看到，任何艺术分类的方法都不是绝对的，都具有一定的相对性。因为艺术本身就具有互渗互融性，在发展过程中，不同艺术之间更加交错、互融。以“再现表现”说为例，根据一般的看法，把绘画、雕塑看成是再现性的艺术，把音乐、舞蹈看作是表现性的艺术。这种分法有一定的道理，因为各种艺术门类确实有它的局限性。音乐很难描绘一个人高兴的样子，但可以通过欢快的旋律直接作用于人的心理，从而激发起相类似的情感。同样，一般来说，绘画善于再现客观事物而不善于表达人的内心情感世界。但是，这种分法只是突出了不同艺术门类的主要特征，并非是一条不可逾越的鸿沟。例如，许多音乐家尝试利用标题音乐、模拟自然音响来唤起听众的想象，以克服音乐的先天不足。法国音乐家德彪西力图通过音乐再现现实生活中的景象，他的三首交响素描《大海》被人们称为以海为主题的“印象派”音画。乐曲通过小号、竖琴、木管、圆号等不同的音色描绘出在阳光照耀下波光粼粼的大海的动人景象，获得很大的成功。绘画也是如此，现代的绘画正在努力拆除“物像识别”这一桥梁，力图通过色彩和线条直接与观众进行情感的对话。事实上，再现和表现不仅体现了不同艺术门类的审美特性，也是区别不同的艺术风格、艺术流派的重要标准之一。

在人类历史发展的长河中，艺术的形态是不断发展变化，推陈出新的。由于民族、地域以及传统习惯的差异，艺术的种类也呈现出很强的民族性和独特的审美趣味。因此，艺术的分类也不应该是固定的、一成不变的。艺术分类上的不同观点，可以说是从不同角度对艺术的审美特征的有益探索。它说明艺术现象是复杂的，本身就具有多方面的意义。对于艺术分类的研究和讨论，有利于我们进一步认识各门类艺术的审美特征，深化我们对艺术语言的探讨。

二、艺术语言的类型

艺术语言是一个丰富有序的符号系统，是一种意义俱足的语言世界。在人类漫长悠久的艺术发展史中，各门类艺术都逐步积累、发展、完善了自己的艺术语言。由于各种艺术门类所运用的物质媒介的物质特性不同，便形成了自我一格的艺术语言体系。从这个意义上可以说，有多少种艺术就有多少种艺术语言。

艺术语言的分类同艺术的分类有相似之处，即依据不同的原则和视角，便有不同的划分方法。

从艺术语言反映客观现实与表现主观感情的关系和侧重点不同，可分为再现性艺术语言和表现性艺术语言。

再现性艺术语言常常运用在绘画、雕塑、小说、戏剧艺术中，其特征是真实地表现客观生活、历史事件，呈现出生活和历史的本真面貌。如真实地反映历史事件的绘画作品：董希文的《开国大典》、罗工柳的《地道战》、彦涵的《百万雄师过大江》、詹建俊的《狼牙山五壮士》和石鲁的《转战陕北》等，均是运用再现性的绘画艺术语言，真实地再现出某一历史事件或壮观场面，这些气势恢宏的画卷均具有纪念碑的意义。

表现性艺术语言在音乐、舞蹈、建筑、抒情诗等表情艺术中能凸显其作用。音乐是一种情感载体，音乐美的内涵特征在于以情动人，而音乐的美又是通过艺术化的声音组合表现出来的，即通过旋律、音调、和声、节奏等音乐语言产生其音乐的抒情效果。如民族乐曲《喜洋洋》以轻快流畅的音调表现了一种浓郁真挚的欢快情感，能强烈地感染人、打动人，能让听者兴高采烈、心花怒放。而舞蹈与音乐相比，在表达、激发人的情感的强度上，可谓更加淋漓尽致。因为舞蹈使人的心理反应与生理运动、美感娱乐与感官享受以及运动快感结合在一起，所以可以达到最高的感受强度。舞蹈运用高度凝练的、程式化的人体姿态、动作，着重表达人们的内心情感活动。某些难以用语言说清楚的精神状态和情感体验，用舞蹈动作往往可以把它抒发得细致入微。如芭蕾舞剧《天鹅湖》的第二幕中，王子遇见了变成天鹅的公主奥杰塔，两人之间产生了纯真的爱情。在这里编导者精心编排了一段慢板的双人舞，清楚细腻地描写了奥杰塔的心理变化过程。她由一开始的恐惧、提防、抵御，到变为放心、信任，最后萌生感情，以至对王子完全信赖，把自己和女友的命运托付给他。这一切都是通过不同节奏、不同力度、不同性格的人体动作表现的。到了第四幕，奥杰塔沮丧地飞回来，把王子背叛誓言的事情告诉女友，她们一起跳了一段悲愤交集、如泣如诉的舞蹈。这里靠着音乐的渲染，人体的动作把截然不同的心情表现得淋漓尽致。

从艺术语言运用的不同表现手法上，又可以把艺术语言分为写实的艺术语言、夸张的艺术语言、隐喻的艺术语言、象征的艺术语言。

写实的艺术语言注重按照生活的本来面貌去描写、反映生活，力求真实地再现典型环境中的典型人物。古今中外大量的现实主义艺术作品便是运用写实的艺术语言创作的。如我国著名的油画作品《父亲》，作者罗中立就是运用极为细致的写实的艺术语言描绘了一位饱经沧桑、艰苦劳作的老农民的形象。诚实、善良、略显木讷的目光，满面的皱纹，黢黑的老年斑、苦命痣，干裂的嘴唇，老树枝一般的手指，破旧的粗瓷茶碗……他的身后是经过劳动换来的一片金色的谷场景象，一切都是那么历历在目，真实可信。这位老农民的形象已经远远超过了生活原型，他所代表的是中华民族千千万万的农民。事实上，画家是通过人物形象寄托了自己的思想情感，是对我国千千万万劳动人民的赞美。

20世纪70年代兴起于美国的照相写实主义（Photo Realism），又名超级写实主义（Super Realism），运用现代科技与写实性绘画语言进行创作，他们往往先用照相机摄取所需的形象，再对着照片亦步亦趋地把形象复制到画布上，或者索性把照相底片用幻灯机投影到画布上，再用颜色去临摹，力求摒弃一切主观因素，逼真地描绘事物的主要特征。

夸张的艺术语言是为了更突出、更鲜明地强调某一事物，而故意地“言过其实”，用形象的语言把事物的某一特征超越常态地夸大或缩小。在文学创作中，当常态的具体事物难以表达创作主体浓郁深沉、变动不拘的感受与情感时，作家就会以扬厉、夸饰的方式突出事物的本质特征。通过对主体感觉的夸张，便可打破日常语言符号的固有意义，使之构成变形的超常态形象和虚幻的语境，为审美意义的发生造就充分的条件。如善用夸张的李白，写雪片曰大如席，写白发长有三千丈，写黄河之水言天上来，写蜀道之难则难于上青天，写逸兴壮思即上青天揽月，写小人气焰便见鼻息直冲天上虹霓……夸张矫饰比比皆是。夸张的语象虽荒诞不实，但没有人怀疑其艺术价值，因为这些语象的夸张变形表现了作家感觉和情感的真实和艺术的真实，所以，它不会失去可信性，反而会使读者更强烈地感知对象的审美特性，具有艺术的可接受性。

绘画艺术中，夸张的艺术语言曾成为中外历代画家惯用的表现手法。在他们的作品中，无论是对社会现实的展现，还是对自我灵魂的表述，都是画家对于自我的超越和感悟。如19世纪法国后印象派画家凡·高的油画《向日葵》便是夸张性艺术语言绘画的代表作。凡·高画《向日葵》时，情绪异常激动，他像画太阳一样画向日葵，把花蕊画得火红火红，犹如一轮炽热的火球，又用饱蘸的黄色画出花瓣，如同太阳的光芒一样，令每一位观者无不为之震颤。厚涂的色彩和笔触，又使画面具有雕塑般的感觉。凡·高用强烈鲜明的色彩、旋转扭曲的笔触、夸张变形的形象传达出了自己内心的激情。

隐喻的艺术语言是根据不同事物之间某一方面的联系，借助联想和想象，言此指彼。这种艺术语言含蓄机智、耐人寻味，言有尽而意无穷，它给欣赏者以广阔的想象空间。诗歌与隐喻结下了不解之缘。雪莱说：“诗人的语言主要是隐喻的。”[①]斯蒂文斯说：“只有在隐喻的国度里，人才是诗人。”[②]这是因为诗歌这种艺术文本，其语义结构是一个复杂的、多极化的系统。诗人为了表达出内心复杂微妙的情感，常常“言在此意在彼”，采用借景抒情、寓情于景的

① 刘若端编：《十九世纪英国诗人论诗》，人民文学出版社1984年版，第121页。

② 转引自泰伦斯·霍克斯：《隐喻》，高丙中译，北岳文艺出版社1990年版，第10页。

手法，从状物中象征、暗示出人类的情感。诚如符号美学家苏珊·朗格所言：“在通常情况下，当人们打算较为准确地把情感表现出来时，往往是通过对那些可以把某种情感暗示出来的情景描写出来，如秋夜的景象、节日的气氛，等等。”[①]如王维的《鹿柴》：“空山不见人，但闻人语响。返景入深林，复照青苔上。”从字面上看，此诗句句写景，其实景物中寓含着诗人独特的感情。王维官场失意后，非常厌倦衙门生活，便通过写山水诗排解烦扰的心情，追求清幽的意境。此诗就是借描写夕阳西下的深林景色，抒发孤寂之情，并隐喻、暗示出了诗人从山林胜景中寻找乐趣的避世思想。

我国古代文人、士大夫画家常以梅、兰、竹、菊入画，就是因为这些自然物象具有鲜明的个性和与众不同的品格，即梅的高洁——冰肌玉骨，竹的坚贞——虚心坚毅，兰的静逸——清雅幽香，菊的孤傲——傲霜斗雪。这“四君子”具有的这些宝贵的品格，最能代表文人雅士的品格和情操。因此，古代文人画中，多有借梅、兰、竹、菊，隐喻、暗示出画家本人高尚的精神追求。

象征的艺术语言是指借助于某一具体事物的外在特征，寄寓艺术家某种深邃的思想，或表达某种富有特殊意义的事理。成功地运用象征的艺术语言，能达到这样的效果：“借有形寓无形，借有限表无限，借刹那抓住永恒……正如一个蓓蕾蓄着炫熳芳菲的春信，一张落叶预奏那弥天漫地的秋声一样。所以它所赋形的，蕴藏的，不是兴味索然的抽象观念，而是丰富，复杂，深邃，真实的灵境。”[②]文学艺术所追求的就是这种宏大深邃的人生境界、精神价值和贯通古今世界的人生哲理。所以，文学作品最核心的东西，不是可以用概念表述的“主题思想”，而是作品中所蕴含的这种“象征意蕴”。鲁迅塑造的阿Q形象之所以具有不朽的魅力，就是因为这个落后农民形象大大超越了它自身的规定性而获得了一种普遍性象征意蕴。“它不仅象征当时社会流行的民族失败主义的变态情绪，而且象征中华民族的性格——

① 苏珊·朗格：《艺术问题》，滕守尧等译，中国社会科学出版社1983年版，第87页。

② 梁宗岱语，转引自张德林：《现代小说美学》，湖南文艺出版社1987年版，第67页。

一种长期受奴役而形成的变态反抗、精神胜利的畸形的集体深层心理。”①

建筑艺术善于运用大量抽象的线、面、体及组合，创造出符合美学规律的几何形体和符合力学规律的“力的样式”，去抽象地象征人类的精神观念。古希腊建筑用轮廓刚劲挺拔的多立克柱式象征男性的雄健，用外形修长轻盈的爱奥尼柱式象征女性的温柔。欧洲天主教堂用十字形平面象征基督耶稣的受难。中国古代建筑借用狮子这一雄健威武的形象，象征建筑主人的权力、地位和威严。雕塑也善于运用象征的艺术语言，使其单纯的形式具有了概括、宽泛、深刻而多义的艺术意蕴。鲍列夫分析米开朗琪罗的《夜》与《昼》时说：“正在入睡和正在苏醒的人——这便是这两座雕像的直接艺术意义。但同时，它们的含义又要宽得多。这就是人的灵魂的苏醒和入睡，进入长眠、死去、复活等等。在米开朗琪罗所雕刻的具有概括力并充满象征意义的形象中，不仅表现昼夜这样短暂的时间，还表现人的生活的各个时期以及人类的各种状态。”②这种丰富、深刻的象征性，使单纯的雕塑具有了耐人寻味的魅力。

从艺术形态的物质媒介及艺术语言塑造艺术形象的方式，可以把艺术语言分为以下四种：

1.造型艺术语言（绘画语言、雕塑语言、书法语言、摄影语言、建筑语言）；

2.表情艺术语言（音乐语言、舞蹈语言）；

3.文学艺术语言（叙事性文学语言、抒情性文学语言、影剧性文学语言）；

4.综合艺术语言（戏剧与戏曲语言、影视艺术语言、多媒体艺术语言）。

三、各种艺术语言之间的关系

各艺术门类由于其所具有的特点不同，都有其特有的语言表现形式。同时，艺术之间又具有交错、互融性，它们在互相吸收营养的发展过程中，都在

① 林兴宅：《论文学的象征》，《学术月刊》（沪）1990年第3期。

② 鲍列夫：《美学》，乔修业、常谢枫译，中国文联出版社1986年版，第424页。

不断地充实、丰富自己，在互异性中出现了更多的共同性。所以，各种艺术语言之间存在着密切的联系，音乐与舞蹈相通相伴，唐代《乐府杂录》中说："舞者，乐之容也。"把舞蹈比作音乐的容貌。绘画与书法是同源的，南齐谢赫"六法论"中的"骨法用笔"，即要求绘画要以书法用笔。雕塑与建筑也是密不可分，雕塑或在室内成为建筑的一部分，或在室外和建筑相呼应，而成为不可分割的有机组成。绘画与音乐之间也互相关联，绘画的音乐性不但表现在一波三折的用笔节奏，变化起伏的轮廓曲线，五彩纷呈的色彩秩序，远近强弱的景物层次，还表现在画面景物气氛所传达出的音乐情调上。在各门艺术中，每一门艺术都含有一定的文学性，都离不开文学的影响，如声乐含有文学因素，文学语言讲究音乐性。"诗情画意"是对绘画与诗之间关系的简练概括，人们很早就将诗称为"有声画"，而将画称为"无声诗"了。苏东坡在《书摩诘〈蓝田烟雨图〉》的题跋中写道："味摩诘之诗，诗中有画；观摩诘之画，画中有诗。"就更道出了"诗画本一律"的关系。影视与戏剧，都以一定的文学故事为线索，要有文学脚本。某些文学名著和民间传说还直接改编成各种艺术样式。可以说，文学是各种艺术创作的基础，文学艺术语言与各类艺术语言的关系尤为密切、直接和广泛。下面对文学语言与其他艺术语言做些比较分析，即可看出各种艺术语言之间的联系与区别。

文学语言与其他艺术语言都具有表情性、表象性，都不是纯理性和逻辑化的符号。具有如此特性的符号，才能建构起具有审美意味的形式系统，达到对世界的艺术掌握。艺术语言的内涵具有模糊性和不确定性的特点，这便是艺术语言的蕴藉和想象空间之所在。艺术语言的基本元素只有在一定的结构关系、具体的语境中，才具有较明确的功能。脱离了具体的结构关系、特定语境，艺术语言就很难显示它的真正涵义。文学作品的形象不是在单个的词义中生成，而是这些词义在一定的语法关系和语法结构中变化的结果。戏曲、舞蹈中的台步、手势、身段、眼神，也只有在一定的情境中协同组合起来，才能显出婀娜多姿、顾盼有神的美。单纯的乐音只有在乐句和旋律中，才是动人心弦的。这样，艺术语言的能指和所指的关系就有随情境变化、临时约定的性质，不像一般语言那样稳定。如在一般语言中，悲、喜这两个词所指的特定情绪意向，约定俗成后具有稳定性。但在舞蹈艺术中，“倒踢紫金冠”这一典型的动作语言，在《白毛女》中可以表现人物的极度悲愤，而在《红色娘子军》中则可用来显露人物的兴奋和喜悦，它完全是随剧情、人物命运的变化而变化的。

各种艺术语言在传情表象上虽然有某些共同的属性，但是它们之间的差异与不同，各自显示出的个性特点也是非常突出的。我们试举其中两个有代表性的方面加以比较：

文学语言与绘画、雕塑等造型艺术语言之比较。绘画语言借助焦点透视或散点透视的方法，创造二维空间的艺术形象，并通过鲜明可感的线条、色彩诉诸人的直观。雕塑语言在三维空间通过体积的变化和立体造型，创造出可视、可触的艺术形象。文学语言也塑造艺术形象，但从文学语言本身来看，却不能直接描绘出事物的状貌，不能构成直观的画面和图景，文学语言只是提供一种语词概念，让人根据这些语词概念来进行想象，将其在头脑中转换生成宛如目前的艺术形象或浮现出事件发展的全过程。可以说文学作品所塑造的形象和表达的情感，总是由概念转化而来的，就像黑格尔所指出的，在文学作品中，一切“可闻的东西象可见的东西一样，都降为心灵的一种单纯标记了”。所以他认为“诗艺术是心灵的普遍艺术”[①]，是最善于传达主体心灵性内容的。绘画、雕塑之类的造型艺术符号与所指是不可分割地结合在一起的。在其被创造的过程中，物质的构型和精神的形成是浑然一体、同时发生的。艺术的物质形式的变化，必然导致其精神内涵的改变。如在绘画艺术语言中，任何一条画线或任何一块色彩的改变，都直接就是画面图像的改变，从黑色到红色就象征着不同的感情状态。但是，语言符号的能指与所指是相对分离的。在诗歌乃至其他体裁的文学作品中，“符号和指称不能合一”的情况是普遍存在的。如中国古典诗歌单纯起兴的诗句，仅仅是“先言他物以引起所咏之词也”，并无实际指称，表现出语言符号能指与所指相分离的特点。

在《拉奥孔》中，莱辛曾详细地探讨过诗与画的区别。他指出诗与绘画所

---

① 黑格尔：《美学》第1卷，朱光潜译，商务印书馆1984年版，第113页。

用的媒介符号完全不同，“绘画用空间中的形体和颜色，而诗却用在时间中发出的声音；既然符号无可争辩地应该和符号所代表的事物互相协调，那么，在空间中并列的符号就只易于表现那些全体或部分本来也是在时间中先后承续的事物”[①]。由此他认为诗适合于描写动作，而画则适合于描写物体。不过，诗也不是绝对不能描写物体，但是应该通过动作去暗示，化静为动，而不是罗列一连串静止的现象。莱辛认为，诗人化静为动的主要途径有三条：一是通过动作，用暗示的方式去描绘静态物体。如荷马描绘阿喀琉斯的盾，他不是把盾上的画面一一罗列出来，“而是把它作为正在完成过程中的作品。在这里他还是运用那种被人赞美的技巧，把题材中同时并列的东西转化为先后承续的东西，因而把物体的枯燥描绘转化为行动的生动图画”[②]。二是就美的效果来描写物体的美。如对海伦的美，荷马在《伊利亚特》中并没有正面描写，而只是写了特洛亚的元老们见到海伦后的窃窃私语：“没有人会责备特洛亚人和希腊人，说他们为了这个女人进行了长久的痛苦的战争，她真像一位不朽的女神啊！”而这种间接的描写比任何正面描写更有效果。三是化美为媚。“媚就是在动态中的美，因此，媚由诗人去写，要比由画家去画较适宜。画家只能暗示动态，而事实上他所画的人物都是不动的。”但在诗里，媚却是一种飘忽不定、一纵即逝而令人百看不厌的美。“因为我们回忆一种动态，比起回忆一种单纯的形态或颜色，一般要容易得多，也生动得多，所以在这一点上，媚比起美来，所产生的效果更强烈。”[③]莱辛的这些分析说明诗与画由于物质载体、媒介符号不同，而形成了各自艺术表现方式及塑造形象的方法上的特点和彼此的差异。通过二者的比较我们可以看出，就视觉形象方面而言，文学形象没有视觉的直观性，不可能达到绘画、雕塑形象那样明确、具体，它带有一定程度的模糊性、不确定性。但是它却能够通过文字引发读者丰富的想象，在形象思维中激发起

① 莱辛：《拉奥孔》，朱光潜译，人民文学出版社1979年版，第82、121页。

② 同上，第101页。

③ 同上，第121页。

大大超过文字表达的视觉印象。而在非视觉形象方面，诸如对人物内心活动的表现、人物对话的描写等方面，又是语言符号所独具的优势，绘画与雕塑是无法比拟的。

文学语言与音乐语言之比较。文学语言与音乐语言有共同之处，它们作为符号都具有一定的抽象性，不能像色彩、线条、形体那样可视可观、具体可感。但是这两种艺术语言又有较大的差异。由于语言符号只能按照一维线性的排列方式去表现对象，它所造成的感性只是抽象的差异感。我们用文学语言来描绘一只鸟时，立体的、多维的现实之鸟，就变成了一组抽象的文字符号组合。线性语言描绘出的空间形象要转换成艺术形象，必须经过人对词语概念的理解。无论是从形象到语言，还是从语言到形象，都离不开作者或读者的参与。音乐语言是形式与情感的直接对应，二者之间不需要任何中介。在音乐中，声音本身就是具有独立表现性的实体。音乐结构中所表现的节奏、韵律、平衡、冲突、张力、松弛等，不像语音那样仅仅是传达某种外在观念的手段，音乐是人的情感、情绪的直接现实，它能最直接地传达创作者的内心情感，并直接拨动欣赏者心灵的情弦，这种情弦无需形象的触发，也无需概念的阐释。事实上，音乐是不需要翻译的，不同国度的音乐是人们都能够欣赏的，音乐是全人类的共同财富。但音乐不能描绘具体的社会生活现象和表达明确的思想认识。音乐的标题和歌词，通常只是为乐曲情绪的展开提供一定的线索、说明，是一种辅助手段。因而从思想的深刻性方面，听觉艺术乃至视觉艺术都比不上文学。音乐对其他艺术的渗透性很强，舞蹈、戏剧、电影和电视剧等表演性和综合性艺术都离不开音乐语言。建筑艺术中由于含有节奏、旋律与和谐的特质和韵味，则被称为“凝固的交响乐”；又由于音乐中具有结构、层次等空间感，故而音乐又被称为“流动的建筑”。此外，书法的线条、墨色运用，往往也有音乐感和舞蹈感，被称为“纸上的音乐”或“纸上的舞蹈”。

形诸文字的文学作品的语言是一种阅读性语言，是偏重于理解性的语言；诉诸听觉的音乐语言则是一种倾听性的语言，是偏重于感受性的语言。就传情方面而言，文学的确没有音乐那样强烈的情感感染性。这既是这两门艺术各自的特性所致，也与文学阅读的现实状况有一定的关系。因为文学阅读基本上是一种无声的阅读。尤其是现代，很少有人像古人那样“吟”诗和“诵”词了。哑语化的默读成了人们欣赏文学作品的习惯。由于阅读中失落了文学语言的能指（语音）功能，必然使文学作品的表情性大大地削弱。在利用声音传情上就更难与音乐艺术相媲美。当然，把文学语言变成无声阅读的语言也有益处，那就是无声阅读更容易使阅读者静心沉思，在沉思中增进对文学形象和意蕴的感受与理解。正因为如此，在所有艺术样式中，文学所塑造的艺术形象往往能给人留下更为深刻的印象和无穷的回味。

由于各种艺术之间互相联系、互相吸收、互相融合，因而每种艺术语言都是个性与共性的统一，既有某些共同的本质属性又有鲜明独特的个性特质，既有联系又有区别，形成了艺术语言的丰富性和多样性。各种艺术语言之间相互交流、借鉴，共同彰显着生生不息的审美价值，各门艺术才得以不断繁荣发展。

（原载《美与时代》2013年6月下）

艺术语言风格的类型

艺术风格是用来品评艺术家的艺术创作和艺术作品的重要视角，而独具特色、成熟的艺术语言是一个艺术家区别于他人的重要标志，是艺术风格显现的可辨认的形式。所以,对艺术语言风格的探讨,不仅具有重要的理论意义,而且具有不容忽视的实践意义。古代文论家曾给风格建立起的种种模型，如刘勰提出的“八体”说；司空图的“二十四品”说；严羽的“九品”说等，为我们研究艺术语言风格提供了良好的参照系。倘若我们仔细品味古人的风格类型说，便会发现在那些繁复细化的风格划分中，既有侧重于艺术家、作家精神个性的风格种类，也有侧重于艺术作品境象的风格种类，而更多的是体现艺术作品语言表现技巧和特色的风格种类。我们本着求大同、存小异的原则，根据艺术作品语言表现的不同审美形态，把主要的艺术语言风格类型归纳为两两相对的四组八种，即优美与崇高、素朴与华丽、简约与繁丰、含蓄与明快。这八种艺术语言风格类型虽然不能将各种风格形态都囊括其中，但可以说是艺术语言风格的主要表现形态，我们应该对其有所了解和认识。

一、优美与崇高

优美是一种柔婉、和谐、纤巧、秀丽、优雅的语言风格。它的特点是笔墨细腻，格调柔美，给人以轻松、愉快、心旷神怡的审美感受。对优美风格，清人姚鼐在《复鲁絜非书》中是这样形容的：“其得于阴与柔之美者，则其文如升初日，如清风，如云，如霞，如烟，如幽林曲涧，如沦，如漾，如珠玉之辉，如鸿鹄之鸣而入寥廓。”优美是视觉上的单纯与和谐，是一种合乎眼神经要求的明晰感与韵律感，是在观照中始终令人赏心悦目的东西；是听觉上平和悦耳、纯净细腻。舒展流畅的旋律，平稳有序的节奏，适中的速度与力度，以及均衡的结构形式等，是优美音乐语言的基本表现特征。

在我国文学史上，运用文学语言创造出优美意境的精品佳句很多。诸如“细雨鱼儿出，微风燕子斜”；“昔我往矣，杨柳依依，今我来思，雨雪霏霏”；“梨华院落溶溶月，柳絮池塘淡淡风”；“晴川历历汉阳树，芳草萋萋鹦鹉洲”；“鸡声茅店月，人迹板桥霜”等等。这些诗句都有着令人品味不尽的优美意境。

优美在音乐艺术中具有最普遍的品格。我国音乐家贺绿汀的钢琴小品《牧童短笛》，就是一首典型的优美之作。《牧童短笛》分三段，第一段的主题轻快活泼，像牧童天真的笛声，回响在翠绿的田野上；第二段用民间的舞曲处理，与牧童的笛声形成鲜明的对比，让人仿佛听见了放牛娃们欢乐的笑声；第三段是笛声的“再现”，与第一段形成呼应。此曲由五声音阶构成的悠扬旋律，配之以清新柔美的复调，犹如一首田园小诗，抑或一幅淡雅的乡间水墨画。快速活泼的中间段与首尾形成鲜明对照，优美中又不乏欢乐愉悦，使人在悦耳的和谐中感受着美妙。在外国音乐作品中，具有优美语言风格的音乐作品也比比皆是。如柴可夫斯基的《如歌的行板》，以歌唱式的曲式、悠扬的旋律、轻柔的乐句，把听众引入一种春梦般优美的境界。此外，贝多芬的钢琴奏鸣曲《月光》、门德尔松的《无言歌》、肖邦的《夜曲》等，以及许多小夜曲、大型器乐中的抒情乐章、大量的抒情歌曲都是优美之作。

以形体动作传达人的内在情感的舞蹈，更是善于用活生生的肢体语言展示优美的风格。如杨丽萍表演的独舞《雀之灵》，模拟一只洁白的孔雀，迎着晨曦，漫游溪边，轻梳着自己美丽的羽毛，情不自禁地随风起舞。舞蹈家杨丽萍充分运用手臂、肩、胸、头部的闪烁性的动作，有层次、有节奏韵律地模仿孔雀戏水、俯身畅饮、抖动羽毛、展翅飞翔等动作，以优美的形象充分表现出了孔雀的机敏、轻巧、高洁和生命活力。通过对孔雀灵性的描写，寄予了傣族人民对和平、幸福、美满生活的向往。

许多西方经典绘画作品，也能见出优美的艺术语言风格。18世纪洛可可美术，就是以秀丽轻柔的优美为审美理想，弗拉戈纳的《秋千》就是优美风格的代表。画中年轻女子悠然地坐在荡起的秋千上，将一只脚故意踢出，身后一男子卖力地拽着绳索，另一男子斜倚在花丛中引逗和取悦荡秋千的女子。画面上的女主人公身材娇小，相貌美丽，体态轻盈、充满曲致。婉转轻盈的小弧线、小曲线和悠然舒展的长弧线主宰着造型。秋千荡起的一条长弧，自右上至左下摆动，飘舞悠扬，舒展轻松。画面的色彩轻快亮丽，女主人公那一身充满脂粉气的浅亮桃红色的衣裙，在深浅相间的绿、蓝背景中，格外艳丽醒目。树叶在阳光中斑斑闪烁，整个画面充满了轻盈明快的气氛。此外，达·芬奇、拉斐尔、提香、安格尔等画家，利用线条、色彩等艺术语言所塑造出的女性人物形象，也均能使人们感受到艺术中的静穆和优美。

崇高是与优美相对的语言风格。优美是以和谐的形式、平和的方式呈现，其所引发的审美效果通常是一种平衡或平静的情绪反应，一种安详、幸福的审美愉悦。而崇高则是美处于主客体的矛盾激化中，其魅力来自对象与主体、感性与理性之间构成的那种富有张力的紧张关系。崇高引发的审美效果通常是震撼或惊心动魄的情绪反应。在形式上往往表现为粗犷、豪迈、刚健、雄伟的特征。我们通常所说的阳刚之美与阴柔之美即是崇高与优美。英国经验主义美学家曾对崇高与美的特征进行过对比分析，他说："崇高的对象在它们的体积方面是巨大的，而美的对象则比较小；美必须是平滑光亮的，而伟大的东西则是凹凸不平和奔放不羁的；美必须避开直线条，然而又必须缓慢地偏离直线，而伟大的东西则必须是阴暗朦胧的；美必须是轻巧而娇柔的，而伟大的东西则必须是坚实的，甚至是笨重的。"①因此，崇高在审美上比之于优美，就更显出一种特别的内涵，特别的力度。

崇高风格的形成与其表现的内容有一定关系，大凡展示宏图大略，歌颂丰功伟业，表现金戈铁马的战争场面，描写雄伟壮观的自然景象，渲染气势恢弘的场面，抒发激荡昂扬的情感等，都易于形成崇高豪迈的语言表现风格。崇高的语言风格有以下特点：语言所表现的空间是浩渺无垠的；语言节奏强劲有力，而不是柔弱轻缓；语言韵律高昂洪亮，多用洪亮的韵母结句，诗歌多押"中东"、"江阳"、"寒山"等洪亮级韵辙；多选用指称宏大事物的词语，言辞洒脱，不

① 《古典文艺理论译丛》1963年第5期。

拘一格；常使用较整齐的句式及感叹句式，反复铺排渲染，以形成崇高奔放的语势。苏轼的《念奴娇·赤壁怀古》：“大江东去，浪淘尽，千古风流人物。故垒西边，人道是：三国周郎赤壁。乱石穿空，惊涛拍岸，卷起千堆雪。江山如画，一时多少豪杰……”这首词以旷达的胸襟、宏伟的气魄、雄健的笔触、巧妙的夸张，抒发了对英雄人物的向往与怀念，通过描述赤壁的雄奇景色衬托出三国时火烧战船的壮烈场面，其用语言创造出的崇高壮美的风格和意境，撼人心魄。

作为艺术语言的一种风格形态，崇高在建筑艺术中占据着非常重要的位置。可以说哥特式建筑是充分体现崇高感的代表。早期西方的神庙和教堂，虽然也都采用了巨大的尺度，但主要采取的是一种水平展开的形式。哥特式建筑出现后，则改变了这种建筑形制，将原有的水平展开式，改为垂直上升式。不仅增加了单层的层高，而且大幅度增加了教堂整体的高度。骨架般简洁的框架式结构关系使教堂内外部空间得以连贯延伸，向水平和垂直两个方向发展，体现出强烈的动感效果和理性精神。教堂内部，渐次展开的肋拱序列、巨大的玫瑰花窗、受难的耶稣雕像；教堂外部，无数的小凸起物在屋面上跳跃着，支撑着壁柱的飞扶拱轻盈优雅，直指上苍的钟塔笔直向上，都营造出超凡、神秘的宗教氛围。

用音乐语言表现出崇高风格的作品很多。西方音乐中，巴赫作品中的教堂管风琴曲，通过变化的对比性的织体、卡农技法组织的回旋式曲式、华丽的和声、庄严的气氛，创造出宏阔而深邃的意象空间。贝多芬的交响曲，则以深沉悲壮的情感、宏伟壮阔的结构、激昂雄健的旋律，创造出史诗般辉煌的音乐意象。贝多芬第九（合唱）交响曲中的《欢乐颂》是一部充分体现崇高风格的典型作品。作者突破了交响乐的结构形式，其主题的第七变奏是纯器乐的军队进行曲，第九变奏是乐队赋格曲。第十一变奏，用双主题赋格段写成，上方声部唱“欢乐颂”，下方声部唱“拥抱起来，亿万人民”，两种主题交织并列展开。最后，音乐由快板转为急板，在团结胜利的凯歌声中结束。中国传统器乐音乐中也不乏具有崇高语言风格的杰作。琴曲《广陵散》这部以聂政刺韩王的故事为题材的音乐名作，以其磅礴的气势与宏大的结构，深沉而隽永地揭示了古代勇士慷慨赴义的崇高气节。

二、素朴与华丽

素朴是一种显示本真，更接近质地的艺术语言风格。平实质朴是其最显著的风格特点，在文学语言上表现为：语言质朴无华、平实如话，不饰雕琢地反映生活的本色，它不用或少用形容词，也较少运用各种修辞手法，力求自然、平易、生动，宛若“清水出芙蓉”，给人以淡朴之美。素朴平实的风格不等于平平淡淡、索然无味，它是超越了刻意雕琢阶段的返璞归真，它是从心灵深处流淌出来的自然妙语，是语言艺术趋于成熟的一种表现，被称作“无技巧的技巧”。古今中外，许多理论家、作家都很推崇这种语言风格与境界。《庄子·天道》曰：“朴素而天下莫能与之争美。”葛立方《韵语阳秋》说：“大抵欲造平淡当自绚丽中来，落其纷华，然后可造平淡之境……李白云‘清水出芙蓉，天然去雕饰’，平淡而到天然处则善矣。”法国艺术家罗丹有句名言：“艺术上最大的困难和最高的境地，却是自然地、朴素地描绘和写作。”[①]所以，鲁迅、老舍、赵树理等语言艺术大师都曾指出，要做到语言风格质朴无华是很难的，须有深厚的语言功底。不用任何形容，不借助各种修辞手法，只用平实的语言却能写得好，这的确是一种过硬的功夫。纵观文学史，可以发现：大家之作，越到成熟，越见朴素，诱人的文采就闪耀在朴素的文字之中。而这种素朴甚至平淡，乃是“大巧之朴，浓后之淡”[②]。

素朴的语言侧重表现事物的本色和现实生活的原味之美，在语言运用上有以下特点：多用生动活泼的普通词语，保留语言材料的本来面目，少用临时的转义；恰当地选用富有情味的方言俗语，较多地使用口语词、常用词等大众化语词，避免使用华丽的辞藻；句子结构比较简单，很少描绘性的修饰成分，喜用短句和习见的普通辞格，有时使用一些说明性辞格，旨在使抽象的事物具体化，深奥的道理通俗化，罕见的事物普通化；篇章、段落、句群衔接自然，给

---

① 罗丹口述，葛赛尔笔记：《罗丹艺术论》，傅雷译，人民美术出版社1987年版，第49页。

② 袁枚：《随园诗话》。

人以浑然天成之感。譬如季羡林先生的散文，无论是谈论学问之道、人生感悟，还是追忆往事、描摹动植物，语言都十分凝练、质朴，表现出淳朴恬淡，本色天然，外表平易，秀色内涵的特点，在质朴无华的文字中充溢着淳朴浓郁的真情实感。散文《加德满都的狗》是季先生出访尼泊尔时写的一组散文《尼泊尔随笔》中的一篇，全文只有1千多字，叙述了季先生在加德满都看到狗以后，不禁勾起了对童年时家里养的那条“亲爱的狗”的回忆，文中写道：

> 我小时候住在农村，终日与狗为伍，一点也没有感觉到狗这种东西有什么稀奇的地方。但是狗却给我留下了极其深刻的印象。我母亲逝世以后，故乡的家中已经空无一人。她养的一条狗……却仍然日日夜夜卧在我们门口，守着不走。女主人已经离开人世，再没有人喂它了。它好像已经意识到这一点，但是它却坚决宁愿忍饥挨饿，也决不离开我们那破烂的家门口。黄昏时分，我形单影只从村内走回家来，屋子里摆着母亲的棺材，门口卧着这一只失去了主人的狗，泪眼汪汪地望着我这个失去了慈母的孩子，有气无力地摇摆着尾巴，嗅我的脚。茫茫宇宙，好像只剩下这只狗和我。此情此景，我连泪都流不出来了，我流的是血，而这血还是流向我自己的心中。

这是一段平实如话的叙述性文字，作者娓娓道来，语言朴素，情真意切。此文用质朴的语言描述狗思于主人的情景：那条“失去了主人”的狗，宁愿忍饥挨饿，也决不离开主人那破烂的家门口，泪眼汪汪地望着并以它的独特行为方式安抚着“我这个失去了慈母的孩子”。此情此景无不令人动容，在看似平淡的描述中凸显出狗对主人的挚爱和它那不嫌家贫、忠贞不移的感情。置身异国他乡的作者，见到“久未晤面的亲爱的狗”，引起他“无尽的甜蜜的回忆”，而这回忆中，字里行间蕴含着丰富的潜台词，充溢着作者依恋故乡、热爱祖国的赤胆真情。

在造型艺术中，体现素朴语言风格的作品也很多。如元代赵孟頫古拙质朴的画作，使后人能更深刻地体味自然物之灵秀。他的《秋郊饮马图》笔墨设色古朴自然，线描如篆籀，质朴中蕴隽秀，苍逸中含清润。在构图上，平视、仰视、俯视三法交互使用。布局上讲究藏露，中景露地不露天，林木、坡石、人马置于右半部，人马向左方走，把来处藏于画外。左方只露出树干和溪水，把树干和远山远水藏于画外。藏中有露，错落有致。利用绢质原色作空旷湖泊，仅用淡墨拖出几笔线条和擦痕，使湖岸凸显而出，使笔墨技巧简朴而并不简单。端坐于马上的番人，浓须壮躯，神态自若，侧身观望身后的马群。十匹毛色不同的骏马，姿态各异，或奔驰追逐，或饮水吃草，或低首漫行，或回眸顾盼，或引颈长鸣，刻画入微，整个马群散漫而又互相照应。画中的老木躯干纹理凹凸，脉络有序。苍劲傲岸的红枫和绿松，显示一派秋意。图上的人物眉目清晰，须发分明，形神兼备，栩栩如生。绿岸、丹枫、红衣，设色浓郁中显清丽，且色不掩笔，淳厚而富于韵致。此图可谓形神兼备、妙逸并具的佳作。

华丽是一种华美绚丽的语言风格。如果说，素朴语言风格重在表现客观事物的原色之美，那么，与之相对的华丽语言风格则重在表现绚丽之美。素朴的风格少用辞藻，务求清真，华丽的风格则多用辞藻，力求绚烂。如果把素朴的风格比作清水芙蓉，华丽的风格就是雍容的牡丹。在中国文学史上，华丽作为一种语言艺术风格，同素朴的语言风格一样，同样是有着悠久传统的。庄子的“辩雕万物”（用细雕的方法描写万物），韩非的“艳乎辩说”（用艳丽的文辞进行论辩）表明：不光写景状物需要文饰，就是说理论辩也少不了华丽的文采。而孔子所说的“言之无文，行而不远”[①]，更是道出了讲究文采的重要性。受这些理论学说的影响，自古便有众多作家和流派追求华丽的语言风格，六朝骈文，唐代的李贺、温庭筠，宋代的姜白石、吴文英，元曲的文采派等，都是讲究辞藻修饰、语言华丽的。现当代的许多作家，如茅盾、刘白羽、秦牧、朱自清、峻青、冰心、魏巍等，也都是崇尚语言华丽的，他们能娴熟地运用文学语言这支丹青妙笔，绘出一幅幅色彩绚丽的文学画卷。

文学语言华丽风格的特点是辞藻丰赡、色彩浓艳。首先表现在用词的多样化、形象化和书卷性上，形容词和修饰语较多；同时，注重语句音响效果，讲

---

① 《左传·襄公二十五年》。

究节奏美和韵律美；句式繁复而多变，采用多种修辞手法，尤其是一些描绘类的辞格使用频率高，巧妙进行语言变异，造成“陌生化”的奇异效果。如朱自清的《荷塘月色》中有这样两段描写：

> 曲曲折折的荷塘上面，弥望的是田田的叶子。叶子出水很高，像亭亭的舞女的裙。层层的叶子中间，零星地点缀着些白花，有袅娜地开着的，有羞涩地打着朵儿的；正如一粒粒的明珠， 又如碧天里的星星，又如刚出浴的美人。微风过处，送来缕缕清香， 仿佛远处高楼上渺茫的歌声似的。这时候叶子与花也有一丝的颤动，像闪电般，霎时传过荷塘的那边去了。叶子本是肩并肩密密地挨着，这便宛然有了一道凝碧的波痕。叶子底下是脉脉的流水，遮住了，不能见一些颜色；而叶子却更见风致了。
>
> 月光如流水一般，静静地泻在这一片叶子和花上。薄薄的青雾浮起在荷塘里。叶子和花仿佛在牛乳中洗过一样；又像笼着轻纱的梦。虽然是满月，天上却有一层淡淡的云，所以不能朗照；但我以为这恰是到了好处——酣眠固不可少，小睡也是别有风味的。月光是隔了树照过来的，高处丛生的灌木，落下参差的斑驳的黑影，峭楞楞如鬼一般；弯弯的杨柳的稀疏的倩影，却又像是画在荷叶上。塘中的月色并不均匀；但光与影有着和谐的旋律，如梵婀玲上奏着的名曲。

这两段描写充分显示出华丽风格的特点。色彩上是以冷色调为主，白花、青雾、淡淡的云、凝碧的波痕、斑驳的黑影，给人以独特的视觉感受。文中用了许多新奇妥帖的形容词和比喻、比拟、对比、通感等多种修辞手法，诸如以“渺茫的歌声”形容荷花的清香，用“笼着轻纱的梦”来形容薄雾笼罩下的荷叶和花，用“和谐的旋律”、“如梵婀玲上奏着的名曲”来形容光和影，通感运用得十分准确和奇妙。又将自然物比拟为人，或将一物拟作他物，像“袅娜地开着”、“羞涩地打着朵儿”等，绝妙地描绘出了月下荷花的风致。还运用美丑对比的手法，活画出月光下灌木的黑影和杨柳的倩影，给人以深刻的印象。为了加强描绘的形象性和音乐性，使用了大量的叠音词：曲曲折折、田田、亭亭、层层、缕缕、密密、静静、薄薄、淡淡、弯弯等，突出了语言的音韵与节奏之美。作者通过绚丽华美的语言、精雕细刻的笔墨，把一个月下的荷塘描写得如诗如画、情趣盎然。

华丽的语言风格在视觉艺术中运用得更为普遍。19世纪最著名的“音乐圣殿”巴黎歌剧院，其外部典雅工整，镶嵌着数不清的花饰和雕像，色彩浓艳亮丽。演出大厅的悬挂式分枝吊灯重约八吨。观众厅的穹顶像王冠似的高贵，室内装饰富丽堂皇，精雕细琢的法国彩色大理石，巴洛克式的雕塑、挂灯和绘画……所有的饰物都格外豪华、讲究，有人说这儿豪华得像是一个首饰盒，装满了金银珠宝。它营造出的艺术氛围十分浓郁，人们一进入这座音乐圣殿，马上就会被壮观的大楼梯吸引，大理石楼梯在金色灯光照射下更加闪亮，据说是被当时贵族仕女的衬裙擦得光亮，可以想见歌剧院当时的盛况。大楼梯上方天花板上则描绘着许多寓言故事。欣赏过大楼梯后，可从两侧进入歌剧院走廊，这些走廊是提供听众在中场休息时社交谈话的场所，精美壮观程度不下大楼梯，加叶尼构想将大走廊设计成类似古典城堡走廊，在镜子与玻璃交错辉映下，更与歌剧欣赏相得益彰。

三、简约与繁丰

简约是指语言简洁、言简意丰。行文不作铺排和渲染，力戒冗词赘句，只求用简练的言辞把要叙说的事件和情理告白于读者，干净利索，绝不拖泥带水。“所谓干净不干净，其实就是节约不节约。从一节一段到一个词一个句子，全都使用恰如其分，不多也不少，就做到了节约，换个说法，这就叫干净。”[①]在干净利索的基础上，语言还要有丰富的内涵和容量，达到以少胜多。这种浓缩了的有容量的语言是指“一句话既能交代事件的始末，又能描写出来一个人在某一个时间某一种场合的音容笑貌，或者它还含有一些所谓‘潜台词’，就是在已经说出来的话以外的意义，这样的语言我们说它容量大”[②]。文

① 叶圣陶：《关于使用语言》，《叶圣陶论创作》，上海文艺出版社1982年版，第217页。

② 王蒙：《关于短篇小说的创作》，《王蒙谈创作》，中国文联出版公司1983年版，第53页。

约而意广，这便是简约风格的基本特点。

语言的简约精要在我国历来是备受推崇的。刘勰在论述创作规律时强调："句有可削，足见其疏；字不得减，乃知其密。"[①]到清代的刘大櫆，对语言的简约有了更广、更深的认识："文贵简。凡文笔老则简，意真则简，辞切则简，理当则简，味淡则简，气蕴则简，品贵则简，神远而含藏不尽则简，故简为文章尽境。"[②]力求语言简约，也是现当代许多作家在创作中遵循的原则。他们炼字炼句、惜墨如金，使语言达到简练精当的境界。鲁迅先生说："我力避行文的唠叨，只要觉得够将意思传给别人了，就宁可什么陪衬拖带也没有。"[③]老舍先生也是竭力主张文字简练的，并以自己的创作经验谈到怎样把文字写得简练，他说："简练并不等于简单，越是简单越简练不了。简练是怎么来的，要先知道得多，然后才能简练。你要写一个人，就要先知道十人，因为你知道得多了，有选择了，才能简练，如果你仅知道一个就不能简练。"[④]简练是言简意赅，务求精益求精的结果。为此，简约历来是许多作家追求的语言风格。在优秀的文学作品中，我们可以发现不少堪称简约风格的范文。

简约的语言风格在诸多艺术门类中均有所表现。如中国传统的水墨写意画，用豪放、简练、洒脱的笔墨描绘物象的形神，抒发作者的感情，充分体现了简约的艺术语言风格。写意画在表现对象上是运用概括、夸张的手法，丰富的联想，用笔虽简但意境繁邃，具有一定的表现力。它具有高度概括的能力，有以少胜多的含蓄意境，落笔要求准确，运笔要求熟练，意到笔随。

由于简约更能体现物我为一的美学原则，故而我国历代的文人画崇尚简约的风格就比较突出。就山水画而论，画家为了摄取自然的精英，集中表现自己的感受，常常以洗练的方式，单刀直入，虽笔墨寥寥，却能一以当十，达到借

① 刘勰：《文心雕龙·熔裁》。

② 刘大櫆：《论文偶记》。

③ 鲁迅：《我怎样做起小说来》，《鲁迅全集》第4卷，人民文学出版社1957年版，第393页。

④ 老舍：《谈文学语言问题》，《人大复印资料·文艺理论》1996年第8期。

物写心、以景抒情的艺术效果。如清代画家朱耷（八大山人）原是明王朝“天潢贵胄”，明亡后，他出家为僧，遁身空门。由于目睹国破家亡，身历各种灾难，精神上备受打击，他产生了强烈的民族主义情绪，满腔悲愤发于笔端、见于纸上。他的作品笔情纵恣，不拘成法，画面或是只鸟片鱼，或是残石败枝，构图奇崛，落墨简约，画面上留有大片空白，给人以无穷的遐想空间。他的《荷花水鸟图》颇能代表其简约怪诞的风格。画中物象经过大胆的取舍、夸张与变形，极富寓意。一只水鸟孤立于怪石之上，缩头缩脑，似睡非睡，形象怪诞。傲然挺立的荷花和弯曲流走的荷梗颇具动感，体现出画家纵情恣意的一面。荷叶前浓后淡，顽石丑怪突兀，在疏密有致的安排中，蕴藉着层层寓意。荷花由画中一隅而生，大开大合，使得画外有画，画外有情，意境深远，余味无穷。郑板桥曾以“横涂竖抹千千幅，墨点无多泪点多”的诗句，来形容朱耷的作品。由此可见，简约、简率是中国文人画中较有代表性的、较能体现“士气”的一种风格，而文人画的其他风格则与之有着千丝万缕的联系。

漫画作品通常也追求简约朴拙的风格，如丰子恺的漫画《锣鼓响图》，表现的是一男童拉着奶奶去看热闹。男童的面部只画了一只高高竖起的耳朵与一张叫喊的嘴巴，奶奶只有脸部轮廓，两条裤脚运用阔笔浓墨，压住了画面重心。线条运用得准确传神，颇具动感，孩子急切的叫嚷声自然溢出画外。此画虽线条简洁但意蕴丰盈。

繁丰是一种细密、繁复、丰赡的语言风格。语言风格繁丰的作家，在写作时，往往笔墨浓郁，挥洒由之，或工笔细描，或渲染铺陈，要么淋漓尽致地抒情，要么酣畅饱满地议论，要么精雕细刻地叙事，不惜笔墨，尽情发挥，致使语言丰赡周详，凸显出繁富之美。

我国传统文论多推崇简约风格，形成了一种重简轻繁的倾向。虽然也有文论家从适应题旨情境需要出发，论及繁丰风格的审美价值，但论者寥寥，未能形成有影响的学说。其实，简约与繁丰是两种相对的语言风格，地位是平等的，也无好坏之分。辩证地看，简约精练的风格崇尚洗练美，而繁复丰满的风格则追求丰腴美，二者各有其美。作品表现出哪种风格，既与一定的艺术表现形式、文章体裁的实际需要有关系，又与艺术家不同的创作个性、审美追求及运用语言符号的习惯有关系。在文学语言风格美的百花园中，繁丰也是一个重要的品种。人们不但追求语言的洗练美，也同样欣赏语言的丰腴美。对于这两种语言风格的本质区别，有论者指出：“简练的实质在于简单的语言形式与复杂、丰富的内容精当匹配，讲究以少胜多，言约意丰，重在诱发人们的想象力，填补语言艺术的空白。繁丰的实质在于繁复的语言形式与复杂、丰富的内容有机匹配，以繁见长，言丰意实，重在给人真切、逼真、透彻的感受。”[①]一般来说，我们要强调简约适度，繁丰也要适度，均不应走向极端。简洁过度，就会晦涩难懂；繁丰过分，就会烦冗啰嗦。我们应该尽量杜绝语言风格中的这些流弊。

有些艺术技法便能充分地体现出繁丰的风格特点。中国传统的工笔画，便是运用工整、细致、缜密的技法来描绘对象，使对象达到精谨细腻、繁富明了的审美效果。如五代十国时南唐画家顾闳中的《韩熙载夜宴图》堪称重彩工笔的代表作。该图采用连贯而独立的连环画式长卷结构，从左至右分为五段，即：欣赏琵琶、击鼓助舞、盥手小憩、闲听箫笛、散宴谈笑。画家以宴乐活动的先后顺序安排画面，每段中间巧妙地用屏风隔开，既使每个场面完全独立，又将整个宴会活动连在一起。画家运用精细流利的工笔，惟妙惟肖地描绘出了各种人物的不同神情、姿态、音容笑貌，细致入微。第四段中，画家不仅画出了箫笛演奏者嘴的细小变化和手指弹动起伏的姿势，而且通过眼神刻画出她们如醉如痴地沉浸在乐曲中的神情。画面中人物多样化的情态，既有变化，又和谐统一。在描绘中，画家用明丽浓烈与沉实素雅相结合的重彩，浅色与深色对照映衬，色彩配置上独具匠心。男子的长袍和榻几用深色，烘托着用浅色调画出的女子形象，使画面深浅明暗相间、层次分明清晰。主人公的形象也在色彩的烘托中更为突出。画中色彩大多是几种色混合而成。黑色是墨中掺色，或先涂底色，然后罩墨，或重叠罩染，使得黑色、深色既凝重沉实又鲜活生动。在明艳色之间有黑、白色的相隔相融，使

① 郑荣馨：《语言表现风格论》，安徽大学出版社1999年版，第99页。

整个画面艳而不跳、亮而雅致。

四、含蓄与明快

含蓄是一种蕴藉曲折的语言风格，其特点是思想感情不直白地说出来，而是深含在字里行间，让读者透过语音、文字的表层语意去体味和领悟其深层的意味，从而获得“玩之者无穷，味之者不厌”[①]的审美体验，而且这种审美体验绵长深厚，好像吃橄榄一样，越嚼越有味道。

我国历代文论家都十分推崇含蓄蕴藉的语言风格，甚至把它视为语言艺术的最高审美境界。早在汉代的《毛诗 · 序》中，就要求诗歌应以“谲谏”方式表达对统治者的规劝。刘勰在《文心雕龙 · 隐秀》中深入地论及“含蓄”，说：“文之英蕤，有秀有隐。隐也者，文外之重旨者也”；“隐之为体，义主文外，秘响旁通，伏采潜发，譬爻象之变互体，川渎之韫珠玉也”。他所说的“隐”，就是含蓄；“文外之重旨”和“义主文外”，就是指言外之意。他还把含蓄这种语言表现风格比作变化无穷的八卦与河流中蕴藏着的珠玉，表面上看不出什么新奇，但里面却包含着十分丰富珍贵的东西。后来许多论者都曾强调过言外之意、言近旨远。唐代刘知几《史通》说：“斯皆言近而旨远，辞浅而义深，虽发语已殚，而含意未尽。”《六一诗话》引梅尧臣的话：“含不尽之意，见于言外，然后为至矣。”清人沈祥龙《论词随笔》说：“含蓄者，意不浅露，语不穷尽，句中有余味，篇中有余意，其妙不外寄言而已。”这些阐述言意关系的论述均说明，文章写得含蓄，内蕴深厚，意味无穷，才能取得理想的艺术表现效果。

中国古代诗文词曲中，具有含蓄蕴藉的艺术风格的作品比比皆是，其语言表达方式也呈现出多种多样的态势。有的通过对某一事物典型局部特征的描写，引发读者的联想，使之由局部推及全体，从而产生言外之意；有的通过事

① 刘勰：《文心雕龙 · 隐秀》。

物的因果联系，只描写其中的因或果，使读者由一方面悟出另一方面，从而体现言外之意；有的通过跳跃的意象和场景，寄意于行间幕后，从而生发出言外之意；有些是通过象征、衬托、婉曲、双关、省略、比喻、借代、粘连、拆字等修辞格的使用，篇章修辞中倒叙、插叙、补叙、悬念、伏笔的运用等，以达到含蓄蕴藉的表达目的。如晚唐诗人李商隐的诗歌风格，堪称含蓄蕴藉的典范。且看《夜雨寄北》：

君问归期未有期，巴山夜雨涨秋池。
何当共剪西窗烛，却话巴山夜雨时。

这首七言绝句，是诗人在蜀中任官署幕僚期间，雨夜书怀，寄给妻子（也有人说是寄给友人）的诗。首句以设问始，一问归期，一答无期，均盼有期，而结果是“未有期”，希望终归失望，其身不由己的无奈与惆怅之情，虽未著一字，却尽在纸上。第二句以秋雨绵绵、池塘水满的客观景象，渲染长夜难眠的离愁别恨。诗人的描写，字面上平平淡淡，骨子里却层层裹叠着深沉浓重的相思之情。就在诗人愁思萦怀之时，突然以神来之笔绘出了一幅美妙的画面：夫妻团聚，深夜长谈，共剪烛花，追忆往昔。诗人通过在空间上往复对照，在时间上回环对比，袒露心曲，尽显情致，在一往一返、亦喜亦忧之间，深切地写出了今日客居之苦和他日重逢之乐。此诗言浅意深，语短情长，含蓄蕴藉，令人回味无穷。

含蓄的语言风格在中国造型艺术及叙事艺术中也有突出的表现。中国画中所谓“见云藏山”、“借树藏水”，即以“云”表现“山”，借“树”表现“水”的宛转曲达的表现手法，就能造成含蓄而不显露的艺术效果。正如画诀所云：“画了鱼儿不画水，此间亦自有波涛。”齐白石先生的《蛙声十里出山泉》，画面上并没有画青蛙，而是在那四尺长的立轴上，画出两山峡谷间泉水汩汩地自远处来，几只活泼的小蝌蚪在湍急的水流中欢快地游动着。人们见到摇头摆尾活灵活现、似顽皮小儿的蝌蚪离开了水的源头，告别了它们的妈妈（或去寻找它们的妈妈），自然会想到蛙和蛙的叫声，似乎那蛙声随着水声由远而近……真是画中有画，画外还有画，能使人产生丰富的联想，由山泉和蝌蚪便联想起青蛙和蛙声，联想中蛙声又伴随着山泉的水流声组成动人的交响曲。这幅画以虚写实，画中体现了深邃的意境。

明快是与含蓄相对的一种语言风格样式，明快即明晰晓畅，同《文心雕龙》中的“显附”大体相当。《文心雕龙》说：“显附者，辞直义畅，切理厌心者也。”其语言特点是直抒胸臆，直言其事，直接议论，一针见血。用词准确恰当，通俗易懂，力避艰涩古奥，语句如同说白，节律轻快，脉络清晰，直截了当，言明意显，使人一听就懂，一看就明白。读这样的作品，让人感到情理畅达，爽朗舒服。这种语言风格具有直观性和鲜明性。含蓄与明快这两种语言风格的运用，与不同文体对语言的要求有关。宋代诗人梅尧臣有句名言：“状难写之景如在目前，含不尽之意见于言外。”“如在目前”和“见于言外”就是明快与含蓄这两种风格的写照。由于诗歌的主要特点是抒情，哪怕是叙事诗，其抒情的色彩也比一般小说、散文要强，因此，含蓄之于诗歌，犹如阳光之于植物，是不可分离的关系。然而小说的主要特点是描写，写景绘物就需显露，就要“如在目前”。至于议论文、说明文等应用性较强的文体，通常情况下也要求语言具有明快的风格，忌讳转弯抹角、闪烁其词，令人费心猜测都难得其意的晦涩文风。

明快的语言风格在音乐作品中比比皆是。旋律和节奏是音乐最主要的艺术语言要素。作为一种明快的音乐作品，上行的旋律和轻快的节奏构成了音乐的主要风格。这种音乐模式在人们的心理上能引起强烈的共鸣。如《春节序曲》是我国著名的作曲家李焕之先生于1956年创作的管弦乐作品《春节组曲》中的第一乐章，这套作品取材于作者早年在延安过春节时的生活体验和感受，李焕之先生通过乐曲向大家展现了革命根据地人民在春节时热烈欢腾的场面以及团结友爱、互庆互贺的动人图景。这首乐曲对热烈欢快的大秧歌舞及喜庆场面做了概括表述，有闹秧歌的锣鼓声和歌声、秧歌队员的舞姿和灵巧的穿花场面等。明快的音乐语言营造出的快活欢乐的抒情效果，使欣赏者能感受到浓郁的节日喜庆氛围。

以上，我们把艺术语言的风格按四组八种逐一进行了探讨。其实，对艺术语言风格的划分是十分困难的。因为，这八种风格类型难以包容千姿百态的艺术语言风貌，而且每种风格都不是孤立的语言现象，各种风格之间有着紧密的联系，有些风格间还具有相同或相似的一些特征，呈现着复杂的关系。正如苏联学者布达哥夫所说："大家都知道，划分语言风格的问题是语言学中极感困难的问题。许多（俄罗斯和国外的）杰出的语言学家都曾经记载过这些困难。一种语言风格的特征不仅在其他一种或多种语言风格的特征里部分地重复着，而且往往在一般的文学语言的特征里重复着。"[①]语言风格之间的关系的确如此，如简约与素朴这两种风格，都具有不多作铺排和渲染，不必调动多种语言手段等特征；而繁丰与华丽两种风格，则都要求语言丰赡，形式繁复而多变等。这种情况就决定了艺术家所具有的任何一种语言风格类型都不是纯而又纯的，总要或多或少地杂糅着一些别种风格也拥有的因素，风格类型间没有泾渭分明的界限。总之，艺术语言的风格随着艺术风格的发展而发展，也必将随着世界各国艺术的交流而丰富。

（原载《美与时代》2009年12月下）

① 布达哥夫：《论语言风格问题》，见毕奥特罗夫斯基等著，苏旋等译：《语言风格与风格学论文选译》，科学出版社1960年版，第45页。

人体动作美的创造
——舞蹈艺术语言阐析

在所有的艺术门类中，舞蹈是一门最古老的艺术。在原始社会，远古的先民在没有文字和完善的语言之前，就学会了手舞足蹈，他们以动作、手姿和面部表情为媒介来传情达意。舞蹈在原始社会几乎渗透到了社会生活的各个方面，当时有劳动舞、模仿舞、战争舞、爱情舞以及巫术和祭祀仪式上的舞蹈等。可见，舞蹈是先民们生活和娱乐的主要方式。因此，艺术史家们称舞蹈为“艺术之母”。

世界上的舞蹈品种千千万万，难以计数。但从它的社会功能看，可分为生活舞蹈（民间自娱性舞蹈）和艺术舞蹈（舞台表演性舞蹈）两大类。生活舞蹈是指长期流传在民间，与人们日常生活息息相关的舞蹈，如我国汉族的秧歌、腰鼓、舞狮等，欧洲的交际舞等。艺术舞蹈是指专业和业余舞蹈演员通过艺术创作和舞台表演而完成的艺术实践活动。根据题材、体裁及容量的不同，艺术舞蹈又大致可分为舞剧及舞蹈两大类别。每一类别又根据样式、内容及风格的不同，还有一些具体品种的区别。

尽管舞蹈艺术有多种类别、样式、风格、面貌，但它们都具有有节奏韵律的人体动作，时空、动静结合的造型性，直接、强烈、概括的抒情性和融会音乐、美术等艺术因素的综合性等特征。各种舞蹈的艺术语言都是由一些相对稳定的因素构成的。下面对舞蹈艺术语言涵盖的主要语言要素作分析：

一、动作语言：舞蹈艺术的核心元素

舞蹈动作是构成舞蹈语言的基本材料，也是舞蹈语言可视性的物质前提。“一部舞蹈作品，从形式上讲，就是各种动作的重复、发展、变化和衔接配

合。”[①]在构成舞蹈的诸要素中，动作是居于首要地位的，没有人体动作，就没有舞蹈艺术。因为，舞者情绪的表达、作品意境的展现、舞蹈形象的塑造，始终贯穿在舞蹈动作之中。

舞蹈动作来源于生活和大自然，但与生活动作和大自然的运动迥然有异，它是经过艺术化后的人体动作。也就是说，舞蹈动作是舞蹈艺术家依据一定的表现目的，运用创造性的思维与想象，经过艺术加工、提炼、改造、演化而形成的一种具有程式化、形象化的舞蹈语言，它是具有传情达意、富有感染力的舞蹈艺术表现元素。所以，并非一切人体动作都可称为舞蹈动作。“动作必须具备下列诸要素，才能称为‘舞蹈’：图形、舞步、手势、力度和技术。跳舞还需要有音乐和服装这些与之密切有关的要素来配合，才能达到更大的效果。”[②]

舞蹈动作的涵义有狭义和广义两种。狭义的舞蹈动作指运动过程中的动态性动作，包括单一动作和过程性动作，如踢、抬、拧、扭、俯、仰、“云手”、“翻身”、“穿掌”、“跨腿”等。广义的舞蹈动作包括上述动作和姿态、步法、技巧四种要素。舞蹈姿态是指静态性动作或动作结束时的静止造型，如中国古典舞蹈中的“探海”、“射燕”、“望月”、“卧鱼”和芭蕾舞中的“阿拉贝斯克”等；舞蹈步法是指以脚步为主的移重心和移部位的舞蹈动作，如中国舞蹈中的“圆场”、“蹉步”、“云步”，芭蕾舞中的“滑步”、“摇摆步”等；舞蹈技巧是指有一定难度的技巧性的舞蹈动作，如中国舞中的“飞脚”、“旋子”，芭蕾舞中的各种跳跃、旋转、托举等。

根据功能和作用，舞蹈动作可分为表情性动作、说明性动作和装饰性动作等。表情性动作是指具有描绘人的情感、展现人的思想、刻画人物性格功能的舞蹈动作。它是构成舞蹈艺术形象的最重要的元素，亦称为主题动作。为了表

① 汪以平：《舞蹈艺术通论》，南京大学出版社2006年版，第21页。

② 瓦尔特·索列耳：《美国百科全书·舞蹈》，朱立人译，转引自《艺术特征论》，文化艺术出版社1986年版，第383页。

现出人物极为丰富的精神世界，表情性动作在舞蹈作品中反复出现、发展、变化，以此来揭示人物的心理活动，展示人物的性格特征。如根据作家巴金的小说《家》改编、创作的舞剧《鸣凤之死》，以舞蹈动作生动地描写和刻画出了人物的心理。剧中“生离”的双人舞，舞者张平为表达鸣凤心中的悲痛与压抑不住的爱情，强调了背脸咬手、仰头捂脸、弓身哭泣及神色恍惚的微笑摇头等细节动作，淋漓尽致地表现出了鸣凤的内心世界。在“死夜”的前半段，舞者细致地控制着呼吸和肌肉，保持着恍恍惚惚的精神状态，一步步走向“湖边”，形象深刻地揭示了鸣凤内心的极度悲哀与绝望。说明性动作是指展示人物行动的目的和具体内容的动作，具有模拟性、再现性和象征性等特点。著名舞蹈家杨丽萍表演的《雀之灵》，模拟一只晶莹洁白的孔雀，迎着熹微的晨光，漫游溪边。它从流水中照见了自己艳丽的羽毛，情不自禁地婆娑起舞。杨丽萍充分运用头部、手臂、肩、胸、腰各关节有节奏、有层次的律动，模仿孔雀时而寻觅、时而戏水、时而俯身畅饮、潇洒地抖动彩羽等动作，创造出了神奇变幻的意境，突出了孔雀的生命活力，表现出了孔雀的机敏、轻巧和高洁，寄寓了傣族人民对和平、幸福、美好生活的向往。装饰性动作也称作连接性、过渡性动作，一般没有明显的含义，在舞蹈中起装饰和衬托作用，类似于语言文字中的虚词，汉族民间舞蹈中的绕腕、手巾花、十字步等属于此类。

舞蹈动作的结构是由表层结构与深层结构构成的。表层结构是人体动作外在的、动态的表现，而深层结构是人体动作中潜含的生命力和主观情志。舞蹈研究者傅兆先认为，舞蹈动作有十大要素，内外各五个：内是意、劲、精、气、神，外是手、眼、身、法、步。人的外部肢体动作总是受体内器官的内在活动支配与支持，从生理、心理以及物理等各方面都可说明动作本质的规律是由内而外的。[①]德国现代舞蹈家玛丽·魏格曼指出：“舞蹈是表现人的一种活生生的语言——是翱翔在现实世界之上的一种艺术的启示，目的在于以较高水平

① 参见洪霁：《傅兆先的舞蹈语言观》，《北京舞蹈学院学报》1999年第2期。

来表达人的内在情绪的意象和譬喻，并要求传达给别人。最重要的，舞蹈要求直接传达而不要转弯抹角。由于它的传达者和居间媒介是人自己，又由于它的表现工具是人的身体，这是他的自然动作构成舞蹈的原材料，这也是他自己占有和他自己运用的唯一材料。”[①]她所强调的是舞蹈运用身体动作表现人的精神世界的直接性。

被誉为“现代舞之母”的美国舞蹈家邓肯留给现代舞蹈的一个最重要的精神启示便是“用舞蹈表现生命”，她说：“我的艺术正是以身体的姿势和动作表现我生命真相的一种努力。有时候为了一个完全真实的动作我甚至要花费数年的时间去苦苦寻找。说话可就不同了。在一群观看我表演的公众面前，我从来没有犹豫过。我把自己内心深处最隐秘的冲动给他们。一开始，我只用舞蹈表现我的生命；儿童时代，我用舞蹈表现成长事物自发的快乐；少年时代，我的舞蹈由表现快乐转而表现对悲剧潜流意识的理解；表现我对冷酷无情、势不可挡的生活的理解。”[②]可见，邓肯的舞蹈富有丰富的精神内涵，其舞蹈动作是真实的精神世界的展示。

任何舞蹈动作都是有节奏韵律的，节奏是舞蹈表演艺术中的生命，舞蹈动作表情所以能起伏和转变，完全依靠着节奏韵律的作用。舞蹈的动作不是一般自然状态下的无秩序的动作，而是合乎舞蹈艺术规律的人体动作表现，是一种具有节奏性的动态形象。节奏韵律不仅使舞蹈动作有别于日常生活动作，而且也是舞蹈艺术展示形式美的一个主要方面。所以，任何舞蹈的构成都离不开节奏这个基本要素。从远古时代的狩猎舞、图腾舞到当代的现代舞，从民间自娱性舞蹈到舞台表演性舞蹈几乎没有例外。

舞蹈节奏就是舞蹈动作在力度的强弱、速度的快慢、能量的增减以及幅度的大小、浮沉等方面的对比和变化。舞蹈动作的运动必须是在一定的节奏下进

① 玛丽·魏格曼：《舞蹈的语言》，郭明达等译，转引自《艺术特征论》，文化艺术出版社1986年版，第346页。

② 伊莎朵拉·邓肯：《邓肯自传》，张敏译，花城出版社2003年版，第4—5页。

行，必须通过节奏的速度、力度、能量及抑扬顿挫等听觉上的起伏多变，节奏的视觉化才能显现出来。节奏来源于生活，生活充满了节奏。生活节奏因地域等条件的不同而有差异，其表现形式有快有慢，有张有弛。这种生活节奏上的差异通过舞蹈的律动能表现出来，如江南水乡的舞蹈节奏恬静而舒缓，西北高原的舞蹈节奏强烈而昂扬，草原民族的舞蹈节奏反映出勇敢豪爽的特色，而苗族等山地民族则用击鼓的节奏来处理感情层次和人物活动的种种变化。在民间舞蹈中，不同的风格也能通过动作的节奏表现出来。如藏族民间舞中的“踢踏”、“弦子”、“锅庄”三种形式，均是以上下运动的形式为主，但由于不同的节奏处理，使之形成不同的动作性质。踢踏，膝部上下运动频率快，形成了上下颤动的动律；弦子，膝部上下运动频率放慢，形成屈伸的动律；锅庄，仍以屈伸为主要动律，但节奏铿锵有力，具有块状的整体运动感。正是这些丰富的节奏及力度变化，使藏族民间舞蹈具有多样的表现形式。

舞蹈是一种表情性的艺术，它长于抒情，拙于叙事。舞蹈在表现人物的思想感情时，虽然主要是通过人体各部分协调一致的、有节奏的动作、姿态和造型来抒发和表现的，但舞者的面部表情也不容忽视，它能更直接地展露多样的情感和复杂的心理状态。舞者的面部表情主要表现为眼、眉、嘴、鼻、面部肌肉的变化。在舞蹈表情中，眼睛的表情常常起到“领神”的作用。眼睛是心灵的窗口，能够最直接、最真实、最深刻地表现人的精神状态和内心活动。如正眼视人，显得坦诚；躲避视线，显得心虚；乜斜着眼，显得轻佻；定神凝视，表示关注或爱慕；瞪大双眼，表示吃惊或愤怒；抬头仰视，表示敬畏或祈望，等等。眼泪能恰当地表现人的许多感情，如悲痛、欢乐、委屈、思念等。嘴是除眼睛外最引人注目的微身体语言，张嘴、闭嘴、撇嘴、咧嘴、咬嘴唇等，能表现出或惊讶、或兴奋、或沉静、或轻蔑、或痛楚的情感变化。此外，眉毛的凝结或挑起，鼻翼的放松与掀动，均能传达出人物不同的心理感受。

社会生活中人们的各种表情动作，经过艺术加工、提炼、美化，就变成了具有不同风格的舞蹈表情动态。舞蹈创作者正是从对生活的观察体验中，掌握生活中各种人物自然表情的特点，经过艺术想象和艺术创作，形成了有强烈感染力的舞蹈表情。

二、结构语言：舞蹈内容与形式的契合方式

舞蹈动作与技巧等形式元素孤立存在时不能成为舞蹈作品，只有经过舞蹈艺术家巧妙的构思和合理的结构，才能成为传情达意的舞蹈作品。在舞蹈的创作过程中，舞蹈家有了丰富的生活积累和主观感悟后，首先要对所掌握的社会生活材料进行概括、提炼、加工和改造，以形成适合舞蹈表现的题材。在这个基础上，还要赋予题材以相应的舞蹈形式，这就需要按照舞蹈艺术的表现特点结构作品，使其变为可被观众感知的舞蹈形态。舞蹈结构语言的运用，就像写一篇文章，为了明白、准确地表达中心思想，要分段落、层次，讲究起承转合，从而使主题能够明确地体现，内容能够清晰地表达，使作品达到内容与形式的完美和谐，又能符合人们的欣赏要求。舞蹈作品的结构过程，就是根据该作品的表现主题，从内容上寻找与之相适应的舞蹈形式的过程，使舞蹈的内容与形式达到完美的契合。所以，舞蹈的题材一经确定，结构便是创作的重要步骤。谋章布局、意境情调、音乐特色，时间长度、舞段安排、语言风格，甚至舞蹈形象的雏形、道具服饰的特色等各种有关表现内容及表现形式问题，均在结构这一步骤的构思之中。

舞蹈作品的结构过程，就是根据舞蹈所要表现的内容寻求与之相适应的舞蹈形式的过程，或者说是舞蹈形式化的过程。通常不同题材的舞蹈作品有不同的结构方式。根据一些优秀舞蹈、舞剧作品的创作经验，舞蹈的形式结构，主要有以下几种类型：

（一）舞蹈时空顺叙式结构

这是依据事件发展的自然顺序、人物情感的发展脉络来安排人物的行动和舞蹈场景的结构方式。其主要艺术特征是以时间的走向为顺序来组织人物在空间的活动，强调所表现的人物思想感情或情节事件有头有尾、连续发展。舞蹈作品按“开端、发展、高潮、结局”的顺序，层次递进分明，场次划分清楚。由于这类舞蹈结构脉络清晰，符合自然生活发展的逻辑，舞蹈所表现的内容，易为观众理解、接受，历来为大多数舞蹈编导所采用，所以有人把它称为传统式结构。如傣族舞女子独舞《水》，以傣族少女日常生活中的汲水、洗发、挽

髻这样一个平凡的片段为素材，以女子独舞的形式，表现傣族人民的生活样态，并揭示人与水的密切关系。此舞蹈结构属时空顺叙式，明晰精练。全舞由“汲水、洗发、归去”三个部分组成，“洗发”部分为舞蹈的重点，又分为“解、洗、甩、晒、抖、理、挽”七个程序。同时在洗发表演中，还明确表现出了水流的方向和夕阳的位置，既展现了舞蹈的造型美，又符合生活逻辑。

（二）舞蹈时空交错式结构

这是打破现实时空的自然顺序，以人物的心理活动变化作为安排人物行动、展开情节事件的贯穿线索的结构方式。这种结构方式将不同时空的场景，按照一定的艺术构思，进行交错衔接组合，以使在有限的舞台时空中，表现更为宽广丰富的生活内容，描绘和展现人物复杂、深刻的内在精神世界。其主要艺术特征是不受时间和空间顺序的限制，并常常采用倒叙、插叙、回忆、闪现等手法，将现在、过去、未来，甚至将回忆、联想、梦境、幻觉等有机地交织在一起，造成独特的叙述格式。如双人舞《再见吧！妈妈》采用的便是这种结构。该舞蹈大胆突破战斗环境的时间和空间限制，以回忆的手法，将激烈的战斗和母子送别这两个不同时空的场景，按照一定的艺术思维逻辑进行交错衔接组合，使之在有限的舞蹈时空中描绘和展现了母与子深邃而丰富的精神世界，讴歌了青年战士保家卫国、勇于捐躯的英雄主义精神。这类结构有较强的艺术表现力，可以调动观众舞蹈欣赏中的艺术想象和审美再创造力。同时，在扩大舞蹈题材表现范围，在深入刻画人物的内心世界，在丰富舞蹈的表现手段等方面也具有一定的积极作用。

（三）舞蹈的篇章式结构

这是由几个既有联系又相对独立的场景或片断组成的结构方式。整部作品围绕一个统一的主题，几个片断既可独立成章，又可联成一体，故而，这种结构样式又称为“块状结构”。如舞剧《秦始皇》，便通过“扫六合、建统一”、“征徭役、筑阿房”、“谋宫闱、思归宿”、“塑兵俑、封幽府”等片断表现出了秦始皇轰轰烈烈但又转瞬即逝的一生。

（四）舞蹈的情感式结构

这是根据舞蹈作品中人物情感的发展逻辑和表现不同情感的要求来安排人

物的行动和舞蹈场景的结构方式，多用于抒情性的舞蹈作品。这种结构方式可分为单一性情感结构、复合性情感结构及情感色块结构。

单一性情感结构，即所表现的人物情感比较单一，没有繁复的发展变化，多以舞蹈的节奏和情绪的类型对比来进行舞蹈的结构。如抒情舞蹈的两段体、三段体、多段体等均是。

复合性情感结构，以人物各种复杂情感的交织及其发展变化来安排人物的行动和舞蹈场景。此种舞蹈形式结构，一般也具有开端、发展、高潮、结局四个组成部分，不过，它们不是以情节、事件的发展为依据，而是以人物的情感发展为脉络。如独舞《挚爱》（李仁顺编导，崔美善表演）运用的就是复合性情感结构。该作品通过舞蹈艺术语言生动地表现了一位热恋中的朝鲜族少女复杂的情感变化：即将和未婚夫见面时的兴奋、激动，寻找不见亲人时的焦急、疑惧，得知亲人不幸牺牲时的沉痛、悲伤，最后化悲痛为力量。《挚爱》正是依据这位少女情感的发展变化对人物行动、舞蹈场面进行安排的。

舞蹈情感色块结构，即按照人物情感发展的不同阶段，结合剧情和人物的心理刻画，以表达不同情感色彩的舞蹈场面来进行舞蹈结构的方式。如舞剧《阿诗玛》以黑的舞蹈色块引出阿诗玛的出现，以绿的舞蹈色块表现阿诗玛的成长，以红的舞蹈色块展示阿诗玛的爱情，以灰的舞蹈色块描述阿诗玛被逼婚的愁苦，以金的舞蹈色块衬托阿诗玛被囚困在笼中的处境，以蓝的舞蹈色块表现阿诗玛在恶浪中的挣扎，以白的舞蹈色块突出阿诗玛的回归大自然。这种舞蹈结构打破了传统舞剧结构的时空观念，重在对人物情感的描绘和意境的表达，因此，符合舞蹈长于抒情的艺术特性，使舞剧富有更强的艺术感染力。

（五）舞蹈的交响乐章式结构

这是按照交响乐乐章的结构方法来进行舞蹈结构的方式，具有更加凝练、概括、集中的艺术特点，以表现人物的精神面貌和情感思想状态为舞蹈的贯穿线，多侧面地对人物进行刻画。如1981年上海芭蕾舞团推出的独幕剧《阿Q》就采用了这种结构，该剧分为四章，不以故事情节取胜而以阿Q的几个典型行为为线索：第一章“戏谑曲”，通过阿Q的赌博，表现他的“精神胜利法”；第二章“圆舞曲”，表现阿Q的“恋爱悲剧”；第三章“进行曲”表现阿Q的

“幻想革命”；第四章“送葬进行曲”，表现阿Q莫名其妙地被枪决的“大团圆”的结局，与舞剧音乐的4个乐章吻合，较好地运用了“交响乐章式结构”方式，为中国芭蕾舞剧的人物画廊增添了一个有特殊风采的形象。

舞蹈的结构总体上来说要受题材和内容的制约，不同题材与内容的作品有不同的结构方式。抒情性的舞蹈，常以舞蹈动作节奏的对比变化来表现和描述舞者不同的情感；而叙述性的舞蹈或戏剧性的舞剧，则需要根据舞蹈作品的情节事件发展的进程，来安排人物的行动和舞蹈场面的形式结构，它的结构一般要由开端、发展、高潮、结尾几部分组成。结构的巧妙与笨拙，对舞蹈作品能否完美地展示出内容，能否具有艺术魅力，关系颇大。因此，为了追求舞蹈作品的整体美，历来优秀的舞蹈编导都非常重视舞蹈的结构问题。

三、构图：运动着的画面造型

舞蹈是运动着的造型艺术，舞蹈形态是流动状态下的视觉直观形象。在舞蹈表演中，由舞者的舞势、流动的运动线形成的各种队形和画面，是舞蹈在时间和空间中的动态结构。舞蹈的构图是舞蹈造型性的一个主要部分，是构成舞蹈作品的重要因素。不管是独舞、群舞还是舞剧，演员都要在舞台空间按照一定的方向和路线进行运动。舞蹈构图就是指舞蹈作品中舞蹈者在舞台空间的运动线（不断变换的舞蹈路线）和画面造型，也就是说由舞蹈者的运动线和画面组成舞蹈构图。“构图既是一个意义表达，也是一个形式创造的过程。”[①]舞蹈构图不仅使舞台画面变化多样，而且能表现不同的主题思想和塑造不同的舞蹈形象，能营造不同的气势和氛围，并创造出舞蹈的形式美。

舞台空间运动线也称“舞台调度”，是指舞者在舞台空间移动的轨迹，一般可分为斜线（对角线）、竖线（纵线）、横线（平行线）、圆线（弧线）、曲折线（迂回线）五种。不同类型的舞台空间运动线，能给观众不同的感受。舞蹈编导们通常

① 韩丛耀：《图像：主题与构成》，北京大学出版社2010年版，第86页。

以此为依据，运用不同的线型表现不同的内容。

斜线：有延续和纵深感，呈现有力的推进之势。通常表现向远方奋进的内容，长于表达人物开放性、奔放性的情感。如音乐舞蹈史诗《东方红》中“奔赴前线”，是从舞台的斜后角沿着对角线做“大跳”等大幅度动作，给观众以“豪情满怀、勇往直前”的视觉感受。“爬雪山”则是从舞台的斜前角沿着对角线做“爬”的动作，给观众无尽的纵深感和极其艰难的感觉。

竖线：径直向前的竖线，具有动势强劲的特点，让观众产生直接逼来的紧迫感和压力感，多用于那些正面前进的舞蹈。如舞剧《红色娘子军》结尾部分，娘子军战士和群众一起排成的队伍，在“向前进、向前进！”的歌声中，一齐从舞台的后区向着舞台的前区迈进，由远及近，造成一种气势磅礴之势。

横线：因为是与观众的视角成平行运动的线，也称平行线，一般表现舒缓、稳定、平静自如的情绪。如女子群舞《踏歌》的开场，杨柳低垂，一群身穿翠绿长袖舞衣的古代少女踏着春光，一手置左肩处，一手下摆，成“一顺边”态，分两边出场，成三横排，给人一种清逸脱俗、轻松闲适之感，给观众勾描出一幅古代佳丽携手踏青的动人画面。

圆线：一般给人以柔和、流畅、匀称和延绵不断的感觉，尤其是以“8字形”移动的构图更是如此。如1994年荣获“中华民族二十世纪舞蹈经典作品”金像奖的《荷花舞》，舞台空间运动线自始至终基本上采用的都是圆线。在清幽娴雅、柔美抒情的乐曲声中，一群手持纱巾、身着绿衣长裙的荷花姑娘，脚踮踏碎步，行云流水般地飘然而至。姑娘们婀娜起伏，或成双圈对绕，或成两排以云步左右横移，或两臂向后伸展，原地转圈，甩头，全身略微摆动，犹如清风徐来，荷花随风摇曳，十分妩媚动人。

曲折线：一般给人以活泼、跳荡和游动不稳的感觉。舞蹈《行军路上》就采用了这种舞台空间运动线，以形象地表现部队战士经过崎岖山路时艰难行进的状态。

舞台艺术舞蹈的构图是以舞台呈现的形态和观众的视知觉为前提而形成的“舞台调度”，而各民族的民间舞蹈则是以舞蹈场地和蕴涵的观念为依据而形成舞蹈构图，并主要体现在舞蹈队形上。各民族的民间舞蹈队形虽千姿百态，但均可概括为两大类，即场队形和街队形。采用哪种队形，是由不同民族居住的地域环境、历史习俗、审美心理及赋予队形的不同涵义等多种因素决定的。中国民间舞蹈的构图，积淀着深厚的古代文化蕴含。例如：汉族的舞蹈队形图案就有百种以上，每个图案都有一定的人数与套路。山东鼓子秧歌的图案“黄瓜架”（亦称炮打临清），用演员24（或48、96）名。舞者边舞边走出这一图案，又按此图案的路线循环而舞；灯节时，为秧歌队和群众专门设置的灯阵“九曲黄河灯”，用360盏灯造设成曲折回环的图案，供秧歌队和观众入内，沿逶迤巷路表演和观赏。前者是运动进行中的图案，后者是固定图案中的行进表演，异曲同工，皆达妙境，其中都积淀着群众的智慧与中国古代战阵与数学的道理。

舞蹈艺术的构图同其他艺术的构图一样，有规律可循，需要遵循特定的理念与原则。舞蹈构图的基本原则主要体现在如下几个方面：

（一）舞蹈构图要服从和适应舞蹈作品表现的内容

结构属于艺术的形式范畴，在总体上要受艺术内容的制约。舞蹈作品因表现的内容不同，舞台调度也有别。在传统舞蹈艺术的宝库中，精巧的舞蹈构图范例很多，但不能随意搬来使用，舞蹈作品的创作必须依据具体作品的内容创作性地运用。如音乐舞蹈史诗《东方红》中，《星火燎原》里火炬舞的出场：演员手持火炬，以龙摆尾的队形，由后而前，疾驰而出，造成革命洪流不可阻挡、星星之火可以燎原的气势。此处的构图，恰到好处地表现了内容，同时又具有形式美，从而为整部作品增添了艺术风采。

（二）舞蹈构图要从表达作品中人物的思想感情出发

舞蹈图案是有意味的形式，舞蹈的线条与造型中蕴含着丰富的心理情感。所以，舞蹈构图中的点、线、面，作为创作的基本元素是富有生命力的，它们能加强动作传情达意的力量。如独舞《祥林嫂》的结尾：在冰天雪地里，万念俱灰、无比绝望的祥林嫂佝偻着身子，呆呆地、缓缓地迈着几乎麻木得失去知觉的双腿，向茫茫的远方走去。该舞蹈的构图：人物处在台前正中，背向观众朝舞台深处走去。这样的构图与人物此时此地的感情相吻合。运用单调无变化的简单直线，更有助于表现祥林嫂内心的凄苦、茫然与绝望之情。

（三）舞蹈构图要衬托和展现舞蹈作品所规定的环境

舞蹈中特定的环境均发生在舞台的基础平面上。因此，认识舞台平面的特性，对编导营造舞台气氛、进行舞台调度等是十分必要和有益的。舞台平面由上、下两条平行线和左、右两条垂直线组成。人们习惯把舞台平面分成九方格和前区、中区、后区。由于视觉感受上的差异，不同区域和方格中出现的人物形象，给人的感觉是有所不同的：前区明朗、突出，是表演的强区，能给观众强烈的感受；中区明朗、突出的程度稍弱于前区，给人较为平和的感受；后区幽深、朦胧，是表演的弱区，给人以飘浮的感觉。一般来看，各区的中心都较两侧更突出些。编导应巧妙地运用舞台平面各区所具有的特性，安排好不同人物的活动区域，通过成功的舞蹈构图，把作品中规定的意境，恰到好处地表现出来。

（四）舞蹈构图要符合不同体裁作品的要求和形式美的规律

舞蹈体裁的不同，会使演员在舞台上调度的特点各不相同。独舞的构图，是一个人在舞台空间移动，通过舞蹈动作和姿态形成的画面。这就应根据所表现内容的需要，注意点、线、面的变化，避免单调，切忌总在一个区域活动。双人舞构图，是两个点在舞台空间的移动线，两点可构成长短不一的直线、横线或任意斜线等。所以，其舞蹈构图要把握好点、线的距离和远、近以及变化的方位和角度，以较好地表现人物之间情感的亲密、疏远、热情、冷淡等关系。三人舞构图，是三个点在舞台上的移动，除了可组成线条外，在任何情况下都呈三角形（任意三角形）状态。三角形的三个角（点），可安排一个主角和两个配角。因此，应利用三角形的变化，使整个舞蹈错落有致，并突出舞中的主要人物和情节。群舞的构图，是多个点形成不同线条画面的变化。编导应运用形式美的法则，充分而合理地利用舞台空间，通过舞蹈队形、画面的流动以及舞蹈动作、姿态、造型的发展，创造出深远的舞蹈意境。

舞蹈是一种以人体动作为主要表现手段的艺术，它的美蕴藏在动作、音乐、舞台美术等的整体效果之中。因此，除了重视舞蹈语言的运用外，也不应忽视舞蹈艺术的综合性。优秀的舞蹈作品，含有深刻的文学性，其所表现出的“诗情画意”中的“诗情”就是文学的因素。舞蹈与音乐的关系最为密切，舞蹈是在形体动作与音乐的旋律、节奏、速度的有机结合中，塑造艺术形象的。“音乐在舞蹈中，是舞蹈语言的构成部分，甚至是舞蹈家进行创作的思维材料。在舞蹈艺术中，动作语言与音乐语言共同承担着表现内容的任务，使舞蹈作品向着创作的预期目的奔驰而去。”[①]舞台美术也是舞蹈艺术非常重要的表现手段之一，如布景、服装、道具，灯光色调的明、暗、强、弱变化等，对于烘托表演、表现时代环境、渲染气氛、揭示主题思想、介绍人物及推动舞蹈情节的发展，均起着一定的作用。所以，研究舞蹈艺术语言时，不应忽视其他艺术门类对舞蹈艺术的影响和作用。

（原载《美与时代》2012年4月下）

① 胡尔岩：《舞蹈艺术欣赏》，杨辛、谢孟主编：《艺术欣赏教程》，北京大学出版社2008年版，第224页。

论戏剧艺术的动作性

戏剧是以舞台的演出形式而存在，以演员的动作和声音为主要表现手段，为观众当场表演故事的艺术样式。中国戏曲更是把所有戏剧性元素都纳入演员的表演，其本质为表演戏剧。演员的外部形态和内心活动共同构成表演。而作为吸引观众、最容易给观众直观感受的，就是外部形态。外部形态除了符合人物身份、年龄和性别的外部造型，最重要的就是“动作”。“我们所说的‘动作’，指的是演员的表演艺术手段，当然也就是戏剧艺术的语言。演员的表演艺术有两根支柱，形体动作只是其中之一，另一根支柱是‘台词’——也是动作的成分，而且是重要的成分。形体动作与台词，作为戏剧的主要手段，它们的功能是多方面的。戏剧艺术正是凭借动作的功能完成舞台形象（人物形象）的塑造、故事情节的发展，并使戏剧成为一种独特的欣赏对象。”[①]

一、戏剧：动作的艺术

戏剧，就其本质而言是动作的艺术。英文drama，在希腊文中就是action，即行动和行为的意思。黑格尔指出：“能把个人的性格、思想和目的最清楚地表现出来的是动作，人的最深刻方面只有通过动作才见诸现实。”[②]在所有戏剧的“演员演故事”形态构成之中，其核心就是戏剧动

① 谭霈生：《戏剧艺术欣赏》，杨辛、谢孟主编：《艺术欣赏教程》，北京大学出版社2008年版，第253页。

② 黑格尔：《美学》第1卷，朱光潜译，商务印书馆1979年版，第278页。

作。苏珊·朗格曾指出："在戏剧中，任何身体或内心活动的幻象都统称为'动作'，而由动作组成的总体结构就是以戏剧动作的形式展示出来的虚幻的历史。"[①]可以说，动作乃是戏剧所展示的人类生活的"虚幻的历史"中最为形象和直接的因素。在所有类型的戏剧中，动作都是必不可少的。"因为戏剧从根本上说就是关于动作的结果的——它们的原因和结果的模式，也就是一个动作怎样引起另一个动作，从而造成一种结果，而这个结果又是下一个动作的原因。"[②]由此可见，戏剧动作既是戏剧事件和情节发展因果链上的内在动力，又是刻画人物的主要手段，精彩的戏剧动作犹如一面镜子能折射出人物的内心世界，从而给观众留下难以磨灭的印象和无穷的回味。所以，"动作的重要性正在于，动作是激起观众情感的最迅速的手段"[③]。

戏剧动作作为戏剧艺术语言，来源于生活，但不等同于生活中的动作。动作作为生活用语指的是人的举动或身体的活动。在戏剧中，动作则包括形体活动和非形体活动等各种丰富的舞台表现手段，其中主要是剧中角色的言行举止，诸如形体动作、言语动作、静止动作以及多种表现手段（表情、姿态等）。在戏剧演出中，戏剧动作具有直观性，其显著功能是使人物把自身的行动（事件）直接呈现在观众面前，营造成"现在时态"的幻觉，使观众身临其境，产生情感的共鸣和心灵的震撼。

人物的形体、言语活动总是同一定的思想活动、心理状态相联系的。所谓"情动于内，而发于外"，正是说明人物的每一个动作，都是某种情感的形象外现。也就是说，人物动作是在思想活动、心理状态的支配下产生的；反之，人物的思想活动、心理状态也总是要通过一定的外在形式表现出来，没有思想的动作和没有动作的思想都是不存在的。所以，把戏剧动作截然切割为"外部动作"与

---

① 苏珊·朗格：《情感与形式》，刘大基等译，中国社会科学出版社1986年版，第354—355页。

② 艾伦·卡斯蒂：《电影的戏剧艺术》，郑志宁译，中国电影出版社1992年版，第13页。

③ 乔治·贝克：《戏剧技巧》，余上沅译，中国戏剧出版社1985年版，第25页。

"内部动作"是不科学的。每一个戏剧动作都有其内因和外因。动作的内因就是动作者的心理动机；动作的外因则是其所处的客观情境，情境影响着人物，促使其产生特定的心理活动，继而才能产生相应的动作。德国戏剧学者弗莱塔克曾把人的行动的"内——外——内"的不断运动分为两个过程：第一个过程是"一个人从萌生一种感觉到发生激烈的欲望和行动所经历的内心过程"，第二个过程是"由于自己或别人的行动在心灵中所引起的影响"。他认为，戏剧动作的"最大的魔力始终来自第一个过程，人们进行内心斗争直到采取行动的过程。第二个过程要求更多的外部运动，要求各种不同的力量更为强烈的联合作用，几乎所有取悦于视觉的东西都属于第二过程"。[①]这就是说，第一个过程侧重于表现内心活动，最能打动观众的心灵；第二个过程侧重表现外部行动，主要作用于观众的视觉感官。对于戏剧表演而言，只有将这两个方面有机结合，才能把动作的内因和外因展现出来，观众才能更好地理解和感受戏剧动作的意义。

在不同种类的戏剧和戏曲中，戏剧动作的表现有很大的差异。戏曲主要通过唱、念、做、打来加以表现，话剧主要通过言语对话和形体动作塑造艺术形象，歌剧、舞剧则离不开特定程式的唱腔和舞步、身段、造型等。在不同的戏剧和戏曲类型中，有着不同的动作规范和要求，甚至体现出不同文化体系中的艺术规则。所以，戏剧动作既与特定的文化传统相关，又能表现出丰富的社会文化内涵。

二、戏剧动作的构成

构成戏剧动作的因素很多，其中最主要地体现为形体动作、言语动作、静止动作等。

（一）形体动作

在人与人的交往中，形体动作和口头语言都有发出信息、传达情感的功

① 弗莱塔克：《论戏剧情节》，张玉书译，上海译文出版社1981年版，第10页。

能。形体动作是通过表情、姿态、动作等身体运动的方式，表露情感、传递内在信息的。它所传达的信息比口头语言更精细，能弥补“词不达意”的缺憾，具有真实、可靠的特点。形体动作是人体的一种表现性运动，而运动着的物体是最容易被视觉捕捉到的。作为表达情感、态度和内心需求的物质手段，形体动作也是体现一个人的个性、气质和风度的主要媒介，它具有强烈的可见、可感的特性。

形体动作之所以能够成为舞台艺术语言，成为演员与观众沟通、交流的桥梁，是因为形体动作——眼神、面色、体态、手势等，有着极为丰富的表现力。如吃惊时，就会情不自禁地睁大眼，提起气；休闲时，眼神坦然平和，体态松弛；气恼时，就会捏紧拳头，心气下沉。通过这些非文字语言的体态、手势、眼神，生动清楚地传递出了人的心底情感信息。

虽然形体动作是最容易被观众认知、接受和理解的，但是，并非所有的形体动作都具有戏剧性，而只有那种推动剧情发展、展示人物性格、表现人物心理的才属于戏剧性动作。所谓“纯粹外部动作”在创作实践中是没有多少实质性价值和意义的。形体动作只能在完成舞台形象塑造时，才能获得审美价值。人物的形体动作都是在特定的戏剧情境中产生的，若脱离具体的情境，便很难确定动作的意义。当然，在同一情境中，不同性格的人物会有不同的动作，而不同的情境又会使同一人物有不同的动作，这种戏剧动作的丰富独特性，正是戏剧性活力的体现。

舞台上人物的动作需要鲜明、准确，能表现出人物特定的心理情绪，符合人物性格。戏剧动作可以分为“做什么”、“怎么做”和“为什么做”三要素。做什么，指动作的任务；怎么做，是动作的具体内容和方式；为什么做，则指动作所要达到的目的，或 “动机”。这三个要素构成一个完整的戏剧动作。动作三要素是演员掌握人物动作的钥匙。对演员来说，只有把握住“为什么做”，才能确定动作的特殊方式——“怎么做”。对观众而言，只有通晓人物“为什么做”，才能判定演员动作方式的正确性。

在所有类型的戏剧和戏曲中，动作都是必不可少的，并形成了各自独特的形体语言体系。中国传统的戏曲表演艺术，就有着极为丰富的形体动作语言。

中国戏曲在长期的发展中，经过对生活动作的精心提炼和升华，以生活为依据进行创造，形成了手、眼、身、法、步、武打、翻跌等一系列程式。其中每一个动作都蕴含着丰富的情感和思想语汇。演员在舞台上通过各种形体动作，便能把蕴藏于内心深处的微妙情感表现得淋漓尽致，把各色人物刻画得惟妙惟肖，并展示出形体动作的雄、美、刚、柔、虚、实、娇、俏。

中国戏曲演员在舞台上的手法、眼法、身法和步法不同于生活中的手部，眼部，身体和脚步的动作，它们是对现实生活形态进行变形、虚拟、夸张、美化、装饰后，摆脱了其真实性、固定性的束缚与限制，不再拘泥于客观真实性的度量标准，表现一种精神的审美向度，是一种写意性的艺术动作。如戏曲舞台上最具造型美的手法，可谓千变万化，表达的意思极其丰富。有兰花指、云手、剑指、抱月指、大刀手、捣手、山膀、摊掌、托天掌、三环手托月等，每一种都有固定的程式，虚拟地在舞台上展现一定的生活场景，表达丰富的思想和情感。大刀手，就像以手当武器，模仿刀劈物件的样子，以表现人物越战越勇的气势与灵活神情。云手是模仿云的流畅与柔和，也是用来表现人物的精神、气貌的。三环手托月，属于手法与腿功配合的表演程式，多半用于表现人物在月下赶路的急促情绪，或夜行时的匆忙。又如戏曲舞台上程式化的步法，有碎步、搓、云步、跺步、雀步、蹲步、跪步、一字步、菱花步(十字步)、交叉步等，这些丰富多彩的步法，以虚拟的形式，超越生活真实而又形神兼备，在舞台上展现了丰富的生活场景和生活内容。

中国戏曲表演讲究功法，有所谓“四功五法”之说。“四功”指戏曲演员的四种基本功夫，即唱念做打。“五法”是戏曲演员“手眼身法步”（一说“口手眼身步”）五种技术方法的合称。“四功五法”是我国戏曲演员的基本修养。在舞台上，戏曲演员熟练地掌握和运用写意性的动作，就会产生绝妙的艺术效果。京剧《野猪林》中，林冲身受重刑，演员用跪步前行连带甩水发，把林冲承受着的钻心的疼痛，形象地告诉给观众。值得注意的是，演员运用程式、功法，不能机械地原封照搬，应根据具体人物和情境的不同，富有创造性地合理运用，使程式、功法、行当等艺术形式与技巧为成功地塑造人物服务。张庚曾指出，不能被行当、程式所拘束，“所有的行当和程式都是表现的手段，它们的用处在于可以拿来表现人物的内心感情，感情有喜怒哀乐，有兴奋和低沉，在表现这些不同的感情状态时，决不能毫无分别地去使用程式，一定要按照你理解到的人物的需要来运用这些东西，这才能够'演活了'"[①]。

中国戏曲是以追求神似来反映生活真实的，而神似是演员通过充满想象的虚拟表演实现的。演员在想象中进行拟形创造，运用虚拟动作调动观众联想，形成特定的戏剧情境，创造出独特的舞台形象。越剧《梁山伯与祝英台》中的《十八相送》，舞台上无一实物，仅通过舞台调度和虚拟手法的结合，便在有限的舞台上表现了十八里路程中的独木桥、池中双鹅、土地庙、照影的水井等景物，舞台的时间、空间，随着演员的唱、白与虚拟动作而不断"显现"与转移。京剧《贵妃醉酒》里杨贵妃赏花、闻花，全在一个空荡荡的舞台上进行。通过演员看到了花的眼神，用手牵花至鼻下闻等一连串虚拟动作，观众似乎看到了高力士和裴力士搬出的盆花，闻到了花香。戏曲的虚拟性原则，给编导和演员以极大的艺术表现自由，开拓了表现生活的广度和深度。

（二）言语动作

言语行为是戏剧动作的重要组成部分。言语在戏剧中主要表现为台词，又称念白，包括对白、独白、旁白等。这些台词，作为戏剧的基本表现形式之一，本身就是戏剧动作的一部分。斯坦尼斯拉夫斯基有一个戏剧术语叫做"语言动作"，这个术语揭示了戏剧语言自身的性质，也说明人物的语言与行动是密不可分的，语言要行动化，行动要语言化，二者相辅相成，相得益彰。正如劳逊指出的："一个人说话，也就是在做动作。谈话常常被认为只是动作的一件代替品，这种说法是不正确的。"[②]台词是和人物的形体动作融合为一体，表达着人物的内心状态、隐秘的欲望、情感等。言语动作是戏剧艺术塑造人物性

---

① 张庚：《戏曲艺术论》，中国戏剧出版社1980年版，第126页。

② 霍华德·劳逊：《戏剧与电影的剧作理论与技巧》，邵牧君等译，中国电影出版社1979年版，第359页。

格的重要手段，每个剧中人物都是用自己的语言和行动来表现自己的特征，而不用作者提示。同时，它还承担着推进剧情、交代某些没有正面表现出来的人物生活经历或事件过程的任务。

对白，也称对话，它是指剧作中两个或两个以上角色之间用于交流的话语。对话的内容主要包括问答、劝导、讨论、争执、探询等。对话是戏剧言语的主体，是剧中人物相互交往的重要方式，人物在对话中的每句台词对对方都有一定的影响力和冲击力，推动彼此间的关系发展变化，所以，剧情主要是在人物对话中展开的，人物形象主要也是靠对话塑造的。尤其是话剧，常常通过人物对话来介绍人物在舞台以外的活动，交代事件的来龙去脉，刻画人物性格，推动情节的发展，同时，对话作为言语动作的基础性功能还在于：每句台词都蕴含着特定的心理内涵，即“言为心声”。恰如黑格尔指出的：“由于（动作）起源于心灵，也只有在心灵性的表现即语言中才获得最大限度的清晰和明确。”[1]这说明剧中人物的言语动作是与其心理活动紧密相连的，心理动作是人物言语动作和形体动作的直接动因和主要依据。同时，对话还应推动剧情的发展，展示人物关系的变化。因为，没有性格发展逻辑与剧情线索为之作准备，任何对话都不可能产生动作性。“对话作为戏剧动作的一种方式，不仅应该体现出人物潜在的意愿，而且应该对谈话的另一方具有一定的冲击力或影响力。‘对话’本身就意味着双方的交往。但真正具有戏剧性的对话，应该是两颗心灵的交往及相互影响，对话的结果，必须使双方的关系有所变化，有所发展，因而成为剧情发展的一个组成部分。”[2]

独白也是戏剧作品中常用的一种言语动作。有戏剧理论研究者把独白分为两种表现方式，即：“独白可以是无声的，也可以是有声的。无声的独白，可以通过演员的表演和观众的联想获得很大的艺术感染力量；有声的独白，则可

① 黑格尔：《美学》第1卷，朱光潜译，商务印书馆1979年版，第278页。

② 谭霈生：《论戏剧性》，北京大学出版社1984年版，第41页。

以把人物内心的活动具体地告诉观众。”[①]有声的独白是指人物在其他角色不在场的情况下，独自表达或倾诉自己内心活动的语言或唱词。独白通常出现在剧情发展的特殊时刻，是人物心灵的自我袒露，它能创造出深刻感人的戏剧情势来。如莎士比亚的戏剧中就经常使用独白，而且他剧本中的很多独白已经成为戏剧语言中的瑰宝。如哈姆雷特的“生存还是毁灭”的独白；在朱丽叶的窗下，罗密欧与朱丽叶各自的独白；李尔王在荒野的暴风雨中那“吹吧，风啊！”的大段独白，以及反面人物埃古之流内心世界的自我披露。人们透过这些洋洋洒洒的独白，能够窥见人物隐秘的灵魂冲动。

旁白也是表现人物内心活动的一种语言方式，是指某个人物在同其他人物交往时的“自语”。在中国传统戏曲里，称这种语言叫“背白”，它是指有些情况下，人物只能向观众交代不能让场上其他人物听见的语言。譬如，在舞台戏里常常看到一个演员独自走到台前或转向观众用衣袖遮隔，只说给观众听的语言。在这种情况下，旁白可以收到对话不能得到的效果。在古今中外不少优秀剧作中，不乏成功运用旁白的例证。如奥尼尔的《奇异的插曲》、哥尔多尼的《一仆二主》、博马舍的《费加罗的婚姻》等，都大量地运用了旁白，它们是对话的补充，是人物内心隐秘的表现，也是情节的组成部分。在戏曲里，旁白有时不是用“说”而是用“唱”来表现的。有的是两个角色同时背唱，有的是先后背唱，各自倾诉自己的内心活动。像京剧《沙家浜》中的“智斗”一场，阿庆嫂、胡传魁、刁德一轮番背唱就是其中的一种。旁白的运用要自然，要符合人物性格的内在逻辑和情节发展的必然规律，这样才有助于塑造人物形象和展示剧中的情节。

言语作为戏剧动作的一部分，要具有戏剧性必须具备以下要求：第一，人物言语要源于生活，又高于生活。剧中对白要符合全剧、全场的逻辑，有助于推动剧情发展，刻画人物性格。剧中台词必须是人民群众口语的精华，使之规范化、典雅化。在提炼现实生活中的语汇时，要去掉其中粗俗、芜杂以及无大

① 谭霈生：《论戏剧性》，北京大学出版社1984年版，第24—25页。

作用的方言词语，避免重复啰嗦，做到雅而不涩，易而不俗。第二，无论是独白、对白还是旁白，都必须蕴含着丰富的心理内容，即潜台词，就是要有匿伏于台词后面的“心曲隐微”。要使台词达到这样的高度，必须讲究含蓄。第三，言语还需要推动剧情的发展，展示人物关系的变化。正如史雷格尔所言：“对话不过是形式的最初的外在基础。如果，剧中人物彼此间尽管表现了思想和感情，但是互不影响对话的一方，而双方的心情自始至终没有变化，那么，即使对话的内容值得注意，也引不起戏剧的兴趣。”[①]

（三）静止动作

静止动作指的是人物在特定情境中的表现，既没有明显的形体动作，也没有台词，处于沉思默想或对话的“停顿”等静态之中。然而，这种表面的沉默与静止不动，则蕴含着丰富、复杂的情感波澜。巴拉兹曾指出：“保持沉默常常是一种故意的、生动的、富有表现力的动作，而且它经常代表某种十分明确的心理状态。”[②]在现实生活中，人们的思想感情和性格是非常复杂的，当一个人受到突如其来的灾难或巨大的冲击、内心活动十分剧烈的时候，便会出现想说不能、欲语无声的沉默。这个时候，静是动的表现，无声是人物内在复杂心理冲突的反映，其传递的信息，传达的感情更具有感染力。生活中的这种现象启示着古往今来的剧作家们，在特定的场合与情境下，用“无声”表现“有声”，用“无语”表现“千言万语”，用“暂歇”来引发观众去想象人物内心深处的喜怒哀乐，收到以无声胜有声的艺术效果。

静止动作，不是人物行动、言语的中断，而是表演的另一形式的继续，它也是动作的组成部分。斯坦尼斯拉夫斯基在《演员自我修养》中说过：“有时候形体之所以不动是由于强烈的内部动作所造成的，这种强烈的内部动作在创作中特

---

① 史雷格尔：《戏剧性及其他》，因生译，《古典文艺论丛》第11册，人民文学出版社1966年版，第229页。

② 贝拉·巴拉兹：《电影美学》，何力译，中国电影出版社1978年版，第239页。

别重要而有趣。艺术的价值就决定于这种动作的心理内容。”[①]所以，静止动作蕴含着人物瞬间心理活动的内容，它也是一系列因果相承的动作中的一个环节。在特定的戏剧情境里，从人物性格和心理冲突出发，有时角色的一个静止动作，反能更强烈、更深刻地表现极其复杂的内容和丰富的思想感情，展现人物的性格特征，准确地暗示人物关系，从而推动情节的发展，加强戏剧的节奏。

静止动作，作为剧中人物无声的动作正是来自生活。这种无声的动作，蕴含着诗意和潜台词，若运用得好，可以收到“此时无声胜有声”的艺术效果。我国著名剧作家曹禺，深知这种表现手法的妙谛，并能在创作中娴熟地运用这种表现手法。在《雷雨》第四幕里，当周朴园强迫儿子周萍认生母鲁侍萍时，四凤惊呆了，发疯般地跑出去，结果触电惨叫而死。鲁妈也呼喊着女儿跑下。等到她再上场时，老年仆人跟在后面，老仆人善良地安慰她说：“老太太，您别发呆！这不成，您得哭，您得好好哭一场。”鲁妈这时不仅没有哭出来，甚至连一句话也说不出来，只是无神地轻轻地“嗯”了一声，好像木头人似的一动不动立在那里。此刻，她虽然没有说话，也没有放声大哭，但是她内心的极度悲伤、痛苦、失望……观众是完全可以想象出来的。鲁妈的一生有着凄惨的遭遇：年轻时受伪君子周朴园的凌辱，在给他生下第二个儿子才过三天，就被逼而抱着孩子投河自尽，后来被人救起。三十年来，她无比艰难地带着一个孩子：讨饭、缝衣服、当老妈子、在学校里伺候人。她不愿意自己的女儿在公馆里帮人，生怕女儿也走错了道，结果她担惊受怕的事偏偏发生了，女儿的遭遇也同自己年轻时的命运一样。更凄惨的是，使女儿四凤有三个月身孕的又恰恰是自己亲生的儿子——周家大少爷周萍。现在，他唯一最疼爱的女儿也惨死了，一切希望都破灭了。这种极度的悲哀、痛苦和悔恨的心情，是无法用语言来表达的。一个“嗯”字里，却包含着千言万语，蕴藏着极其丰富的潜台词。这个人物的语言，表面上看是停顿了、静止了，但人物的行动并没有中断，用斯坦尼斯拉夫斯基的话说，这

① 转引自谭霈生：《论戏剧性》，北京大学出版社1984年版，第22页。

叫做"意味深长的沉默"。所以，静止动作无论在舞台剧还是影视剧中，都是表现戏剧性的一个重要手段。

在以舞台演出为目的的戏剧艺术中，除了上述戏剧的动作因素外，舞台美术与音乐、音响也是不可或缺的组成因素，又是重要的表现手段。舞台美术是指包括布景、道具、灯光、服装、化妆等除演员表演以外的所有舞台造型因素。这些舞台造型因素，在实践中形成一个既有分工又相互关联的有机综合体，共同完成舞台美术的造型创作。它融于戏剧艺术整体的综合创作中，并发挥着其应有的功能。音乐与音响也具有丰富的表现力：能渲染特定的情调、气氛，加强舞台表现空间的生活实感；能辅助创造剧情所展示的时间、地点、环境，衬托和帮助表达人物的心理、情感，烘托剧中人物性格和人物关系；能推动戏剧冲突的发展，突出和深化作品的主题。焦菊隐导演的《蔡文姬》中的一些音乐，强化了离愁别绪，丰富了戏剧意境。老舍《茶馆》中的叫卖声、水车的吱吱声、炒勺声、面案的敲打声、伙计的叫喊声等，渲染了特定的环境、气氛。奥尼尔的表现主义代表作《琼斯皇》中贯穿全剧的鼓声，正是主人公琼斯皇内心世界的戏剧性的写照。剧中的这些音乐、音响，是观众了解外在事件和人物内心的矛盾冲突的媒介，是强化戏剧效果的重要因素。

三、戏剧动作的特性

戏剧艺术是靠戏剧动作去表现的，动作是戏剧艺术的根基。戏剧动作是一个相当广泛的概念，它包含着形体动作、言语动作、静止动作等多种成份，而这些成份都是内心动作的外现方式，而思想、感情及其心理活动，则是这些动作成份的心理内涵。"缺少心理内涵的直观动作，一般是不具有戏剧性的……如果直观动作不具有、或不能传达出这种心理过程的时候，也不具有真正的戏剧性。"[①]戏剧动作这种内外辩证统一的规律，决定了戏剧动作具有以下几个主要特性：

---

① 谭霈生：《论戏剧性》，北京大学出版社1984年版，第54—55页。

（一）戏剧动作具有目的性

动作总是出自心灵，心灵的体验构成戏剧动作的基本动因，即戏剧动作为什么会产生及怎样产生。所以，戏剧动作是戏剧的动因指导的结果。戏剧动作有鲜明的特征，它从来不是无意识的、盲目的、紊乱的，都有其内在的依据和目的，都是在某种假定的情境中的艺术表现。没有动机的作为，为动作而动作，构不成真正戏剧性的动作。从审美角度看，再热闹也得不到思想的升华与生活的启迪，也不能引起艺术上的美感和共鸣。如果，人物动作的心理动机不明确，揭示不深，挖掘不透，既起不到刻画人物性格、推进戏剧情节的作用，同时也不能鲜明而准确地表达剧作的主题。

人物置身于特定的情境中，在情境的影响和刺激下，个性凝聚成动机，导致行动。对人物的生命运动而言，情境为人的生命运动规定方向和轨迹，同时又为生命运动提供一种刺激力和影响力。戏剧情境作为一种客观动力促使人物行动，如何行动是由人物的心理、愿望、要求决定的。在戏剧的具体的规定情境中，目的不同，动作不同，动作的表现必然受制于人的内心体验。动作是人物精神世界的直观表现。因此，通过动作，能够最直接、最迅速地洞察到人物的内心世界。

（二）戏剧动作具有整一性

戏剧的艺术语言是动作，那么，戏剧结构的基本任务就是对戏剧动作的选择、提炼和组织，也就是说，选择不同人物的动作，把它们有机地组织起来，使其具有完整性和统一性。首先，戏剧动作是三要素的结合，即剧中人物（角色）做什么、为什么做和怎样做的结合。这种动作的整一性是戏剧之为戏剧的一个关键。人物动作的动机，则往往是剧作思想所寄寓的实体，也就是说，剧中人物的动作朝向一个明确的目的发展，这个目的把一系列动作贯串起来，剧作的思想则渗透在这些动作之中。为此，劳逊认为：“在实践中，真正的统一性必须来自主题和动作的结合”；“将动作集结在一个特定的目的上就构成了作为戏剧本质的完整运动”。[①]戏剧动作只有具备了这种指向一定的动机与目标的

① 转引自谭霈生：《论戏剧性》，北京大学出版社1984年版，第270页。

整一性，才能真正体现出戏剧动作的艺术魅力。

戏剧动作又具有流动性，也就是戏剧动作的因果连续性。不仅每一个戏剧动作都有内因和外因，而且一个动作往往由别的动作引发出来，它同时又引起下一个动作。每个戏剧场面都是由一个因果相承、持续发展的整一的动作体系构成的。戏剧动作又都是在故事情节不断发展过程中加以呈现的。不仅一部戏剧作品中的主导动作有着自身的连贯性和逻辑展开的层次，而且每一个角色表演的动作、台词等，也都是随着剧情的发展而展开的，并形成剧中角色之间相互作用和行动的有机综合体，从而构成一个完整统一的行动过程。因此，戏剧动作可具体地分解为上升动作、下降动作、高潮点等，它们彼此相连贯穿全剧，形成整一的戏剧动作体系。

（三）戏剧动作具有鲜明的个性

戏剧艺术所塑造的人物形象，其性格、经历、遭遇、命运以及所处的环境等，都应该是独特的、个性化的，这是戏剧艺术具有戏剧性的根基。社会生活中人的思想性格、心理状态是千差万别的，表现在行动上也是各种各样的。个性化的戏剧语言和人物的典型动作常常是先后衬托、相辅相成的。卓越的剧作家总是善于抓住人物在特定情境下的独特行动来表现人物的内心世界。老舍就很注重通过人物的言语举止塑造人物性格，以此来充分展示人物性格中的个性化特征。《龙须沟》里的程疯子这一人物形象，就是从形体语言到人物台词都透露着他那讲究义气、正直善良的性格特点的。老舍在剧中几次写程疯子的长衫，开头就让他穿着破大褂上场。当小妞要去打水时，他要帮助小妞去抬，二春说："不脱了大褂呀！省得溅上泥点子！"疯子接过桶来数快板："我里边，没小褂，光着脊梁不象话！"表现他穷得没有小褂穿，只是外头罩着一件破大褂。及至二嘎子从卖鱼的那里偷来两条小金鱼给二妞玩，四嫂看出是偷来的鱼，逼着二嘎子还回去，不还就揍他时，疯子脱下大褂痛快地说："拿我的大褂还徐六去！"这慷慨的举动，诚挚的语言，使程疯子善良可爱的性格、质朴感人的形象跃然纸上，令人觉得他的性格不再是可笑的，而是可敬的。

戏剧中人物的言语动作更是具有鲜明的个性化。人物的对话和唱歌，都必须符合每个人特定的身份、职业、年龄、经历、素养、思想感情、性格爱好等个性特征，说出他自己的话，体现出他自己的风格。诚如高尔基所说："要使剧中人物在舞台上，在演员的表演中，具有艺术价值和社会性的说服力，就必须使每个人物的台词具有严格的独特性和充分的表现力——只有在这种条件下，观众才懂得每个剧中人物的一言一行，只能像是作者所确定的和舞台上演员所表现的那样。"[①]这就是说舞台上每个人物所说的话都具有各自的独特性，不能用张三李四谁说都行的言语。

个性化的人物言语不仅体现在什么人要说什么话上，更重要的是表现在怎么说上。老舍先生认为，要使人物对话性格各殊，谈吐各异，"作者必须苦思熟悉：如此人物、如此情节、如此地点、如此时机、应该说什么，应该怎么说，一声哀叹或胜于滔滔不绝；吞吐一语或沉吟半晌，也许强于一泻无余。说什么固然要紧，怎么说却更为重要。说什么可以泛泛交代，怎么说却必须洞悉人物性格，说出掏心窝的话来。说什么可以不考虑出奇制胜，怎么说却要求妙语惊人。无论说什么，若总先想一想怎么说法，才能逐渐与文学语言挂上钩，才能写出自己的风格来"[②]。老舍在剧本创作中践行着自己的这些艺术观念，因而成功地运用文学言语塑造出了许多个性鲜明的艺术形象。在他的代表作《茶馆》里，出场人物多达六七十人，但却是"说一人，有一人"，"话到人到"，开口就响，只用三言两语，人物独特的性格便生动地凸显出来。如剧中的唐铁嘴，虽然言语不多，却极富个性特征和艺术表现力。唐铁嘴对人说："已断了大烟，改抽白面了"，接着又说："大英帝国的香烟，日本的白面，两大强国伺候我一个人，福气不小吧？"这洋洋得意、不知羞耻的话语，逼真地活画出了唐铁嘴奴性十足的本质和崇洋媚外的卑鄙嘴脸，三言两语则形神并俱。如此高度个性化的人物言语动作，在《茶馆》中不胜枚举。

当前戏剧由于题材和表现形式的不断革新，戏剧艺术语言不断丰富。近几

① 高尔基：《文学论文选》，孟昌等译，人民文学出版社1959年版，第58页。

② 王行之编：《老舍论剧》，中国戏剧出版社1981年版，第23页。

年来，涌现出的一大批优秀的新戏剧中，都包含了大量的舞蹈表演的成份。戏剧舞台上还出现了很多与戏曲相结合的作品，如李六乙导演的《穆桂英》，田沁鑫导演的《赵氏孤儿》，苏民导演的《李白》等。这种戏剧与戏曲的结合，对演员运用戏剧语言的能力有着越来越高的要求，舞蹈、戏曲等形体语言表演元素，也逐渐成为当代戏剧演员必备的专业技能。俗话说“外行看热闹，内行看门道”，从艺术鉴赏的角度看，只有了解戏剧艺术的审美特性及其语言形式的构成，才能达到与创作者之间的“默契”，才能领悟到戏剧形式的独特美感。

（原载《美与时代》2012年7月下）

论多媒体艺术语言

人类艺术发展进程表明，每一种新艺术的出现，总是与孕育它的社会形态和科技进步有关。多媒体艺术的出现，正是由于当今社会已经进入了高科技信息技术时代。在艺术领域，高科技提供了新的艺术生长环境，极大地拓宽了艺术发展空间，为整合各种艺术形式、丰富艺术表现力创造了新的机遇。较之传统艺术而言，多媒体艺术的传播手段更加综合化和立体化，艺术表现形式更加形象化和感性化，受众接收方式也更加智能化和人性化。

一、多媒体艺术语言的元素

任何一种新的艺术形式都有其特有的载体形式和语言符号，“就种种视觉艺术而言，艺术家除了揭示、摹仿和解释实在之外，其中一些人还创造了符号语言，用之于尚未见诸文字语言的事物”[①]。而多媒体艺术自诞生起也在不断地形成和完善着自己的语言表现形式，其艺术语言是对以往艺术形式语言的综合运用,是一种更高层面的艺术形式。与以往的综合艺术电影、戏剧相比，多媒体艺术的综合性更强，其组成部分的各种要素彼此紧密相联，并在新的整体中丰富了自己的内涵和表现力。多媒体艺术语言的元素主要包括文字、图形、图像、声音、动画、视频。

（一）文字

文字是组成文本文件的基本元素，网络上的绝大多数信息仍然是以文字的

① 伦纳德·史莱因:《艺术与物理学》，暴永宁、吴伯泽译，吉林人民出版社2001年版，第3—4页。

形式存在的，它也是网络多媒体艺术的主要构成材料。与其他媒体相比，文字是最容易处理、占用存储空间最少、最方便利用计算机输入和存储的媒体。文字的属性可以包括字体、字形、字号、字色、修饰、字间距、上下标、缩放、文字效果等。如字体选择便可表现艺术设计中要传达的情感，粗体字强壮有力，呈阳刚之美；细体字高雅细致，呈阴柔之美。没有这些属性的文字称为纯文本，其文件扩展名为TXT。Windows系统的“记事本”就是支持TXT文本的编辑和存储工具。所有的文字编辑软件和多媒体集成工具软件均可直接调用TXT文本格式文件。纯文本文件是软件系统中各种文本之间进行相互转换的桥梁。由于文本是以文字和各种专用符号表达的信息形式，它也是现实生活中使用得最多的一种信息存储和传递方式。而图形文字可以制作出图文并茂的美术字，成为图像的一部分，能提高多媒体艺术作品的感染力。

（二）图形

图形与图像是人类视觉所感受到的一种形象化的信息，其最大特点是直观可见、形象生动。图形一般指计算机生成的各种有规则的图，如直线、圆、圆弧、矩形、任意曲线等，其属性可以包括形状、颜色、大小、位置和维数等。在计算机中由点、线和面组成的几何形状，按照数学公式独立定义而绘制的图形属于矢量图。其优点是文件容量小、可以分别控制、处理图形的各个部分，对图形进行放大缩小时，无论是色彩还是形状都不会失真。通过读取指令并将其转换为屏幕上所显示的形状和颜色而生成图形的软件通常称为绘图软件。其最大的优点在于可以分别控制处理图中的各个部分，如在屏幕上移动、旋转、放大、缩小、扭曲而不失真。计算机上常用的矢量图形文件格式有“.3ds”（用于三维造型）、“.dxf”（用于CAD）、“.wmf”（用于桌面出版）等。

（三）图像

图像是所有画面、图片的通称，是指由输入设备捕捉的实际场景画面或以数字化形式存储的任意画面。计算机可以处理的各种不规则的静态图片，如扫描仪、数字照相机或摄像机输入的彩色、黑白图片或照片等都是图像。图像最为关键的属性是清晰度、色度、饱和度等。图像可以传递文字无法负载的信息，并具有更强的视觉效果。譬如一幅长城的照片，能比文字描绘更形象地让人感受到宛如一条巨龙蜿蜒于群山之中的长城之雄伟壮观。所以，图像的加入使多媒体艺术创作的形式和欣赏的视域大为改观。在数字化空间里，功能强大的各种软件也使艺术创作的手法更加多样化。微软Office办公系统中的网页制作软件Frontpage可以修改图像的颜色，变化影调，去除多余部分，增加光影效果等等，人们可以随心所欲地修改现有的图形，使之达到自己设想的效果。人们还可以抛开纸、笔的传统的绘画工具，仅仅使用电脑，便可以创作出数字化的美术作品来，并通过网络展示给全球大众。而互联网上的有关站点收集了成千上万的艺术图片，从古代建筑到自然风光、从中国书法到西洋名画，等等，人们只要连通网络、点击鼠标，足不出户就可以徜徉于五彩斑斓的艺术世界之中。

（四）声音

将声音集成到多媒体中，可提供其他任何媒体不能取代的效果，不仅能烘托气氛，而且能充分展示艺术作品的魅力，使其更易理解和被大众所接受。网络上的声音既可以输入人类社会和自然界已有的种种声音，也可以直接通过数字技术模拟合成，这就使网络上的声音变得更加多样复杂。根据声音的不同特征可分为语音、音乐和音效。语音是指人的语言声音及其语种、声调、节奏、频率等。目前，语音在各种网站上的应用日渐普及，如有的网站设计了文字内容的人声朗读，这样，文学的名作诗篇、名人的著名演讲等，就不再只是呆板、冰冷的文字符号了，访问者可以在声情并茂的吟咏中感受诗情文意，可以在原始录音资料中领略历史风云。有的网站还设计出文本到语音转换的插件，当访问者阅读疲劳时，可激活语音播放，就能靠在椅背上闭目聆听悦耳的朗读。音乐是符号化了的声音，指声乐曲、器乐曲及其音量、旋律等听觉信息。音乐使多媒体艺术更具梦幻色彩和艺术感染力，如在网上艺术博物馆里，若播放恰当的音乐便可营造出浓郁的艺术氛围。一篇网络小说，在恰当的地方配上合适的音乐，便可大大增强作品的艺术表现力和感染力。音效是指语音、音乐之外的一切声音效果，如动植物、自然界、人类社会中发出或产生的种种音响。对世间万物各种声音的还原与再现，不仅使网络的信息含量大幅度增加，而且能真实地再造出一个“虚拟世界”，使受访者产生身临其境之感。

（五）动画

动画是运动的图画，是一幅幅静态图像的连续播放。动画的连续播放既指时间上的连续，也指图像内容上的连续。现在许多网页都通过软件让自己的页面活动起来。比如Flash就是一个功能强大的网络交互动画制作工具，它是利用频闪使静止的图形做出简单的动作，如水纹的荡漾、树枝的摇曳等。动画虽是生成视频图像的产品，但动画不同于视频，视频是生活写实的再现，而动画是人工设计绘制出来的动态图画。计算机制作的动画分为两种：一种是造型动画，另一种是帧动画。造型动画是对每一个运动着的物体分别进行设计，赋予每个对象固有的特征，如大小、形状、动态、颜色等，然后用这些对象构成完整的帧画面。帧动画则是由一幅幅位图组成的连续的画面，就像电影胶片或视频画面一样，要分别设计每个屏幕显示的画面。“计算机制作动画时，只要做好主动作画面，其余的中间画面都可以由计算机内插来完成。当这些画面仅是二维的透视效果时，就是二维动画；如果通过CAD形式创造出空间形象的画面，就是三维动画；如果使其具有真实的光照效果和质感，就成为三维真实感动画。存储动画的文件格式有FLC、MOV等。”①

（六）视频

视频是活动的影像，将若干有联系的图像连续播放便形成了视频，利用人眼的视觉暂留特性产生运动影像。视频图像可来自录像带、摄像机等视频信号源的影像，如录像带、影碟上的电影与电视节目、摄像等。这些视频图像使多媒体应用系统功能更强、更精彩。计算机中的视频信号和音频信号均为数字信号。由于上述视频信号的输出大多是标准的彩色全电视信号，要将其输入到计算机中，不仅要有视频信号的捕捉，将其实现由模拟信号向数字信号的转换，还要有压缩和快速解压缩及播放的相应软硬件处理设备配合。播放时，视频信号转变为帧信息，并以一定的速度投影到显示器上，人眼的视觉暂留特性就会产生连续不间断运动的感觉。压缩和视频流技术使网络动态影像传播成为现

---

① 耿国华主编：《多媒体艺术基础与应用》，高等教育出版社2004年版，第22页。

实，人们可以通过网络直接欣赏电影、电视剧、录像作品等。如今网上出现的各种视频点播、网络影视片等，为人们提供了更为广阔的艺术鉴赏空间及互动交流空间。

以上这些多媒体艺术元素，是人们并不陌生的艺术形式，它们在网络诞生前，就已经存在了。只是在多媒体艺术中，作为其构成元素，更凸显出了其特性和作用。同时，这些艺术元素并不是孤立存在的，它们相互依存、有机结合，按照一定的艺术创作规律，组合变幻出多媒体艺术的新面貌。

二、多媒体艺术语言的特性

多媒体艺术是一种以“光学”媒介和电子媒介为基本语言的新艺术门类，它是建立在以数字技术为核心的基础上的。所以，多媒体艺术与传统艺术最大的区别在于对新技术的运用。多媒体艺术这一特有的品性，决定了它的表达方式及所使用的艺术语言与传统艺术有着很大的差异。多媒体艺术语言的特性主要表现在以下几方面：

（一）多种媒介的综合性

传统视觉艺术形态的主要功能是在二维与三维（雕塑）空间里来完成物象的造型与展示。人们常说：“绘画是化动为静的艺术”，画布上的形象是凝固不动的，观赏者可凝神观照，沉浸于他的联想活动之中，欣赏主体和对象之间保持着一定的审美距离。此外，传统视觉艺术的一个基本特征是信息简单单一。为了扩大作品的信息量，艺术家必须一以当十，选择对象的典型瞬间来表现，才能使作品具有强烈的感染力。这一特点既是传统视觉艺术的不足，也是其重要的审美特征。无论绘画、摄影还是雕塑，其艺术目标都是为了触发人的想象力，使艺术形象在人的头脑中动起来。同时，它也需要受众具备一定的美学修养和艺术想象力才能欣赏艺术。比如古希腊雕塑《掷铁饼者》，通过一个典型的姿势，使这位蓄势待发的运动员在人们头脑里呈现一幅急速旋转的动态形象，从而增强了其艺术感染力；中国著名画家齐白石的《蛙声十里出山泉》仅靠几只蝌蚪，一注清泉就把“稻香阵阵说丰年，听得蛙声一片”的意境塑造得惟妙惟肖。

在多媒体艺术中，造型与展示能力得以大大拓展和丰富，媒介符号的多元使视觉影像可将造型最基本的六个元素——人、光、声、色、景、物有机地结合，可以兼容音乐、舞蹈、戏剧、文学、绘画、摄影等艺术形态。视觉影像可以兼容和侵入一切艺术领域，调动和运用一切艺术表现手法，为我所用。新的社会语境下，艺术本身的形态构成已经超越了传统艺术而发生了质变，完全拓展与颠覆了传统艺术的表现形式。由于数字技术的运用，它可以在逼真的空间中构造出各种图像，使文学中那种“思接千载”、“视通万里”的超越现实的想象，直观地呈现在人们眼前，而且能达到令人真假难辨的地步，人们在这种图像的变动连续中能不断地获得“惊颤”的审美感受和无距离的体验，满足人们对新奇感的追求。多媒体艺术“超越了诗、小说等先前艺术形式的局限。在许多领域内，艺术家开始混同各种媒介手段，并把庸俗作品和大众文化融入到他们的美学创作当中”[①]。

多媒体艺术往往善于抓住时髦的话题与文化热点问题，及时有效、快捷地进行报道与传播，它的艺术符号极易与流行文化接轨，从而成为一种带有先锋性与前卫感的艺术样式。例如：法国艺术家马歇尔的多媒体舞台剧《马歇尔的幻觉》，便是运用高科技使演员出入于电影屏幕和舞台之间，通过演员身体和影像的结合给观众带来了一场“幻觉之旅”和奇异的视觉体验。在剧中，乡巴佬艺术家马歇尔不断地抱怨现实中的一切，于是他无法控制地遨游在自己的幻想世界里。迷茫的他越来越分不清戏里戏外，陷入了绝望的无底深渊，只能不断地穿梭于现实和虚幻中去寻找真相。在舞台上，马歇尔创造的电影戏剧的演出形式赋予了他的主人公超现实的能力。本剧借用台上的一块巨型屏幕，完全打破了戏剧舞台的虚实空间。特别是空间多媒体的应用，使整个演出变得丰富饱满。在特定的舞台空间结构中，声、光、电的效果帮助实现了角色内心世界的外化表现，给观众带来强烈的感官享受和心灵震撼。最神奇的是，演员自由

① 道格拉斯·凯尔纳、斯蒂文·贝斯特：《后现代理论：批判性的质疑》，张志斌译，中央编译出版社1999年版，第13页。

地穿梭于舞台和屏幕之间，真人和影像在瞬间转换。剧中的电影时而由黑白转为彩色，时而又从逼真图像变为flash动画，犹如魔术一般。通过戏剧与电影的巧妙结合，马歇尔将两者的技术、感觉、奥秘发挥到了极致。

多种媒介的综合运用，固然为艺术家的创作提供了更多的表现形式和方法，但也对艺术家进行艺术创作提出了更高的要求。因为，多种媒介形式的并存，它们之间的关系会更加复杂和多样，这就要求艺术家必须具有更高的驾驭能力和艺术表现才能，方能把握好它们之间的关系，并使它们在作品中巧妙地协调与融合，进而产生出预期的艺术效果。

（二）超文本召唤结构

传统文本是线性的、平面的、单向度的，而网络媒体的文本则是非线性的、立体的、多向度的，是超文本。由单文本转变为超文本是这种综合艺术的一个根本特点。传统的文学艺术文本从作者完成时起，它本身是封闭的、自足的，并具有一定的客观规定性。德国接受美学家瑙曼提出了“接受指令”的概念，他说：“每一部作品都有一种内在的一致性，一种它自己特有的结构，一种个性，一系列特征，它们为作品在接受过程中被接受的方式、产生的效应以及还有对它的评估预定了特定的方向。”[①]这种“特定的方向”是一种客观存在的精神导向，它指引着读者应当怎样接受它。同时，接受美学家还强调，文学作品是一种充满了空白和未定点的“图式化结构”，并由此提出了“召唤结构”的概念。文本的召唤结构是隐性的，它需要接受者的解读和“具体化”才能得以呈现，强调接受者在文本意义解读过程中的主体性功能。但无论如何，接受者的解读是要受到文本自身的客观规定性的制约的，不能随心所欲地作出解释。“一个解释要成为这篇文本而不是别的文本的解释，在某种意义上说它必然在逻辑上受到文本的限制。换句话说，作品在一定程度上决定了读者的反应，否则批评就会陷入一片混乱。”[②]

① 瑙曼等：《作品、文学史与读者》，范大灿译，文化艺术出版社1997年版，第19—20页。

② 特里·伊格尔顿：《文学原理引论》，刘峰等译，文化艺术出版社1987年版，第102页。

多媒体艺术的文本却不同，其文本表现为非线性的作品形式，其召唤结构是开放性的。在因特网上，文学艺术的创作和表现形式发生了很大的变化，不再呈现为一篇文章或一本书的形式，而是一个“超文本”（Hypertext）。超文本是非线性的立体的网状结构，文本之间通过“超链接”（Hyperlink）显现出强烈的“互文性”（互为文本关系）。超文本文件中的某些字、词、短语、符号或图像起着建立链接的作用，显示在屏幕上。当用鼠标器光标移至该字词或图像时，光标的箭头变成一只手的形状，点击它，整个页面就会变化，屏幕显示主页会跳到链接的新内容上，亦即链接到另一个文本。通过超链接，形成了互为文本关系的文本网络，各种文本之间可以无限扩展，从而构筑起了非线性的、立体的、多向度的召唤结构。这个召唤结构，不是“意义的不确定性”，而是文本自身的不确定性和其结构的多线性造成的审美活性；它不是寻求对“空白和未定点”的补充，而是提供给接受者对叙事文本的多向选择和能动介入。超文本作品本身就是一个未完成的文本，亦即“可写文本”，它是多元开放的，永远处于写作状态。

这种超链接召唤结构，为艺术创作提供了更大的机遇和空间。“超文本的出现，为创作者表达心灵活动、进行多方面的艺术探索提供了极大的便利。利用超链接，我们不仅可以在文本中链接文字、声音、图形、图像、影视、动画、游戏等，还可以利用超链接为作品设置多种情节分支，也可以尝试多种艺术形式和文本风格。”①传统语言艺术的韵味在于文字的耐人寻味性和间接造型的丰富想象性，它没有能直接作用于人的感官的色彩、线条、屏幕等物质媒介，只有作用于人的想象的抽象的文字符号。人们展开想象的翅膀，让心灵和微妙的情感与现实世界发生审美关系，才能感悟到作品的韵味和诗意。而多媒体艺术较之传统的语言艺术则更贴近人们的感应性，它注重对于视、听等感官欲望的开发与满足，并进一步拉近了艺术与人的本能欲望之间的距离，满足当代人的心理诉求，因而，它比传统语言艺术的理性模式更能彰显人性和人文精

① 汪代明：《网络艺术概论》，四川民族出版社2006年版，第27页。

神。而图像的增多又“造成了图像与文字的互文性”，“给传统的阅读增添了意趣和快感”[①]，并有效地弥补了话语表达的不足。

超文本也给接受者更大的选择和再创造的空间。读者面对超文本有极大的自由，他可以依据自己的喜好在网上自由选择、随意浏览和链接，他的个性化的审美需求能够得到最大限度的满足。他还可以转换身份，由读者变为作者，参与作品的创作、改写，或将其他文本链接进来，也可对作品评头品足。这种参与式的主动接受过程能满足人的追新求异心理，并使人获得无穷的乐趣。当然，这种超文本结构既有优长，也有弊端。它既带来了文本的开放和大量的信息，也带来了文本的零散和信息泛滥；既带来了意义的多元和语言的丰富，也带来了意义的消解和语言的冲突等。如何扬长避短，也是多媒体艺术发展中所面临的一个有待探索的课题。

（三）在线交互的动态性

多媒体艺术是通过计算机硬件和软件及用户的参与共同实现的。围绕着人机交互性能的发展，计算机技术从硬件到软件也在不断更新。20世纪80年代，人机交互最初是通过手操作键盘实现的，后来出现了鼠标，现在发展出新一代的人机交互工具，如三维鼠标、触摸屏、无线遥控键盘、声控技术和数据手套等等，使得人机交互更加便捷。随着计算机技术的飞速发展，人们与计算机之间的交互达到了新的历史时期，鼠标及先进的触摸屏系统、头盔显示器、环形投影系统、捕获跟踪设备、立体眼镜、数字手套、力反馈系统等各种传感工具，还有不断升级改进的软件，使计算机成为交互艺术中重要的工具。[②]

多媒体艺术较之传统艺术而言则更具有交流互动性。传统艺术的表现方式，诸如绘画、音乐、诗歌、建筑等，艺术家一旦完成便具有不可更改性，只能供人们去看、去听，然后被动地接受，但将多媒体技术运用到艺术范畴中后，能够使人们与艺术作品、创作者形成双向互动。观赏者不但能与作品近距

① 周宪：《读图、身体、意识形态》，《文化研究》第3辑，天津社会科学出版社2002年版，第76页。

② 马星：《多媒体艺术的特性——交互性》，《山东纺织经济》2007年第2期。

离接触，甚至可以改变作品的属性。因为，多媒体艺术是“活”的，接受者可以更改和参与创作。任何人只要具备了上网条件和网络应用技术，他就可以参与到作品的互动过程中。在互联网上，我们能看到许多人在“据说已经完成”的各种作品上，进行各种数字化操作，将作品按照自己的构思续写、修改、再创作。美国摇滚歌手鲍勃·迪伦发行过一张唱片，这张唱片允许听众重新组合画面，改变音乐所表达的情绪，甚至允许歌迷们重新合成声音，这样听众也就参与了该唱片的创作。北京音像网曾策划了我国第一部互动式网络电影《天使的翅膀》，网站先将故事情节在网上公布，动员网民参与从修改剧本到该片创作的每个环节，网民可以自荐当演员，影片边拍摄边播放，网民不仅是观众而且拥有了编、导、演的主动权。多媒体艺术使观众可以从一个传统艺术的接受者转变为艺术的参与者。“艺术成为当代大众可以共享的日常生活对象而非少部分人自我陶醉的纯粹精神领地……艺术不再是纯粹个人心灵的高尚独吟，也不再是艺术家个人运用精致技巧展现自身特立行为的活动，而是直接具体地满足着日常生活各层次欲望、需要和追求，表现、象征大众文化的现实状态。”[①]“人人都可以成为艺术家”为以前没有机会或能力从事艺术活动的人们，提供了体验和参与艺术创作活动的机会，使其实现了对艺术的向往和实践。

多媒体艺术的互动性还体现在以视觉语言的丰富多变来迎合大众的欣赏需求。与绘画艺术相比，多数互动视觉艺术作品虽然也是呈现于一个二维的平面，但是，它用变化的影像极大地突破了二维空间的限制。其影像多呈嵌套形式，受众从一点可以进入无数可变的空间。这不仅是对传统绘画艺术的大幅度突破，也是在影视艺术基础上实现的创新。“如果说影视艺术对绘画艺术的突破在于利用其动态的影像突破了传统绘画的静态画面，那么，互动艺术则用多变的影像突破了传统影视单一的影像内容，用多变的视觉语言突破了传统绘画的固定空间。可以说，处处思‘变’，是互动艺术语言鲜明的

① 王德胜：《视像与快感》，安徽教育出版社2008年版，第24页。

特征之一。”[①]多媒体艺术语言的生动、丰富、多变，新型视觉艺术赢得了广泛的受众。

网络游戏是最典型的在影视艺术的基础上发展起来的互动艺术形态之一。网络游戏简称网游，又称“在线游戏”。它是以互联网为媒介，通过服务器与玩家的处理终端实现的具有可持续性的多人参与的在线游戏，通过人与人之间的互动达到交流、娱乐和休闲的目的。与单机游戏不同，网游的特点突出表现在多人互动上。身处世界各地的游戏玩家可以同时登录到游戏当中，创造自己的角色并通过控制这个角色的行动与其他人进行对话。实时的在线交流实现了游戏者之间的即时互动，正是这种互动满足了游戏者沟通的需要。同时，游戏的互动性也使游戏者可以一起协作来度过游戏中的难关，找到“真正的朋友”，增进彼此的感情。

三、多媒体艺术语言的运用

多媒体艺术是多媒体技术与艺术的高度融合，是一种合成艺术。这种合成性表现在：由文字、图形、图像、符号、线条、色彩、构图等视觉元素构成了多媒体视觉艺术；由语音、乐曲、音效等听觉元素构成了多媒体听觉艺术；由静态画面与动画、视频等动态画面分别构成了多媒体的空间艺术和时间艺术；声音与画面结合构成了视听艺术和互动艺术。多媒体艺术具有完整的艺术表现系统，其语言元素的运用，充满了艺术张力和艺术魅力，为整合各种艺术形式，丰富艺术表现力创造了新的机遇。这种新的机遇表现为：

（一）丰富了艺术创作的手段

同传统艺术相比，多媒体艺术的表现和传播手段更加多样化和立体化，艺术表现形式也更加形象化和感性化。计算机绘画的出现就极大地丰富了绘画艺术的表现手段，DOS操作系统时代的AutoCAD及许多趣味性的绘画小程序，已

① 权英卓、王迟：《互动艺术新视听》，中国轻工业出版社2007年版，第24页。

经显示出了计算机强大的工具理性。Windows操作系统更是给计算机美术提供了一个崭新的平台，从自然绘画软件Painter到图形图像处理软件Photoshop，到艺术设计软件CoreIDRAW，到动画软件3D MAX，再到众多的电子相册制作软件，其效果和效率令艺术家们叹为观止。因为，这些计算机软件从色彩、构图到艺术表现，其所达到的高度和广度，是人的技艺很难做到，甚至永远无法达到的。计算机突破了绘画二维平面、静止的局限，可以制作三维绘画、动态图像、三维动画、虚拟生活空间等，并能对绘画过程进行记录和演示，还可以将绘画和音乐、文字、话语等组合起来，组合成一种“多媒体”绘画。

传统音乐离不开声乐、器乐的演奏，因为作曲家创作的乐谱，必须经过音乐家的演奏，方能呈现给观众。计算机的出现，使音乐摆脱了这种束缚。计算机不仅可以记录、逼真还原演奏的乐曲，甚至可以创作音乐（包括作曲和演奏）。计算机能够模仿小提琴、鼓和其他多种乐器，乃至能发出现有乐器不能发出的声音。它音色无限，音律上冲破了传统的五声、七声音阶和十二律、二十四律等。大自然中那些美妙动听的声音，如波涛声、蝉鸣声、鸟叫声，还有其他效果声，它都能模拟。计算机给音乐艺术提供了无穷无尽的音源，并能够制造出自然界并不存在的声响，从而冲破了人们对音乐的传统认识，大大地拓展了声音的表现范围和艺术感染力。①

在电影艺术诞生百年之后的今天，数字技术以其前所未有的速度进入到电影的制作领域中，极大地丰富了电影的创作手段。数字化摄影机的使用，使摄影机的功能超过了人的眼睛，它可以捕捉到许多人眼无法看到的视角，拍摄人眼无法看到的东西，从而创造出大量的视觉奇观。由计算机参与创作的画面不仅能够模拟真实，甚至能够超越真实，呈现出令人难以想象的画面效果，乃至创造出梦幻般的场景，如《阿甘正传》中阿甘跨越时空与三位美国总统握手的历史虚构，《侏罗纪公园》中将亿万年前灭绝的恐龙活灵活现在银幕与人共“舞”，《谁害死了兔子罗杰》中真人与卡通角色逼真自然的交流等，都令人

---

① 汪代明：《网络艺术概论》，四川民族出版社2006年版，第111页。

似真似幻般地沉醉于这些视觉影像之中。

（二）拓宽了艺术表现的空间和能力

信息技术、数字技术的运用为艺术实践开辟了一片令人难以想象的广阔空间，极大地拓展了人类的艺术表现能力。艺术语言的要素有文字、声音、线条、图像、色彩等多种，传统艺术只能运用其中的一两种或两三种，而多媒体艺术却能融多种艺术语言要素为一体，用光、色、形等塑造艺术形象，显示出强大的综合性、交互性、实时性。多媒体艺术以光盘为存储介质，具有海量的存储空间、丰富的色彩表现，为创造艺术、保存艺术、发展艺术提供了广阔的舞台。

多媒体艺术的表现空间和能力较之传统艺术要大得多。如音乐艺术，计算机的介入使其完成了“从模拟声音时代”到“数字声音时代”的演进，使人们的音乐思维得到了扩展，并具有了更宽广的表达情感的音乐空间和能力。现实中，凭手工操作难以做到的事情，通过计算机却有了实现的可能。譬如速度，人们演奏常规乐器——小提琴、双簧管等已经达到了人类能力的极限，但计算机却可以轻易地突破这个极限，展示出超乎人们想象的速度。至于对声音的表现，对于现代作曲家而言，无论声乐还是器乐，其所演奏出的声音都极为有限，但通过计算机及辅助设备，人们可以开发新的声音，创造出各种闻所未闻的音响，其被称之为“太空的声音”的音响，便是运用多媒体技术所营造出的表现太空里虚无缥缈意境的美妙声音。多媒体音乐以崭新的思维方式、表现手段、创作方法，打破了传统音乐用声乐语言和器乐语言表达乐思的方式和格局。

在电影艺术的王国里，数字技术丰富了电影语言和电影制作的速度、效率和灵活性。20世纪三四十年代，广角镜头的出现使得摄影机可以拍下距离从半米到六七百米的清晰画面，这一技术大大丰富了电影语言的表现力。然而，如今在数字技术的应用下，计算机能够设计拍摄的运行轨迹，可以无限制地重复，再由数字技术合成，便诞生了一种新的转场方式。在一个不间断的画面里，一个人可以穿越多重时空，由此创造出各种令人惊叹的视觉奇观。数字化摄影机的使用，使电影得以摆脱胶片的制作方式，直接采用非线性编辑为代表的数字化电影制作系统，利用它强大的处理功能即可轻松完成任何一部电影的录制、编辑和传输。同时，数字技术还造就了新的电影时空，并为电影多维时空的建立提供了强有力的技术支撑。计算机生成或协助生成的图像，不仅能够更加立体化地展示原有的三维空间，而且强化了电影所具有的三维空间加一维时间的四维时空效果，给人以全新的视觉感受。

多媒体作品能够打破传统作品单一的表现模式，以复合型的模式增加作品的趣味性和交互性，扩充艺术表现的内容和途径。如多媒体作品《寻灯记》，其主要内容是介绍和展示中国的传统工艺——灯笼。作品采用游戏模式和展介模式交互的方式，这两条线索相辅相成。游戏部分虚拟了一个故事主人公——学习灯笼制作的小学徒，他穿越历史长河在探险中学习各种灯笼的制作方法，从灯笼出现的东汉时期起，他遵照师傅的嘱托去学习制灯工艺。到了宋代，在商店老板的指引下了解灯笼的新功用。走到明代，在船夫爷爷的指引下发现了灯彩艺术中的水灯和孔明灯。时间过渡到清代，由于他写有“明”字的孔明灯飞入皇宫，惹来了“反清复明”的牢狱之灾。在他成功越狱后，又误入皇宫之中的工匠坊，学到了宫灯的制作工艺。每一部分都设置了游戏的难度，在完成每一个环节的任务之后，玩者便自然而然地了解了灯笼的制作工艺及其发展历程。展介模式内容分为“张灯溯源、制灯寻法、观灯思意、佳灯共赏”四部分。“张灯溯源”中展示介绍了灯笼悠久的历史，“制灯寻法”部分能使人了解灯笼的制作过程，“观灯思意”中则用古代一些有趣的故事讲述灯笼蕴含的各种寓意，而“佳灯共赏”部分展示了宫灯精美的造型艺术和精湛的工艺手法。作品的游戏部分和展介部分随时可以通过导航转换界面，游戏模式出现的各种类型的灯笼，在展介模式中都有详细的文字、图片、视频以及三维动画展示。片尾部分延续了动画的表现手法，结合灯笼的寓意，以“灯灭”来结束作品。这一多媒体作品以形象生动的新颖形式和观者能够直接参与互动的方式，展示了凝聚着中华民族传统精神的灯笼所具有的文化内涵和丰富寓意。

（三）增加了艺术体验的逼真感

运用数字技术和科技手段所创造的多媒体艺术作品，展示给人们的完全是一个虚拟化的艺术世界。这些作品采用以计算机技术为核心的现代高科技生成逼真的视觉、听觉、触觉一体化的特定范围的虚拟环境，体验者借助必要的设备以自然的方式与虚拟环境中的对象进行交互作用和相互影响。通过虚拟空间，观者可以身临其境地体验与自己的生活完全不同的状态和经验，并与虚拟场景产生互动，使其成为整个艺术活动的一部分，作为艺术活动的参与者完成整部作品。

虚拟现实不只像电视那样进行视觉仿真、听觉仿真，而且将触觉仿真以至味觉仿真、嗅觉仿真都作为自己的目标。有了灵境（虚拟现实的另一译名）技术，“人们也不必通过计算机屏幕的窗口观看电子游戏，而是可以进入虚拟环境中和里面的人物一起游戏玩耍了。电影是通过演员们的表演，间接获得进入其他世界的体验，而灵境可以使我们自己获得亲身的体验”[①]。

在虚拟的游戏世界中还原现实中的真实，冲破传统网络游戏制作思想的束缚，已是网络游戏的发展趋势。网络游戏构建的“仿真世界”，其逼真性令许多青少年投入其中而难以自拔。如网络赛车游戏《飚车》中的“城市模式”，将城市里的实景街道完全搬上了游戏舞台。《飚车》中的城市模式演示的是韩国首都首尔，该地图是完全模拟首尔的真实街景来制作的，从比例到实景都是100%完全拷贝。你可以驾驶属于自己的汽车畅游其中。它的吸引人之处在于，在游戏中与你一起比赛的不是电脑模拟出来的对手而是一个个活生生的玩家，大家可以在游戏之中交流技巧，竞速比赛，结成车队招摇过市。由于网络游戏互动性强且情节吸引人，易使青少年乐此不疲[②]。如今，电影市场上的3D影片，以其清晰逼真的奇观效应和强烈的视觉冲击力，赢得了众多青少年的追捧。詹姆斯·卡梅隆导演的3D影片《阿凡达》打破了全球票房纪录，而其导演的《泰坦尼克号》在上个世纪90年代曾引发观影狂潮，如今该片的3D版再一次成就了票房神话。这说明，科学技术的发展不

① 汪成为、祁颂平：《灵境漫话》，清华大学出版社1996年版，第76页。

② 唐骅：《多媒体视觉艺术的文化特征》，《美与时代》2008年第4期。

仅改善了人类的生存面貌，推动了人类文明的向前发展，而且也为艺术的发展提供了新思维、新语言、新方式，使各门类艺术在发展变化中彰显出独特鲜明的个性。

（原载《美与时代》2013年第2月上）

第五编

艺术理论家评述

艺术理论的大厦离不开众多艺术理论家的建构。茅盾、何其芳、王朝闻、张庚、吴晓邦等是我国各艺术领域最重要、最有代表性的艺术理论批评家，他们以扎实的艺术实践和宏阔的理论视野建树自己的富有鲜明的中国特色的艺术理论，为马克思主义艺术理论民族化做出了杰出的贡献。本编对这五位艺术理论家的艺术批评活动及艺术理论贡献做了系统的评述，从中可见，他们的贡献丰富和发展了毛泽东文艺思想，推动了新中国艺术理论建设和艺术的繁荣与发展。

论茅盾的现实主义文学观

茅盾（1896—1981）是伟大的作家、文艺批评家、文艺理论家，革命文艺运动的杰出的领导者和组织者，在中国现代文坛上留下了巨大而深远的影响。在半个多世纪的文艺生涯中，茅盾以文学巨匠的多才多艺的创造，为中国新文学的发展做出了卓越的贡献。他不仅以《子夜》、《春蚕》、《林家铺子》等优秀的文学作品，显示了革命现实主义的实绩，而且以数百万字的理论著述和文艺批评，丰富了中国现代文学思想史和文艺理论的内容。茅盾早期曾发表过《现代文学家的责任是什么？》、《新旧文学平议之评议》、《文学与人生》、《文学上各种新派兴起的原因》、《论无产阶级艺术》等大量的文艺著述。新中国成立后，茅盾曾担任文化部长、全国政协副主席、全国文联名誉主席、中国作家协会主席等职务，在繁重的行政事务之余，他先后出版了《鼓吹集》、《鼓吹续集》、《夜读偶记》、《关于历史和历史剧》、《反映社会主义时代，推动社会主义时代的跃进》等多部文艺论著。人民文学出版社自1984年起陆续出版了40卷本的《茅盾全集》，约1200万字，收录了他的全部文学作品及文论著作。此外，尚有《茅盾译文选集》问世。他的作品已译成多国文字。

在长期的文艺实践中，茅盾对中国文艺理论的贡献是多方面的，但最主要、最突出的贡献是他在批判地总结了古今中外文艺创作和文艺理论的基础上，结合中国的特点，逐步形成的丰富的现实主义文艺思想，为建立系统的具有中国特色的革命现实主义文艺理论奠定了基础。五四新文学运动以来，我国的现实主义文学就不断地在斗争中发展、壮大，成为我国现代文学的主潮。在这个过程中，茅盾继鲁迅之后，又做出了开拓性的贡献，他“为中国的新文艺探索出一条现实主义的道路”[①]。今天，我们研讨茅盾的现实主义文艺观，不仅可以透视到现实主义文艺思想发展历史的某些“本质和精神”，而且对建设有中国特色的社会主义文艺具有重大的现实意义。

茅盾不同于闭门书斋的学者，他是活跃在新文学战线上的一名战士，他的现实主义文艺观，是随着时代的进程、新文学运动的发展而逐渐明确化、深刻化的。

五四运动前夕，茅盾通过《学生与社会》等论文，显露了“投袂而起”，以改革社会为己任的少年意气。五四运动过后，茅盾加入了刚刚成立的中国共产党，成为革命运动的自觉参加者与组织者。他在文学活动中，开始关注文学与社会变革的关系。在1921年出版的《近代文学体系的研究》中说，近代文学之所以重要，就因为“它是社会的工具，是平民的文学，是大多数平民生活的反映，是大多数平民要求正义人道的呼声，是猛求真理的文学”。作为文学研究会的主要成员，茅盾竭力倡导“为人生”的艺术，1922年7月底，他在宁波中小学教师暑期学术演讲会上发表的演讲《文学上各种新派兴起的原因》[②]中说：“文艺是人生的反映，是时代精神的缩影，一时代的文艺完全是该时代的人生的写照。”同时还完整地说明了作家与作品、生活与作品的关系，并反复强调“表现人生，宣传新思想”是“现代文学家的责任”。这些观点完全符合马克思主义的认识论和反映论。

从1925年开始，茅盾早期文艺思想的发展进入了一个新的阶段，即无产阶级文艺观的确立和发展阶段。同年发表的《论无产阶级艺术》、《告有志研究文学者》、《文学者的新使命》、《现成的希望》四篇文章，是其无产阶级文艺观确立的主要标志。这四篇文章以马克思主义为指导，比较全面地论述了无产阶级文艺形成的历史过程，文艺的阶级性，无产阶级文艺的内容和形式、社会作用和对文艺家的要求等。由过去笼统地空泛地谈论文艺“为人生”，到赋予“人生”阶

① 王若飞：《中国文化界的光荣，中国知识分子的光荣》，《解放日报》1945年7月9日。

② 该文1922年8月连载于宁波的《时事公报》。

级内容。他针对过去自己的全人类生活、民众生活的提法，明确指出："文学实是一阶级的人生的反映，并非是整个的人生"[①]；他认为应该抛弃笼统的"民众艺术"的口号，换上一个"头角峥嵘，须眉毕露的名儿——这便是无产阶级艺术。"[②]在文艺的任务和使命上，也由过去含糊地指出文艺应揭露"黑暗腐败的现实"、"时代的缺陷"、"旧势力的压迫"，到直截了当地指明文艺应描写"被压迫的民族和被压迫的阶级陷于悲惨的境地"和"被压迫的民族和被压迫阶级的解放"[③]，进而明确指出："文学者目前的使命就是要抓住了被压迫民族与阶级的革命运动的精神，用深刻的伟大文学表现出来，使这种精神普遍到民间，深印入被压迫者的脑筋，因以保持他们的自求解放运动的高潮，并且感召起更伟大更热烈的革命运动来！"[④]茅盾的这些文艺见解显然较前一段提倡为人生艺术时更为科学、系统、深刻，至此，茅盾的现实主义文艺思想形成完整体系。

1926年至1927年，茅盾因参加北伐的革命工作，无暇顾及文艺研究。大革命失败后，20世纪20年代末才又在东京先后写了《从牯岭到东京》和《读〈倪焕之〉》两文，结合自己的创作实践，谈了对文艺问题的一些看法，如怎样防止革命文艺中的"标语口号文学"的倾向，如何看待文艺描写小资产阶级问题及文艺表现时代精神等问题，运用无产阶级文艺思想剖析文学创作，对自己的现实主义文艺观做了某些补充和发挥。1930年春，茅盾从日本回国后，更积极地投入了以鲁迅为旗手的左翼文艺运动，在反对国民党的白色恐怖和文化围剿的斗争中，一直是站在先驱者的行列。

1942年，毛泽东《在延安文艺座谈会上的讲话》发表后，茅盾的现实主义文艺观又飞跃到了一个新的台阶。他认为《讲话》运用马列主义的观点和方法，把从"五四"到那时的文艺工作中的根本问题分析解决得全面透彻，指点

---

① 茅盾：《告有志研究文学者》，《学生杂志》1925年7月。

② 茅盾：《论无产阶级的艺术》，《文学周报》1925年10月24日。

③ 茅盾：《文学者的新使命》，《文学周报》1925年9月13日。

④ 同上。

得格外亲切。因此，觉得自己读完《讲话》后，感到心情舒畅、精神陡然振发起来。在《讲话》的鼓舞和指导下，茅盾的现实主义文艺观得到了进一步的丰富和发展，焕发出了鲜明的时代性和革命性色彩。总之，在整个新民主主义革命时期，凭借文学反映时代与人生的客观真实性，实现为被压迫与损害者、为无产阶级和劳苦大众的革命解放事业服务的功利目的，这是茅盾几十年来孜孜以求的目标和始终坚持的原则。

建国以后，茅盾的现实主义文艺观更加成熟。他针对当时国内开展的现实主义讨论中所涉及的一些问题，以高度的思辨能力和独特的创新精神，从中国到欧洲的文学发展和文学流派演变的历史中，对现实主义理论给予宏观性的透视和扫描，努力宣传和阐释毛泽东的文艺思想。对前苏联提出的社会主义现实主义创作方法，茅盾认为有不明确、不够全面的缺点，因之，他赞同毛泽东提出的革命现实主义和革命浪漫主义相结合的创作方法，认为“两结合”体现了社会主义现实主义文学作品必须具备的理想与现实的辩证关系，应该成为我国文艺工作者努力探索并运用于实践的唯一正确的指南。他在提出学习运用“两结合”创作方法的同时，又屡屡告诫文艺工作者：不要把“两结合”的创作方法做肤浅的了解，不能把它庸俗化。在其后的文艺实践中，他发现“两结合”的结果并不理想，随之以清醒的现实主义眼光，率真地提出了自己的见解，他指出当时许多作家虽然在小说、戏剧、诗歌的创作中，努力运用和实践“两结合”创作方法，“但还没有十分成功的作品，因此，理论家暂时无从总结经验，对‘两结合’做出明确的具体的解释”。[①]

1958年发表的《夜读偶记》，充分体现了茅盾的睿智与见解。该书坚持以唯物史观，总结中外文学艺术发展的历史经验，力求古为今用，洋为中用。他指出阶级斗争的发展促进了现实主义文艺的发展，现实主义发展过程中起作用的，首先是社会经济的发展，其次是现实主义本身的艺术发展规律。同时又指出阶级斗争在文学艺术上的反映，即被剥削阶级创造的文艺作品，便产生了现

① 《茅盾文艺评论集》（下），文化艺术出版社1981年版，第773页。

实主义的创作方法；剥削阶级为了巩固其统治地位和制度而创造的文艺，就形成了反现实主义的文艺。由此他得出了一条结论：现实主义与反现实主义斗争是文学艺术发展的主流。由于受社会时代与理论思潮的影响与制约，他的这些分析论述，不可避免地存在着某些偏差，有些论者不同意茅盾的这些看法。尽管如此，笔者以为作为探讨文学艺术发展的规律，茅盾的见解仍然是有价值的，它将促进人们对这些问题做深入的研究与思考。

茅盾的现实主义文艺思想在形成、发展中，虽然受到前人文艺学说的影响，但却是经过自己的思考、探究而结出的富有独特性的理论成果。他并不是一般的现实主义理论的倡导者，而是一个富有创造性的现实主义文艺理论家。考察茅盾的现实主义文艺观，不难看出以下特征：

一、强烈的时代性

茅盾对于革命现实主义时代性的探讨有着系统化的理论主张，他认为现实主义文学必须是时代的反映。由于文学创作源泉是一定时代的社会生活，因此文学应该反映时代的风貌。

茅盾十分重视文学作品表现各个历史阶段的时代特点，他要求作家充分反映当时的社会矛盾。例如：他曾指出大革命失败后的中国社会特点是“封建军阀、豪绅地主、官僚买办阶级、资产阶级联合的统治阶级”，“勾结帝国主义加紧向工农剥削”[①]。他认为作家反映当时社会生活，必须抓住这种历史特点，才能揭示时代的特定内容。“九一八”事变后，日本帝国主义侵入中国，茅盾号召作家艺术地去“唤起民众”，进行“反帝国主义的民族革命运动”，他认为这是“时代加于我们作家肩上的伟大的任务”[②]。时代现实存在着的尖锐复杂的社会矛盾和斗争，往往集中表现在重大的运动和事件上，为此，茅盾强调

① 茅盾：《“民族主义文艺”的现形》，《文学导报》第1卷第8期，1931年11月15日。

② 茅盾：《我们所必须创造的文艺作品》，《北斗》第2卷第2期，1932年5月20日。

文艺要反映时代，必须反映每一历史阶段的重大事件、重大斗争，如五四运动、五卅运动、第一次大革命等。他指出在表现这些重大斗争的时代特征时，应着重反映时代给予人们以怎样的影响，并以《倪焕之》中的倪焕之为例，阐述“五四”到第一次大革命的重大斗争在他身上的鲜明表现。不仅如此，茅盾还认为，文艺表现时代特点，不只要反映社会重大斗争的客观现实，而且还要揭示时代精神，他说，五四运动的“反封建的呼声”，“九一八”，特别是“一·二八”事件后，“武力反抗强敌的侵略”，这些都是当时“全民族全心灵所拥抱的伟大的目标”，这便是那时的时代精神。他主张作为一个进步的文艺家必须充分加以形象反映，使之成为代表“时代精神的艺术”。[①]

人民群众是时代的主人，是推动时代前进的动力。文艺要反映时代特点，必须充分表现人民的精神风貌，为新时代的人民大众服务。为此，茅盾十分重视表现时代新人的典型形象，他认为新人形象体现了光明的力量，代表了历史前进的方向。抗日战争时期，他曾说过“新时代的芽苗是到处滋长着”，作家应该写代表新时代的曙光的典型人物，如“新的人民领导者，新的军人，新的人民”[②]。解放战争时期，他强调文艺要反映这伟大的时代，表现新的人和新的生活，提出应当歌颂“人民的英雄”，表现人民大众的积极性，描写他们的勇敢和劳动的欢乐。因此，他对解放区出现的优秀作品，如小说《吕梁英雄传》、《李有才板话》、《李家庄变迁》及歌剧《白毛女》等，大力推崇和赞扬，并号召国统区作家借鉴解放区作品，尽力写出与人民大众的重大斗争有关的新人物的新生活。这些主张都是富有新意的。

茅盾一贯遵循文学反映生活的客观规律，他曾指出，表现时代的伟大性，必须反映出生活的复杂性，反对把社会生活简单化的倾向。他在谈论革命文学某些作品时，批评把革命者和反革命者中间的界限划分得非常机械，所写的革命者和反革命者各自只有一张面孔，缺乏真实复杂的具体表现等现象。为此，

① 参见茅盾：《向新阶段迈进》，《文学》第6卷第4期，1936年4月1日。

② 茅盾：《论加强批评工作》，《抗战文艺》第2卷第1期，1937年7月。

他非常重视按照艺术规律去塑造人物形象，坚持人物形象的共性与个性有机统一的原则，反对“标本式”的人物描写。同时强调刻画人物的真实性格，离不开环境的准确描绘。他主张把环境和人物有机结合起来，既表现人物性格的社会性，又反映环境的时代性。茅盾的这些文学主张同恩格斯关于典型环境中典型人物的论断是非常相近的。

解放以后，他积极倡导和践行毛泽东提出的文艺为工农兵服务的方向，并对如何以多种艺术形式和艺术风格反映社会主义时代生活和塑造新人形象等问题，发表过诸多详尽而独到的见解，极大地丰富了现实主义时代性的内容，对中国新文学现实主义理论做出了独特的贡献。

二、鲜明的实践性

茅盾的现实主义文艺思想不是凭空产生的，而是在文艺批评实践中通过同各种颓废、没落的旧文艺观念进行不懈的斗争，而逐步确立和发展起来的。茅盾在考察中国文学的历史时发现，随便翻哪个文学者的集子，总可以看见“文以载道”这一类气味的话，他们都认为文章是有为而作，文章是替古哲圣贤宣传大道，文章是替圣君贤相歌功颂德，等等。茅盾毫不留情地揭穿封建的“载道文学”的本质，针锋相对地提出为人生而艺术及写实主义的文艺主张，倡导文艺要面向现实，反映劳苦大众的人生，促进社会的进步，把文艺变成推动社会、激励人心的积极力量。晚清末年到五四前后，文坛上泛起一股逆流，即鸳鸯蝴蝶派和黑幕小说，他们大肆宣扬颓废、色情的文化，兜售所谓游戏、消遣的低级趣味货色，以此来腐蚀群众，抵制新文学的发展。正是在这种腐朽恶劣的思潮中，茅盾接编并改革了《小说月报》，以“扎硬寨，打死仗”的精神，同鸳鸯蝴蝶派及一切腐朽文艺展开了不妥协的斗争，他以真善美的准则，彻底批判了假恶丑的文艺，并在激烈的文艺论争中，坚持文艺反映生活的真实性，不断丰富现实主义文艺思想。从茅盾早期的文艺实践中，便可见出其现实主义文艺观是在文艺实践中产生和发展起来的，因而具有旺盛的生命力。

茅盾是中国现代文学巨匠之一，在他的一生中，不仅有着杰出的文艺理论建树，而且创作了许多优秀的文学作品。他在文学创作中，始终恪守并努力实践着自己的革命现实主义文艺主张。他一生关注的都是重大的政治社会问题：大革命、20世纪30年代中国社会性质及其工农运动、抗日战争等。通过对这些题材的关注，他反复做出的社会分析，有一个始终凝聚的焦点，即：中国社会的性质和命运何在。他要把“小说提高到具有历史意义的水平”[①]，这就是茅盾的创作在实践其现实主义文艺观上做出的巨大贡献。

茅盾小说展现了从辛亥革命时期到建国前夕的中国现当代的重要历史面貌，其成功之作，无不是时代生活的写照。《霜叶红似二月花》展示了辛亥革命到五四运动前夕的江南乡镇生活，为旧民主主义革命最后一个时期留下一幅历史画卷；《虹》展示了从“五四”到“五卅”，从成都到上海的斗争风云；《蚀》展现了大革命前后从上海到武汉再到上海的斗争风云；《路》、《三人行》从中部到南部，表现了大革命失败后知识青年的苦闷和追求；《子夜》、《林家铺子》和“农村三部曲”，提供的帝国主义侵凌下民族工业的败落与农村经济的破产的形象资料，至今仍是我们认识中国现代历史的极其生动的教科书。此外，《第一阶段的故事》、《走上岗位》、《锻炼》、《腐蚀》、《清明前后》等作品，充分地展示了新民主主义革命各个历史阶段的社会生活。可以不夸张地说，茅盾的同步创作，本身就是时代的编年史，正如王若飞所说：“从茅盾先生的创作历程中，我们可以看到中国社会的大变动，也可以看到中国人民解放运动的起落消长。茅盾先生的最大成功之处，正是他的创作反映了中国大时代的动态，而且更重要的是他创作的中心内容，与中国人民解放运动是相联系着的”[②]。茅盾的创作实绩和王若飞的中肯评价，足以说明茅盾的现实主义文艺观具有鲜明的实践性。

① 茅盾：《致延泽民》，转引自《文学评论》1984年第1期，第82页。

② 王若飞：《中国文化界的光荣，中国知识分子的光荣》，《解放日报》1945年7月9日。

三、理智的开放性

在几十年的文艺生涯中，茅盾不懈地从理论到实践探索现实主义文艺规律，以最严肃的精神恪守革命现实主义的原则性和独立性。但是，茅盾的现实主义文艺观，并不是凝固的、自我封闭式的体系，而是在坚持独立不倚的原则性前提下，在发展变化的过程中不断吸收其他文艺流派与方法的优长，汲取有益的养料以丰富自己的内容。因此，理智的开放性，是茅盾现实主义文艺观的又一个基本特征。

以茅盾为骨干的文学研究会，曾在20世纪20年代初与创造社浪漫主义文学流派展开激烈论争，考察茅盾写下的论战性文字，便能发现他能摒除门户之见，对浪漫主义给予全面的分析。茅盾批评创造社的文学主张，侧重点不在浪漫主义特征，更多的是属于唯美主义倾向。他充分肯定浪漫主义作品积极的现实意义，并且也注意到了现实主义文学向浪漫主义摄取理想质素与奇幻诗情的问题。1938年5月，茅盾在论文《浪漫的与写实的》中明确指出，缺乏“固定立场”和“理想中的社会人生”的写实主义作品，是“伪写实主义”。尔后，在评介青年作者甘永柏的小说《暗流》时，对该作品在苦闷呻吟的现实描绘中迂回而又淡淡地暗示出理想的手法表示赞赏，认为呻吟和“浪漫蒂克”的交错，使这本小说有一种光彩，一种情趣，一种美。在另外一些场合，我们则看到茅盾对古代文学中浪漫主义杰作《楚辞》“美丽缠绵梦幻”的欣赏，对“幻想的寓言文学作品”《西游记》的推重。他曾征引文艺史上大量例证来证明：幻想色彩的题材也可以有积极的现实意义。

茅盾十分善于吸收其他非现实主义文艺流派艺术上的长处，来开拓和丰富自己革命现实主义文艺创作的表现力。茅盾早期曾借鉴泰纳的写实主义、左拉的自然主义，还曾译介过一些象征主义作品，介绍过梅特林克、斯特林堡、叶芝、霍普德曼等象征主义剧作家的生平、思想和创作，有效地择取、扬弃和融化，以引导新文学的创作，为文学表现人生这一根本目的服务。建国以后，为了让国人正确地看待西方现代派文艺，茅盾在《夜读偶记》中系统地剖析了现代派产生的阶级基础、思想基础等各个方面，还分别论述了现代派诸家：象征主义、未来主义、印象主义、达达主义、超现实主义等文艺流派，并一针见血地指出这些流派是一脉相承，出于同一思想基础（主观唯心主义）、对现实持同一种态度（不可知论）。尽管如此，茅盾也没有全盘抹煞现代派，他说："同时我们也不应该否认，象征主义、印象主义，乃至未来主义在技巧上的新成就可以为现实主义作家或艺术家所吸收，而丰富了现实主义作品的技巧。"这种借鉴和吸收，不是生硬的模仿和照搬，而是在一定前提和原则下，批判地借鉴与合理的吸收。概言之，茅盾的现实主义文艺观既恪守现实主义的本质精神而又广为吸收各种艺术流派之长，坚持原则却非自我封闭，大胆开放并不随意调和，由此走出了一条富有个性和创新性的现实主义之路。

从新文学现实主义发展史上来考察，茅盾是最早提倡现实主义文学主张的，直到晚年他仍然坚持自己的文学观念。他对现实主义的诸多论述富有卓见且相当系统，其意义和价值尽管在各个历史阶段不尽相同，然而总体而言，却是成就突出而为别的理论家所无法代替的。他以艰辛的文学艺术创作取得的现实主义文学的辉煌业绩，早已彪炳史册，更永远显出迷人的光辉和魅力。

（原载《重庆社会科学》2007年第7期）

何其芳文学理论评析

何其芳（1912—1977）是我国五四以来的著名诗人、散文家和文艺理论家。他生前曾长期担任中国科学院（后归属中国社会科学院）文学研究所所长、《文学评论》主编和中国作协书记处书记等重要职务。20世纪30年代何其芳崛起于诗坛和文坛，有诗集《预言》、散文集《画梦录》等传世；40年代他是活跃在文论界的文学批评家，有论文集《关于现实主义》等传世；50年代至60年代他成为权威的文学理论家和富于创见的中国古典文学研究专家，其论著《论〈红楼梦〉》、《文学艺术的春天》、《关于写诗和读诗》等在理论界产生了广泛影响。何其芳以“严谨求实的科学精神、独立思考的理论勇气和真诚坦率的民主作风”[①]，对马列文论和中国古典文学做出了创造性的阐释和研究，在文学理论研究的诸多领域都取得了无愧于其所生活的那个时代的学术成果。

一、坚持辩证唯物主义文学观

辩证唯物主义文学观的精髓是实事求是，一切从实际出发。何其芳在文学理论研究工作中始终坚持马克思主义的这一科学精神和方法。他反复强调，马克思列宁主义是人类智慧的最高结晶，是我们做一切工作的最可靠的指南。“运用马克思列宁主义的原理，运用马克思列宁主义的立场、观点和方法来解决新的问题，还有待于我们的谨慎的而又富有创造精神的努力。”[②]这种努力表现在研究工作要从实际出发，大量地占有材料，材料占有得越充分，问题的面貌也就越清

---

① 冯牧：《何其芳的为文和为人》，《文学评论》1988年第2期。

② 《何其芳集》，中国社会科学出版社2004年版，第365页。

楚。在此研究工作的起点上，才能从种种文学现象归纳出正确的理论原则。他指出："我们做研究工作，不应当只是重复前人的结论，总要努力去发现新的问题，解决新的问题。问题的发现和解决的线索也总是存在于材料之中。我们占有了相当数量的材料，然后才可能知道在我们的研究题目的范围内有哪些问题前人还没有解决，才可能发现甚至前人不曾提出过的问题。我们又围绕这些问题占有了更大数量的材料，然后才可能看清楚问题的关键在哪里，才可能找到问题的正确的答案。"[①]所以，他认为，详细地占有材料，在马克思列宁主义一般原理的指导下，从这些材料中引出正确的结论，是我们进行研究工作的根本方法。正是这种实事求是的辩证唯物主义文学观，使他以极大的理论勇气同各种各样的主观主义和教条主义作斗争，也使他的理论建树富有长久的生命力。

重视文学艺术实践，尊重文学艺术发展的客观规律，旗帜鲜明地反对教条主义和庸俗社会学的错误倾向，充分显示马列文论全新的认知视角，是何其芳独特的学术品格。在探讨中国文学史的规律时，针对当时有人盲目照搬马克思主义现实主义理论，用现实主义和反现实主义的斗争这一简单的公式来概括中国文学史的规律，何其芳进行了有理有据、切中要害的评析。他具体阐述了现实主义和浪漫主义这两个范畴的理论内涵，指出在中国文学史上除了有大量的现实主义作品之外，还有许许多多的积极浪漫主义作品及现实主义与积极浪漫主义相结合的作品。他认为现实主义与积极浪漫主义并不对立而且有相通之处，二者在本质上都要求真实地反映现实，都要求有典型性。现实主义和浪漫主义是文学艺术的基本方法。在深入揭示"现实主义和反现实主义的斗争"这个公式的狭隘性时，还分析了文学史上各种性质不同的斗争的复杂性，进而提出这个公式是否可以用"人民的和进步作家的文学同剥削阶级的反动的文学的斗争"来代替的理论主张。针对当时有人机械地运用列宁关于两种文化的理论和阶级分析的方法，把民间文学确认为中国文学主流的观点，何其芳也提出了异议。他具体分析了列宁两种文化理论产生的社会文化背景，指出列宁所说的民主主义和社会主义文化的社会基础

---

① 《何其芳集》，中国社会科学出版社2004年版，第364页。

虽是劳动群众和被剥削群众，但这两种文化却不一定都直接从他们手里产生。因此，单纯从作者的阶级成分来划分它是不是主流的做法是不科学的。他还指出："在人民的和进步作家的文学同剥削阶级的反动的文学之间，还有一些带有中间性的作品，还有一些可以肯定的东西和应该批判的东西错综在一起的作品。"[①]对这些"中间性的作品"应当进行具体分析，批判其消极内容和消极作用，但不能简单地全部肯定或全部否定。同时，他认为把民间文学认定为中国文学的主流也是不科学的，这种主张夸大了民间文学的价值和作用，忽视了文学史上的长期的大量的文人文学的存在。事实上，这两种文学在文学发展中的作用是各有所长，彼此无法替代。优秀的民间文学和进步作家的文学都是主流和正宗。

何其芳在诸多理论问题上同形形色色的主观主义、教条主义的论争贯穿在他的多部论著、论文中。在政治风云变幻莫测、极"左"思潮泛滥的年代，何其芳能够发现问题，并敢于站出来坚持真理，同各种错误的观点、倾向进行针锋相对的斗争，不仅表现出了少有的睿智和清醒，而且充分显示出了实事求是的科学精神和大无畏的胆识和勇气。

二、正确对待民族文学遗产

在如何对待民族文学遗产问题上，文论界一直存在着两种错误倾向，一是历史虚无主义，认为中国过去的文学是封建腐朽、落后反动的，主张抛弃文学遗产，割断传统；二是复古主义，主张不加选择、无批判地兼收并蓄、全盘照搬。针对这两种错误倾向，毛泽东早就提出了要批判地继承民族文化遗产，"古为今用"、"推陈出新"的重要原则。何其芳在长期的文学实践中，始终坚持毛泽东文艺思想，在如何正确对待文学遗产问题上，阐述过一系列科学的观点。在1951年撰写的《关于梁山伯祝英台故事》一文中，对新中国的古典文学研究者在新的历史时期所面临的任务作了正确的阐述，他说："五四时期，

---

① 《何其芳集》，中国社会科学出版社2004年版，第243—244页。

中国曾经有过一次对文学遗产和文化遗产重新评估的运动。因为这个运动的锋芒主要是针对着封建主义的意识形态，所以它的成就也主要表现在对于旧文学旧文化的彻底破坏方面。在这以后，思想贫乏的资产阶级学者满足于琐碎的‘考据’，不可能对我国许多重要的文学遗产和文化遗产的思想内容及其特点作出科学的定论式的评价。这样的任务，左翼的文化工作者也还没有来得及去完成。因此，在中国人民革命取得全国胜利以后的今天，必然要产生再一次的对文学遗产和文化遗产重新评价的运动。这就是认真地用马克思列宁主义的立场、观点、方法来估价。”①

为了做好对文学遗产和文化遗产的重新估价，何其芳强调对待文学遗产，绝不可采取简单鲁莽的态度。我们要以洞察事物本质的思想能力和必要的文学修养，批判地吸收；而且这种批判地吸收并不是仅仅为了保存过去传统中的优点，更重要的还是为了今天的艺术上的创造和革新。在批判地吸收的基础上强调创造和革新，这是我们对待文学遗产的基本态度，它是符合马克思主义基本原则的。因为，继承历史上的文学艺术遗产，并不是为了猎奇或怀古，批判地继承中国传统文学艺术遗产以创造我们今天的新文学艺术，即“古为今用”、“推陈出新”，才是我们继承文学艺术遗产的目的。

在继承文学遗产的方法上，何其芳认为，对待历史上的现象和遗产应有历史主义的观点，不要把一些不合理的要求加于古人，不能用今人的眼光去苛求古人。当时在编写中国文学史时，有人机械、狭隘地理解评价作家和作品的政治标准，他针对此问题指出，对于陶渊明等作家，不能因为他们没有参加当时的农民起义，就说他们是反现实主义的作家；也不能要求辛弃疾等宋代词人直接和人民打成一片，这在当时是无法做到的。何其芳在认真研读了大量古代优秀作家的作品后，更加强调对古代的作家和作品要重视具体分析，不能用我们对于今天的文学艺术的要求进行简单的认定和处理。他在《屈原和他的作品》一文中，通过剖析屈原作品思想内容上的人民性，说明古代文学作品的人民性

① 《何其芳集》，中国社会科学出版社2004年版，第13页。

有各种不同的具体表现，比较复杂曲折，并不是作品里面有描写人民、同情人民的话才算是有人民性。在深入考察了古代文人文学后，为了区分不同情况，他把古代文人作家分为四种不同类型："有坚决地站在剥削阶级的立场上的；有思想体系或思想倾向基本上属于剥削阶级的范畴，但他们的作品在内容上和艺术上却有可取之处的；有虽然也还没有摆脱剥削阶级的思想体系，但他们的作品却反映了人民的观点和要求的；有和自己出身的阶级决裂，站在人民的革命的立场上从事写作的。"[①]所以，要不同情况不同对待，采取分析批判的态度，才能对文学遗产进行客观全面地估价，才能取其精华，去其糟粕。

三、提出"典型共名"说

典型问题是文艺理论和文艺创作中的核心问题，它集中体现了文艺创作的审美规律，因而一直是马克思主义经典著作家关注的重要理论问题。何其芳在这一理论问题上有着深入的研究和独到的见解，其重要建树是提出了"典型共名"说，即："一个虚构的人物，不仅活在书本上，而且流行在生活中，成为人们用来称呼某些人的共名，成为人们愿意仿效或者不愿意仿效的榜样，这是作品中的人物所能达到的最高的成功的标志。"[②]所谓"共名"，既是指文学典型形象突出的性格特点的概括性，又是指这种性格特点对现实生活的深广影响。如在生活中流行的堂·吉诃德的名字，就是主观主义者的共名；而阿Q的名字，便是精神胜利法的共名。

何其芳的"典型共名"说不是从某个理论公式中推导出来的，而是通过对文学典型进行广泛、深刻的分析后升华出的理论；是针对当时在《红楼梦》问题讨论中十分流行的一些片面的简单化公式（即：把典型归结为一定社会历史现象的本质，等同于一般的政治问题和哲学问题）而提出的理论学说。他说："文学人物的典型性应该

① 《何其芳集》，中国社会科学出版社2004年版，第245页。

② 同上，第82页。

依靠他的性格的特点而不是依靠别的特点。”[①]他反对简单地把典型归纳为共性和个性的统一，以及典型的共性就是阶级性。他指出，世界上一切具体的事物莫不都有共性和个性，莫不都是二者的统一。用这个说法并不能说明文学上典型的特点，并不能解决关于典型的种种问题。他坚持认为文学典型不只是有他们隶属的阶级和阶层的共性，而且有他们性格上异常鲜明突出的特点这样一种共性，而典型性常常是指这后一种共性。“生活中还有一种现象，某些性格上的特点，是可以在不同的阶级的人物身上都见到的。文学作品如果描写了这样的人物，而且突出地描写了这种特点，尽管他也有他的阶级身份和阶级性，但他性格上的这种特点却就显得不仅仅是一个阶级的现象了。”[②]在《红楼梦》研究中，何其芳用“典型共名”说评述了贾宝玉和林黛玉这两个叛逆者的思想性格和最突出的特点。他指出，贾宝玉的突出性格特点是被许多女孩子所喜欢，而且他也多情地喜欢许多女孩子。“《红楼梦》用许多笔墨渲染出来的贾宝玉的这种特点是如此重要：去掉了它也就没有了贾宝玉。这就是这个叛逆者得以鲜明地和其他历史上的和文学中的男性叛逆者区别开来的缘故。这就是曹雪芹的独特的创造。”[③]当然，这个特点是和贾宝玉身上的整个的叛逆性完全统一的，贾宝玉的叛逆性特别突出地表现在他对少女们的爱欲、同情、尊重和一往情深。“贾宝玉的性格的这种特点也是打上了他的时代和阶级的烙印的。然而少年男女和青年男女的互相吸引，互相爱悦，这却不是一个时代一个阶级的现象。因此，虽然他的时代和阶级都已经过去了，贾宝玉这个共名却仍然可能在生活中存在着。”[④]何其芳认为，林黛玉是一个中国封建社会的不幸的女子的典型，在她身上集中了许多不幸。她的性格是复杂的，有冰雪一样的聪明，孤高自许；有时候也心直口快，而且善于诙谐；对于爱情执着、痴心；并不只是

① 《何其芳集》，中国社会科学出版社2004年版，第78页。

② 同上，第91页。

③ 同上，第114页。

④ 同上，第116页。

“好弄小性儿”，对于她所爱的人有时也是很温柔的。然而，她性格上最强烈的色彩却是“悲哀和愁苦”。因此，现实生活中“人们叫那种身体瘦弱、多愁善感、容易流泪的女孩子为林黛玉”[1]何其芳在文学作品研究中所作的这些评析和探索，在一定程度上接近了作品的本真，从而帮助人们加深了对作品艺术魅力的探寻。

何其芳的“典型共名”说不仅重视区分人物复杂多样的个性和鲜明突出的性格特点，而且非常重视它在现实生活中所产生的作用和效果。他说：“研究文学作品中的人物，正如研究生活中的问题一样，是不能从概念出发的。必须考虑到它的全部的复杂性，必须努力按照它本来的面貌和含义来加以说明，必须重视它在实际生活中所发生的作用和效果，必须联系到文学历史上的多种多样的典型人物来加以思考。”[2]他从现实生活中去考察并说明不同阶级的人何以会存在性格上的相同或相似，他认为某些性格上的特点，是可以在不同阶级的人物身上都能见到的，如阿Q精神便是如此。由于何其芳的“典型共名”说牢固地植根于客观现实和文学实践之中，所以，他的这一理论创新有浓郁的现实性，为当代的典型研究，提供了一种新的思路和新的文风。

四、阐释新诗理论

何其芳是一位诗人，早年有《预言》、《慨叹》、《秋天》等诗歌问世；在战争岁月的延安，他曾创作过一系列优美的诗歌，如《夜歌》、《黎明》、《河》、《我为少男少女们歌唱》等；新中国诞生之时，当开国庆典的礼炮刚刚响过，他就写下了《我们最伟大的节日》，该诗被长期选作中学语文课文，影响颇大。建国后，虽然何其芳没能实现自己的愿望：集中精力，投入文学创作。但他在文学理论的开拓与研究中，为我国诗歌艺术的发展提出了不少真知

① 《何其芳集》，中国社会科学出版社2004年版，第117页。

② 同上，第94—95页。

灼见，成了众所公认的诗歌理论家。他从我国新诗发展的现实需要出发，认真分析总结了自己的创作经验和我国古典诗歌、近现代诗歌发展的传统经验，深入探讨和阐发了现代诗歌创作中的一系列理论问题，为发展和繁荣我国的新诗艺术献计献策。

何其芳在《关于写诗和读诗》一文中曾给诗歌做过这样的界定："诗是一种最集中地反映社会生活的文学样式，它饱和着丰富的想象和感情，常常以直接抒情的方式来表现，而且在精炼与和谐的程度上，特别是在节奏的鲜明上，它的语言有别于散文的语言。"他以精准的语言概括出了诗歌艺术的主要特点：集中概括地反映社会生活；丰富的想象和强烈的抒情性；语言凝练、音调和谐、节奏鲜明。他所概括出的诗歌艺术的这几个特点，成了我国文学概论教材一直沿用的观点。何其芳为了深入阐释对诗歌艺术的认识和其理论的丰富内涵，在他的几篇论诗的文章里，多次强调诗歌与生活的联系，诗人应该在作品里丰富深入地反映时代的社会生活和时代精神。在《写诗的经过》一文中指出："文学艺术要它自己在这一点上和生活一样，无穷无尽地提供着新鲜的东西，深刻的东西。而诗歌，更要求它自己是从生活的泥沙里淘洗出来的灿烂的金子，是从生活的丛林里突然发现的奇异的花，是从百花之精华里酝酿出来的蜜。"他尤其重视新诗的情感表现性，他认为，诗，是人在激动的时候，是人受了客观事物的刺激，其感情达到紧张与高亢的时候的产物。因此，感情是诗歌的生命，长于抒情是诗歌艺术的根本特征。较之其他文体，诗歌的感情活动更鲜明、更强烈。何其芳还认为，诗歌所反映的生活，所表现的情感，必须"新鲜深刻"和"真实感人"。他说："一个真正的歌者一定不是仅仅用他的嗓子唱歌，而是用他的全部生命去唱歌，用他的欢乐或者痛苦、热爱或者憎恨、回忆或者希望去唱歌，正如加里宁所说的，'必须将自己的血流一点进去'的。"正是有了真实强烈的情感的注入，才使得诗的艺术形象具有鲜活的生命力和强烈的感染力。

在何其芳的诗论中还集中探讨了新诗的民族化和现代格律诗问题。他认为，新诗建立民族形式的本质是一个民族化与群众化问题。五四以来的新诗，从形式方面概括地说，就是在格律诗和自由诗两者之间曲折地走了过来。两者都有一些自身的弱点，但也都给我们留下了一些可资借鉴的东西。经过多年的深入思考，何其芳提出建构“现代格律诗”的设想，即在民族传统的基础上，根据现代汉语口语的特点而创造出来的一种崭新的格律诗体。他撰写了《关于现代格律诗》的专论，全面具体地阐述了建构现代格律诗的必要性与合理性，系统地论述了格律诗与自由诗的区别及现代格律诗形式上的特点。为什么我们很有必要建立中国现代的格律诗呢？何其芳阐述了六点理由：第一，从传统上来看，中国的和外国的古代诗歌，差不多都有一定的格律。这不但和诗歌的起源有关系，而且和诗歌的内容也有关系。第二，从文体特点上来看，格律对表现诗歌内容虽有若干限制，但在形式上却有利于表现出一种反复回旋、一唱三叹的抒情气氛。第三，文学的历史告诉我们，自由诗并不能全部代替格律诗。第四，从与生活的关系上来看，现代生活的某些内容适于自由诗来表现，但仍有许多内容可以写成格律诗，或者说更适宜于写成格律诗。第五，从读者欣赏习惯上来看，很多读者长期地习惯于格律诗的传统，他们往往更喜欢有格律的诗，以便反复吟咏品味。第六，从诗歌的发展上来看，一个国家，如果没有适合它的现代语言的规律的格律诗，是一种偏枯的现象。长期下去，不但是一种遗憾，而且也不利于诗歌艺术的发展。

在分析如何建构现代格律诗及现代格律诗形式上的主要特点时，何其芳论述得更加细致深入。他认为，建构现代格律诗，既要注重继承中国古代格律诗的传统，又不能完全模仿和照搬中国古代的五七言体。在参考五七言体时，从格律方面来说，我们应该采取的只是顿数整齐和押韵这两个特点，而不是其句法。因为，五七言诗的句法和现代口语的规律不相适应，它是建筑在古代文学语言即文言的基础上的。如今，我们的文学语言发生了很大的变化，诗歌的形式就不能不随着发生变化。譬如，汉语格律诗句式的基础是“顿”，顿是有一定规律的音节组织，是汉语诗歌的节奏单位。由于文言中一个字的词最多，所以古代五七言诗每句收尾以一字为一顿。而现代口语中却是两个字的词最多，现代格律诗每行的最后一顿适合由一个双音的词构成二字顿。句尾顿的字数统一或者相对统一，全诗的节奏才显得鲜明、整齐。至于是否押韵的问题，何其芳主张现代格律诗要押韵，只要押大致相近的韵就可以，而且用不着一韵到底，可以少到两行一换韵，四行一换韵。概而言之，“现代格律诗在格律上就只有这样一点要求：按照现代的口语写得每行的顿数有规律，每顿所占时间大致相等，而且有规律地押韵”。何其芳在提倡现代格律诗时，并不是想以这种格式统一诗坛。他认为：“民歌体、现代格律诗体、自由诗体都可以存在，都可以成为民族形式。”何其芳的现代格律诗论是建立在现代口语基础之上的，同时合理地吸收了古代诗歌的有益养分，符合新诗的发展规律，促进了我国现当代诗歌艺术的发展。

总之，何其芳的文学理论遗产很丰富，“何其芳从《红楼梦》和《阿Q正传》的人物分析所归纳出的典型共名理论，从诗歌创作与欣赏所归纳出的诗的定义，从分析屈原作品所归纳出文艺珍品百读不厌的原因，从自己的创作经验所归纳出的创作道路与得失，以及对于‘反映’论的思考等等，都是很难被时光磨灭的”[①]。何其芳的文学理论尽管有时代和理论上的局限，尽管没有建立起自己的完整的理论体系，但他在诸多方面的理论建树，不仅是发展新时期文学理论的宝贵思想财富，而且经受住了时间和实践的考验，至今依旧闪烁着理性与科学的光辉。他在同形形色色的主观主义、教条主义的斗争中，捍卫了马克思主义文艺观，为文学理论做出了创造性的贡献。

（原载《重庆教育学院学报》2007年第2期）

① 蓝棣之：《略论何其芳的文学理论遗产》，《文学评论》2000年第5期。

王朝闻的艺术辩证法

王朝闻（1909—2004）是我国著名的艺术理论家、美术家、艺术教育家和美学家。在长期的革命文艺活动中，他着力于马克思主义艺术理论的建设工作，撰写了大量的艺术论著，先后出版了多种文集和专著，主要论著有：《新艺术创作论》、《创作、欣赏与认识》、《美学概论》、《审美谈》、《论凤姐》、《一以当十》等多部，1998年辑为《王朝闻集》（二十二卷），由河北教育出版社出版。这些论著包含着王朝闻独特的艺术论和丰富的美学思想，在当代艺术与美学的百花丛中卓然兀立，自成一家。

王朝闻博学多识，兴趣广泛。除了雕塑、美术外，他对戏剧、舞蹈、电影、曲艺、文学，以及民间艺术等各艺术门类都有细致的研究和独到的见地。他是精于沉思的理论家，是长于品鉴的批评家，同时也是一位造诣颇深且有着长期艺术创作实践的艺术家。他的艺术与美学理论建立在他本人丰富的创作和欣赏经验基础之上，因而不屑徒发空论，不至于隔靴搔痒。他的艺术论评是睿智的心灵与诸多艺术现象不断交流中的迁想妙得，其对艺术现象的分析、对艺术作品的品评，常能切中腠理，得其神髓，道其韵外之致、味外之旨。

王朝闻的艺术评论创造性地继承了我国古代文论在文体方面的遗产，具有较为鲜明的中国文论的气派和独特的民族形式。他的艺术评论，绝大部分是采用专论、短评、随笔、对话、漫谈、书信、讲演、序跋等多种文体样式，都是有感而发，有的放矢，了无拘束，情真意切。然而，要想从王朝闻洋洋数百万字，“杂”而“多”的艺术论著中准确地提取和概括出他的理论，正如要从一部有着丰富内容的艺术作品中提炼其主题一样，并不是轻而易举的。但在大量阅读、深入体味王朝闻的文章和论著后，不难发现他的各类文章中贯穿着一条红线，即用唯物辩证法观察、分析一切文艺现象，强烈的辩证法精神是王朝闻艺术论的突出特色。

在观察、研究和处理艺术问题时，王朝闻从不把艺术问题简单化绝对化。在他的眼里，任何事物都是在与其他事物的相互关系中存在的，都是在复杂的关系中才确定了自身的本质。他曾说："我觉得创作与欣赏的关系也好，美与美感的关系也好，都是双方在一定的关系中，互相成为对象的对方。美与美感，文艺创作与文艺欣赏，包括其中的心理活动的各种因素，这一系列问题，都由统一体的双方的相互关系所构成，这种关系反映了主体和对象的矛盾。"[①]基于这种认识，王朝闻建立起了一系列互为依存且矛盾统一的关系范畴，如主体与客体、内容与形式、思想与形象、主题与题材、再现与表现、模仿与创造、倾向性与艺术性、局限性与优越性、同样与异样、确定与不确定、丰富与单纯、含蓄与明彻、一以当十、不全之全……各种对立统一的艺术关系。在对这诸多关系的研究中，深入揭示艺术活动和审美活动的规律。王朝闻的艺术辩证法主要体现在辩证地处理和解决艺术与生活的关系、艺术自身的有机关系、艺术创作与艺术欣赏的关系，这是王朝闻艺术辩证法的主要内容。

一、对艺术与生活关系的论析

艺术是一种复杂的精神现象。不同艺术观的形成，根本上是对艺术与生活关系的不同理解和处理。王朝闻紧紧抓住艺术与生活的关系，把它作为探讨其他艺术问题的核心和出发点。他坚持用马克思主义的反映论原理把握艺术与生活的关系，提出了一系列正确而深刻的见解。

在艺术与生活的关系上，王朝闻认为，艺术是对生活的反映，但是，"承认生活是艺术的源泉，不等于承认艺术的本质是对生活作自然主义的模仿。自然主义的模仿不宜于明确表现艺术家对生活的态度，因为它是否还能称为艺术

① 王朝闻：《再再探索》，知识出版社1983年版，第159页。

也就成了问题”[①]。他认为，创造是艺术活动的本质，一切真正的艺术家都是富于创造性的艺术家，一切真正的艺术作品都是独一无二的创造物。那些模仿他人的作品，都算不上真正的艺术品。艺术家的创造不能凭空进行，而必须以生活为基础并面向生活。王朝闻非常重视生活在艺术创造活动中的决定性作用，他反复强调：“生活，是一切艺术的基础，是作品成功的重要条件。”[②]“没有深入的丰富的生活经验，就没有生动的深刻的艺术形象。”[③]为此，他主张艺术家要深入到生活中去，从生活的海洋中汲取营养，使自己的艺术花木根深叶茂。

同时，王朝闻对艺术家深入生活问题有着不同于许多人的独到见解。在他看来，艺术家深入生活的同时，便是艺术创造活动的开始，也就是说艺术家在他观察、体验、认识生活的时候，便已经开始了主动的艺术创造活动。他指出：“作家艺术家与非作家艺术家的差别，不只表现在用什么形式表现生活，而且表现在他们对于生活的观察、体验、分析、研究时已有差异。”[④]他眼中这种差异主要表现在：

第一，艺术家是以职业的敏感和“艺术家的眼睛”来观察周围的世界和生活的。如雕塑家对事物形体方面的特点格外注意，画家对大千世界中的色彩特别敏感，舞蹈家对生活中的运动别有感受，诗人则对春花秋月另具慧眼。现实生活中一切事物的美学特征，普通人不能发现，而艺术家却对这些特征有着特殊的观察和捕捉能力。王朝闻认为，艺术家的独特观察本身具有加工改造对象、乃至创造对象的性质。

第二，艺术家对生活的感受是艺术创作构思的开始。王朝闻认为，艺术家的艺术实践积累和其所掌握的艺术表现形式，会使艺术家在感受生活时就预见

① 王朝闻：《审美谈》，人民出版社1984年版，第367页。

② 王朝闻：《文艺论集》第1集，上海文艺出版社1979年版，第176页。

③ 王朝闻：《文艺论集》第2集，上海文艺出版社1979年版，第144页。

④ 王朝闻：《创作、欣赏与认识》，四川人民出版社1979年版，第3页。

到怎样来表现生活，使自己的感受和体验化为独特的艺术创造。艺术家的感受与艺术表现是紧密相联的，“当艺术家对客观事物引起一定的审美感受而形成表现什么的意境的时候，他过去对艺术形式的探索所得来的知识，不能不作用于面对生疏的对象时的审美感受，从而形成不表现出来就感到不痛快的意境和创作冲动”①。

第三，艺术家有了独到的认识，才能创造性地表现生活。王朝闻指出：“只有很好地认识客观对象，才能很好地表现客观对象，才能真正形成和发展独特的风格。表现什么和怎样表现都基于认识。创造性的表现形式，基于深刻的独到的认识。”②王朝闻认为，艺术家对生活深刻的独到的认识具有十分丰富的涵义。“这种认识不仅包括对生活的历史规律和社会本质的理解，而且还包括对具体生活素材的辨析；不仅包括哲学、政治学、历史学、社会学、伦理学角度上的抽象思考，而且还包括对心理学、美学范围内各种情感、体验、感受、意欲的了解。这种认识从来不把生活的丰富性和感性内容抽空，相反是以生活的丰富性和感性内容为出发点和落脚点。”③正因为如此，王朝闻强调，艺术家对生活的独到认识是艺术独创性的保证。

在论析生活与艺术的关系时，王朝闻还提出了“不全之全”、“一以当十”等著名论点。艺术是生活的反映，“生活很丰富，而艺术作品的容量却很有限”④。所以，艺术只能反映生活的片段或局部。就外部现象来看，生活是全，艺术是不全。但这全与不全是相对的、有条件的。王朝闻认为，这条件既在于艺术创作，也在于艺术欣赏。艺术家从来不是面面俱到地描绘事物、塑造形象，而是找出一个着力点，以点带面，显示其余。他说：“由于不和盘托出，所以显得无穷无尽。”他接着指出：“有限的艺术形式能够反映无限丰富

① 王朝闻：《了然于心》，中国文联出版公司1984年版，第438页。

② 王朝闻：《开心钥匙》，四川人民出版社1981年版，第446页。

③ 张本楠：《王朝闻美学思想研究》，辽宁人民出版社1987年版，第27—28页。

④ 王朝闻：《一以当十》，复旦大学出版社2005年版，第257页。

的现实生活的原因，也在于它能启发观众和读者发挥想象，用他们的生活经验给作品中的形象作补充。”[①]由此他得出结论：艺术必须通过部分反映整体，只能在不全中求全，而不全之全才是艺术的最高意义的完全。

针对一些人混淆艺术与生活的区别，对艺术完整性存在着种种糊涂观念，王朝闻通过分析日本的芭蕾舞和京戏形式演出的《白毛女》来证明：“艺术基于生活，却不必机械地为生活照相；艺术和生活可以有很大的区别”[②]的观点。进而，他提出了自己的主张：“艺术必须比生活更单纯”[③]，“艺术创作的重要特征，是由复杂到单纯的转化。”[④]单纯美是艺术高度浓缩提纯的结果，单纯美是单纯中见丰富的美，是多样统一的具体体现。这样，王朝闻就把单纯美看作艺术构成的最高理想和艺术表现生活的根本法则。在他看来富于概括性的典型形象，才能以小见大，一以当十，促使欣赏者由某一点联想到其他。他在文章中举出了大量颇有说服力的生动事例给予说明，他说：“正因为艺术不必是生活的复制，画面上尽管没有直接画出明亮亮的月亮，也可以让观众体会夜游的人物的心情；只画爆竹和红灯而题上字，欣赏者也可能被带进热闹的过年的幻境；只画一个干枯了的莲蓬和一只蜻蜓，可能使欣赏者想象出秋高气爽的景色；只画临刑前拒绝忏悔的英雄那视死如归的冷静状态，看画的人可能联想得到他在狂风暴雨般的热烈斗争中的坚定态度；只画精神饱满的人民将要劳动，也可能使人感到轰轰烈烈的社会主义的时代精神。”[⑤]从成功的艺术作品中可以见出，单纯化了的形象，就是提高了的完整形象。艺术家遵循单纯美的法则，在描写生活或事物时，选择的是最富于表现力的方面或瞬间，并开拓出深广的艺术境界和艺术氛围，从而诱使欣赏者通过有限的境，唤起无限的意。因此，只有一以当十，以少总多，使艺术形象具有典型性，才能寓无限于有限，融丰

① 王朝闻：《新艺术创作论》，人民文学出版社1953年版，第207—208页。

② 王朝闻：《一以当十》，复旦大学出版社2005年版，第102页。

③ 同上，第244页。

④ 同上，第245页。

⑤ 同上，第245—246页。

富于单纯。

二、对艺术自身规律的辩证探寻

王朝闻的艺术理论范畴系统广泛地涉及艺术本质论、创作论、鉴赏论、风格论、作品论等，.概念范畴是丰富多样的，形成一个杂多统一体。通过对一对对艺术美概念的辨析，深刻论证了艺术自身的辩证规律。

内容与形式是反映事物的内在要素和外部表现形态之间的关系的一对哲学范畴。艺术作品的内容与形式的关系历来是文论界热议的话题，也是王朝闻倾心探讨过的问题。众所周知，艺术作品是艺术家审美意识的物化形态，艺术家的审美意识就是作品的内容，外观就是形式。一定的审美意识必然体现为一定的美和艺术的形式。在艺术作品内容与形式的关系上，王朝闻批评了形式主义和轻视形式这两种错误倾向，既指出内容对形式的决定作用，也强调形式对内容表达的影响，他说："不错，内容决定形式。但是，形式也反作用于内容。服从内容的形式不是独立自在的东西，但这只能说明问题的一个方面；不能否认形式有相对的独立性。"[①]

在艺术理论中，再现与表现这两个术语，被人们看作是主观对客观的两种反映形态。在艺术实践中，一些人常常孤立地看待再现与表现，并片面地强调二者的区别。有人把再现理解为对反映对象被动的机械的模仿或复制，有人把表现看作是脱离再现的纯主观情感的抒发。在王朝闻看来，这两种看法都是不科学的，均不属于艺术的反映。早在1950年，王朝闻就发表了《表面精确不等于现实主义》一文，文中辩证地说明了再现与表现的联系，他说："现实主义决不能庸俗地解释作'事实'的'再现'，决不能以为平铺细抹、纤毫毕露地描写现象就等于真实地反映了现实。"[②]他强调，外表的具体不等于深刻地描

① 王朝闻：《文艺论集》第1集，上海文艺出版社，第3页。

② 王朝闻：《新艺术论集》，人民文学出版社1952年版，第16页。

写了对象，只有经过艺术加工，寓表现于再现之中的形象，才是完整的艺术形象。他在专著《审美谈》中用一章的篇幅专论再现与表现，运用唯物辩证法的对立统一思想，细致而深入地辨析了再现与表现这两个概念的联系与区别。他认为，再现与表现的区别在于，前者着重反映的是客观性特征，后者着重反映的是主观性特征。但这两种区别只有相对性，因为某一艺术形象既有再现的性质也有表现的性质。王朝闻以前人塑造罗汉为例，说明表现不能脱离再现，再现是表现的基础，再现与表现是对立统一的关系。作为神的罗汉，其神性虽然是一种理想化的虚构，但其来源和根据仍然是人性，是人性的集中、概括和夸张。雕塑家凭借想象和虚构来表现罗汉的神性，但他的想象活动从根本上说仍然依靠他对现实的感受，而不是从娘胎里带来的。由此他得出结论："表现中有再现，表现也具备着再现的意义。没有再现也就没有表现，艺术上的一切主观的虚构都不能完全脱离事物的矛盾及其各个侧面的特殊点。"[①]如此辩证地看待再现与表现的关系，是符合艺术反映的客观规律的，也是令人信服的。

解放初期，文艺工作者在创作中面临着怎样对待和解决歌颂与暴露的关系问题。针对当时亟待解决的这一现实问题，王朝闻于1951年在《文艺报》上发表了《歌颂与暴露》一文，在阐释毛泽东《在延安文艺座谈会上的讲话》中关于歌颂与暴露的根本原则时，提出了自己对这一问题的系统看法。他认为，现实中总是存在着美好事物与丑恶事物的斗争，有生活就有矛盾。同理，在一部文艺作品中，也常常是既有歌颂也有暴露，不能机械地使两者孤立。至于作家应该歌颂什么和暴露什么，不言而喻，"只要是熟悉生活的作家，而且又站得稳人民的立场，分得清敌我，具备着敏锐的感受力、观察力、批判力，那么，不只能够解决应该歌颂什么暴露什么，如何歌颂如何暴露的问题也不难解决"[②]。在进一步论及如何歌颂如何暴露的问题时，他主张歌颂不在词句的表面，而在实质，在于要表现出作者对于他所拥护和热爱、向往的事物的情感和思想，以致达到能潜移默

① 王朝闻：《审美谈》，人民出版社1984年版，第334页。

② 王朝闻：《新艺术论集》，人民文学出版社1952年版，第74页。

化地鼓舞和教育人民的作用。至于暴露敌人的作品，也只有深刻地抓住敌人的要害，通过形象揭露敌人的本质，即暴露得深刻，才能够提高群众的觉悟。

在王朝闻的艺术论中，有一些篇幅是探讨艺术风格和艺术表现手法的。他通过研究和辨析一对对相互依存又相互矛盾的艺术风格和艺术形式，如含蓄与明彻、丰富与单纯、透与隔、虚中见实与寓实于虚等，并在夹叙夹议中道出自己的审美经验和艺术主张。王朝闻赞成“文以曲为贵”。在现实生活中，每一事物都有自己的矛盾发展过程，即开端、发展、高潮和结局。在整个矛盾发展过程中，最能激发人们情感的时刻莫过于高潮即将来临的那一顷刻。而艺术创作要产生动人心魄、耐人寻味的魅力，艺术家就要抓住事物矛盾发展“接近高潮”或“不到顶点”的那一环节加以表现。要成功地表现好那一环节，首先就要求做到含蓄。所谓含蓄包含两方面的意思：“一方面是指艺术对生活的反映，不作兴说尽道绝，而要留有余地；一方面是指作者对上述内容所持主观态度，不作露骨的表现。”[①]“含蓄是艺术感染力的一种条件，也是准确反映生活的一种方式。”[②]列宾的名作《拒绝临刑前的忏悔》，画中的革命者即将走上刑场，一个神父前来劝他忏悔。在原来的构图中，革命者是举手立身，表示坚决拒绝。而在现在我们所见到的最后完成品中，革命者却是沉着冷峻甚至是冷漠地坐在床边，神态平静，一言不发，双手对揣在袖筒里。很显然，这样的处理，比之摆手怒目的处理要含蓄得多了，但是观众决不会误会，以为他的斗争意志软弱、虚伪、残酷、狡诈、狼狈和恐惧。同时，也更准确有力地表现了艺术家对革命者的崇高敬意和对敌人的蔑视。可见，具有含蓄美的作品，才能给欣赏者提供耐人寻味的美感。倘若作品的思想内容一览无余，就很难引起欣赏者寻根究底的思想，也就不利于欣赏主体进行审美再创造。“如果艺术创造不依靠艺术欣赏的补充，不论多么完整的艺术形象的概括作用也是非常有限的。”[③]

① 王朝闻：《审美谈》，人民出版社1984年版，第421页。

② 王朝闻：《文艺论集》第3集，上海文艺出版社，第222页。

③ 王朝闻：《审美谈》，人民出版社1984年版，第439页。

三、对艺术创作与艺术欣赏关系的辨证把握

艺术创作与艺术欣赏，是整个艺术活动过程的两个相互依存的侧面，也是艺术学中一个十分重要的理论问题。王朝闻格外重视这个问题，他深信艺术创作与艺术欣赏的关系，是有规律可以探究和认识的，而且认为创作与欣赏的相互关系中蕴藏着人类艺术活动的全部秘密。因而王朝闻的艺术论重点是围绕这个问题而层层展开的。他在《艺术与欣赏》、《再谈艺术与欣赏》、《欣赏，“再创造”》、《适应为了征服》等文章中，集中论述了艺术创作与欣赏的辩证关系。

在王朝闻看来，艺术家进行艺术创作不仅是为了陶醉自己，主要是为了给人欣赏的，“文艺这一社会现象，不论出现在任何时代，它都是为了影响别人而生产的。”[①]如果离开了人们的欣赏，文艺创作便毫无意义。在这一观念的统摄下，他以马克思主义关于生产与消费的关系的观点为指导，结合审美经验对创作与欣赏的相互关系作了系统的探讨。他把艺术创作视为一种社会性的生产，艺术创作是艺术品美学价值、社会价值的生成过程，而艺术欣赏则是这些价值的实现过程。创作与欣赏的辩证关系，是授者与受者的要求的矛盾统一，是艺术生产与艺术消费的矛盾统一。他指出：“创作是欣赏的对象，没有欣赏就没有创作。欣赏的需要推动了创作，同时创作又创造着欣赏的需要。提高了的创作提高欣赏水平，提高了的欣赏水平又反过来促进创作水平的提高。”[②]这就透辟地揭示了创作与欣赏的辩证关系。艺术作品只有在欣赏的领域内，在欣赏的过程中，才现实地成为艺术品，才能完成其自身的创造。创作与欣赏是相互作用、相辅相成的矛盾统一体。

艺术创作是为了艺术欣赏，创作要依靠欣赏而存在，那么，作品怎样才能

---

① 王朝闻：《文艺论集》第3集，上海文艺出版社，第257页。

② 王朝闻：《一以当十》，复旦大学出版社2005年版，第283页。

得到受众的欣赏呢？早在上个世纪50年代，王朝闻就提出了“适应为了征服”的观点，意思是说艺术创作只有适应受众的审美需要，才能达到征服受众的目的。他曾以齐白石的作品为例，告诉人们：“观众为什么热爱齐白石的作品，因为这些作品的主题、题材、形象都切合欣赏需要，也因为它在一定程度和一定方面表现了欣赏者自己的爱好和兴趣，以至对社会生活的态度。”[①]正因为齐白石的作品适应观众的欣赏需要，所以雅俗共赏，并具有恒久的艺术魅力。所以，适应欣赏者的艺术作品，必是符合群众需要，为群众喜闻乐见的作品。

“喜闻乐见”是王朝闻以此为题做过专门探讨的论题。《喜闻乐见》一文完整、准确且富有创造性地阐扬了毛泽东的文艺思想，精辟地阐述了文艺怎样才能为群众喜闻乐见。他明确指出，艺术绝不应成为某种概念的传声筒，但它“可能而且必须具备群众的代言人的性质”。所谓代言人，是指它相应地替群众对生活“发言”。这是艺术能为群众喜闻乐见的首要条件。成功的艺术作品，都是适应群众需要，表现群众审美要求的，这样才能与欣赏者息息相通、一拍即合，进而引起强烈的共鸣。诚然，艺术适应群众是有一定要求和尺度的，为此王朝闻呼吁：“为了艺术在群众思想上的作用，我们坚决反对把艺术降低到给人抓痒的地位，把适应欣赏者的需要理解成迎合低级趣味。”[②]同时强调艺术家既要解决如何适应，也要解决适应什么，二者都是非常重要的问题。作为一个社会主义的革命的文学艺术家，他要以文艺为人民服务，为社会主义服务，要使自己的作品成为人民群众的精神食粮，就更不能忽视这个问题。此外，“为群众喜闻乐见的文艺作品，必须是具备文艺的特性的东西；必须在形式上以至具体内容上区别于其他意识形态的产物；依靠文艺特性的发挥而适应群众的欣赏要求，从而在文艺领域中完成教育群众的神圣任务。”[③]具体对一部作品来说，艺术力量的大小取决于思想与形象的融合程度，他形象地把两者的

① 王朝闻：《文艺论集》第3集，上海文艺出版社，第251页。

② 王朝闻：《一以当十》，复旦大学出版社2005年版，第300页。

③ 王朝闻：《文艺论集》第3集，上海文艺出版社，第269页。

关系比为“果汁与果肉”的关系。他的这些观点，较好地回答了文艺与群众、文艺与政治的关系等问题。

王朝闻在探讨艺术欣赏的本质时，非常重视欣赏主体的作用，他曾创造性地提出了一个区别于艺术欣赏者或艺术接受者的“艺术接触者”的概念。他认为，与艺术接触不等于就是艺术欣赏，“艺术的接触者不就是艺术的欣赏者。除了聋子，谁的耳朵都可能接触音乐，但是并非与对象一接触，对象就可能成为他所能欣赏的对象。”[①]艺术美能不能成为审美主体的欣赏对象，既要看对象自身是美的还是不美的，也要看对方是不是艺术美的知音。他说：“美的艺术能不能成为艺术接触者的知音，这要看接触者是不是转化为接受者。”[②]要从艺术的接触者转化为艺术的欣赏者或接受者，需要具备相应的审美能力、审美经验和艺术修养。也就是说，你要欣赏音乐，就要有音乐方面的修养，有一双能欣赏音乐的耳朵；你要欣赏绘画，你就必须有绘画方面的修养，有一双能够欣赏绘画的眼睛；你要欣赏中国传统的戏曲，你就必须对这种艺术形式，对于它的舞蹈、唱腔，对于它“三五个人百万兵，绕台一周千里路”的假定性有所了解，否则便会摸不着头脑，见不出“门道”，甚至连“热闹”也看不出来。只有成为真正的艺术欣赏者，才能在欣赏艺术品时感到“深有趣味”，才能建立起艺术欣赏关系。

在艺术欣赏中，欣赏者不是被动地接受，而是通过体验与想象对艺术形象有所发现有所补充。艺术欣赏的愉悦正是源于欣赏者主动性的实现。对此，王朝闻有着深刻的见解，他说，作品中的形象“其实不过是借有限的但也是有力的诱导物，让欣赏者利用他们的那些和特定的艺术形象有联系的生活经验，发挥想象，接受以至‘丰富’或‘提炼’着既成的艺术形象。……我一时找不到适应的词句来说明这种精神活动，姑且把它叫做‘再创造’吧。”[③]为了进一步论证艺术欣

① 王朝闻：《审美谈》，人民出版社1984年版，第5页。

② 同上，第83页。

③ 王朝闻：《文艺论集》第2集，上海文艺出版社1979年版，第123页。

赏是一种审美再创造的观点，王朝闻在文艺论著中列举了大量的艺术鉴赏实例和自己切身的审美体验。例如，他曾谈到欣赏八大山人水墨画的情形："几笔勾画出来的石头，细看它的整体，和画纸的白色并无区别。我却越看越引起石头是以水和天为背景的真石头的幻觉。……用笔更简的三只小鱼，实际上当然不会动，但它们在我的感觉中仿佛正在自由地游动着；越看越觉得它们自己也正感到快乐。"①八大山人的水墨画善于以虚代实、用笔简练，山石树木往往是几团墨块、几根粗线条，而水中的游鱼常常一笔而成。可是这简练的墨块、线条，却能使人虚中见实，见到青山绿水、茂木顽石，而且还能使人感到游鱼的自由与快乐。这一切毫无疑问是欣赏者在欣赏中的"再创造"。正因为艺术欣赏是一种"再创造"，所以，有一千个读者就有一千个模样不同的王熙凤。欣赏主体在欣赏过程中之所以能实现"再创造"，离不开多种心理因素的相互作用和影响。在王朝闻看来，感觉、体验、认识以及他高度重视的想象，这四种心理因素，是艺术欣赏中起主要作用的因素。他在多篇文艺评论中深入剖析了艺术欣赏活动中的各种心理因素、心理机制，使人们对艺术欣赏活动这一动态的审美过程，有了完整的了解和认识，同时也丰富了马克思主义艺术鉴赏理论。

总之，王朝闻用自己的辛勤耕耘，在艺术与美学研究领域里收获了丰硕的成果。他亲身参加各种艺术实践，多层次地观察艺术现象，把对艺术的敏锐体验与深邃的理论分析有机地结合在一起，从具体分析中引出规律，揭示出本质，从而得出科学的结论。王朝闻的艺术理论，为发展具有中国特色的马克思主义艺术学、美学做出了积极的贡献。

（原载《美与时代》2007年1月下）

---

① 王朝闻：《审美谈》，人民出版社1984年版，第449页。

张庚戏剧艺术理论探微

张庚（1911—2003）是一位学贯中西、囊括古今的戏剧家、理论家、评论家、教育家。在他70年的学术生涯和艺术实践中，成功地运用马克思主义的基本原则，对中国戏剧的发展及其内在艺术规律进行科学的审视与精当的理论概括，出版了《戏剧概论》、《戏剧艺术引论》、《论新歌剧》、《论戏曲表现现代生活》、《张庚戏剧论文集》、《戏曲艺术论》等多部论著。他还主持编纂了《中国大百科全书·戏曲 曲艺卷》、《中国戏曲通史》、《中国戏曲通论》、《当代中国戏曲》、《中国戏曲志》等多个重大科研项目。张庚为中国戏剧理论的建构做出了卓越的贡献，他的戏剧理论和实践是我国艺术理论宝库中的一宗珍贵财富。

张庚的学术思想是一个丰富、完整的理论体系，他对中国戏剧的贡献是多方面的，“他对中国戏剧发展的理论建树，主要体现在以下几个方面：（一）对中国戏曲学科建设的构建，创立了资料—志书—史—论—批评五位一体的完整体系。（二）创立了‘剧诗’说，揭示了中国戏曲的美学本质。（三）提出了戏曲现代化，话剧、歌剧民族化的主张，不仅对中国当代戏剧的理论建设做出了杰出的贡献，而且对中国戏剧的舞台艺术实践产生了重大的影响。（四）创立了中国戏曲方志学的理论，指导了中国戏曲志的编纂实践，使戏曲学与中国传统的方志学有机地结合起来，拓宽了戏曲的研究领域”[①]。张庚在全面、系统地探讨戏剧艺术规律，阐述中国戏剧艺术的民族特点和美学特征时，提出了

---

① 王文章：《在张庚学术研讨会上的讲话》，《张庚学术文集》，中国戏剧出版社2005年版，第4页。

诸多重要的学术观点，下面撷取几点精华，分述如下：

一、话剧民族化与戏曲现代化

话剧从西方传入中国后，如何使这一新的艺术形式适应中国观众的需要，使之成为中国大众喜闻乐见的艺术；而源远流长的我们民族古老的戏曲艺术，又怎样才能适应时代的发展，使传统戏曲现代化。这两个问题是中国现代戏剧发展中一直没能得到圆满解决的难点问题，也是中国戏剧界长期争论的焦点。早在1939年，张庚就眼光远大、富有前瞻性地发表了《话剧民族化与旧剧现代化》的重要文章。在这篇文章中，张庚分析了我国“五四”到抗战前戏剧的历史倾向，阐述了抗战以来戏剧出现的新变化、新矛盾，进而提出了中国戏剧发展的正确路径和方向——话剧的民族化与旧剧的现代化。之后，这一相互联系着的戏剧发展的时代课题，成为张庚不断深入探讨并倾心奋斗了一生的目标。

话剧作为一种舶来的艺术样式，在它传入之初，与中国受众存在着较大的隔膜。当时的话剧以学生演剧为主，他们搬演翻译过来的外国剧本或由外国戏剧故事改编的剧本。后来虽然也编演了一些自己创作的反映当时生活的剧目，但多是反映城市知识阶层的生活，语言上也欠通俗，所以受众面较小，话剧的影响十分有限。抗日战争爆发后，一些进步的知识分子以话剧为武器去宣传群众，但效果并不理想，他们发现所演的话剧同普通百姓的欣赏趣味和欣赏水平不相适应。张庚深深感到话剧艺术的实践和人民群众之间的距离日益加大，其发展更是举步维艰。那么，如何改变话剧面临的窘境，张庚认为要重视利用和改造“旧形式”，要彻底转变过去话剧洋化的作风，使它完全适合于中国广大的民众。正是基于这样的认识，张庚提出了“话剧民族化”的主张，在他看来，话剧艺术要在中国得以发展、繁荣，就要克服片面追求“西化”的倾向，合理地学习借鉴我们民族戏剧形式，尤其是历代传承下来的表演等方面的经验，并创造性地应用到话剧艺术中去，使话剧艺术创造出中国民族的新戏剧。

要实现话剧民族化的目标，张庚认为不能急于求成，应循序渐进地向前推进。首先，必须走话剧大众化之路，尽快地“改变话剧洋化的作风”，以适合中国广大民众的审美要求和审美接受习惯。张庚身体力行，坚持生活在工农大众之中。尤其是在1942年延安文艺座谈会之后，他和鲁艺的同志们响应毛主席的号召，走出“小鲁艺”，深入到人民群众中去，通过参加火热的斗争，熟悉普通民众生活，进而开始从人民群众的审美心理、审美要求上来审视话剧艺术，同时开始了对我国民间小戏、传统戏曲的研究。他要求话剧不仅在内容上应该描写中国民众所熟悉的生活和所关心的事情，而且在艺术手段上也应该努力适应人民群众的要求。鉴于语言对话剧的重要意义，他特别强调剧作者在深入群众生活当中把我国广大劳动人民丰富的语言掌握起来、运用起来，并且提高到文学语言的程度，让话剧成为广大群众喜闻乐见的艺术。只有使话剧在内容与形式上都适应了中国民众的接受习惯，话剧才能走进大众、深入大众。其次，话剧在中国扎根以后，要使这门艺术发展、完善，还必须不断探索其必备的艺术规范。张庚认为，话剧之所以让中国观众感到陌生而难以接受，是因为它作为一种舶来品，其形式与中国观众的欣赏趣味有较大差异。因此，要想使话剧立足于中国、扎根于民众，就需要学习和借鉴中国传统戏曲艺术的“旧形式”，因为“旧剧中有许许多多的方法、基本训练，都值得我们去学习、研究和整理出来”[①]，以使话剧艺术与中国戏剧传统结合起来，并创造出具有独特民族风格的中国人自己的话剧。

张庚在上个世纪30年代投身进步戏剧运动时，是从研究话剧开始的，那一时期实践的对象主要是话剧和新歌剧。因此，话剧的民族化是他戏剧研究的起点。1953年，张庚从中央戏剧学院调任中国戏曲研究院副院长，使他走上了戏曲改革运动的第一线。之后，他工作和研究的重点便转移到了戏曲方面，张庚开始致力于中国戏曲艺术现代化的研究和建构上。随着1952年10月北京第一届全国戏曲观摩演出；1954年9月上海华东戏曲观摩演出；1956年4月昆剧《十五贯》进京演出；1956年6月、1957年4月两次全国戏曲剧目工作会议等大型活动的开展，张庚观摩欣赏到了众多优秀的京剧、昆曲、梆子、川剧等传统戏曲的剧目，使他对我国丰富多样的传统戏曲艺术的风貌有了深入的了解和把握，并

① 张庚：《张庚文录》第1卷，湖南文艺出版社2003年版，第204页。

对如何实现戏曲艺术现代化有了清晰的构想。

20世纪50年代，张庚就戏曲的现代化问题，发表了许多重要文章，中国戏剧出版社于1958年集结出版了张庚这个时期的论文集，书名为《论戏曲表现现代生活》。在本书的序言里，张庚自述说："关于戏曲表现现代生活，一直是我感到很大吸引力的一个问题。这些年来，总没有断了对它的研究，在我直接参加戏曲工作之前，是以研究新歌剧的方式来进行的；自从参加了戏曲的工作之后，我有机会接触了更多方面的问题，因此每年也总要写一两篇这方面的文章。我之所以特别重视这方面的问题，是觉得表现新社会新人物的戏剧一定要和我们优秀的悠长的戏曲传统密切衔接起来才能获得更广大的观众。历史是不能割断的，中国的戏曲的传统，从内容到形式，也一定能够和光辉的、史无前例的新时代结合起来，发展成一种思想性和艺术性都更高的新戏剧。"由此可见，张庚非常重视戏曲表现现代生活和创建新戏剧的问题，在他看来，戏曲的现代化，就是要使戏曲在同新的时代、新的群众相结合中，从内容到形式发生一个大的变化，要给旧的戏曲形式赋予新的意义，要使传统戏曲艺术更新、发展，并创造出富有时代特色的新戏曲。戏曲现代化的核心就是如何"以中国人的审美标准和方式，表现现代生活与现代意识"[①]，这其中也包括用现代人的眼光去表现我们的历史。张庚的这些独到见解，是符合艺术表现生活的客观规律的。

对怎样才能实现戏曲现代化的问题，张庚也进行了深入的探讨，提出了戏曲现代化实践应采取的具体步骤：第一，现代题材的剧目是最能体现戏曲现代化思路的艺术形式。张庚是现代戏热心的倡导者和坚决的支持者。他深知，戏曲的现代化首先是作品内容的现代化。直接从当代人民生活斗争中取材创作，能更真实生动地反映当代人的精神面貌与审美风尚。为此，他提倡大力发展现代剧目，创作出一批符合群众欣赏习惯，经得起考验的现代戏。在工作中，他一直给予积极进行现代戏试验的艺术工作者以坚决的支持，从一种新手法的创造（如《张四快》的骑车身段）到一个个难题的突破（如表现领袖人物的

① 张庚：《张庚文录》第5卷，湖南文艺出版社2003年版，第480页。

演唱处理），他都亲临观摩，及时肯定，大力宣传。第二，大量的传统剧目中蕴含着丰富的人民性和艺术性，它不仅是中国民众长期以来喜闻乐见的艺术形式，并拥有很大的观众市场。张庚在提倡大力发展现代戏的同时，坚持反对把戏曲表现现代生活片面化、绝对化，他驳斥了那种所谓“只有表现了现代生活才能为社会主义建设服务”的说法，阐述了表现历史生活的传统剧目在社会主义艺术家手中，完全有可能具备社会主义新文化的意义。他认为，历史生活和现代生活并不绝缘，很多历史教训对于今天有很大的教育意义。历史题材自有它独特的价值。因而，张庚特别指出了传统戏曲剧目整理的重要性及主要途径，要求用新的观点重新透视和处理表现古人生活的传统剧目，“着眼在对人物的重新解释”中，更好地反映时代精神。第三，时代的发展，不仅要求我们对古人创作的历史题材剧目做出新解释和整理，而且要求我们站在今天的立场上，以历史唯物主义观点，创作新的历史题材剧目，即“新编历史剧”。新编历史剧是以现代人的眼光来审视历史题材，所以其中必然融入了现代人的文化审美观念和时代精神。张庚认为新编历史剧具有重要的现实意义，是戏曲现代化不容忽视的艺术样式。他发表了《古为今用——历史剧的灵魂》、《关于新编古代戏的几个问题》等论文，重申历史剧的现实意义，并以丰富的例证，说明新旧历史剧的区别，勉励历史剧作者以历史唯物主义为指导，创作出优秀的“古为今用”的新编历史剧。总之，在戏曲现代化上，张庚赞成执行“现代戏、传统戏、新编古代戏三并举”的剧目政策，主张用不同的艺术样式、从不同的角度去反映时代精神，满足广大人民群众多方面的审美需要。

二、剧诗说

剧诗说是张庚戏曲美学思想的核心，在中国戏剧界影响深远。张庚首次提出“剧诗”这一概念，是在1944年5月15日发表于《解放日报》的《鲁艺工作团对于秧歌剧的一些经验》中。针对当时秧歌剧创作的“语言观念问题”，张庚指出：“我们应当锻炼出一种新的剧诗，不是旧剧的老一套，也不是知识分子的抒情调。”随后，在1948年8月写的《秧歌与新歌剧——技术上的若干问题》中，张庚提出：“歌剧所要求的语言是诗的语言。……我们在这里所说的诗是‘剧诗’，而不是一般的抒情诗。”1950年，张庚在《新歌剧——在秧歌剧的基础上提高一步》中说：“剧诗还有一个特点，在于它是舞台上的诗而不是单纯说唱的诗”。这些论述是张庚在新歌剧艺术实践中对剧诗的初步探讨。20世纪60年代初，张庚通过对戏剧运动中出现的正反两个方面经验教训的思考，对剧诗的特点有了新的认识。1962年，他在《文艺报》上发表了《关于剧诗》；1963年，又在《戏剧报》上发表了《再谈剧诗》。在这两篇文章中，张庚明确提出了“戏曲是诗”的命题，并阐述了剧诗应当“言志”；应当“逼真而深刻地描绘人物”；应当讲究“语言的艺术”；应当追求“诗意”，营构“意境”等特性。这标志着剧诗说具有了系统性。进入新时期后，张庚在《戏曲艺术论》（1980年）、《中国戏曲的美学特点》（1984年）、《珍惜舞台上的诗意》（1985年）等专著、论文中多次论及“剧诗”，从戏曲美学的角度对这一学说进行了更为完备的论述，并将中国古典艺术理论中的“物感说”融入到对“剧诗”的阐述中，使剧诗说理论得到了进一步的深化与开拓。尤其是在《戏曲艺术论》一书中，张庚专列一章“戏曲剧本——剧诗”，深入探讨了剧本的诗化问题，以大量生动的戏曲剧本为例，论析了剧诗的形式、剧诗的语言、剧诗的风格等，提出了不少富有创见性的艺术见解，凸现出剧诗说的现实意义及理论价值。

在张庚看来，戏曲艺术的审美本性就是诗性，戏曲的诗化不是局部性的而是整体特性。所谓剧诗，既指戏剧文学，包括戏剧的结构、人物塑造、语言等各个方面；也指从剧作到演出，从作家到演员，乃至整个舞台艺术，都要按照诗歌的意蕴和韵律进行整体的创造。剧诗说具有丰富的多方面的内容，但大致说来主要是两个方面。第一，戏曲是不同于抒情诗、叙事诗的另一种诗体——剧诗，并且强调了它的综合性。他指出，从艺术因素构成看，戏曲的主要来源是滑稽戏、说唱和歌舞，这些因素综合到戏曲中间以后，是以节奏统一在一起的。第二，戏曲从剧本到舞台演出都要有诗的意境。张庚强调戏曲“是舞台上的诗”，演出集体和导演要“注意将剧作中的诗意翻译到舞台上”，在台上“造成诗韵意境”[①]，要让作品真正感动人心，给人一种渗透到心灵里的震动。

戏曲剧本的诗化，是剧诗说研究的重点，体现了张庚对戏曲文学本质特性的认识。张庚认为“剧诗”是戏曲文学剧本的总体特征，其他特征都由此而派生。因此，张庚对戏曲剧本诗性品格的论述，值得我们重视。对他的一些重要见解，分述如下：

（一）强调“物”与“感”的互映互补

在深入研究“剧诗”说中，张庚认为“诗”，一要有物，二要有感。戏曲也需要这样。剧本的诗意产生于作家对描写对象的了解和认识，作家只有亲身参加社会斗争，对生活有透彻的观察、分析和感悟，才能产生对人和事物深刻而独到的了解，正是在这种透彻的了解中才能产生出强烈的创作冲动。作家的感情不是从“理所当然”而来，而是从“情不可遏”而来。在剧本中，作家的感情又是从描绘的客观事物中抒发出来的，感情的内容又是对这个人或那个人，这件事或那件事的是非爱憎。所以，对剧诗来说，“物”与“感”是互映互补的。倘若有“感”而无“物”，感情失去了依托，作品是难以构成的；反之，有“物”而无“感”，纯客观、机械地去摹写真人真事或历史事实，就会坠入“事障”，创作不出富有诗意的剧作。张庚认为剧诗应当有情、有境、有理，情理交融，情景相生。因此可见，张庚的剧诗说与物感说相互联系、互为表里。物感说不仅在情感与外物的关系上为剧诗说提供了深层的理论依据，而且也使剧诗说更为深刻地把握到了戏曲艺术的本质特征。

（二）剧诗的形式特点不容忽视

张庚在研究剧诗内容对社会生活的反映的同时，非常重视剧诗形式的作用，他曾多方面地深入阐述过剧诗形式问题，并总结出了剧诗形式上的主要特点：首先，作家是用形象塑造的方法，从写矛盾、写斗争、写人物的行动中表明鲜明的褒贬态度的。张庚说：“剧诗是要从动作中来写人物的，要写人物对

① 张庚：《张庚文录》第5卷，湖南文艺出版社2003年版，第95页。

这件事如何处理”[①]。矛盾斗争揭示得深入，人物性格才写得深。剧诗作家的感慨是建立在对事物深刻的认识之上，不能主观，其立场应当有说服力，对人和事件的评价要让观众服气。其次，剧诗既是舞台上的剧本，又是口头上唱出来的诗，它与音乐紧密结合。剧诗的长度要有一定的限制，其文字和细节都应该少而精，细节要有表现力，文字要有概括性。但剧中必须的场合仍要充分发挥，做到说够、唱够、情感要抒发够。张庚曾打过一个生动的比喻，他说：“剧诗这种形式，它的作者，应当象非常好的后勤部长一样，需要花的钱能够毫不吝啬；不该花的地方，一个子儿也不拿出来。写戏也是这样，一句多余的话不讲，但是要把感情发挥透的地方，他可以大段地唱。”[②]这充分体现了张庚在处理剧诗形式上的辩证法。第三，剧诗要讲究结构，能获得良好的舞台效果。为此必须十分经济地处理情节，把情节结构成一个有机的整体，不能随便增减。要把多种艺术手段综合起来运用，各自运用到最恰当的地方，才能取得最好的效果。

（三）剧诗语言的提炼与运用

文学是语言的艺术，剧诗作为诗体文学样式之一，在语言上有着更为严格而特殊的要求。除了具备一般文学语言的形象性、情意性、多样性、音乐性的特征外，还应该在人物语言的个性化、唱词念白的节奏韵律等方面下工夫。张庚对剧诗语言有过深入细致的分析和独到的见解。他从剧诗是口头的诗，是唱给人听的诗，即“场上之曲”，不是“案头之曲”的特点着眼，强调剧诗应具备的语言特性。其语言应当是经过锤炼的“炼语”，简洁凝练，且具有非常强的表现力。剧诗要塑造多种人物，语言需要多种多样复杂的风格，以凸显出人物鲜明独特的性格。为此，张庚强调是什么人，就要用什么话，人物口吻要逼真，不怕庸俗，要用大众能懂的语言来写。在音乐性方面，曲词要有鲜明的节奏感，合乎一定的格律，以充分表达出作者的胸中之情。他号召剧诗作家要从

---

① 张庚：《戏曲艺术论》，中国戏剧出版社1980年版，第44页。

② 同上，第49页。

民间文艺中汲取养料，从民歌的格式中找到节奏性的灵感，加以提炼，形成他们表达感情的有效手段。除了唱词，戏曲说白也要精炼，不能啰嗦，念起来清晰响亮，简洁有力，节奏明确；说白和唱、打一样，要安插在最合适的地方，有效地增强戏剧性。在张庚看来，能否艺术地运用好表意抒情的文学语言，对于剧诗而言具有举足轻重的作用。

三、表演中心论

戏曲是以舞台的演出形式而存在，以演员的动作和声音为主要表现手段，为观众当场表演故事的艺术样式。中国戏曲更是把所有戏剧性元素都纳入演员的表演，其本质为表演戏剧。张庚深谙中国戏曲的这一根本特质，在戏曲研究和实践中，高度重视戏曲的表演，不仅提出了“表演中心论”，而且从多方面探讨了戏曲表演的特点和规律，提出了不少富有创见和现实指导性的学术观点。

在1959年1月6日发表于《人民日报》的《戏曲的形式》一文中，张庚明确提出了“表演中心论”，他说：“各种艺术手段应集中到演员身上，把他们的人物形象塑造得鲜明起来……这条道理，从前也有人称它为演员中心论，为了避免误解，我们还是称它做表演中心论更好些。”尔后，在1980年发表的《漫谈戏曲的表演体系问题》中，张庚又强调：“戏曲是拿表演艺术做中心的，但这和平常说的‘演员中心论’是两回事。……戏曲这种综合艺术是以表演为核心的，表演的特点影响到各方面。这是一个理论上的问题，也是一个美学上的问题。”①此外，在《中国戏曲表演体系问题》中，张庚进一步指出：“中国戏曲是以表演为中心的。中国舞台上一切艺术都是围绕着表演艺术的，舞台上可以没有布景，但绝对不能没有好的表演。……戏曲的音乐、美术都是围绕着整个表演中心的，这是中国戏曲一个最大的特点。”②这些论述均表达了张庚“表

① 张庚：《张庚文录》第4卷，湖南文艺出版社2003年版，第221页。

② 同上，第243页。

演中心论”的思想，这一有价值的思想科学地概括出了中国戏曲的本质。张庚对“表演中心论”的阐述很丰富，不少观点对发展当代中国的戏剧表演艺术都有积极意义。择其要者，略述如下：

（一）追溯戏曲表演艺术的来源，彰显戏曲艺术的本质特征

张庚曾认真考察过戏曲表演艺术的来源，追溯出三个来源并对其进行了深入的论析。他认为，戏曲表演艺术的三个来源分别是滑稽戏、说唱演员的表演和舞蹈。滑稽戏的表演是一种散文式的表演，他在中国戏里是最早且资格最老的表演。它的特点之一，就是自己讽刺自己。这种滑稽幽默的“自讽”，被成功地运用到戏曲净角、丑角的表演中，使观众在忍俊不禁的笑声中获得审美享受。中国戏曲中的演唱艺术，是从说唱中间来的。张庚指出：“戏曲形成之后，演员以唱为主，但在唱的同时又有动作，这唱曲艺的表演技术被吸收到戏曲中间来，戏曲的老生、青衣主要的还是以唱为主，也有动作，当然他们的动作比说唱演员又要复杂得多了。”①舞蹈是戏曲表演艺术的第三个来源。民间传统舞蹈表演具有鲜明的节奏性、音乐性和丰富的表现力，是民众喜闻乐见的艺术样式。中国戏曲汲取舞蹈艺术的优长及诸多的表演技术，与其他艺术因素相结合，逐渐形成了带规范性的表现手段，即程式。经过长期的艺术实践和艺术积累，戏曲中的程式越来越多，于是便形成了鲜明的程式性。“综合性、虚拟性、程式性，是中国戏曲的主要艺术特征。这些特征，凝聚着中国传统文化的美学思想精髓，构成了独特的戏剧观。”②

（二）通过行当、程式、流派等手段创造人物形象，是戏曲表演艺术的特殊规律

张庚一向非常重视研究戏曲表演艺术的规律，他紧密结合戏曲表演艺术实践进行探寻，为我们留下了一些富有睿智的思想和新颖的理论见解。他认为，

---

① 张庚：《戏曲艺术论》，中国戏剧出版社1980年版，第110页。

② 张庚：《张庚文录》第4卷，湖南文艺出版社2003年版，第468页。

中国戏曲表演是借助“行当”这个中介来创造人物形象的。在戏曲演员这里，不止存在着“第一自我”与“第二自我”的矛盾关系，还存在“演员自身”、“行当角色”与“剧中角色”三位一体的复杂关系。行当是创造角色的结果，因为创造得成功，才成为一种类型的。张庚强调，演员要演人物，不能依样画葫芦地去演行当。当一个好演员，不仅仅在外形上要像，而且一定要体会人物的内心，当他真正深刻体会到人物内心的时候，再用高超的、经过严格训练的技术表现出来，才能具有真正的表现力。反之，没有充分的内心情感与体验，外形的表现也是假的、僵化的。同样，演员运用程式，也不能机械地原封照搬，应根据具体人物和情境的不同，富有创造性地合理运用，使程式、行当等艺术形式为成功地塑造人物服务。张庚指出，不能被行当、程式所拘束，“所有的行当和程式都是表现的手段，它们的用处在于可以拿来表现人物的内心感情，感情有喜怒哀乐，有兴奋和低沉，在表现这些不同的感情状态时，决不能毫无分别地去使用程式，一定要按照你理解到的人物的需要来运用这些东西，这才能够‘演活了’”[①]。富有天才的演员能够根据自己的素质、不同的艺术特长和对人物的独特理解，创造新行当、新程式、新唱腔，从而形成一定的流派。如周信芳演戏的风格，人们称为“麒派”；马连良叫“马派”等。各派在表演上都有自己的特点和风格。优秀的戏曲表演要有艺术统一性，要高雅，引人共鸣，给人美的熏陶。

（三）中国戏曲的表演体系，是一种神形兼备、虚实结合的体系

戏曲表演的中心是创造角色，成功地塑造出舞台人物形象。演员在舞台上要创造出有血有肉而又有艺术性的人物形象，首先，要形成对于他所扮演的人物的态度和评价。如演关羽的演员对他的角色是崇敬的；演李逵是带着亲切偏爱的心情；对于王宝钏是寄予无限的同情和赞美的。其次，还要有对人物感情的体验，捕捉到人物内心各种细微的变化，再用外形动作巧妙生动地表现出来。对此，张庚总结道：“中国戏曲如果要讲体系的话，也可以说它是神形兼

① 张庚：《戏曲艺术论》，中国戏剧出版社1980年版，第126页。

备的一种体系。它在表现内心的东西时经过了深入的生活体验，用什么样一种手段表现到外面去，用一种动作把它表现出来，使观众都能懂，而且没有什么疑惑。”[①]为了说明戏曲表演的这一特点，张庚举过很多例子，其中常举的一例是：演员徐小香为演好《群英会》里的周瑜，既深入体验周瑜总比不过孔明时又妒又气的内心状态，又着力在周瑜头上的翎子下工夫，“让翎子发抖，身子不动”，“这样他就表现出心里实在气得没法，但又要极力克制住这种复杂的心理。”[②]正是这种内心与外形的紧密结合，才使人物形象充满了感人的魅力。此外，张庚还针对当时戏曲改革中出现的或一味写意、或力求写实的做法，强调戏曲表演的虚实结合，他说：“积之既久，淘汰了笨拙的方法，增加了高明的表现，戏曲就形成了一套丰富多样的表演方法，并进而创造出虚实结合的歌舞性表演体系。这个体系既不是纯抒情的歌舞，也不是写实的模仿生活。”[③]这些辩证而深刻的论述，透辟地揭示出了中国戏曲表演艺术的本质特点和规律。

张庚在戏剧理论研究上硕果累累，取得了辉煌的成就。他的理论源于实践，又指导实践，具有前瞻性、辩证性、完备性。开展对张庚戏剧理论的研究，对于我国社会主义戏剧理论的建设和戏剧事业的发展具有十分重要的现实意义。

（原载《文艺理论与批评》2007年第6期）

---

① 张庚：《戏曲艺术论》，中国戏剧出版社1980年版，第126页。

② 张庚：《张庚文录》第4卷，湖南文艺出版社2003年版，第230页。

③ 张庚：《张庚文录》第5卷，湖南文艺出版社2003年版，第311页。

吴晓邦的舞蹈生涯及其理论贡献

吴晓邦（1906—1995）是中国新舞蹈艺术的开拓者和奠基者，杰出的舞蹈艺术家、理论家和教育家。虽然吴晓邦逝世已经12年了，但他生前为中国舞蹈事业作出的重大贡献，以及为后人留下的宝贵的艺术理论遗产，非常值得我们研究。正如有的研究者所说："吴晓邦老师热爱祖国，热爱人民，热爱舞蹈艺术。为人刚直，爱憎分明，不畏艰难险阻，勇往直前。他是人民的舞蹈家，他是革命的舞蹈家。他的代表作《义勇军进行曲》和《游击队员之歌》入选'20世纪舞蹈经典'。是他开办了中国近代史上第一所舞蹈学校，第一次举办了个人舞蹈表演会，撰写、出版了第一本《舞蹈艺术概论》，培养了第一批专业舞蹈研究人员。吴晓邦集舞蹈创作、表演、教师、学者于一身，是对中国舞蹈作出杰出贡献的一代宗师。"[①]所以，吴晓邦的舞蹈艺术实践和理论，对促进我国社会主义舞蹈事业的繁荣发展有着重大的价值和重要的意义。

1906年12月18日，吴晓邦出生在江苏省太仓县沙镇的一个贫农家庭，未满周岁就被吴姓人家抱养，学名为吴祖培，留学日本时因崇拜波兰爱国音乐家肖邦，改名为吴晓邦。1922年，吴晓邦随养母移居上海，考入沪江大学附中读书。在学校念书期间，他第一次参加了中国共产党领导的学生运动，这是他生活道路上的一个重要转折点。1926年，吴晓邦考入持志大学，并秘密地加入了共青团。"四·一二"政变以后，在白色恐怖最严重的时刻，他被迫躲到乡下教了一年书。由于他积极参加爱国进步活动，经常向学生们宣传进步思想，引起了学校的注意。为了避免惹出麻烦，家里拿出一笔钱，把吴晓邦送到日本去留学。

① 王克芬、戴爱莲：《中国新舞蹈艺术的开拓者——吴晓邦》，《云南艺术学院学报》2002年第1期。

1929年春至1936年10月，他曾三次赴日本留学。一次，吴晓邦在他经常去观看歌剧和话剧的大限会堂看到了早稻田大学学生自己创作的舞蹈《群鬼》，这个舞蹈表现了一群吸血鬼、饿鬼、冤死鬼在寂静的黑夜里各自寻找出路的情景。编导者以鬼拟人，影射日本当时不同阶层的各色人物，揭露、讽刺、鞭笞了现实生活中人的卑劣、残忍、贪婪的灵魂。吴晓邦看后深受震撼，彻夜难眠。他深深意识到舞蹈不仅可以再现人们的生活、思想和感情，而且是一种很富有感染力的艺术。他下决心要用舞蹈去唤醒民众，揭露社会的黑暗，促进社会进步，宣传真、善、美的精神情操。用舞蹈去播种人类的真、善、美并鞭笞一切假、恶、丑，由此确立了要把舞蹈艺术献给人民的艺术观。他曾先后在日本高田雅夫舞蹈研究所、江口隆哉和宫操子现代舞蹈研究所学习芭蕾舞和现代舞。日本著名现代舞蹈家石井漠的艺术思想，对吴晓邦也产生了极深刻的影响。同时，他还自学了邓肯和维格曼的舞蹈理论及创作方法，这对他开创中国新舞蹈艺术有着指导意义。

吴晓邦三次东渡日本为他选择职业和终身为之奋斗的事业打下了深厚的基础。从此，他以舞蹈家的身份，以舞蹈这一独特的艺术形式为中国人民的解放斗争服务，为中国的民族舞蹈事业辛勤耕耘，不仅创作了数以百计的舞蹈作品，还为我国的舞蹈理论建设作出了卓越的贡献。1932年，他在上海创办了晓邦舞蹈学校，1935年又创办了晓邦舞蹈研究所，决心让新舞蹈艺术的种子在祖国的土地上生根开花。那一年，他在上海阑心剧院举办了首次“舞蹈作品发表会”，演出了《送葬曲》、《黄浦江边》、《傀儡》等11部作品。1937年，抗战爆发，他参加了上海救亡演剧队，以抗战歌曲《义勇军进行曲》编成的舞蹈获得很大的成功。在前线为战士演出，反映极为强烈，观众情不自禁地为他鼓掌歌唱，群情激越地和唱，成了舞蹈最好的伴唱，常常应观众要求一演再演，多次返场重舞。继而又编演了《大刀进行曲》、《打杀汉奸》、《流亡三部曲》、《游击队员之歌》等。《游击队员之歌》将游击队员神出鬼没、乘敌不备击败敌人的革命乐观主义精神和昂扬的斗志，表现得十分生动帖切。这些舞蹈形象鲜明，感情质朴，富有激情和鼓动性，在群众中引起了强烈反响，而这些大获成功的作品正是他的舞蹈创作走向现实主义道路的代表作。抗战救亡活动使吴晓邦深入生活、深入群众、理解人民的生活与要求，对中国社会现实有了较深刻的认识，思想感情发生了变化，艺术创作也因此进入到一个新的阶段。1938年至1945年，他又创作演出了《丑表功》、《传递情报者》、《思凡》、《饥火》、《网中人》，舞剧《罂粟花》、《虎爷》、《宝塔与牌坊》，歌舞剧《春的消息》等许多新的优秀作品。由于他不断地进行创作实践和思考，他的新舞蹈体系的艺术思想逐步形成。为了追求革命真理，1945年，他在周恩来总理的帮助下，和夫人盛婕一起到了解放区延安，先后在延安鲁迅艺术学院、华北联大文艺学院、内蒙古文工团、东北联军政治部宣传队、沈阳鲁艺、四野部队等艺术学校和艺术团体任教，并展开新舞蹈艺术活动，同时还创作出受到部队战士热烈欢迎的《进军舞》。

中华人民共和国成立后，他被选为中国舞蹈工作者协会副主席。1951年，他主持中央戏剧学院舞蹈运动干部训练班，为全国培养新舞蹈骨干；1952年任中央民族学院文工团团长，拓展了少数民族舞蹈创作与表演的空间；1953年当选为中国舞蹈艺术研究会主席，在对古代舞蹈史、孔庙祭祀乐舞、古代傩舞及宗教舞蹈展开调查研究的同时，筹建了北京舞蹈学校；1957年又创建了天马舞蹈艺术工作室，他一方面在全国各地巡回演出，一方面从事古曲新舞和民间新舞创作，开辟了中国舞蹈的新路。如《春江花月夜》、《梅花三弄》、《开山》等作品创作、演出受到了好评。吴晓邦当时已50岁，再登舞台演出《饥水》、《义勇军进行曲》、《思凡》等代表作时，受到了广大观众的褒奖。因受极“左”思潮的冲击，1964年天马艺术工作室被迫解散。从1957年5月到1960年，在短短的三年半的时间里，吴晓邦和他的天马艺术工作室共创作演出了新作品18部，恢复过去创作的作品5部。在全国范围内，3年内共演出121场，观众达16万多人次。“文化大革命”中吴晓邦遭到了更多的磨难。

“文革”后，吴晓邦已近耄耋之年，但仍辛勤奋斗在舞蹈艺术领域。1980年当选为中国舞蹈家协会主席。他不仅领导舞协工作，还主编了中国民族、民间舞蹈集大成之作——《中国大百科全书·音乐舞蹈卷》、《当代中国丛书·当代中国舞蹈》，并出国访问，在全国各地讲学。同时，他还致力于舞蹈研究与教学工作，担任中国艺术研究院舞蹈研究所所长和舞蹈专业硕士生与博士生导师，培养了中国第一批舞蹈史论专业研究生。吴晓邦集舞蹈表演家、舞蹈编导、舞蹈理论家和舞蹈教育家于一身，为后人留下了大量的舞蹈作品和著述论说。其主要理论专著有《新舞蹈艺术概论》、《舞蹈新论》、《舞论集》、《舞论续集》、《舞蹈学研究》、《吴晓邦谈艺录》、《我的舞蹈艺术生涯》等。其中《新舞蹈艺术概论》（1949年出版）是中国历史上第一本舞蹈理论专著。《舞蹈学研究》是中国出版的第一本有关舞蹈学的著作，本书从舞蹈文化宏观到微观的相互联系上，提出了舞蹈学科研究的蓝图，从基础理论、应用理论、基础资料理论、舞蹈史四个方面进行了分析阐述，为我们建立具有中国特色的社会主义"舞蹈学"奠定了坚实的基础。吴晓邦的主要贡献在于将中国舞蹈从纯娱乐性及唯美主义的道路中解放出来，积极反映现实生活。他认为舞蹈应当是一种教育人、培养人高尚情操、树立正确人生观的艺术。

1995年7月8日，吴晓邦因病逝世，享年89岁。为了继承吴晓邦留下来的丰富、珍贵的艺术遗产，弘扬其学术精神，中国舞蹈家协会和江苏省文学艺术界联合会等单位发起，于1995年和1998年先后两次举行了吴晓邦艺术思想研讨会，专家、学者们深情地缅怀这位艺术大师，并深入探讨其学术思想。会后还出版了《一代舞蹈宗师》和《一代舞蹈大师》两本文集。1999年，江苏省太仓市政府在太仓市建立了吴晓邦艺术馆，并在馆外树立了吴晓邦雕像（政府为舞蹈艺术家建立艺术馆，在中国还是第一次），修复了吴晓邦在沙溪镇的故居，以纪念、宣传吴晓邦对发展中国舞蹈事业作出的重大贡献。馆内陈设着吴晓邦的生平、创作、演出、教学、理论研究等各种有关的珍贵资料。同时，也有关于中国舞蹈事业发展的系列陈设，供专家学者研究及广大群众参观，以发扬革命舞蹈传统，促进社会主义文艺事业的发展。

吴晓邦的舞蹈艺术思想很丰富，既有其舞蹈科学观的展示，即从人体运动的科学原理出发，对舞蹈自然法则的探寻；又有舞蹈艺术观的贯通，即主张进行现实主义舞蹈创作，为人民而舞蹈的思想。纵观吴晓邦的舞蹈艺术理论，主要有以下学术贡献：

一、源于生活的创作，为人民而舞蹈

舞蹈与生活有着紧密的联系，人类的舞蹈艺术是在各种各样的生产方式和生活内容的基础上，由低级向高级逐步发展起来的。吴晓邦在《中国舞蹈发展史纲》中，从原始氏族社会的舞蹈到近现代中国的舞蹈，系统地描绘了中国舞蹈艺术发展的历程，在对这一历程的追溯中，充分体现出生活是舞蹈艺术创作的源泉，任何一个时代的舞蹈都是对那个时代人们生产、生活的再现和反映。如在漫长的原始氏族社会生活内，原始人的舞蹈形式丰富多样，有狩猎舞、战争舞、祭祀舞等，均是反映生产、生活内容的舞蹈。“舞蹈在原始社会的特点，是不脱离生产和战斗的。氏族的成员都必须参加舞蹈活动。原始人生活中的舞蹈活动很频繁，出生、死亡、两性追逐、群婚、医病，甚至饮酒都要舞蹈。这些反映他们生活内容的舞蹈，直接、间接地传达了氏族内团结的感情，使他们的精神集中到图腾上去，一切服从图腾和为了图腾。”①这足以说明舞蹈艺术源于生活、表现生活是一条颠扑不破的客观规律。

作为我国新舞蹈艺术的奠基人，吴晓邦的艺术之路始终遵循着源于生活的现实主义创作原则，他的绝大多数作品都是根据当时对现实生活的真实感受而创作出来的，可谓“情动于中而形于言，言之不足故嗟叹之，嗟叹之不足故永歌之，永歌之不足，不知手之舞之，足之蹈之也。”②他的代表作之一《饥火》的产生就足以见出这个特点。在20世纪40年代初，由于连年的战争和剥削阶级的残酷压榨，广大人民群众处在生死存亡的饥饿线上，连当教员的吴晓邦也不得不以野菜果腹。有感于这严酷的现实，吴晓邦创作了舞蹈《饥火》。这个作品表现的是一位瘦骨如柴的饥民，在寒风中依偎在一家富人的围墙下瑟瑟发抖，最后冻饿而死的过程。这个作品通过对一个饥饿者心理的准确刻画，展示了人对“生”的渴求和对“死”的抗拒。从饥饿者呼出的最后一声叹息的造

① 吴晓邦：《新舞蹈艺术概论》，中国戏剧出版社1982年版，第168页。

② 《毛诗·序》

型中，看到了一个痛苦灵魂的挣扎与呐喊。它以舞蹈的形式真实地反映了“朱门酒肉臭，路有冻死骨”的现实生活。大量的艺术实践，使吴晓邦对生活与艺术的关系有了透辟的理解，他深有感触地说：“只有客观事物激发起作者的情感，似乎非表现不可时，才能产生出无限的想象来，作品中的人物艺术形象，就会逐渐在脑海中出现。这是我们现代舞蹈上的创作规律。”①

由于吴晓邦深谙舞蹈艺术创作规律，他非常强调舞蹈艺术工作者深入生活，到现实生活中去观察人、研究人和分析人，这样才能逐渐理解人，进而创造出富有新意的艺术形象来。为此，他要求学员们走出教室，到生活的广阔天地中去，在现实生活的实践中陶冶自己的志趣和情感，产生创作的欲望和灵感。在吴晓邦主持的一系列舞蹈讲习会上，由于每期的时间很短，没有时间组织学员直接深入生活，为了弥补这种不足，他提倡用“阅读”这一间接深入生活的方式，加上原来的生活积累进入到思考过程，并借助各类艺术间的关系，触类旁通地提高舞蹈艺术修养，他称这种方法为“阅读和思考”。1983年4月，在辽宁举办的舞蹈讲习会上，42名学员通过短短三个月的学习就创作出了多个舞蹈实习作品。有的学员反复阅读中篇小说《高山下的花环》，经过认真的分析和思考之后，仅仅选择了小说中韩玉秀在丈夫梁三喜烈士墓前的情节，深入挖掘特定情境下人物内心情感的变化，展开舞蹈的艺术想象和构思，成功地编排出了双人舞《高山下的花环》。另外还有《皇帝的新衣》、《小妞的故事》、《生命之路》等，也都是通过阅读有关文艺作品，在创作者原有生活积累的基础上，结合社会现实进行分析和思考创作出来的。实践证明，这是一种行之有效的教学方法。

在吴晓邦几十年的舞蹈实践和理论研究中，始终贯串着为人民而舞蹈的思想。1937年卢沟桥事变，日本帝国主义发动全面的侵华战争，抗日战火迅速燃遍全中国。吴晓邦立即投入到抗战的洪流中，他怀着满腔热血，用聂耳的音乐创作了同名舞蹈《义勇军进行曲》，之后，又以空前高涨的革命热情创作了《游击队员之歌》、《大刀进行曲》、《丑表功》、《流亡三部曲》等100多个

① 吴晓邦：《新舞蹈艺术概论》，中国戏剧出版社1982年版，第65页。

舞蹈作品。用舞蹈讴歌抗日爱国战士和游击队员的英雄形象，在民众中点燃抗日的火种，他的这些作品在演出实践中获得了极大的成功。他从中领悟到只有真正地反映人民的愿望和人民的生活，舞蹈艺术才有旺盛的生命力，才能成为广大人民群众喜闻乐见的艺术。1985年11月在苏州召开的“吴晓邦舞蹈艺术研讨会”上，他在开幕式致词中提及《新舞蹈艺术概论》一书时说，“这本书是我在新舞蹈艺术活动中的个人研究工作上的积累，其中最重要的收获，是使我懂得了舞蹈艺术不与人民生活密切结合是发展不起来的。”他的这一思想观点贯穿在其整个艺术生涯之中，并指导他沿着正确的方向进行艺术理论研究。

二、继承优秀民族传统，建构新舞蹈理论

吴晓邦一贯重视学习和继承优秀的民族传统文化，他认为，如果我们不深入道教、儒教和佛教史中去，就接触不到中国社会的思想深处。1954年，吴晓邦率领中国舞蹈研究会的成员到山东发掘和研究“祭孔乐舞”，通过一些乐舞生的仿古表演，重现了华夏古乐舞的形象，并把它拍成电影进行深入研究。之后又和盛婕等同志考察苏州的道教舞蹈，还不辞辛苦地赴江西和广西去发掘民间傩舞，研究中国古代祭仪的傩舞文化。60年代，他在“天马舞蹈工作室”进行古乐新舞的尝试，以舞蹈的形象赋予古曲以新意，接着又从传统古乐中探索中国舞蹈的民族神韵。80年代初，他担纲主编开始进行编纂《中国民族民间舞蹈集成》，为抢救和保护民族民间舞蹈艺术遗产做出了杰出的贡献。这些文化艺术实践证明，吴晓邦的舞蹈艺术是在民族传统文化的基石上发展起来的。在对传统文化的学习和继承中，他坚持唯物主义历史观，反对凝固化地看待传统文化。他认为，“传统应该是一条民族生命的长河，正是由于沿途不断有新的支流汇入，它才更宽更深，更浩大和更有力量！”①他对古代民族传统文化的学习与继承，从不流于形式，不是单纯地为继承而继承，而是在继承的基础上努

① 吴晓邦：《新舞蹈艺术概论》，中国戏剧出版社1982年版，第64页。

力去开拓创新。他曾强调指出："除必须批判地学习一些民族传统的美学和舞蹈形式外，主要应在二十世纪的舞蹈文化内注入时代的思想感情，以表达我们这一代的社会生活内容，创造新的乐舞来代替过去奴隶社会、封建社会遗留下来带有浓厚宣扬帝王将相或天地君亲师、三纲五常及等级制、世袭制等不适合今天社会生活内民主和科学的精神。"[①]所以，汲取传统文化艺术的精华，反映当代人的思想感情，创造出体现时代精神的新舞蹈，是吴晓邦艺术追求的目标。

在吴晓邦所建构的新舞蹈体系中，也能见出他对古代传统文化的合理吸收与成功借鉴。他提出的表情、节奏和构图是舞蹈艺术三大要素的学说，是对古代舞论、乐论的突破和发展。如他的舞蹈构图理论就是对传统的舞台艺术的"推陈出新"。舞蹈构图是指舞蹈动作上和谐的方法。这种方法是从人们认识自然和人间的各种运动过程中所产生的平衡方法和运动思想。中国传统艺术里的构图，主要是对称的平衡方法和轴心论的运动思想。吴晓邦认为，现实主义新舞蹈艺术不能照搬古代传统的构图法，应该在学习中既要大胆吸收轴心论运动上的美的技术，又要把对称的平衡方法加以更新。他主张新舞蹈应采用自然的平衡方法和矛盾论的运动思想。这种舞蹈构图法能解决表情和节奏在运动中所发生的许多关系，能反映出生活和事物的本质。他提出的舞蹈表演艺术的气、意、形三元素学说，也是从古代画论、武术以及古典戏曲表演艺术中找出它的原理和美学特征，以科学的观点结合舞蹈的特点，加以分析、研究、发展，运用于新舞蹈艺术上的。至于他多次论及的舞蹈具有真善美社会功能的理论，也可以从古代的孔子及老庄哲学中找到其理论渊源。

三、反对科班制教学模式，倡导创造力的培养

在中国舞蹈教育史上率先提出创造力教育观念并付诸实践的当属吴晓邦。

① 吴晓邦：《新舞蹈艺术概论》，中国戏剧出版社1982年版，第61页。

我国传统的舞蹈教育，由于受苏联科班制教学模式的影响，只重视基本技术、技巧的训练，而忽视对学生思想文化上的引导和教育，以致严重地束缚了学生的想象力和创造力。对此，吴晓邦指出，科班制的教学法是不科学的，它不讲民主，不讲学术上自由讨论，有害于青少年身心的健康发展。这种教学法培养出的学生，有些人学了多年，却不明了舞蹈的意义，不知道自己为什么要学习这门艺术，他们的头脑中只有各种舞蹈的基本动作，但不了解这些动作的含义，不知道为什么要这样动作。这种现象令人痛心，绝不应该再延续下去了。为改变这种舞蹈教育状况，吴晓邦针锋相对地提出，舞蹈教育要以心灵的教育去带动身体的训练，培养出具有创造力的人才，而不是造就一些只有身体技巧的匠人。他说："我们所需要的人才，除知道一些传统的资料性的技术外，主要是有创造性，能带动舞蹈的创作。"[①]在这一思想的指导下，吴晓邦的舞蹈教育始终以人的全面发展为轴心，把舞蹈艺术的教学看作是培养学生德、智、体、美身心全面发展的一种美育活动，它不仅包括技能的训练和知识的传授，还包括对学生思想、情感、智力、能力等方面的培养。在教学中，他首先摒弃了单纯的教授技艺的训练，而是把专业训练看作是解放思想与身体的训练，这是吴晓邦新舞蹈艺术教育学派的核心，也是吴晓邦新舞蹈艺术的重要特征之一。

为了实现舞蹈教育的目标，首先，吴晓邦在教学中正确处理模仿与创造的关系。他认为，舞蹈教育中的模仿，不是教学的目的，而是通过模仿启发和开拓学生的智力，引导学生从模仿阶段进入创造阶段，这是发展舞蹈教学的关键。但吴晓邦不因为强调创造力教育的重要性而否认模仿的作用，他用全面和发展的眼光看待模仿与创造之间的关系，认为艺术的创造不是主观唯心、随心所欲、无中生有的，一切创造必须从模仿入手，才能使艺术生命延续下去。他把模仿看作是创造的基础，而不是舞蹈教学的最终目的，进而倾心于对学生艺术创造能力的培养，在模仿的同时去丰富学生对生活的认识和启发他们的想

① 吴晓邦：《吴晓邦谈艺录》，中国文联出版公司1988年版，第99页。

象，从而获得智力上的良好发展。其次，吴晓邦在教学上采用启发式，反对灌输式。他教授技术常与表演、创作、理论相结合，总要事先作说明性讲解，并以美和丑各种造型及动作组合来解释舞蹈与生活的关系，从中找出“学”和“用”的关系。以此来引导学生要深入到现实生活中去，理解生活，捕捉人的思想情感，塑造出生动感人、富有创造性的舞蹈艺术形象。他还要求学生用创造性的眼光看待知识的学习，不要把学会、学像，提高技术当作学习的目的，应该对已掌握的资料搞清来龙去脉，并能创造性地运用这些资料，只有这样才能避免走前人的老路，才能创造出前人所未有的东西。他将“入乎其内”到“出乎其外”的过程，当作学习一切舞蹈资料的方法，培养学生进入充分发挥想象力进行独创的境界。

吴晓邦以大胆的创新精神和理论勇气，创建了中国的新舞蹈艺术。他在舞蹈艺术领域所获得的丰硕成果，不仅使他成为中国舞蹈发展史上有着重大影响和突出贡献的一代宗师，而且为新时期我国舞蹈事业的发展提供了丰富的实践经验和坚实的理论支持。

（原载《美与时代》2008年8月下）